障害のある子どもの
きょうだい支援プログラム開発
に関する実践的研究

—— 家族関係に着目して ——

阿部美穂子 著

多賀出版

目 次

第Ⅰ部　研究の目的と方法

第1章　問題の所在と研究の目的 …………………………………… 2

第1節　はじめに　2
第2節　きょうだいの心理的問題　3
第3節　きょうだいの養育上の問題　9
第4節　家族システムから見るきょうだいの問題　12
第5節　きょうだい支援の現状　18
第6節　きょうだい支援プログラムの特質と課題　47
第7節　本研究の目的　53

第2章　研究の方法 ………………………………………………… 55

第1節　研究の基本方針　55
第2節　研究の方法　56
第3節　研究の構成　66

第Ⅱ部　きょうだいとその家族が抱える課題の検討

第3章　研究1：きょうだいを育てる親の悩み事・困り事に関する調査研究 ………………………………………………… 68

第1節　本章の目的　68
第2節　方法　69
第3節　結果　72
第4節　考察　79

第4章　研究2：きょうだいのサポート期待感に関する調査研究 ……83

 第1節　本章の目的　83
 第2節　方法　84
 第3節　結果　87
 第4節　考察　91

第5章　研究3：きょうだいがもつ否定的感情と親へのサポート期待感
   との関係に関する調査研究 ……………………………………… 95

 第1節　本章の目的　95
 第2節　方法　97
 第3節　結果　102
 第4節　考察　114

第6章　研究4：きょうだいの同胞観に関する作文分析
   ――重度・重複障害のある子どものきょうだいについて―― …119

 第1節　本章の目的　119
 第2節　方法　121
 第3節　結果　122
 第4節　考察　131

第Ⅱ部のまとめ　135

第Ⅲ部　きょうだいと同胞、親がともに参加できる活動方法の実践的研究
　　　　──ムーブメント活動を中心に──

第7章　研究5：家族参加型ムーブメント活動が障害のある子どものきょうだいにもたらす効果の検討 …………………………………… 140

　第1節　本章の目的　140
　第2節　方法　144
　第3節　結果　149
　第4節　考察　161

第Ⅲ部のまとめ　169

第Ⅳ部　家族間接参加型きょうだい支援プログラムの実践的検討

第8章　研究6：障害理解支援プログラムの開発に関する実践的検討 ……………………………………………………………………… 174

　第1節　本章の目的　174
　第2節　方法　175
　第3節　結果　184
　第4節　考察　209

第9章　研究7：きょうだいのためのポートフォリオ絵本制作支援プログラムの開発に関する実践的検討 ………………………… 214

　第1節　本章の目的　214
　第2節　方法　218
　第3節　結果　224
　第4節　考察　246

第Ⅳ部のまとめ　256

第Ⅴ部　家族直接参加型きょうだい支援プログラムの実践的検討

第10章　研究8：家族参加型きょうだい支援プログラム「ジョイジョイクラブⅠ」の開発に関する実践的検討
　　　　──知的障害児／発達障害児が同胞の場合── ……………………… 264

　第1節　本章の目的　264
　第2節　方法　265
　第3節　結果　272
　第4節　考察　294

第11章　研究9：「ジョイジョイクラブⅠ」の実践による親のきょうだい観・養育観の変容 ………………………………………………………………… 305

　第1節　本章の目的　305
　第2節　方法　309
　第3節　結果　311
　第4節　考察　328

第12章　研究10：家族参加型きょうだい支援プログラム「ジョイジョイクラブⅡ」の開発に関する実践的検討
　　　　──重度・重複障害児が同胞の場合── ………………………………… 332

　第1節　本章の目的　332
　第2節　方法　333
　第3節　結果　341
　第4節　考察　374

第Ⅴ部のまとめ　387

第Ⅵ部　総合考察

第13章　総合考察 …… 394

　第1節　はじめに　394
　第2節　本研究の経過と得られた知見　397
　第3節　本研究で取り組んだきょうだいと親が抱える特有の課題と
　　　　　支援プログラムの効果　411
　第4節　本研究で開発したプログラムの意義　417
　第5節　本研究の発達障害学における意義　423
　第6節　今後の課題　426

文献　431
本論文の基となる発表論文リスト　439
附記　441
謝辞　443

障害のある子どものきょうだい支援プログラム開発に関する実践的研究
──家族関係に着目して──

第Ⅰ部　研究の目的と方法

第1章　問題の所在と研究の目的

第1節　はじめに

　障害のある子どもとその家族支援研究において、これまで、障害のある子どもの成長発達上の課題や、障害のある子どもを育てる親の課題に比べ、その兄弟姉妹（以下、「きょうだい」と記す）の抱える課題には、なかなか焦点があてられてこなかった。きょうだいの心理的特徴や成長の課題について取り上げた研究が見られるようになったのは近年のことであり、特に海外で1960年代から始まったとされる（田倉, 2012）。欧米ではノーマライゼーションの流れの中で、障害児・者の施設療育から家庭療育への移行がなされるようになるとともに、きょうだいの抱える課題が注目され始めた（大瀧, 2011）。筆者が行った英国のきょうだい支援機関へのインタビュー調査では、英国では障害の軽重にかかわらず障害のある子どもが施設から家庭に戻り、家族と暮らすようになると、きょうだいに対する負担が高まり様々な適応上の問題が顕在化したとされる。

　日本でも1980年代から徐々にきょうだいの抱える問題が注目されるようになり、きょうだいを対象とした研究が行われるようになった（後藤・鈴木・佐藤・村上・水野・小島, 1982；平川・佐藤, 1984；平川, 1986）。その社会的背景として、広川（2012）は以下の2つの要因を挙げている。1つは家族形態の変化であり、核家族化の進行とともに家族の養育機能が急速に低下し、障害児の存在の受容が難しくなっていること、もう1つは、近年の医学・医療体制の進歩と整備により、救命率と障害児の寿命が延び、介護が親世代にとどまらず、きょうだい世代にまで引き継がれる必然性が生じるようになったことである。さらに、広川（2012）は特に直接的背景として、障害児の早期発見・早期療育の発展のもとで、医療者から「共同治療者として位置づけられた親が、家庭内での専門的なケアを求められ、熱心な親ほど、他の家族を顧みる余裕をなくし、障害をもって生まれた子どもの療育を最優先する事態が起こってしまったことが、きょうだいの成長に大きな影響を及ぼしてきた」と、述べている。このような現状から、きょうだいの課

題に関する関心が高まり、その育ちの実態が明らかになるにつれ、支援の必要性が認識されるようになった（柳澤, 2007；大瀧, 2011）。

　そこで、本章では、これまでのきょうだいの課題に関する研究を概観し、その支援の方向性について検討する。なお、本研究では、きょうだいに対して、障害のある子どもを「同胞」（成人したケースにおいても同様）と表記する。

第2節　きょうだいの心理的問題

1　きょうだいに特有の心理的影響

　障害児・者がいることで家族のあり方は影響を受け、それはきょうだいの日常生活に大きく作用する（McHale & Gamble, 1989）。同胞中心の生活が、きょうだいの生活体験に影響を及ぼし、発達上の問題につながるとする懸念は、欧米では1900年代半ばから医師らによって指摘され（Holt, 1958；Schipper, 1959）、その後、日本でも以下に示すように多側面から指摘されるようになった。

　まず、経験の不足が挙げられる。諏方・渡部（2005）は、きょうだいが同胞のために時間を取られ、きょうだい自身の家庭外での経験時間が少なくなり、それが社会性の側面や情緒面での発達に影響すると指摘している。また、戸田（2012）は、同胞の世話のために、きょうだいの遊びの時間が制限され、友人関係の疎遠さ、活動経験の不足をもたらすと指摘する。八尾市知的障害児・者の暮らし実態調査実行委員会（2012）の調査によれば、障害児・者のいる家族では、経済的事情や障害を理由として、外出や外食、宿泊旅行などを断念している家族も多く、田中（2012）は、幼少期におけるきょうだいの「当たり前の体験」の欠如というのは、人生全体での不利益へとつながると危惧している。

　また、ストレスについての報告もある。例えば、平川（2004）は、自閉症スペクトラム障害児・者のきょうだいが多くのストレスを抱えていることを報告している。そのストレスとは、家族が自閉症スペクトラム障害児・者のために多くのことを犠牲にしているのを見ることから生じるストレス、自閉症スペクトラム障害児・者に犠牲的にふるまわなければならないので、自分自身のやりたいことができないことや、友人と遊ぶことも制約されることからくるストレス、そのために常日頃から疲労感を感じているストレス、自閉症スペクトラム障害児・者の突

然の問題行動にどう対処したらいいのか分からないことからくるストレス、親を奪われたような気持ちになることからくるストレスなどであった。

　さらに、同胞とともに暮らすことで、きょうだいは「特有の悩み・心配事と特有の経験・機会」（Meyer & Vadasy, 1994, 2008；Meyer, 2012）をもつとされる。

　Meyer & Vadasy（1994, 2008）、Meyer（2012）は、きょうだいがもつ特有の悩みとして、困惑や恨みに加え、孤独感、罪悪感、将来の不安、自分も同様に障害をもつようになるという過剰な同一視、達成へのプレッシャー等を挙げている。また、親が同胞ばかりをかまっており、きょうだいはそのことを不満や恨みに感じ、自分が愛されていないのではないかと感じたり、時には自分は同胞をかばう親から拒否されていると感じたり、同胞に対し「怒りや羨ましさといったアンビバレントな感情」を抱く（田中・髙田谷・山口, 2011）とする報告もある。

　孤独感については、笠井（2013）も、重症心身障害児・者の同胞をもつ成人に達したきょうだい3名にこれまでのライフストーリーの聞き取りを行った中で、きょうだいが親にかまわれず、家族で過ごす時間が少ないことや、同胞と双方向のコミュニケーションがとれないことから、「自分は二の次」の存在だと感じていたと指摘している。Meyer & Vadasy（1994, 2008）は、親が同胞の世話のためにかける時間が多くなり、親や周囲の大人の注目が障害のある子どもに向けられ、きょうだいが自らを仲間外れだと感じるだけでなく、きょうだいとして感じている様々な気持ちを分かち合う仲間と知り合う機会を奪われている状況が、きょうだいに孤独感をもたらすことも指摘している。橘・島田（1998）もきょうだいは悩みを相談できる友達を求めながらも、相談できる友達が現実にはいないことが問題であると指摘している。

　罪悪感に関しては、Meyer & Vadasy（1994, 2008）は、きょうだいが、同胞がなかなか言葉をしゃべることができないのは自分の振る舞いのせいだというように、同胞の障害の原因が自分にあるのではないかと自分を責め、自分だけが健康に生まれたことに対する罪悪感をもっているケースがあると指摘する。また同胞から離れたいと思う自分や、健康でいろいろなことができる自分に対する罪悪感をもっているケースがあるとも述べている。この罪悪感に関しては、同胞を恥ずかしいと思ってしまう自分や同胞と喧嘩をしてしまう自分（白鳥, 2005）のように同胞との関係で感じるだけでなく、対外的な場面で同胞のパニックに対応できなかった自分や同胞へのいじめを止められなかった自分（吉川, 2002）、家族に

対し、自分だけが外出し楽しんでいたことを後ろめたく感じる自分（斉藤,2006）等、周囲との関係の中でも感じてしまうことが報告されている。

　将来への不安については、きょうだいは学童期より継続して将来に対する漠然とした不安を感じているとされる。高野・岡本（2009）は、15歳以上の障害のある兄弟姉妹をもつ群（きょうだい群）と、同じく15歳以上の障害のある兄弟姉妹をもたない群（非きょうだい群）を対象に行った調査で、きょうだい群の方が非きょうだい群よりも、自分の将来設計や結婚等に関連して不安が高いことを指摘している。Meyer & Vadasy（1994, 2008）は、将来の不安について、きょうだいが自分も同胞のように歩けなくなったり、目が見えなくなったりと同じ障害になるのではないかという過剰な同一視をもち、結婚して生まれた自分の子どもについて同じ障害になるのではないかという不安があるとし、きょうだいは「正確な情報が欠如」した状況に置かれていることを指摘している。また、吉川（1993）は、きょうだいが同胞の将来についても不安を感じていることを指摘しており、笠井（2013）もきょうだいが親亡き後の同胞の生活に対する不安を抱えていることを報告している。

　プレッシャーに関しては、Meyer & Vadasy（1994, 2008）は、きょうだいが同胞の困難な部分を自分が補わなければならないと感じたり、親や周りの期待に応えなければならないと感じたりしていると指摘する。三原・松本・豊山（2005）は、障害児の両親の育児意識に関する研究の中で、親が障害児よりもきょうだいに将来の楽しみを感じており、特に障害が重度の子どもの両親達が他の両親達よりも強くその気持ちをもっていたと報告しており、まさにきょうだいは、その両親の思いを感じ取っていると推察される。

　このようなきょうだいが直面している課題は、きょうだいの適応上の問題として表面化する場合がある。例えば、円形脱毛・喘息・夜尿等の身体症状（立山・立山・宮前, 2003；川上, 2009）、また、不登校・不公平感の訴え・すぐ泣く・甘える等（立山ら, 2003）の行動面での懸念、さらに性格や人格的傾向として、自己卑下、自己主張の不足（川上, 2009）、必要以上に他者からの支持賞賛を求める傾向、自己評価や自尊感情の低さ（吉川, 2002）、友人関係の難しさ、自己非難（遠矢, 2004）などが挙げられている。

　また、全国の障害のある人のきょうだいに対して行った実態調査の報告書である「障害のある人のきょうだいへの調査報告書」（財団法人国際障害者年記念ナ

イスハート基金、以下「ナイスハート基金」, 2008）では、同胞からの影響に関する報告がなされている。調査の対象となったきょうだいは424名（男154、女267、不明3）で、年代構成は10代2.6％、20代33.5％、30代29.2％、40代16.7％、50代10.1％、60代6.6％、不明1.2％となっている。このナイスハート基金（2008）の調査は標本数も多く年齢層も幅広いので、きょうだい達が生活する上で直面している課題を把握する上で大変参考になるものといえる。それによると、小学生の時困ったり、悩んだりしたことがある（あった）と答えたのは53.3％、現在困っていることがあると答えたのが44.8％で、きょうだいのほぼ半数が過去から現在にわたり、何らかの悩みをもっていることが明らかとなった。小学生の時困ったり悩んだりしたことで最も多いのが、「社会の人の発言や行動への困惑」（23.3％）であった。続いて、「同胞の行動への対処」（8.3％）、「障害を理由にしたいじめ、からかい」（8.0％）、「家庭内での行動・親への配慮や心配」（6.1％）と続く。また、現在困っていることでは、大人になったきょうだいの場合、第1位が「将来に関する不安」（25.2％）であり、次は「同胞との交流方法」（11.6％）、さらに「親の同胞への不理解」（2.4％）と続く。長い共同生活を経てもなお、同胞の行動は理解と対応が困難で交流が難しく、さらにきょうだいは親に対しても悩みを抱えており、長期的で複雑な悩みを抱えながら成長してきたことが見て取れる。

　一方、きょうだいが受ける影響は、マイナスと捉えられるべきものばかりではない。Grossman（1972）は、大学生のきょうだいの面接調査から、きょうだいが同胞とともに暮らしたことでプラスとなる益を得たケースとして、人間理解、障害理解が深いこと、偏見に敏感であること、自分の健康や知的能力に感謝していることを挙げている。また、平川（1986）も、きょうだいが得たプラスの影響として、偏見に対する敏感さ、忍耐強さ、慈悲深さ等を挙げている。Meyer & Vadasy（1994, 2008）、Meyer（2012）は、きょうだいが、もしきょうだいでなければ得られなかった特有の経験により、人の価値が知能テスト等の尺度では測れないことを知る、同胞が努力していることを誇りに思う、自分の家族や自分の能力に感謝の気持ちをもつなど、洞察力、成熟、誇り、寛容さ、感謝、ユーモアのセンス、誠実さ等を獲得すると述べている。田中ら（2011）は、「きょうだいへの肯定的な影響として、家族の絆・家族の責任の重要性を学び、障害や福祉について深く考え、他者に共感することや、優しさ、思いやりを身につけることで、

きょうだいは早くから自立し、責任感のある人間に成長していく」と指摘している。

さらに先に挙げた「ナイスハート基金」（2008）においても、現在、同胞がいることで良かったことについて尋ねた結果、「良かったと思うことがない」と答えたのが27.8%であったのに対し、「良かったと思うことがある」と答えたのは67.9%で、3分の2を超えるきょうだいが悩みを抱えてもなお、同胞と暮らすことは、自分自身にプラスの影響をもたらしていると感じていることは興味深い。きょうだいが最も良かったと思うことは「同胞の存在意義・考え方への影響」（25.2%）であり、さらに、「人に対する優しさや思いやり」（19.1%）、「障害への関心・差別意識の緩和」（7.1%）と続き、同胞がいることによる心理的影響を受け続けてきたことが、きょうだいのものの考え方の獲得に大きくかかわっていることが示されている。特に、「自分の視野や関心が広がった等、ハンディをプラスに捉えることができるようになった人が多い」と報告されている。

2　きょうだいの心理的問題とそれをもたらす要因

西村・原（1996a）によれば、きょうだいであることの特有の心理的・行動的特徴とそれをもたらしている要因を分析しようとする研究は、1970年代頃より統制研究が行われるようになり、きょうだいの抑うつ・不安などの神経症的傾向や、非社会的傾向や問題行動の有無、自己概念や自尊感情の程度、同胞に対する意識や感情等、様々な特徴が研究対象に取り上げられるようになった。さらに、その要因についても多様な変数が取り上げられている。柳澤（2007）によれば、性別によるもの、出生順位によるもの、障害の種類、障害の程度、家庭の経済状況、家族の規模、きょうだいの数、障害児・者に対する親の態度等が挙げられるが、これまで報告された研究結果では、これらの諸要因の影響の程度については、必ずしも一致した知見が得られているわけでなく、実際には、複数の要因の相互作用に影響されると考えられている（Simeonsson & McHale, 1981；Lobato, 1983）。西村・原（1996a）は、研究者によって対立する結果が得られるのは、研究対象の障害の種類の違いよりも、例えば夫婦の関係等の別の要因か、あるいは方法上の問題によるものと推察し、また、きょうだいの意識や行動に差が見られるのは、障害の種類によるのではなく、生活の実際の差異であろうと結論づけている。こ

のように、きょうだいの置かれている環境や状態が多岐にわたっている現状から、1つの要因がきょうだいの心理的特徴を左右するとは考え難く、同胞の障害の種類や程度だけでなく、同胞の障害特性と行動上の特徴や、家族要因、さらに学校や地域の要因などが複雑に関係すると思われる。また、先行の要因研究においては、そのデータの収集方法も、母親に対する質問紙調査や、教師の評価、子どもの行動や態度の直接観察等、多様である。西村・原（1996a）は、Lobato, Barbour, Hall & Miller（1987）の研究を取り上げ、きょうだいの行動や態度を直接調べたデータでは対照群との差がなかったにもかかわらず、母親によるきょうだいの行動評価では、対照群よりも攻撃的、抑うつ的である等の差が見られたことを述べ、母親の評価にはきょうだいの行動の偏りと母親の思い入れが混在していることが当然予想されるとし、母親の心理状態による評価のゆがみを指摘している。

西村・原（1996a）は、研究の仮説、調査の方法、分析手法の整備が望まれるとする一方で、きょうだいに対する負荷を左右する要因の研究では成果が得られたとして、同胞ときょうだいの年齢が接近するときょうだいに対する心理的負荷が増大しており、負荷を受けやすいきょうだいの位置があるらしいと述べている。これについては、後に、年少きょうだいに精神健康度の不良な者が多く、男性のきょうだいに不仲、不安・抑うつ、引きこもりを反映する行動が有意に多く見られたとする報告がある（槙野・大嶋, 2003）。西村・原（1996a）は、先行研究から得られた知見として、①年長きょうだいの早熟化や年少きょうだいの出生順位を覆す役割の逆転が生じるが、社会性の発達や情緒の発達に悪い影響を及ぼすことは少ない、②負担に対するきょうだい達の反応には明らかに個人差があるが、なぜそのような差が生じるかの機制はまだ解明されていない、③負担はきょうだいを非社会的行動に走らせることは少なく、むしろ非行に至らない程度の問題行動の発生が多い傾向にあるとしている。

このようにきょうだいは、同胞と暮らすことで多様な影響を受けるが、それらの影響がどのような行動として現れるかは、個々のきょうだいの特質等の個人要因、さらに、同胞や家族の状況と相互関係を含め、きょうだいを取り巻く固有の環境要因に左右され、個人差が大きいものである。また、前項で示したように、それらの影響はきょうだいにマイナス、及びプラスの両側面をもたらすものであり、きょうだいのライフステージとともに、きょうだい自身にとってその意味づけも変化するものであるといえる。しかし、きょうだいはそれぞれのライフス

テージの真中にあって、今まさに悩みに直面して生きているのであり、支援を必要としていることもまた確かである。よって、きょうだいへの支援は個人の要因を踏まえつつ長期にわたって行われるべきものであり、支援プログラムは、個に応じた柔軟な対応ができる要素をもっている必要があるといえる。

第3節　きょうだいの養育上の問題

1　親から見た養育上の問題

　立山・立山・宮前（2003）は、きょうだいの成長過程に共通した気になる兆候について研究を行っている。この研究は、障害のある子どもの母親ときょうだいに対して面接を行い、①発達の過程できょうだいに見られた気がかりな徴候（以下、サイン）とその原因を明らかにすること、②母親がきょうだいを養育する上で配慮してきた事項を明らかにすることを目的とした。調査の結果、20名の母親が養育するきょうだい32名中12名にサインが見られ、内10名のサインの原因は同胞に関係があった。サインの主なものとしては、「円形脱毛・喘息・夜尿・一時的な不登校・不公平感の訴え・すぐ泣く・甘える」等である。その原因として「同胞の入院付き添いにより、母親不在や家族内の緊張の高まりがあること」「母親が同胞のことで手一杯できょうだいの養育が手薄になったこと」「きょうだいが同胞を援助する役割を担い、自分を出しにくいこと」「友達の同胞への接し方から生じる葛藤があること」を挙げている。このように同胞の存在によって、同胞との直接的な関係のみならず、親や友達との関係にも影響を受け、サインが引き起こされることが示された。特に、同胞に手をとられている母親に対して、きょうだいが自分の存在をアピールするためのサインが見られることは、きょうだいの抱える問題を親子関係及び家族関係の視点から捉える必要性を示唆するものであろう。併せて、立山ら（2003）は、養育者としての母親がきょうだいを養育する上で行ってきた配慮事項を調べ、「きょうだいに意識してかかわる」「同胞ときょうだいの関係が円滑になるように配慮する」の2つに分類している。しかし、母親が同胞ときょうだいを平等に扱うように配慮していても、どうしても同胞の方に注意が向いてしまうこと、母親ときょうだいの考える平等の間にずれが生じやすいなど、その実践に難しさを伴うことも報告している。

広川 (1998, 2001) は、障害児療育施設に通う就学前の障害のある子どもの保護者にきょうだいの生育上の問題に関するアンケート調査を実施している。それによると多くのきょうだいに不登校、不登園及び神経症状が見られ、さらに発達の遅れ、多動、過度の不安傾向があることも報告された。そして、親子関係において、親は「きょうだいを精神的な支え」としつつも「きょうだいに年齢以上の無理や我慢をさせていることに罪悪感をもっている」と指摘している。また、広川 (2006) は障害児施設におけるきょうだい支援の実態について職員にアンケート調査を行っている。その結果、きょうだいの発達上の問題として、「発達の遅れや問題がある」、「我慢しすぎる」、「おとなしすぎる」、「多動である」などが指摘されており、きょうだいに対する親のかかわりに「問題を感じる」と答える職員が8割以上を占めていた。内訳は「年齢以上の役割を取らせている」、「我慢させすぎ」、「対応が厳しすぎる」、「放任気味」、「期待過剰」、「甘やかし」、「過保護」などであった。さらに、職員がきょうだいのことで親から相談を受けることが多く、その内訳は、「発達上の問題」、「育児上の問題」、「学校・保育所などでの問題」、「不登校・不登園」などであった。

　富安・松尾 (2001) は、脳性まひ児・者親の会の母親に対して、①同胞の障害に関するきょうだいへの説明状況、②母親の抱えている心配事や不安、③きょうだいの保育に関する相談相手の3点について質問紙調査を行っている。その結果、きょうだいに対して自由な時間が制限される、我慢させることが多い、母親が必要な時に相談にのってやれないと感じており、親として不全感を抱えていることが分かった。そして、母親が気軽に相談できる専門のカウンセラーを必要としている実態を示している。

　このことから、きょうだいの抱える問題は母親の視点から見ると、養育上の困難さでもあるといえる。さらに、親はそれを誰かに相談し、解決のための手がかりを得たいと望んでおり、きょうだいの成長にあたり、きょうだいだけでなく、親もまた支援を必要としている者の一人であると考えられる。

2　親としての心理状態や養育態度の影響

　川上 (1997) は、きょうだいの抱える問題に関する研究として、障害児のきょうだいが成長過程においてどのような問題を抱えているのかを明らかにすること

を目的に、母親ときょうだい両者に対して質問紙調査と面接調査を実施した。質問紙調査では、McHale, Sloan & Simeonsson（1986）が作成した「同胞に関する感情アンケート」を使用した。その結果、きょうだいの同胞に関する感情については、同胞に関する感情が否定的なのではないかと予想した母親が多いこと、しかし実際は、きょうだいは母親が思っているほど同胞に対して否定的感情を抱いてはいないことが示された。また、芝崎・羽山・山上（2006）は、小学生のきょうだいに対し、家事の手伝いや同胞の世話についての期待や負担と、きょうだいの抑うつ・不安との関係に関する質問紙調査を行っている。その結果、障害のある子どものきょうだいと健常児きょうだいとの間で抑うつ・不安の程度に差は無いことを示している。さらに、きょうだいは家事手伝いや世話についての親からの期待や負担の現状から抑うつ・不安を感じることはなく、きょうだいの負担感に関連しているのは、親自身が感じている同胞の世話の負担感であり、親が負担だと感じるほど、きょうだいの負担感が増すことを明らかにしている。つまり、西村・原（1996b）の指摘のように、きょうだいに対する母親の「投影同一視」の機制により、母親の「思い込み」がきょうだいの心理的負担に影響しているのではないかと考えられる。

また、田倉（2007）は、青年期のきょうだいを対象に質問紙調査を行い、母親の養育態度と、きょうだいと同胞との関係の関連を検討している。その結果、同胞との親和的なかかわりには、きょうだいに対する母親の積極的で支持的な態度と非統制的な態度が関係することを示唆している。三原・門脇・高松（2003）は、自閉症スペクトラム障害者の同胞をもつきょうだいの事例から、きょうだいに精神的負担度が見られないのは、親の積極的な養育態度が影響していると分析している。また、浅井・杉山・小石・東・並木・海野（2004）は、発達障害のある同胞をもつきょうだいの家族において、診断の遅れが、特に母親の自己評価の低下、抑うつ状態をもたらし、家族の慢性的なストレス状態が、きょうだいの適応に影響を及ぼす可能性を指摘している。さらに、矢矧・中田・水野（2005）は、親がきょうだいに協力者として依存していることを指摘しており、親はきょうだいに自由な選択を求めるものの、実際にはきょうだいは同胞の存在を抜きには考えられない実態があることを示している。

このように、きょうだいや同胞に関する親の感じ方ときょうだい自身の感じ方にはずれがあり、親自身の心理状態や、親の養育態度がきょうだいの心理や行動

に影響していることが示唆された。このことから、先に述べたきょうだいの養育において親を支援する必要性に併せ、きょうだいと親の相互理解と、受容的で支持的な親子関係の促進を支援する必要があると考えられる。

第4節　家族システムから見るきょうだいの問題

1　きょうだいに求められる家族役割

　亀口（2010）は、「家族は、ばらばらの個人の寄せ集めではなく、他に二つとない固有の心理的結びつきをもった『集団』である」とし、家族をシステムとしてとらえることの重要性を示唆している。きょうだいは、同胞のきょうだいであるだけでなく、親との関係においては子どもであり、対外的には家族の一員としての立場をもっている。きょうだいの行動とその育ちは、同胞のみならず親も含め家族成員それぞれから影響を受け、きょうだい自身も家族に影響を与えている。このような家族における「心理的結びつき」を方向づけているのは、家族観である。戸田（2012）は、家族のあり方はリーダーシップを発揮する親の家族観が影響するとした上で、障害児・者の親は、「幸福追求の集団としての家族」を希求することが多いと述べている。そして、その臨床経験から障害児・者の家族においては、「個人欲求を家族役割より優先させる傾向とは逆の状況にならざるを得ない」と述べ、きょうだいが自分の欲求に優先して、「幸福追求」のための家族役割を果たすように求められる家族システムが働いていることを示唆している。さらに、「自助」を強調し、家族の扶養・介護を前提とした今日の福祉施策は社会がもつ家族観・家族規範の反映であり、周囲の人々の言動や生活環境を通して、きょうだいの「家族観の形成」に作用し、時に強い圧力となって直接・間接的に障害児家族の生活に影響を及ぼすと述べている。

　それでは、きょうだいはどのような家族役割を担っているのであろうか。戸田（2012）は、親が生活の必要性から、きょうだいに対し、外出時同胞と手をつなぐよう求めたり、療育に参加すること、家事の補助をすることがきょうだいの年齢不相応に求められる場合や、障害のある子どもの代わりに勉強やスポーツが「できる」ことを期待される場合、さらに、親の話を聞くことや相談に乗ることで親の精神状態の安定を図るための役割を担う（遠矢, 2009）場合を挙げ、きょ

うだいの中には、自分の年齢・発達段階には不相応で過大な役割を要請されるものがいることを指摘している。圓尾・玉村・郷間・武藤（2010）もまた、発達障害児・者のきょうだいの聞き取りの中から、きょうだいの果たす役割として、母親の精神的なサポートがあるとする。具体的には、母親の話を聞くことや相談に乗ることで母親の精神的な負担を和らげることや、学校での同胞の行動を見守ること等を挙げている。さらに戸田（2012）は、きょうだいの中には、親から要請される前に自ら担うべき役割を判断・推察して先回りして担うケースがあるとし、きょうだいにとって同胞がいる家族の生活は、自らの役割を意識しやすい環境であると述べている。

また、三原・松本（2010）は、障害のある子どもときょうだいを育てる93名の母親にアンケート調査を行った結果、母親は、子どもの将来の養育について同胞よりもきょうだいに楽しみの気持ちを抱いており、その一方で、きょうだいの養育よりも同胞の養育に多くの面で葛藤を感じていること、同時に、母親はきょうだいよりも同胞の養育で自分が成長していると感じていることを明らかにしている。このことは、きょうだいから見ると、母親からの将来の期待を背負いつつ、その母親が同胞の育児に関心を寄せている姿をそばで見ていることなる。このような関係性の中で、きょうだいが過大な家族役割を継続的に担いながら成長していくことは、きょうだいの心理的不適応につながる可能性があるだけでなく、その人格形成にも影響すると考えられる。

2　家族システムの中で形成されるきょうだいの人格的特徴

遠矢（2009）は、きょうだいに起こりうる心の問題として、①年齢にふさわしくない高すぎる責任感を負わされる、②自分のことを二の次にしてしまう、③人のために尽くすことに身を注いでしまう、④人に寄りかかる傾向が身につく、⑤子どもらしく振る舞う権利を認められない、⑥友達関係が難しい、⑦自ら進路を制約する、⑧親からの愛情に不公平を感じるの8項目を挙げているが、これらはいずれもきょうだいが家族の中で担ってきた役割に伴って形成された問題であると考えられる。西村・原（1996b）、遠矢（2009）は、いずれもSiegel & Silverstein（1994）のアダルト・チルドレンのモデルによるきょうだいの人格特性の分類を紹介している。アダルト・チルドレンとは、「機能不全のある家族の中で

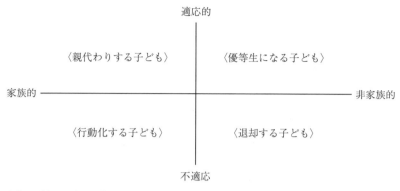

出典：西村・原（1996b）より引用.

Fig. 1-1　きょうだいの4タイプ

子ども時代を過ごした大人」という意味であり（吉川, 2008）、きょうだい達の人格特徴はこの概念によって、適応－不適応の軸、家族的－非家族的の軸を用いて説明できるとし、以下の4タイプに分けている（Fig. 1-1）。

① 親代わりする（親役割をとる）子ども（Parentified child）
　同年齢の多くの子どもがする以上に同胞に対して親の役割を担い、責任をとり、援助する。子どもは親の是認を求め、親も分担を求めて共依存関係をつくる。子どもの本性である自己中心性を協調性によって抑制され、早熟化させられる。そのため、自分自身の子ども時代を喪失してしまうこととなる。
　このようなきょうだいは、いつも親から認められるために行動しようとする。さらに、同胞に対する怒りを表すと親から愛されなくなるかもしれないことを恐れて、怒りを過剰に押さえようとする、また同胞に対し、あたかもセラピストであるかのように教える役割を取り、うまく教えられないと自分を責める。きょうだいが複数いる場合、他のきょうだいも親役割を求めてくるようになり、次々と引き受けてしまう等があるとされている。

② 優等生になる（優れた行動をとる）子ども（Superachieving child）
　葛藤や不安のはけ口を家庭外の活動に見出して活路を得て表現する。自分がいかに良い子であり、ハンディキャップをもつ者と反対の極にいるかを無意識に強

調する。障害をもつ同胞ができないことを何でも肩代わりできることを示したいという潜在的な願望がある。親は良い子と思い込むが、背伸びをしていて足もとが危うい面をもつ。

　このようなきょうだいは、親の期待や理想を敏感に感じとって何かを成し遂げることに必死にならざるをえなくなることがある。限りなく理想を追い求めるため、自らの満足感を得られず、また、親を満足させられない場合は罪悪感すら感じてしまう。親に助けを求めず、手のかからない良い子になるとされている。

③ 退却する（引きこもる）子ども（Withdrawn child）
　家族とは別の生活をしているように行動するし、そのように感じてもいる。同胞のことをできるだけ気にしないようにしている。しかも、問題を起こさず、ストレスを高める家族の活動からも退却している。親もそれを黙認している。

　このようなきょうだいは、むしろ親の注目を引くことを避けようとし、迷惑がかからない、手がかからない子どもである。我慢を続け、自分の不安や不満を内在化させ、感情を表に出すことができなくなる。親からの見捨てられ感が抑うつ状態を引き起こすことにつながり、快感情の喪失、成績の低下、エネルギーの低下、自己評価の低下、孤独感が見られるようになるとされている。

④ 行動化する子ども（Acting-out child）
　同胞の世話が重荷になっているのに親が気づいてくれないなどの不満をもつ。そして、悪いことをして親の注意を自分に引きつけようとする。敵意や憤りの感情を行動に起こして表現する。負荷への素直な反応の仕方ともいえる。

　このような子どもは、親から見れば、いわゆる手を焼く子どもである。自分の不安や不満を分かりやすい方法で表しているという点からすれば、むしろ健康的な子どもであるといえる。暴力や暴言等ではない、より社会的に適切な方法で自分の感情を表現できる機会が提供されているかどうかが問題となるとされている。

　吉川（2002）は、きょうだいが育つ家族において、家族機能の不全化が生じており、それがきょうだいの人格的特徴に影響すると指摘している。

　家族の機能不全化状態とは、まず1つ目に、同胞について感じたことをそのまま伝えると、家族の中に気まずい雰囲気が流れるため、「家庭の中で言ってはい

けないことがある」「気づいているけど知らないふりをする」という、「強固なルール」があり、家族成員がそれを守るよう強いられている状態である。2つ目に、家族成員が家族の中で感じている様々な葛藤を口にできず、あたかも、葛藤がないもののように無視されている状態である。例えば、親からの同胞の代わりに「良い子であらねばならない」「成績優秀であらねばならない」といった過剰な期待は、暗黙のメッセージになってきょうだいを縛り、きょうだいは「親から愛されるため親の期待に応え続ける状態」に追い込まれてしまう。きょうだいは期待される自分と現実の自分とのギャップに悩み、親の期待に応えたいけれど、「本当の自分は別にある、自分が本当にやりたいことは他にある」とは言えず、苦しみ続けることとなる。3つ目に、「親・子ども」「夫・妻」というように本来家族成員それぞれが担うべき役割の境界が曖昧な状態となっていることである。例えば、きょうだいが両親の不和など家庭内の緊張を緩和する役割や、父親の代わりに母親の相談相手をする役割、親の代わりに同胞の世話をする役割など、本来大人が負うべき役割を担わされている。きょうだいはその期待された役割に自らをあてはめようとし、本来の役割である「子どもらしく生きていくことが困難な状態」に追い込まれてしまう。そして、4つ目に、家族成員の家庭内における役割が強固に固定化したままの状態になってしまうことである。障害のある子どもが自立への欲求を表出しにくく、一生涯にわたって「子ども」としての役割を背負わされ、親やきょうだいもまた、養育者・介護者としての役割を担い続けてしまう。

　このような機能不全化した家族の中で、「障害児のきょうだい達は、自分の全てを受け入れてもらったという経験（主観的経験）が不足して育つ」こととなり、その結果、「常に自分に不安感をもつようになり、他人の支持や賞賛を必要以上に必要とする」傾向や「自分の力の及ばないできごとを、自分のせいだと捉える」傾向、また同胞がいじめられているのを止められなかったり、上手にパニックに対処できなかったりした自分、障害者に対する差別的な発言に対処できなかった自分などに「罪悪感や嫌悪感を抱き、自己評価と自尊感情を低くしてしまう」状態が生まれるとされる。

　さらに複数の研究者が、きょうだいの感情や要求表出の弱さを指摘する。戸田（2012）は、「家族集団は、相対的に弱い立場の者がもつ意見や価値観を抑圧してしまう『危うさ』をもつ」とした上で、親とのかかわりが同胞に比べて少ないき

ょうだいは、家族内での居場所に不安定さを感じているために、親と対立するかもしれない自らの主張を躊躇せざるを得ないと指摘する。益満・江頭（2002）は、障害児のきょうだいと健常児のきょうだいの否定的感情表出の困難さを比較し、障害児のきょうだいは、家庭の不満や怒りの感情を表出することへの抵抗感、否定的感情をもつことへの罪悪感、友人に相談することへの抵抗感等が強いことを示している。また、先に述べたように、立山・立山・宮前（2003）も、きょうだいが同胞を援助する役割を担い、自分を出しにくいことを指摘している。戸田（2012）は、きょうだいが自分の担っている役割が他者に要請されたものか、自分からすべきと判断したものか、あるいは自身の本来的な要求から出発したものかが区別できない者もいるとし、きょうだいの姿とその要求はきょうだい自身の本来的な欲求・ねがいが相対的に低く抑え込まれた結果ではないかと捉え、きょうだいがおかれた環境は、発達の基礎となる主体的な要求を育みづらくさせてはいないか、自身にも主体的な要求があることを自覚させづらくしてはいないかと危惧している。そして、きょうだいがもつ独特の他者への気遣いや本音の見えづらさ、対人的な距離感などが、他者からは「違和感」として感じられる一方で、きょうだい本人にはそれが自覚されづらいと指摘している。

　以上のように、障害のある子どもを育てる家族のシステムが、きょうだいに対し、年齢・発達段階には不相応で過大な役割を期待し、さらにそれを長期にわたって固定化させてしまう可能性が示された。その結果、きょうだいの発達に必要な主体的な要求が育ちにくくなり、きょうだいの心理的・行動的問題につながる可能性が高いと推察される。田中（2012）は、「きょうだいがどのようなアイデンティティを形成するのかは、家族生活のありようと切り離して考えることはできない。きょうだいは、『障害児の親』として精一杯生きる親への配慮と、自らが家族の中で引き受けるべき役割、そして自分自身の人生という混沌を一身に引き受けて生きている」と、家族システムが、きょうだいの人格形成に大きく影響することを指摘している。

第5節　きょうだい支援の現状

1　きょうだい支援の必要性と支援の始まり

　これまで見てきたように、きょうだいは障害のある子どもをもつ家族の一員として育つ過程で、様々な悩みや問題を抱えてきたこと、またその悩みは、親のきょうだいに対する養育の悩みでもあること、さらにそれは、家族システムの中できょうだいが長期にわたって担う家族役割に根ざしていることが示唆された。きょうだいとして生きることは、きょうだい自身にとってプラスと評価できることが多々ある一方で、常に自分の力では解決できない悩みや問題に直面していくことでもある。そして、それは家族であるがゆえに直面している課題であり、家族内の力だけで解決することは難しいといえる。きょうだいへの支援が必要な所以である。

　高瀬・井上（2007）の報告によれば、きょうだい支援に関して、欧米では1960年代から80年代にかけて、きょうだいが障害児の教育者や治療者の役割を果たせるようにすることを目的とした取り組み（Weinrott, 1974 ; Miller & Cantwell, 1976）が見られる。これらの支援プログラムの目的は、きょうだいを支援者として養成することであり、それは同胞の成長のためであることが強調された。その後、この類のプログラムはほとんど報告されなくなり、きょうだいのための支援プログラムが主流となっていった。

　きょうだい自身への支援が始まった経緯については、柳澤（2007）の詳細な報告がある。それによれば、米国の小児科医 Schreiber（1984）が、1965年に青年期のきょうだいを対象に自らの状況や思いについて話し合いの機会を設けたことが支援の始まりとされる。それが Kaplan & Fox（1968）による青年期のきょうだいが同じ立場のきょうだいと話し合い、障害児・者について学ぶ活動につながり、きょうだいの抱える問題に関する実証的な研究と支援に向けた研究がなされる中で、支援活動が展開されるようになったと報告されている。1990年代になると、米国では、後述する Sibshop が組織的に展開されるようになった。一方、英国では、特別な教育的支援ニーズを有する未就学児とその家族に対する家庭教育などへの公的支援の一環としてきょうだい支援が展開され、対象となるきょうだいの年齢範囲を限定したり、同胞の障害を学習障害、自閉症スペクトラム障害な

どに特化したりしているものも報告されている。

　また、我が国においてきょうだい支援組織が生まれたのは、「全国心身障害児者をもつ兄弟姉妹の会」が1995年に名称を「全国障害者とともに歩む兄弟姉妹の会」と変更した翌年からとされる。同会は当初障害児・者への理解や、障害児・者と家族が抱える多様な問題を社会に啓発していくことを中心的な目標としていたが、名称変更の翌年以降、きょうだい支援組織としての活動を始め、現在もきょうだい支援の中心的組織として活動していると報告されている（全国障害者と主に歩む兄弟姉妹の会東京支部, 1996）。

2　米国における Sibshop

(1) Sibshop の概要

　1990年代より米国で始まったきょうだいへの心理社会的支援の代表的な支援プログラムの1つに、Meyer & Vadasy（1994, 2008）が開発した Sibshop がある。米国におけるきょうだい支援プログラムの集大成（西村, 2004）と評価されるものである。この Sibshop は、ワシントン州シアトルを拠点に、法人組織による公的事業として展開され、現在では、米国とカナダの各都市をはじめとして世界各国で行われるようになり、Meyer らが主催する The Sibling Support Project のホームページによれば、2013年3月の時点で、400を超える実践団体登録がなされているとのことである。Meyer & Vadasy（1994, 2008）によれば、Sibshop とは「同胞と暮らす同じ立場にあるきょうだい達に出会いの場や活動の場を提供し、きょうだいの心理社会的な問題の軽減・解決や障害児・者への理解を促すことを目的とした活動」である。Sibshop は、きょうだい自身が主役となって楽しむ集団活動として設定され、ゲームや制作、運動などのレクリエーションを軸として仲間意識を育て、きょうだいの日頃の悩みやストレス、不安などをきょうだい同士で話し合うことで軽減し、その心理的適応を高め、エンパワメントを進めるものである。筆者は、米国を訪問し、直接 Meyer 氏へのインタビューを行うとともに、そのプログラム実践を視察した（小林・阿部, 2011）。

　Meyer 氏によれば、Sibshop の内容は、ゲームなどを通した情緒的な解放と子ども同士の交流を目的とした fun activities と、障害のある同胞や自分自身について考え、それを発表し、話し合う serious activities の2つからなる。対象は少

人数で、7歳から9歳の子ども10名程度としている。7歳以下では、自分の感情の表現力が不十分であり、さらに、10歳以上になると思春期の特有の問題が出てくるためと説明されている。子ども同士でのシェアリングが最も効果的にできる年齢と人数を設定して実施されている。リーダーは、Sibshop ファシリテータートレーニングを受けたスタッフ1～2名とボランティア1～2名である。筆者が視察した Kindering Center（ワシントン州ベルビュー市）、Westside Family Resource & Empowerment Center（カリフォルニア州カルバールシティ、以下、WFR & EC）はいずれも障害のある子どもの家族への支援を包括的に行う支援センターであり、Sibshop は多様な家族支援の中の1つとして位置づけられている。WFR & EC におけるプログラム例では、月1回、3時間の設定で、fun activities として、屋外活動（キャッチボールなど）、ボウリング、外食が行われ、serious activities として、「もし、同胞だったらどう言うだろう」というテーマで、いろいろな質問に同胞の立場を想像して答えを記入し、それを互いに発表し合う活動が行われていた。両施設とも、年間を通して継続的に実施されるプログラムの中で、きょうだい達に、自由に意見を言い合い手助けし合う友達関係ができ上がっていることが実践の様子から見て取れた。スタッフ自身も家族に障害のある子どもがいる立場の者が多く、スタッフからは、上記のような仲間との関係が将来にわたって、きょうだいの精神的な支えとなることがプログラムの効果であると強調された。

(2) Sibshop ファシリテーター
1）Sibshop ファシリテーターとは
　Sibshop の実施にあたっては、ワークショップ形式のセミナーに参加してトレーニングを受けたファシリテーターが進行役となる。ファシリテーターは、保護者と面接してニーズを把握し、参加者グループを決定し、参加者の課題を統合してプログラムの内容を企画立案し、実際の展開をリードする役割を担う。きょうだい支援活動において、このようなファシリテーターの存在は不可欠である。吉川・白鳥・諏方・井上・有馬（2009）は、きょうだい支援を担うきょうだい当事者、あるいはきょうだい以外のファシリテーター養成の必要性に触れ、支援プログラムを運営するファシリテーターに求められる条件と資質として、きょうだいがもちうる悩みや得がたい経験についての知識があること、グループワーカー

としての資質があることを指摘している。

　2）ファシリテーター養成の実際
　それでは、実際の Sibshop ファシリテータートレーニングでは、どのように養成を行っているのであろうか。トレーニングプログラムでは、ファシリテーターとしてのどのような資質を高めることを目指しているのであろうか。そこで、筆者は米国で実施された Sibshop ファシリテータートレーニングのワークショップ「Sibling Workshops and Sibshop Facilitator Trainings」に参加して、その養成プログラムを体験するとともに、Sibshop を実施している大学を訪問し、ファシリテーターの養成方法と実際のプログラムの企画実施における役割について情報収集を行った。
　視察・体験したトレーニング・ワークショップは、2013年3月に The Resource Center of Chautauqua County が Meyer 氏を講師に招へいして主催したものである。本リソースセンターは、ニューヨーク州ジェームズタウンにある、障害のある人々や経済的、社会的弱者とされる人々とその家族に対するサービス全般を提供している組織であり、自立に向けた支援、地域参加、生涯にわたる発達と Quality of Life（以下、「QOL」と表記）の向上をサービスの目的としている。支援対象は、乳幼児から高齢者にわたり、支援分野も心身の健康に関すること、生活支援・就労支援に関すること等、幅広い。中でもきょうだい支援は、子ども向けサービスの1つとして位置づけられており、複数のファシリテーターがチームを組んで Sibshop を実施している。ファシリテーターには、養成トレーニングを受けたセンター職員と子どもの時に Sibshop に参加し、大人になってスタッフとなったきょうだい当事者が含まれる。
　トレーニング・ワークショップの受講者内訳は、心理、福祉、教育等の分野で支援者として、今後 Sibshop を実践しようとする者約30名で、中に数名の大人のきょうだい当事者で、かつ、ファシリテーターを目指す者が含まれていた。トレーニング・ワークショップのプログラムは2日間で構成され、1日目の前半は、きょうだいがこれまで経験してきた、さらに現在直面している状況について、受講者による意見交換、及びきょうだい当事者のパネルディスカッションから学んだ。後半では、Sibshop の目的と良い Sibshop とはどのようなものかについて講義がなされ、続いて、今後自らの地域で Sibshop を企画・実践するために必要な

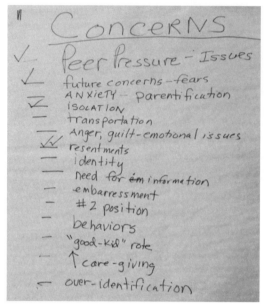

出典：Meyer 氏の許可を得て、筆者撮影.

Fig. 1-2　参加者による気がかり・心配事のキーワード

準備事項について、具体的事例をもとに学んだ。2日目は、実際に地域の小学生きょうだい達20数名を対象に、講師である Meyer 氏による Sibshop のライブデモンストレーションが行われた。内容の詳細は、後述するとおりである。トレーニング・ワークショップ受講者もその場で一緒に活動し、ファシリテーターとしてのプログラムの内容構成、きょうだいへのかかわり方、及び活動展開の具体を学んだ。デモンストレーション後、質疑応答があり、最後は受講者に修了証の授与が行われた。

　1日目の最初のセッションでは、きょうだいに見られる特有の「気がかり・心配事＝concerns」ときょうだいであるからこそ得られる「可能性、機会＝opportunities」について、受講者がどのようにこれまでの支援経験から考えるか、キーワード（Fig. 1-2、1-3）を挙げて、自由に、なるべく多様で多角的な観点から意見を出し、共有することが求められた。受講者は、具体的な事実を挙げてキーワードを裏づけながら討論を展開した。キーワードによっては「良い」「悪

第 1 章　問題の所在と研究の目的　23

出典：Meyer 氏の許可を得て、筆者撮影.

Fig. 1-3　参加者による可能性・機会のキーワード

い」と一極的な判断はできず、両価的である場合もあり、きょうだいであることの、他にはない可能性を拡げていく観点の重要性が確認された。

　第 2 セッションでは、10 代から 50 代までの当該地域に在住している 7 人のきょうだいによるパネルディスカッションが行われた。先のセッションでは、どのきょうだいにも考えられる concerns and opportunities であったものが、今度は現実にどのようにきょうだいに起こっているのか、個々のケースが当事者から語られた。きょうだいであることで「良かったこと・そんなに良くなかったこと・どちらにも考えられること」「同胞の障害が診断された時の思い」「これまで受けた支援や現在の支援で有効な内容」「親との関係性」「きょうだいであるからこそ学べたこと」などについて、講師の Meyer 氏の司会で各パネリストが意見を述べた。年代と育ってきた背景やきょうだい自身を取り巻く環境、家族の状況、同胞の障害の状況の違いなどから、それぞれのきょうだいがその人ならではのユニークな体験をしてきたことが語られた。さらに、その体験を通して様々な感情を抱き、

自分なりにその体験がもたらす意義を見出してきたことが明らかにされた。

　第3セッションでは、Meyer氏からSibshopの目的と適切な進め方のモデルについて説明がなされた。それによれば、Sibshopの目的とは、①同じ立場の他のきょうだいと出会うこと、②きょうだい同士で、喜びや心配事について話し合うこと（特に喜びに焦点を置くこと）、③悩みや問題を他のきょうだいがどのように解決しているか知ること、④きょうだいが、各分野の専門家などから、同胞の状態や将来についていろいろな情報を得て学ぶこと、⑤親やその他の専門家達に、きょうだいが直面している心配事や可能性について学ぶ機会を提供することである。また、1クラスの人数は12人程度、多くても20人ぐらいまでが適切であり、年間5〜10回ぐらいのセッションが、月1回のペースで行われるのが一般的である。Sibshopの運営で最も重要なことは、参加したきょうだい達が、参加して良かった、これからも参加したいと思えるような親しみやすい活動を展開することであり（Meyer, 2012）、良いSibshopとは、きょうだいが良い聞き手のそばで十分話せたという体験ができること、十分楽しめる活動が準備されていること、身体を十分動かして程良く疲れを感じ、その結果、家で良く眠れるようになること、不安を煽られるようなものではないことがポイントであると説明がなされた。その後、地域でSibshopを始めるために、ファシリテーターが計画・実行するべきことについて、現実的な運営ポイントが示された。

　翌日の第1セッションでは、トレーニングの受講者は、講師であるMeyer氏のファシリテートによるSibshopライブデモンストレーションを体験した。地元の8〜13歳のきょうだいが来場し、午前11時半〜午後4時まで、昼食を含む4時間半にわたるセッションが行われた。まず、集まった者から挨拶し、バイキング方式の食事を取った。ファシリテーターは、子どもに近づいて雑談しながら一緒に食事をし、リラックスした雰囲気づくりに配慮していた。食事後、自分の簡単な似顔絵と名前を大型シールに書き込んで、名札を作った。その後、参加者同士の関係づくりのためのゲーム、感情や考えを表出するための活動、自分の体験や同じ立場のきょうだいが抱える課題を解決するための話し合い活動が、ファシリテーターのリードによって複数組み合わされ、セッションの流れが展開した。

　関係づくりゲームは、活発に動いて楽しさを共有する活動が中心であり、最初は、背中につけた洗濯バサミを奪い合うゲーム、ビーンズバッグをファシリテーターのもつ箱に投げ入れるゲームなど個人単位の活動から始まり、数人でグルー

プになり、手をつないで絡み合った状態から手を離さずに1つの円形になるようにほどくゲーム、3人程度が円になってスカーフを持ち、周りからやってくる鬼にスカーフを取られないように逃げるゲーム、3人グループになり、目をつぶった人が、一方の人が取っているポーズを手で触れて判断し、もう一方の人に同じポーズをさせる「彫刻」ゲームというように、小グループのゲームへと進んだ。さらに2つのチームに分かれて、なるべくたくさんの風船を突いてゴールに運んで割るゲーム、2チームに分かれて文字を書いた紙を一人ずつ持ち、それを組み合わせてファシリテーターが出す問題に合うなるべく長い単語をできるだけ早く作ることを競うゲーム、さらに全員が1つの円になり後ろの人の膝に座って同時にバランスを取る「空気いす」ゲームというように、集団サイズを徐々に大きくし、仲間意識を高めていく手法を取っていた。

　感情や考えを表出するための活動としては、身体を動かす活動として、同胞について自分がとても腹立たしいと思うことを紙に書き、それをくしゃくしゃに丸めてボールにして雪合戦のように投げ合い、終了後自分のそばに落ちている紙ボールを拾って拡げ、読み上げ、そこに書かれていることに同感する人は挙手するというゲーム、1本のロープを自分の感情のスケールに見立てて「ある場面で、もし同胞が一緒にいたら、一方の端が〈嫌〉で、もう一方の端が〈OK〉なら、自分の気持ちはどのあたりか」について、実際に立って並び、その理由を話すゲームが取り入れられていた。また、考えや気持ちを表す活動としては、セッション導入時に、参加者同士がペアになり互いに相手の強みや弱みをインタビューし合い発表する活動、セッション終結時に、「もし誰かに、自分の同胞のことを1つだけ話せるとしたら、こんなことを伝えたい」とメッセージを書き込んで、読み上げる活動が取り入れられていた。

　話し合い活動としては、ファシリテーターが「実は、あるきょうだいから手紙を預かっている。悩みがあるらしいので、みんなで解決方法をアドバイスしてほしい」ともちかけ、封筒を取り出し、参加しているきょうだいの一人にその手紙を読み上げるよう依頼する。手紙に書かれた、同胞に関連して直面している差出人の悩みや問題を知ったきょうだい達が、自分だったらこうすると意見を出すというものであった。この活動はセッションの終盤で取り入れられ、ほぼ全員のきょうだいが「こんなアイデアはどうか」「自分の時はこうだったから、あなたもそうしてみたら」等と発言した。中には、あまり深刻に考えず視点を変えてそれ

をプラスに解釈してはどうかと、ユーモアを交えた意見を発表するきょうだいもおり、活発なディスカッションが行われた。

デモンストレーションの最後は、今日一番楽しかったゲームのアンコールで、きょうだい達のリクエストに応じて、空気いすゲームを行い、終了した。

きょうだい達を見送った後、トレーニング・ワークショップ受講者がデモンストレーションの感想を発表し、質疑応答が行われた。その中でMeyer氏から、ファシリテーターとして活動を進めるためのコツがいくつか示された。1つ目は、参加しているきょうだい達の集中力の切れ間を判断して次の活動へと移行することである。そのきっかけとしてユーモアやジョークを使って注目させること、「ちょっとここにきて」と場所を変えて声をかけ、場面を切り替えるきっかけにすること、また、個人的にふざけて活動に集中できないきょうだいに対しては、少し強めに指示をした後「（態度を改めてくれて）ありがとう」と、すぐ褒めることなどである。このようにして、参加者の集中力を活動の最後まで持続させることが可能になる。実際にデモンストレーション場面では、Meyer氏は集合場所を固定せず、部屋の各壁面を背にしたり、中央の広いスペースを利用したりして、いろいろな場所にきょうだい達を集合させて場面転換をしていた。さらに、どのきょうだいの発言にも必ず、「すばらしい」「いいね」「ありがとう」などの声をかける様子が確認できた。2つ目は、どのきょうだいにも、わけへだてなく声をかけるように心がけ、平等な発言のチャンスを保障することである。3つ目は、ディスカッションの場で、ファシリテーターを中心に「知恵の輪（wisdom circles）」ができるように、きょうだいの座る配置を誘導することである。すなわち、ファシリテーターが中心になってきょうだい達がそれを取り巻くようにほぼ半円を描いて床に座り、次々に手を挙げながら、発言する環境をつくる。実際のデモンストレーション場面では、話し合いが進むにつれ、きょうだい達はこの知恵の輪を自ら狭め、だんだんファシリテーターににじり寄って、参加度を高めていく様子が確認できた。

さらに、運営上の留意点として、もしきょうだいがリラックスできるならかまわないが、原則としては保護者が一緒に活動に参加しない方がよいこと、Sibshopに参加することをきょうだい自身が理解し、納得した上での参加が望ましいこと、同胞の障害種を特定した活動や障害種別で活動を分ける考え方をしないことが挙げられた。最後に筆者がMeyer氏にファシリテーターが活動を展開す

るにあたり最も留意すべき点について確認したところ、きょうだいが悪いことでも良いことでも何でも自由に話せる場を保障することであり、きょうだいが自分もまた、大切なヒーローの一人であることを感じられるように支援してほしいとの回答であった。

3) Western New York Sibshop の概要とファシリテーター

　Western New York Sibshop は、ニューヨーク州バッファローにある Canisius 大学において、地域貢献活動の一環として実施される Sibshop で、心理学研究室の Susan K. Putnam 教授が主催している。ファシリテーターには、教授自身の他に臨床心理学を学ぶ大学院生が含まれる。小学生のきょうだいを対象とした年4回のヤングコースと、10代の中高校生を中心とした週2回のティーンズコースの2種類の Sibshop が行われている。前者は1回4時間程度の活動で、活動の導入には紙工作や描画などの制作活動を行い、さらに3種類の活発に動き回る遊び、同胞の障害について知るための勉強、ディスカッション、おやつタイムを交互に組み合わせて実施した後、最後にもう一度制作活動を行ってセッションが終了する。この内容は、Meyer 氏の提供している Sibshop のモデルに沿って設定されている。4回という頻度については、保護者の送迎に負担感がないレベルを検討して決定された。

　後者は、月2回日曜日の午後に定期的にミーティングを設け、前者のヤングコースから移行する形で、中高校生となったきょうだい達が継続して参加している。毎回テーマを選定し、それに沿って、ファシリテーターのリードで個々のきょうだいの体験とそれに伴う感情の共有、課題解決に向けたディスカッション等を行うのが中心的活動である。テーマの選定にあたっては、ファシリテーターが参加するきょうだいの関心や、その時々に直面している課題を集約する。具体例としては、「スクールバスに乗っている同胞が騒いだらどういう態度を取るか」「いつも優等生でいることを求められることについてどう対処しているか」などである。ディスカッションの他に、希望に応じて調理などの活動も適宜取り入れている。参加するきょうだい自身が、活動内容の決定について意見を述べ、主体的な参加ができるように配意しており、日本でも広く行われているきょうだい当事者が行う活動への橋渡し的な Sibshop であるといえる。実施場所は、ヤングコース、ティーンズコースともに地域のリソースセンターで、費用は大学の地域

支援費、寄付金、及び参加費によって賄われる。

　Putnam 氏によれば、バッファロー市では地域の問題として、離婚家庭のきょうだいが同胞の面倒をみなければならない現状があることや、多様な人種が集まっており、人種によって家族のアイデンティティに対する考え方の相違があることで、きょうだいの抱える問題がより多様化していることが挙げられた。本 Sibshop は、心理学研究室をベースに運営されていることから、支援の観点として、きょうだいの抱えるストレスの問題や対人関係面への関心が高く、Putnam 氏は、7歳という低年齢でありながら同胞の世話を十分やり遂げられないプレッシャーを感じているきょうだいの例を挙げ、Sibshop の目的はきょうだいの感情や社会性、知的理解や判断力等の各側面に働きかけ、その自尊心を高め、自分が家族の中で大切な人間であることを感じられるようにすることであると述べた。

　本 Sibshop では、前述したようにファシリテーターは、臨床心理学を学ぶ大学院生が務める。Putnam 氏は、スーパーバイザーとして、大学院生のファシリテーターが Sibshop を運営する際のアドバイスとサポートを行っている。ヤングコースでは、15名のきょうだいに6名の大学院生、ティーンズコースでは2名の大学院生が対応している。彼らは全員、先に示した Sibshop ファシリテータートレーニングを受講しており、その他に、カウンセリングとソーシャルワークのトレーニングを受けている。

４）Sibshop ファシリテーターが果たす枠割

　調査したトレーニング内容から、ファシリテーターが果たすべき役割は、きょうだいに対して直接行うプログラムの企画立案実行の他に、地域におけるきょうだい支援のニーズのリサーチ、予算の確保、家族を始め関係者との連絡調整、会場やスタッフの確保など多岐にわたることが分かった。その概要は、以下の3つの領域に分類できると考えられる。

① きょうだいへの直接支援者としての役割

　きょうだいの良き理解者、そしてプログラム実践の責任者として、きょうだいのニーズを踏まえて、適切なねらいと活動内容を設定し、ひとまとまりの活動プランに作り上げるとともに、それをベースに実際に活動を行う集団活動のリーダーとしての役割が期待されている。同時に、個々のきょうだいに個別に対応す

るカウンセラー、ソーシャルワーカー的支援をする役割も含んでいる。

②きょうだいを取り巻く支援環境整備推進者としての役割
　アメリカでは既にきょうだい支援が公的な支援事業として位置づけられているが、効果的な支援を継続していくために、ファシリテーターは、参加者の募集、スタッフの養成、場所と予算の確保等にかかる業務等、実現に向けた環境整備を行う役割をもつ。さらに、きょうだいの保護者や家族を含め、きょうだいを取り巻く人々に対して、ニーズの掘り起こしや理解啓発活動を行う役割が期待されている。

③Sibshop発展プログラム開発者としての役割
　Sibshopは、小学生を対象とした基本形が確立し、それに基づいて、きょうだいの育ちや地域の実情に即して、各地でアレンジされ実践されてきている。ファシリテーターは、Sibshopの基本理念に基づきながら、きょうだいの多様なニーズに応じて、さらなる多様なスタイルと方法を開発し、Sibshopを実現していく役割が求められていると考える。

5）Sibshopファシリテーターに求められる資質
　Sibshop Facilitator Trainings及びWestern New York Sibshopに基づき、ファシリテーターの資質として、以下の6点が整理できるであろう。
　まず1点目として、多角的な視点からきょうだいの置かれている現状とニーズを把握・理解できることである。トレーニングでは、「心配事・気がかり」と「可能性・機会」の相対する視点から整理していたが、その中でなるべく多様な意見をもつこと、さらにステレオタイプに善し悪しを判断するのではなく、きょうだい一人一人の育ちの歴史や、家庭環境、きょうだい本人の考え方や感じ方の個別性を踏まえたありのままの理解と、本人の視点に立った状況の把握ができることが求められていた。
　2点目は、上記とも関連するが、きょうだいの育ちについて、多様な価値観をもって支援の方向を柔軟に判断できることである。Meyer氏はSibshopの目的の1つとして、きょうだいであることの喜びに着目することを奨励している。ファシリテーターは、問題解決的な価値観や思考に偏らず、きょうだいが自分の置

かれている状況を積極的に評価し生かしていく視点を含めて、プログラム運営ができることが求められる。すなわち、きょうだいのありようを1つの方向性に結びつけるための支援ではなく、個々のケースに応じて、きょうだい自身が判断し、自分にとって良いと評価できる行動を自尊心をもって主体的に選び取れるようになるための支援を企画、実現することである。

　3点目として、きょうだいが安心して何でも話せると感じられる場作りのための配慮ができることである。デモンストレーションでは、初対面のMeyer氏に対し、きょうだい達は進んで発言し、長時間の活動でもその意欲が途切れることがなかった。そのために、Meyer氏は、活動の組み合わせや展開順序を計画するだけでなく、実際の展開においてきょうだいの参加度を把握して、柔軟に活動の時間や順序を調整したり、空間を活用したりなど臨機応変に対応していた。このように、ファシリテーターは参加するきょうだいの状態を的確に判断し、個別対応のみによるのではなく、集団活動を柔軟に運営することで、きょうだいの自己開示を促進できるテクニックをもつことが求められる。

　4点目として、きょうだいの支援にかかわる多様な立場の人々とのコミュニケーション能力である。Sibshopの運営には、当事者のきょうだいだけでなく、その保護者のニーズ、地域のニーズ、さらには資金提供者が考える支援のねらいなどを総合的に組み込む必要がある。Sibshopは単発的なイベントとして実施するのではなく、継続することで効果が期待されるものであり、先の2点目で述べたようなきょうだい自身の育ちを実現するためには、これらの人々との連絡調整によって、関係者に活動の意義が十分理解されて、継続が可能となるようにすることが重要となる。特に、公的な支援活動として資金提供を受けて行われるSibshopにおいては、地域の人々に活動の意義と評価を理解してもらうための工夫が求められる。

　5点目に、地域社会に根ざしたSibshopを展開するファシリテーターとして、その地域ならではのきょうだいを取り巻く課題を踏まえて、活動を構成できることである。Putnam氏が指摘するようにWestern New York Sibshopが行われているバッファロー市は、ニューヨーク州第2の都市として人口も多く、多様な人種で構成されている。一方、先に述べたファシリテータートレーニングが行われたジェームズタウンは公共交通機関が限られるような小規模都市である。両者では、きょうだいを取り巻く環境は大きく異なり、当然Sibshopのねらいや運営形

態にも違いが見られる。地域の家族形態や家族に対する価値観の相違を理解した上で、ニーズを把握し、支援の目的と内容設定を行うことが求められる。

　6点目に、継続した地域支援活動として位置づけるため、きょうだいの年齢に応じた活動をアレンジできることである。Western New York Sibshop では、小学生向けの典型的な Sibshop の他に、それを卒業した中高校生のきょうだいのための定期的な活動が設定され、ファシリテーターは、将来に向け、きょうだい自身の自主的なミーティング運営を促すための橋渡し役、きょうだいが現実の課題と向きあうための伴走者として、きょうだい達と相談しながらミーティングを運営していた。そのためには、カウンセリングやソーシャルワークの技能をもつことが必要となる。Meyer 氏の運営する The Sibling Support Project においても、10代のきょうだい達のネットワークとして、SIBTEEN というフェイスブックが運営され、世界各国の10代のきょうだいのコミュニケーションの場として利用されているが、このように、子どもから大人に至る長期的な視点に立って、それぞれの時期のきょうだいの育ちに応じて、必要な支援を見立てて、実現する企画力が求められる。

　ところで、これまで述べたファシリテーターの資質に関する知見は、筆者個人の Sibshop ファシリテータートレーニングの体験調査と1事例の実践者の聞き取り調査に基づくものであり、ファシリテーターの資質要件の一部であると考える。実際に Sibshop を運営しているファシリテーターの複数事例の調査や、参加したきょうだい、関係者の評価等から、ファシリテーターの役割とそれを果たすための資質について、さらに知見を広げる必要があるだろう。

3　英国における Sibs

(1) Sibs の概要

　米国と並んできょうだい支援の先進国である英国で行われているきょうだい支援の組織が Sibs である。英国では、障害のある子どもとその家族支援の1つとしてきょうだい支援が各地で実施され、プログラム開発を含めた全国的な支援の組織化が進んでいるとされる。その組織の1つが、Sibs for brothers and sisters of disabled children and adults（略称：Sibs org. UK）である。Sibs org. UK は、ウエストヨークシャー州オクセンホープを本拠地とする障害のある子どものきょ

うだいの支援を専門とする組織である。業務内容は、英国全土におけるきょうだい支援実践機関のサポートであり、具体的には、きょうだい支援のモデルプログラムの作成、支援にあたる専門家の養成研修、各地の支援サービスの立ち上げ協力、予算獲得のための交渉、支援必要性の理解啓発活動など、幅広い。筆者はSibs org. UK と、それが提案する支援プログラムを実践している英国の支援組織を複数視察し、支援体制の構築方法と支援プログラムを構成する際の基本的な考え方、及びそれに基づく具体的なプログラムの作り方とその実践方法について、インタビューや資料提供、実践の観察などによる調査を行った。

(2) Sibs org. UK による支援プログラムの概要

自身もきょうだい当事者であるディレクターの Monica McCaffrey 氏にインタビューを実施した。McCaffrey 氏によれば、英国ではノーマライゼーションの流れの中で家族が障害の軽重にかかわらず障害のある子どもとともに暮らすようになると、きょうだいに対する同胞の世話の担い手としての位置づけが強まり、その結果、家で勉強する時間がない、同胞から殴られたり眠りを脅かされたりする、周囲から差別されるなど、きょうだいの負担が高まり、精神的な問題を抱え通院するケースが問題になってきている。さらに貧困家庭や欠損家庭では、未成年の子どもに充分学業や活動をさせずに障害者や高齢者など家族の世話をさせる"young carer"と呼ばれる若者の社会問題が大きくなっており、きょうだい支援もその関連で取り上げられるようになったとのことであった。

このようなニーズを踏まえ、Sibs org. UK では、きょうだい支援モデルプログラムを作成し、英国全土をターゲットに、きょうだい支援を実施しようとする機関の要請に応じて、スタッフを対象にワークショップ等を開催して研修を行い、支援者養成をしている。各機関は、実際の支援対象者の実態や機関の状況に応じてプログラムをアレンジし、実際の支援を展開することとなる。

プログラムは「F. R. A. M. E.」と呼ばれる目的をもっている。具体的には「Fun：友達を作って楽しむこと」、「Relieve isolation：同じ状況にある他のきょうだいと出会って孤独から抜け出すこと」、「Acknowledge feelings：きょうだいであるがゆえの特別な感情や体験について話し合い、その意味づけをして、自らの感情を認めること」、「Model coping strategies：困った状況に対処する方法とサポートネットワークを知り、困難に出会った時に対処するため自分が使える適

第1章　問題の所在と研究の目的　33

Table 1-1　Sibs org. UK による Sibling group sessions のプログラムモデル

回	テーマ	目　的
1	出会い	きょうだいとして自分達を認め合い、仲間をもっと知る。
2	感情の気づきと目標設定	きょうだいの経験する感情について話し合いながら、名前をつける。共通の感情を確認し合う。また、セッションの終りまでに達成したい、だいたいの目標を決める。
3	感情の気づきの続き	きょうだいの経験する感情について話し合いながら、名前をつける。共通の感情を確認し合う。制作活動などをしながら、自分のことを話す体験を促進する。
4	問題を認める	きょうだい達は、困った時のことを分かち合い、お互いに似た経験をしていることに気づき、それらに対処するための方略を開発し始める。
5	問題にうまく対処する	きょうだい達は、自分の辛い場面を共有し、経験の類似性を認め、それらに対処するための方略を開発する。
6	支援ネットワーク	きょうだいと支援者は、生活の中で彼らを助けてくれる人が誰なのかを確認し、そして必要な他の支援を見つける。
7	情報	きょうだい達が、彼らの同胞に関する疑問のいくつかの答えを学ぶ。
8	私達の家族	きょうだい達が家族の中で過ごす良い時間の話を共有する。彼らはまた、お互いについての評価を伝える。
9	お祝いをする	第1回セッションで個別活動目標を書き込んだターゲットシートに基づいて、自らの活動を振り返り、成果と課題を確認する。目標達成を祝うための祝賀会をする。
10	社会的なイベント	最後のグループセッションを楽しむ。きょうだい達は、この後も連絡を取り合いたい仲間の連絡先を書き留めておくようにする。

出典：http://www.Sibs org.UK/（2012年5月）筆者翻訳要約．

切なやり方をつかむこと」、「Enhance knowledge：同胞の障害についてもっと学び、知識を確かにすること」である。このねらいに即して提供される週1回2時間、全10セッションからなるモデルプログラムを Table 1-1 に示す。このプログラムは固定的なものではなく、経験豊富なリーダーやワーカーがアレンジして使うことを想定している。また、各活動にはテーマが示されており、各セッションは独立して実施することもできる。例えば、月1回のペースで実践を行うグループなど、実践形態に応じて必要なセッションのみを取り出して実施すること

も可能である。

　また、セッションにはぜひ取り入れるべき内容がいくつかある。

　1つ目は、参加にあたってお互いが守るルールを決めることである。お互いに安心して参加できるように、発言の機会を保障することや、守秘義務を負うこと、参加メンバー同士敬意を払うことなどを話し合って決定する活動である。

　2つ目は、参加者とスタッフの名前を覚えるためのゲームである。お互いが誰かのきょうだいではなく、名前をもった個人として覚えてもらい、きょうだい同士の関係構築を促進する。

　3つ目はウォーミングアップ（アイスブレーキング）である。毎回のセッションの初めの数分で、ゲームや工作に取り組む時間を設定することで、きょうだいが家庭や学校、友達などのストレスから解放されて、自分がグループの一員であることに集中できるように助ける。

　4つ目は、造形や絵画などの制作活動である。きょうだい達は家庭で制作活動をする機会が制限される。親が一緒にする時間をとれなかったり、同胞に邪魔されたりするからである。また、制作活動は会場に着いたきょうだいから順次参加できるので、セッションの初めに行うのに理想的である。

　5つ目はゲームを行うことである。これは支援プログラムのねらいである参加者の「Fun」を実現するためのものであり、参加者同士の友好な人間関係を促進し、活動へのエネルギーを生み出すことにつながる。スタッフが多くのゲームを知らなければ、きょうだいに助言を求めて、新しいゲームに取り組んでもよい。

　6つ目はおやつや食事の機会である。食べながら自由に個人的に話をすることができる。

　7つ目は話し合い活動である。きょうだいであるために直面する様々な経験や疑問について討議する。美術制作や、劇、遊びをしながら話し合うことで、退屈しないで考えを深めたり、対応方法を検討したりする。毎回ディスカッションを行うことが推奨される。

　8つ目は、評価活動である。初期のセッションで目標を決め、それを個別の「ターゲットシート」に書き込む。そして、最後のセッションでそれがどれくらい進歩したかや解決できていないニーズを評価する。これにより、スタッフも、支援がうまくいっていることといないことをアセスメントできる。

　そして、9つ目は、別れの挨拶である。毎回同じゲームをしたり、同じ歌を歌

ったりなどして、活動を時間通りに終わるようにする。また終わる時には、肯定的な態度で締めくくるようにし、必ず今日は何をしたか、次回は何をするかを確認する。

そして最後は、グループの解散である。最初の目標シートに戻って参加者がどの程度進歩したかを確認し、表彰式をする。そこでもらった修了証やトロフィーなどは、グループの活動を思い出すためのリマインダーとしても有効である。また、グループが解散した後でも、きょうだい同士が連絡を取り合い、関係を続けていくことを助けるようにする。

また、具体的な活動例として、楽しむための活動、孤独感から解放されるための活動、自らの様々な感情の自覚とそれに関するきょうだい同士の共通認識をもたらすための活動、困難な状況に対処するための方法を学び合う活動、同胞の障害や家族を支えてくれる専門家やサービスについて学ぶ活動、グループセッションの始まりや終了の時期に行う活動が、それぞれカテゴリーごとに分類されて提供されている。

(3) The Sibling Support Group Service（Burton Street Foundation）における支援プログラムの概要

The Sibling Support Group Service は、サウスヨークシャー州シェフィールド市全域の障害者支援を行う機関である Burton Street Foundation の中に設けられた、きょうだい支援専門のサービスである。きょうだい支援サービスは、市の事業として実施されている。

きょうだい支援サービスのチーフディレクターで臨床心理士の Philip Hazelhurst 氏にインタビューを実施するとともに、実際の活動に参加し、参与観察を実施した。Hazelhurst 氏を含め、3人のスタッフが運営し、毎週1回2時間計12回と、2回のフォローアップセッションを1クールとする支援プログラム（短期集中支援プログラム）を年間3クール実施している。プログラムの内容と構成は Sibs org. UK が提供しているものに沿っており、スタッフはそのトレーニングを受講済みである。他に、継続フォローアップ活動として、月に1回2時間の夜間セッション（長期継続支援プログラム）を行っている。全セッションについて、時系列に沿って活動内容とスタッフの動きを記載した計画書が作成されており、セッションの前後でスタッフによるミーティングが行われ、活動計画及び内

36　第Ⅰ部　研究の目的と方法

出典：Hazelhurst 氏の許可を得て筆者撮影：2012年3月.

Fig. 1-4　支援の鎖作り（Burton Street Foundation による The Sibling Support Group Service の活動場面より）

容、活動中のきょうだいの様子、活動の改善を要する点などが検討される。

　筆者が参加したのは、前者の週1回計12回からなる短期集中支援プログラムの最終セッション（第12回目）と後者の長期継続支援プログラムの月1回の定例セッションの2種類であった。

　前者では、放課後15時半に小学1年生から中学生まで10名のきょうだいが学校のプレイルームに集まり、まず出席確認と健康チェックを行った。続いて、15分間ほど自由なゲーム（ボールゲームなど）を行い、「支援の鎖作り」（Fig. 1-4）を30分間ほど実施した。これは、自分を支えてくれる人の氏名をなるべくたくさん短冊紙に書いて、色を塗り、それらをすべてつないで長い1本の鎖に仕上げ、それを全員で支え持って、サポートされている自分を実感するプログラムで、最後にそれを体に巻きつけたり、まとめてボールのような塊にしたりして終了した。その後、20分間ほどおやつを食べながら、この頃自分に起きた嬉しいこと、嫌だったことを全員が発表し合い、他のきょうだいからコメントをもらったり、スタッフからアドバイスをもらったりした。その中で、あるきょうだいが自分の困っている問題や疑問に思っていることをスタッフに話すと、他のきょうだいから「自分も同じことがある」「自分もそんな時には同じ気持ちになる」「自分はこう

している」などのコメントがあり、その場でスタッフのリードで各自が自分の感情を言語化する方法や、同胞とのトラブルをうまく避ける方法について学んだ。おやつの後始末をした後、今度は円になっていすに座り、2種類のゲームを20分ほど行った。最初は「蜘蛛の巣」で、毛糸玉を徐々にほどきながら投げ合うというものである。相手の名前を呼び合いながら順次回していくと円の中に蜘蛛の巣のように毛糸の軌跡が広がっていくゲームである。さらに続けてキャッチボールをし、床に落としたら、他のきょうだいから出された指示どおりの真似をする罰ゲームを楽しんだ。本セッションが最終回であることから、最後に一人一人に修了証を渡して、それぞれのきょうだいの良いところを挙げ、すべてのグループ活動をやり遂げたことを賞賛してセッションを閉じた。

　後者のフォローアップセッションでは、夜間に10名ほどの中高校生が集い、ドッジボールゲーム、イースターエッグの模様の紙バッグ制作活動、障害児に関するVTRの視聴等を通して、自らの体験と感情に関する情報交換をしていた。

　Hazelhurst氏は、きょうだいの心理的開放と仲間作りのための楽しい活動に加え、ストレスや困難状況に対応できるコーピングスキルの習得と障害の理解を促進するための様々な活動を計画的に組み込んでセッションを運営しており、そのための豊富な教材・資料を準備していた。例えば、筆者が参加した最終セッションでは、すべてのきょうだいから質問を促し、そこで出てきた困難場面への対応方法について話し合うだけでなく、どう振る舞うのが良いか実際に練習を行った。具体的には同胞がしつこくからんできた時、どれくらいの距離を保つようにするかをうでの長さを使って測ってみることや、同胞の怒りに影響されて自分が激昂しないように笑顔をつくって返すことなどである。さらに、夜間のフォローアップセッションでは、サバン症候群に関するVTRを取り上げ、特に自閉症スペクトラム障害のある同胞に見られることが多い特異で卓越した能力について話し合うことで、多角的に障害を理解することができるための活動が組み込まれていた。

　またプログラムでは、参加者に年齢の制限を設けていない。Hazelhurst氏は、多様な年齢のきょうだいが集まることは、幅広い視点での話し合いができること、年上、年下、同年齢などいろいろな立場で相手とかかわる体験ができることなど、きょうだいの成長にとって有益な要因となると考えている。

　このようなプログラムの効果については、個々のきょうだいの変容とグループ

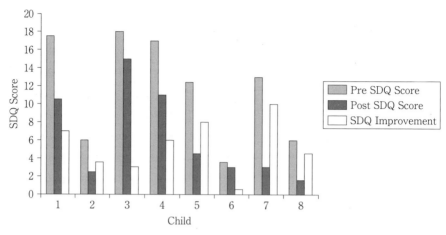

出典：Hazelhurst 氏から提供された資料「Annual Report 2011」より引用．

Fig. 1-5 Burton Street Foundation で年間 3 クール行われる The Sibling Support Group Service の 1 つである A グループの SDQ の変化

全体における変容が計画的なアセスメントによって検討され、毎年報告書にまとめられる。アセスメントに際しては、参加児の行動観察やインタビューを実施するほか、英国で広く用いられている児童生徒の心理・行動上の問題を測定するための質問紙 "Strengths/Difficulties Questionnaire (SDQ)" をアレンジして、きょうだい自身とその親にプログラム実施前後に回答を求めている。この質問紙は、子どもの状況をその情緒、行為、多動・不注意、仲間関係、向社会性の 5 下位尺度により評価するもので、「子どもの強さと困難さアンケート」として、日本でも翻訳されている（厚生労働省, 2007）。報告の 1 例を Fig. 1-5 に示す。これは、年間 3 クール行われるグループセッションの 1 つである A グループについて、参加児11名のうち、欠損値のないデータが得られた 8 名について SDQ の測定結果を個別に示したものである。SDQ では得点が減少するほど改善度が高くなるが、この例では事後測定時の平均値は5.31、その改善率は13.2％と報告されている。報告書では、他に参加児や保護者のコメント、いくつかの事例の詳細が記載され、いずれもプログラム終了後、きょうだいのストレスが減少し、心理的問題が改善されたことが示されている。参加児のコメント例としては「同胞の状態を理解でき、今では友達に説明できると思う」「ADHD についてたくさん勉強できた。そ

のおかげで、同胞とうまくつき合えるようになった」「同胞の障害について理解できたことも良かったが、最も良かったのは、新しい仲間ができたことである」等、さらに親からのコメントでは「自分ときょうだいにとって大変有益なプログラムであった」「プログラムへの参加により、きょうだいは同胞をよりよく受容できるようになった」「きょうだいの自信と自尊感情は100％育ったと思う」などがあった。

　また、本サービスでは、別途親のためのサポート教室も2日間、各3時間ずつ行われている。これは、きょうだいのためのプログラムとは別に企画実施され、その参加者も、必ずしもプログラムに参加しているきょうだいの親とは限らない。内容は、きょうだいのもつ問題に関する気づきの促進、子どもとかかわる必要性の理解、適切なかかわり方の習得に関することが中心である。

(4) Hull Sibling Support Service（Village Farm Business Centre: Barnardo's org. UK）における支援プログラムの概要

　マネージャーのPaula Dawson氏がスーパーバイザーであり、プロジェクトワーカーのElaine Lake氏が中心となりグループセッションを企画している。両者にインタビューを実施した。

　ハル市の予算で70名のサポートワーカーを雇い入れ、当該地域の障害のある子どもをもつ家庭を直接訪問して、アセスメントにより支援が必要なきょうだいを洗い出して支援している。プログラムの対象は、ハル市に住んでいる5～18歳のきょうだいであり、身体、学習、感覚、またはコミュニケーション面で、単一またはこれらが重複した永続する障害のある同胞がいることが前提とされる。

　プログラムの目的は、大きく分けて2つあり、1つは、きょうだいが同胞の障害について、知識と理解を深めることを助けること、もう1つは、きょうだいが自分の置かれている状況や自分自身の状態について、良くなったと感じられるための対処方法を見つけ出したり、獲得したりすることを助けることである。そのためにプログラムにおいては、以下を提供する。①似た立場のきょうだいとの出会い、②きょうだいの障害の知識、理解の増加、③きょうだいが自分の感情、ニーズを確認し、親や他の人々に伝えるための援助、④抱いているネガティブな感情をよりよく表現する方法の発見、⑤自尊感情や自信の向上、⑥困難な状況、ネガティブな感情を上手に処理する方法の開発、⑦きょうだい同士で話したり聞いて

もらったりする機会である。さらに親や支援の専門家に対しては、きょうだい支援の目的として以下の4つを示している。①同胞に障害があることによって様々な困難に直面するきょうだいのサポートのため、②きょうだいの障害に対する否定的印象の減少のため、③支援を必要とする家族の一員としてきょうだいの支援を進めるため、④きょうだいの社会的、精神的、教育的経験を拡大するためである。

　プログラムは、基本的に前掲の Sibs org. UK のモデルプログラムに準じて、いくつかのパッケージにまとめて提供される。1つ目は、きょうだいであることの体験に焦点をあてた8週間のグループワークで、8～18歳までを対象とし、週1回2時間計8回を1クールとしている。グループの中で似た立場の新しい友達と出会い、きょうだいであることから生まれる感情を認め、良いところを見つけて褒めるとともに、対応困難な経験への対処方法について学ぶ機会が設定されている。また、創造的で楽しい活動を取り入れている。この活動は、年間4クール実施される。2つ目は、5～8歳までのより低年齢のきょうだい向けに設定された6週間グループワークである。内容は8週間グループワークに準じて、その内容を低年齢児の理解力に応じて分かりやすく提供するものである。3つ目は、1か月に1回開催する「Sibs Club」で、すでに8週間グループに参加した経験があるきょうだいのうち、継続してもっと幅広い支援を受けたいと感じている者を対象としている。4つ目は、自閉症スペクトラム障害のある同胞をもつきょうだいのためのワークショップである。特異な障害特性に関する理解の促進と同胞の行動への対処スキルを学ぶ機会としている。5つ目は、情報提供と助言を中心としたサポートで、定期的なグループ活動への参加は望まないが、同胞の障害に関する情報提供やこれまで同胞に関連して経験してきた問題について助言がほしいきょうだいを対象としたものである。

　プログラムに参加するきょうだいの保護者に対しては、全員について事前事後に個別インタビューによるアセスメントが実施され、ニーズの把握と効果検討がなされる。2008年から2011年までの経年報告は Table 1-2 のとおりであり、どの項目においても高い評価が確認されている。86～100％の子どもに自尊感情の好転が確認されている。また、参加したきょうだいのコメントとしては、「プログラムに参加することで、いつもはできないことができ、まさに自分のためのグループ活動だった」「互いに自分の抱える問題を語り合うための、自分を本当に理解してくれる仲間と出会うチャンスを得られた」「同じ経験をしている仲間を

Table 1-2　Hull Sibling Support Serviceによる効果（Postインタビューで、利用者60名の保護者が各項目について「好転、あるいは改善した」と報告した割合（%））

項　目	2008～09年	2009～10年	2010～11年
自信や自尊感情が好転した	100	86	94
同胞への対処方法が改善した	89	82	86
困難感情をより積極的にマネージメントできた	93	82	88
障害に関する知識が向上した	100	96	97
子どもや親とのコミュニケーションが向上した	84	91	94
きょうだい関係が改善した	82	84	94
友達関係が拡大した	100	92	96
楽しめた	100	100	100
親にとって有益であった	100	100	97

出典：Dawson 氏の提供資料に基づき、筆者翻訳.

知ることができて良かった」「スタッフは話しやすく、自分が同胞とどうつき合ったらよいかいろいろアイデアを出してくれた」などが挙げられている。このような活動の成果は、事後の家庭訪問によって家族に報告され、必要であれば支援が継続されることとなる。

(5) Coteford Children's Centre Siblings Groupにおける支援プログラムの概要

ロンドン郊外のヒリンドン自治区にある、Coteford Children's Centre は、妊娠期の胎児から幼児期の子どもとその家族のための公的サービス機関であり、英国で唯一、幼児期からきょうだいにグループサポートを実施している。主たる担当者でファミリーサポートワーカーの Fiona O'Mahoney 氏が作成した支援プログラムについて説明を受け、また実際のセッションを視察した。

本グループでは、6歳以下のきょうだいを対象に、週1回2時間計8回を1クールとして、年間4クールの活動を実施している。本プログラムの目的は、リラックスできる環境で、きょうだい達に楽しくて面白い活動の機会を提供し、同じ境遇にあるきょうだい同士の出会いとかかわりをつくることにある。プログラムは、やはり Sibs org. UK のモデルプログラムに準じて、幼児用の活動としてアレンジして作成されており、主な内容は、楽しい遊び活動の中で、支援者が発する簡単な問いに答えながら感情の言語化と周りの大人による被受容感の向上を

Table 1-3　Coteford Children's Centre Siblings Group における支援プログラム例

名称	主な内容
グループ壁画	自分のお気に入りを描き、それを集めて壁画に仕上げる。見るたびに幸せな気持ちになれるように、この壁画は、最初のセッションで作成し、それ以降のセッションで随時書き加えたり、切り紙を貼ったりして仕上げていく。
気持ちのウォーク	いろいろな気持ちを選んでから、それを表現しながら、フロアを歩き回る。
パラシュートで遊ぼう、話そう	パラシュートの上でボールを転がしたり、パラシュートでマッシュルームを作って中に入ったりして楽しむ。マッシュルームの中で、自分が怒っている時、悲しい時、心配な時、一人ぼっちの時などに自分を助けてくれるものについて話す。
話してみよう	今週の良かった出来事、悪かった出来事を話す。
蜘蛛の巣	各自がカラーゴムベルトの端を持ち、それを張り巡らして蜘蛛の巣のようにし、スタッフが引いた端を持っている子どもが自分の名前と感じている気持ちを話す。
気持ちの風船	風船にいろいろな気持ちを書いた紙を貼って床に置き、音楽に合わせてダンスをした後、音楽が止まったら好きな風船を拾い上げ、各自がそこに書かれている気持ちと同じ気持ちを感じた時のことを話し、それを聞き合う。

出典：Coteford Children's Centre の担当スタッフより提供された資料に基づき、筆者が翻訳要約.

目指すものとなっている。具体例を Table 1-3 に示す。

　筆者らが視察した実際のセッションは、冬季プログラムの第6回目で、3～7歳までの幼児5名が15時半～17時頃までセンターのプレイルームに集まって活動した。対象年齢を過ぎたきょうだいが1名参加しているが、弟が参加するのに併せ一緒に参加したいという希望があり、受け入れているとのことである。

　最初の20分間ほどは中庭の遊具を使って自由な遊びを行い、スタッフがいっしょに遊びながら、個々の子どもと会話をし、遊びの様子を確認していた。その後、室内で音楽に合わせてダンスをし、音楽が止まったらスタッフが子どもを指名して「今週嬉しかったのはどんな時？」「今週悲しかったのはどんな時？」と尋ね、それに答えさせることを繰り返した。きょうだいの一人が、自閉症スペクトラム障害のある同胞に暴力を受けたことを話すとスタッフは本人を抱きしめてやり、他のきょうだいもそれを聞いて、同じような体験があったことを話し出した。続いて、自由遊び時間を10分ほど入れてから、Table 1-3に示した蜘蛛の巣プロ

グラム、パラシュートでのボール転がしなどを行った。その後風船に好きな顔や絵をマジックで書いて投げ、音楽が止まったら拾いに行き、拾ったきょうだいにスタッフが「あなたを助けてくれる人は誰？」と問いかけ、答える活動をした。最後におやつタイムがあり、フルーツと水分を取った。食べ終わった後自由遊びの時間となり、保護者が迎えに来た順に解散した。きょうだい達はいずれもプログラムに参加することを楽しみにしているようで、自分の思ったことを安心してスタッフに開示している様子が見て取れた。

　運営にあたっては、プログラム開始前に保護者から聞き取りによるアセスメントをし、個々の家族の状況を踏まえて内容を検討し、セッションを実施する。スタッフによれば、本プログラムは自分の状態を言語で表現することが難しい幼児を対象としていることから、保護者の面接で得られる情報が大変重要になるということであった。そのため、半構造化面接によりきょうだいの家族状況、生育歴、成長に対する親の願い等の情報を収集し、個別の支援プランが作成され、支援のスモールステップの設定や親に対する支援方法、評価方法などが決定される。プログラム終了後は再度面談し評価を行い、希望すれば、複数のクールに継続して参加できる。本サービスは、筆者の訪問前年の夏にスタートしたばかりで、訪問時点で第3次クールの途中であり、まだ事業評価は出されていなかった。

4　欧米における支援の意義と課題

　これまで見てきたように、きょうだい支援はその重要性が認識され、米国を中心としたSibshop、英国におけるSibsのいずれも公的施策として認められ、実践されていることが明らかとなった。障害のある子ども、そしてその親と同様に、きょうだいもまた支援を必要としているのであり、きょうだい支援は障害のある子どもを抱える家族支援の不可欠要素として位置づけられているのである。きょうだい支援について全国のサポート機関をつなぐ組織が形成され、技術的な連携とプログラムの共有がなされている両国の現状は、まだきょうだい支援の途に就いたばかりの日本の実情から見ると格段の差の感がある。また、実践にあたっては、訓練された専門家であるファシリテーターが責任をもってプログラムを構成し、直接きょうだいの支援にあたっていることも明らかとなった。内容は、心理面や行動面での問題に対する明確な改善の意図をもって計画された、臨床心理や

保育、ケアワークの専門家による実践プログラムであった。また、特に英国においては、各プログラムはいずれも効果検討を前提としており、その評価方法も明確化されている。きょうだい支援プログラムの内容が精錬されるためには、計画立案、実践、評価、そしてプログラム改善に至る流れが必須であるが、当初からそれを含む形で実践が積み重ねられており、評価方法についても、それぞれが工夫を重ねていることが示された。きょうだい支援体制そのものがPlan-Do-Check-Actionサイクルを含んで構築されており、エビデンスに基づく検討がなされていることが、有効なプログラム開発につながっていると考えられた。

一方、SibshopやSibsは、対象年齢によるニーズの違いという視点から見ると、現時点では当初の10歳前後のきょうだいを対象としたプログラムを軸に、より年齢層を広げる方向で検討が始められたばかりである。また、同胞の障害種別によるきょうだいのニーズの違いという視点から見ると、筆者らが直接インタビューして得た資料からは、同胞の障害種に応じてプログラム内容を差別化している例はほとんどなく、同胞の障害の特質によるきょうだいの支援ニーズの違いはプログラム作成において重要視されない傾向にある。今後、これらの視点をどのように取り込んで、プログラムを発展させていくかが課題といえるであろう。

5　我が国におけるきょうだい支援

日本においても、きょうだいが直面する多岐にわたる課題が明らかにされる中、きょうだいへの支援が模索されるようになった。藤井（2007）は、現在のきょうだい支援の方法を3つのタイプに分類している。1つは、障害児の親の会が主催する行事やキャンプに家族とともに参加し、いろいろな立場のきょうだい達や同胞とは異なる障害や特質をもつ障害児を知ることができる、障害児の親の会によるきょうだい支援、もう1つは、きょうだい当事者が集まり定期的に交流会をもつものや、「全国障害者とともに歩む兄弟姉妹の会」のように大人になったきょうだい達が様々な活動をする等、「きょうだい会」によるきょうだい支援、そしてもう1つは、障害児の療育や福祉に携わる人や研究者が中心となり、支援プログラムを提供するとともに、親達に対してきょうだい支援の必要性を知ってもらうなど、専門職との連携によるきょうだい支援である。

親の会や成人したきょうだい当事者が主催する支援活動では、レクリエーショ

ンやきょうだい同士の交流、話し合い等を主とした活動が取り入れられている（諏方・渡部, 2005；吉川・白鳥・諏方・井上・有馬, 2009；吉川・加藤・諏方・中出・白鳥, 2010）。特に当事者による支援活動は、セルフヘルプ・グループ活動として、ピア・サポート機能をもって展開してきた。吉川（2002）によれば、それぞれのきょうだい会が目的をもっており、障害者の置かれている社会状況を改善することや障害者を支えることに主眼を置くところ、心理的な負担感の解消・孤独感の解消等に主眼を置くところなど、設定されているテーマは様々であるとされる。吉川（2002）は、このようなグループは、その目的の設定の仕方によって果たすことができる機能も異なるのであり、そこに参加する個人が有する課題に応じて、どのような形態やプログラムが合うのかを考慮することが必要であると指摘している。そのような中で、諏方（2010）は、子どものきょうだいの場合自分で集まることが難しい現状を踏まえ、大人が場を設定してやる必要があるとして、2004年より自閉症スペクトラム障害のある同胞をもつきょうだいの集まりである「子どものきょうだい会」を設立し、定期的な活動を継続している。小学校1年生から高校3年生までを対象に、心理・教育・福祉・医療等を学ぶ学生やそれらを職業とする社会人スタッフにより、レクリエーションや調理活動、宿泊会、自閉症スペクトラム障害に関する勉強会等を開催している。スタッフの中には、自らも自閉症スペクトラム障害のある同胞をもつ者もおり、きょうだいの気持ちを理解してくれる「近い存在」（藤井, 2007）にサポートされながら、子どものきょうだいが普段抱えている悩みや家庭で起きている問題を気軽に話し合える場となっている。

　一方、研究機関による支援としては、平山・井上・小田（2003）、井上・平山・小田（2003）が、6〜13歳までの子どもを対象に先に紹介したSibshopを参考にしたプログラムを実施した例がある。実践の結果、きょうだい達には、親に気兼ねせずに安心して本音が話せる場が必要であり、プログラムに参加したきょうだいが、同じ立場の仲間と出会ったことで、自分と同じ悩みをもっているきょうだいが他にも多くいることを知り、そのような仲間に悩みや不安を相談していきたいと感じるようになったと報告されている。また、平川（2004）は、6歳以上の自閉症スペクトラム障害児・者のきょうだいを対象として、自閉症スペクトラム障害に関するきょうだいの関心や不安に応え、心理的な負担やストレスの軽減を目的とした「きょうだい教室」を1980年以降、継続して開催している。毎月1回

のペースで行われている長期間のプログラムであり、活動の登録人数が約120名で、学生や指導者などを合わせると総勢300人という大人数の大規模な活動である。内容は定例活動、キャンプ活動などで、内容は自閉症スペクトラム障害に関する客観的で科学的な理解、自閉症スペクトラム障害児・者の特異な行動の捉え方と接し方、福祉思想の育成、きょうだい同士のネットワーク作りなどである。この取り組みの結果、きょうだい教室への参加回数が増えるほど知識が増加することが、女子のきょうだいに顕著に表れており、ストレス発散も良くできていること、障害が軽い方が、また年下のきょうだいの方がソーシャルサポートネットワークを構築しやすいこと、福祉的な考え方は形成されるが実践することは難しいこと、楽しんで参加しながら障害に対する考え方や姿勢がプラスの方向に変化していることなどの効果があったとされている。また、田倉・辻井（2007）は、発達障害児を支援するNPO法人に所属する家族のきょうだい達を対象にきょうだい例会を行い、その中で、4泊5日の海洋体験合宿を実施した。発達障害児のきょうだいに対して同胞の障害について理解を深めるとともに、同胞とは違う「個」としての自己を尊重し、自己理解を促進させることを旨とする障害理解・自己理解促進プログラムを試みたものである。その結果、きょうだい同士の仲間意識が生まれたこと、同胞の障害特性について考える時間をもち、同胞の理解を深めるきっかけとなったことが報告されている。

6　我が国における支援の意義と課題

　これまで見てきたように、我が国においてもきょうだい支援活動は様々な活動母体により、それぞれの目的をもって展開されてきている。親の会、きょうだい会などの当事者による支援や研究機関による支援を中心に活動実績が積み重ねられ、その効果も明らかとなりつつある。しかしながら、我が国では欧米にあるような公的事業としてのきょうだい支援の例は見られない。きょうだいの抱える問題が、障害児・者の家族の問題として、いまだ十分に認識されていない現状を表すものであろう。これまで行われてきた支援プログラムは、いずれもパイロットスタディの域を出るものではなく、米国のSibshopや英国のSibsのように専門のファシリテーターによる体系化されたプログラムには、まだほど遠い状況である。柳澤（2007）は、このような状況に鑑み、欧米と比べ、我が国では多彩な専

門家を交えた支援が充実しているとは言い難いと指摘している。きょうだい支援が我が国で障害児・者を抱える家族への支援において必要不可欠な要素として認識され、事業化されるためには、きょうだいの支援ニーズに関する啓発に併せ、今後のさらなる実践に基づくプログラムの体系化により、きょうだい支援体制づくりのコアとなるプログラム開発が求められているといえる。

第6節　きょうだい支援プログラムの特質と課題

1　従来のきょうだい支援プログラムのもつ特質と課題

　これまで見てきたように、きょうだい支援活動では目的に応じて様々な内容をもつ支援プログラムが開発されてきた。柳澤（2007）は、きょうだい支援活動の内容は「心理社会的な問題の対処を視野に入れた支援」と「障害児・者に対する理解の促進を視野に入れた教育的支援」に大別されると述べている。そこで、この分類を参考に、これまで取り組まれて来たきょうだい支援プログラムの特質と課題を検討する。

(1) 心理社会的支援プログラムの特質と課題

　心理社会的支援プログラムは、Sibshopに代表されるように、きょうだいが抱える寂しさ、不満、親からの不十分な被受容感、不安感などの心理社会的な問題に対し、同じ立場のきょうだい同士の活動を通して、軽減や解決を図ろうとするものである。この支援プログラムは、前節で詳述したように、楽しいゲームやレクリエーション（fun activities）を通してきょうだい同士の関係を強め、それをベースに自分の経験した出来事や感情、考えを安心して自由に表出でき、共有できる話し合い（serious activities）の機会を設け、さらに両者を繰り返すことによって同胞と自分自身をより深く理解できるように構成されている。そして、このような活動の積み重ねがきょうだい相互の交流を深め、きょうだいのピア・サポートネットワーク形成を促すこととなる。このネットワーク形成に関して、戸田（2012）は、地域の親子サークル・親の会と共催で行った幼児から中学生までのきょうだいを対象としたレクリエーション中心のきょうだい支援プログラムの実践から、ソーシャル・ネットワーク理論に基づくきょうだい支援の意義につい

て述べている。レクリエーション中心のきょうだい支援の目的は、「①子どもらしい活動の保障、②感情が揺さぶられる体験の保障、③豊かな応答関係の保障、④他のきょうだいとの出会いの保障、⑤悩みを話せる第三者との出会いの保障にある」とし、幼児・学童期の「現在」を大切にしたプログラムにより、生涯発達にかかる「心理的拠点」を創造することを目指している。すなわちソーシャル・ネットワーク理論に基づき、「ライフサイクルにおける葛藤に対峙した時に支援プログラムで出会った人達と、そこでの活動の記憶がきょうだい達の葛藤や揺れを乗り越えていくための支えになる可能性をもつ」として、将来に向け、支援プログラム自体が、きょうだいの記憶の中で生き、心理的拠点を補強するものとなるという仮説を示し、過去の辛く寂しい体験に関しては、「支援プログラムは、過去の体験時にかかわった人達の感情を違う視点から想起させたり、その出来事に対するネガティブな感情を和らげ、束縛された思考・感情から解放される可能性をもつ」（浜田, 2009）としている。このようなネットワーク理論による支援の考え方は、英国のSibsにおけるモデルプログラムでも重要視されており、セッションの中で意図的に自らを支えてくれるネットワークを意識させ、仲間との連絡先を交換するなどプログラム終了後につながるネットワーク作りが組み込まれているのは、先に示したとおりである。

　しかし、柳澤（2007）はこのようなレクリエーション中心の活動が、果たしてきょうだいの心理社会的問題の解決に直接貢献できているのかどうかについては明確な効果を期待できる部分が少ないとし、きょうだいの発達段階や障害児・者の障害種別に応じたきょうだいへの支援のあり方を系統的に構成していく取り組みが必要であると述べている。これらの課題について、現時点の状況を検討すると、プログラムの心理社会的問題の解決における有効性については、前節の英国における実践調査例で示したように、標準化された質問紙調査やエピソードレポートによる評価により、そのエビデンスが積み重ねられつつある段階といえるであろう。

　一方、発達段階の視点による心理社会的プログラムについては、まずは、きょうだいがそれぞれのライフステージにおいて、どのような課題を抱えているかを明らかにする必要があろう。笠井（2013）は、重症心身障害児・者の同胞をもつ、成人に達したきょうだい3名にこれまでのライフストーリーの聞き取りを行い、「幼少期〜学童期」「思春期〜社会に出るまで」「結婚・出産〜現在」の3つの時

期に分けてその内容を構造化した結果、家族の中で同胞が優先され「自分は二の次」と感じる段階から、様々な他者から自分自身を一人の人間として尊重される体験を通し、障害のある同胞と「かかわりたい思い」をもつようになる段階、さらに、自分は同胞の世話の責任というバトンを渡される存在であると感じ、「同胞より先には逝けない」と思う段階へとカテゴリーの変遷が見られたとし、きょうだいにはそれぞれの発達段階に応じた固有の心理社会的問題があることを示唆している。山本（2005）は同胞の障害に関するきょうだいの認知プロセスを「シナリオ」として捉え、身体障害と知的障害のある同胞をもつ29人のきょうだいから得られたデータに基づき、きょうだいの発達に応じて4つのシナリオの段階があることを示している。すなわち、幼い頃から小学生期の、「①親の価値観や教育観によるシナリオを演じる」時期、小学校高学年から中学生期の、障害があることは「劣等」であるとする「②社会のシナリオに同調する」時期、中学卒業から大学生期の、障害を恥ずかしいと思わず、社会のシナリオに同調することを止める「③自分のシナリオ作りをする」時期、そして、その後の自分なりに考えた同胞の障害の意味や、その意味に応じた自分の取るべき行動を示す「④自分のシナリオを演じる」時期である。また、戸田（2012）は、ライフイベントに着目し、きょうだい自身、同胞、親のライフイベントのそれぞれがきょうだいに影響を及ぼし、「障害児者の家族」、「障害児者のきょうだい」ということを強く再認識する機会となると指摘している。そして支援とは、「不安、揺らぎの場面で実施されるもののみならず、ライフサイクルを見通して『あらかじめ』取り組まれる予防的支援を含む」ものである必要があるとしている。このようにきょうだいの発達段階を踏まえ、その生涯にわたる心理社会的な問題に対応するための予防的な支援プログラムを構築していくことが求められている。

　また、障害児・者の障害種別に応じたきょうだいへの支援のあり方については、これまで見てきたように、それぞれの研究者や支援者が、その置かれた場所で対峙したきょうだい達を対象とした支援活動が行われている状況であり、障害種別に対応したプログラムの開発が図られているとは言い難い。前述した平川（2004）や、諏方（2010）をはじめとした自閉症スペクトラム障害児・者のきょうだいに関する取り組みが散見されるものの、きょうだいにおける同胞の障害種別による心理社会的な問題の特徴や差異が十分明らかとなっていない現状においては、対象を特化した実践の成果を積み重ねることによってしか解決できない問題である

と考えられる。

(2) 教育的支援プログラムの特質と課題

　柳澤（2007）によれば、教育的支援とは、きょうだいが障害児・者に対して疑問に感じている事柄について、その解決を目指して学習を進めていくものであり、きょうだいが障害児・者に対する理解を深め、彼らの示す行動のもつ意味をきょうだいが自分なりに解釈できるようになることで、きょうだい自身の心理社会的な安定につなげていこうとするものである。柳澤（2007）は、このような観点からきょうだい支援プログラムの検討は、まだほとんどなされていないと述べている。しかしながら、Meyer & Vadasy（1994, 2008）は、当初から、きょうだい支援を「きょうだいの心理社会的な問題の軽減・解決や障害児・者への理解を促すことを目的とした活動」と定義しており、障害児・者を理解することが、心理社会的問題の軽減・解決と同等に重視されていることは明らかである。また、プログラム内容から、きょうだいにとって障害児・者について学ぶことが、その心理社会的問題の軽減・解決につながるという考え方に立って、プログラムを作成していることも明らかである。実際に、Sibshopではそのゴールの1つに、きょうだいが、各分野の専門家などから、同胞の状態や将来についていろいろな情報を得て学ぶことが挙げられており、英国Sibsのモデルプログラムを見ても、やはり、きょうだい達が、彼らの同胞に関する疑問についていくつかの答えを学ぶ「情報」セッションが明確に位置づけられていることからも裏づけられる。

　しかしここで重要なのは、きょうだい支援における障害児・者の理解とは、あくまでもきょうだいが感じている疑問とその解決を目指す過程で得られるものであり、きょうだい自身が自分の同胞を理解することを指すことであろう。すなわち、きょうだいのための教育的支援プログラムとは、一般化された障害児・者に関する情報や障害特性に関する知識を学ぶ障害理解教育を指しているのではなく、きょうだいの当事者性を踏まえたプログラムを開発することを意味する。よって、個々のきょうだいの同胞の障害特性とその行動の状況を把握した上で、きょうだいは同胞について、どのような疑問や困難さを解決したいと感じており、そのために何を知る必要があるのかというニーズを調査し、支援対象とするきょうだいに応じてオーダーメイドのプログラムを作成することが求められる。この場合、同胞の障害種別特性の違いは、ニーズの違いを生む大きな要因となるであろう。

同胞の障害種別特性がきょうだいに及ぼす影響に関しては、例えば、大瀧（2011）が、先行研究から障害であることが一見して分からない状況は、きょうだいに障害の理解を難しくさせているとし、中田（1995）による「障害受容の視点からダウン症や脳性まひなど外見に特徴がある障害の場合は、親が子どもの障害を認めやすい」という指摘と同様のことが、きょうだい関係においても生じると推察している。また、きょうだいにおいて視覚障害と肢体不自由の概念発達が、自閉症スペクトラム障害のそれよりも進んでいたとする柳澤（2005）の調査や、同胞の障害が知的な遅れのない発達障害である場合、同胞の興味や感情の共有の困難さ、反応の予測困難さなどから、きょうだいは同胞との間に正常なきょうだい関係が築けないことに関するストレスを抱えるという浅井・杉山・小石・東・並木・海野（2004）の報告もある。しかしながら、これまで見てきたように、同胞の障害種別特性に応じて、きょうだいに対する障害理解プログラム内容を差別化、体系化している報告はほとんど見られない。以上のことから、教育的支援プログラムにおいては、同胞の障害種別特性を考慮した上で、きょうだいが個々に体験している実際の困難さときょうだい自身の発達段階に応じて、その内容はもちろんのこと、導入すべき時期も含め、支援を受けるきょうだいの実情に即した検討が必要であるといえる。

2　家族関係支援の視点を取り入れたきょうだい支援プログラム検討の必要性

前項では、心理社会的支援と教育的支援の視点から、従来の支援プログラムの特質と課題を検討した。しかし、筆者はきょうだい支援の充実を図り、より適切なプログラムを開発するにあたっては、この2つの視点だけは不十分であり、新しく家族支援の視点を取り入れる必要があると考える。第3節、及び第4節で述べたように、きょうだいの抱える課題は、一人きょうだい自身のみならず、親の養育上の課題であり、また、障害のある子どもを育てている家族システムがもたらす課題であるといえる。よって、支援にあたっては、家族全体を視野に入れた取り組みが必須であろう。

しかしながら、欧米型のきょうだい支援プログラムは、先にMeyer & Vadasy（1994, 2008）が述べているようにあくまでも「同胞と暮らす同じ立場にあるきょうだい達に出会いの場や活動の場を提供し、きょうだいの心理社会的な問題の軽

減・解決や障害児・者への理解を促すことを目的とした活動」であり、その中には、家族全体への支援の視点が含まれてはいない。先に述べたように、筆者の調査研究結果によれば、英国のプログラムの場合、きょうだいを育てる親へのサポートプログラムについては、一部の機関で実施されているのみであった。また、その内容も自分自身の子どもであるきょうだいへの支援とは切り離されて実施されたものであった。また、米国におけるSibshopの場合は、ファシリテーターのトレーニング内容において、きょうだいと親との関係については、支援プログラムには含まれておらず、ファシリテーターの役割としても「親に対して、きょうだいに関する理解を促進するための情報提供をする」こと以外には明確化されていなかった。Meyer氏は、親は活動を妨げないならSibshopに参加可能として、むしろきょうだいの活動そのものから切り離して考える方がよいとコメントしており、Sibshopでは、親自身は直接の支援の対象ではなく、きょうだい支援の必要性の理解者として位置づけられていることが示された。このように欧米の家族支援では、家族構成員それぞれが独立した支援対象者であり、関係性を直接支援するという視点自体が含まれていないことが示された。

しかし、これまで見てきたように、きょうだいの問題は、本来障害のある子どもを育てる家族システムの中で生まれてくるものである。よって、きょうだいへの支援は、きょうだいと障害のある同胞との関係、親ときょうだいとの関係、親と同胞との関係などの家族関係の視点から検討する必要がある。きょうだい支援プログラムを開発する際には、親もまた支援対象者であるという認識に立ち、特に、きょうだいと親との関係そのものを育てていく視点が必要であると考えられる。

さらにMeyer氏は、筆者に対し、日本における自身のSibshopライブデモンストレーション経験から、集団活動のオープンな場では、日本の小学生きょうだい達が自己主張や自己開示をためらう傾向が見られた点を指摘し、このような個人が抱える問題や感情を他者に対して率直に言語化することを避けようとする日本の文化に根ざしたきょうだいの態度が、日本における欧米型Sibshopを実践する際のネックとなることを示唆している。これらのことから、単に欧米型Sibshopを日本版に翻訳する方法ではなく、我が国の文化的背景やきょうだいの育ちに根ざした独自のきょうだい支援プログラム開発が求められているといえる。

それでは、家族支援の視点に立つきょうだい支援プログラムとは、どのような

要素を含むものであるべきだろうか。高瀬・井上（2007）は、きょうだいの適応における予防的、治療的観点から、専門家が親に子どもへのかかわり方のアドバイスを行ったり（Harris, 1994/2003）、夫婦間ストレスを軽減するためのソーシャルサポートを手厚くしたりなどの間接的支援をきょうだいへのワークショップをはじめとした直接支援と同時に行うことで、包括的なきょうだいサポートが展開されていくことが期待されると述べている。しかし、この考え方は、やはり、きょうだいと親を別々の支援対象として切り離して支援する欧米型の考え方であり、家族関係そのものを直接支援対象とする関係性支援の視点は含まれていない。

田中（2012）は、「きょうだいも含む家族支援」という視点から、家族として社会参加できる場をつくる必要性を指摘している。すなわち、障害のある子どもときょうだいを育てる家族が、家族のつながりをもって参加し、それぞれに必要なことを学ぶことができるプログラムこそが、家族関係支援の視点に立つきょうだい支援プログラムといえるであろう。

しかし、これまで見てきたように、このようなきょうだい支援プログラムはいまだ例がなく、きょうだい支援の先進国である欧米においても、家族の関係性そのものを支援するという視点は含まれていないことが示された。障害のある子どものきょうだいとその家族がともに参加でき、その関係性を直接支援できるきょうだい支援プログラムを開発する必要があるといえる。

第7節　本研究の目的

以上のことから、本研究の目的を以下のように設定する。

まず第1に、きょうだいのみならず、同胞、親もともに参加するきょうだい支援プログラムを開発することである。プログラム開発にあたっては、まず、きょうだいが同胞と暮らすことによって直面する、きょうだい自身や家族、周囲の人々との関係における問題と、親のきょうだい養育に関する問題を明らかにし、プログラムで取り組むべき課題を選択する。その上で、家族が一緒に活動したり、きょうだい、同胞、親がそれぞれの課題に取り組んだりする活動を組み込むことで、家族成員の相互理解を深め、受容的でサポーティブな親子関係が生み出されることを目指す。また、プログラムの内容に、きょうだいに対し、先行研究では十分取り組まれてこなかった、同胞の障害理解教育の要素を取り入れることによ

り、従来のレクリエーションを主体とした心理開放的活動やきょうだい同士の交流によるピア・サポートだけでは得られなかった、きょうだいの同胞理解、さらには自分自身を含めた家族理解に根ざしたきょうだいの変容を導くものとする。一方、親に対しては、きょうだいの現状理解を意図した内容に併せ、親同士のグループでの活動を組み込むことで、きょうだいの養育に関する意識変容や親同士の交流を促進するものとする。

　第2に、開発したプログラムを実践し、きょうだいと親、及び同胞との関係性の変容を確認することにより、その有効性を検討することである。プログラムを短期間のパッケージにまとめ、地域において、障害のある子どもとそのきょうだいを育てる家族を対象に参加希望者を募り、支援スタッフを組織して実践を行う。効果測定にあたっては、質問紙調査やインタビュー調査、行動観察記録や発言記録などを用いて、量的、質的な変容を確認する。併せて、きょうだいとその家族が抱える課題の個別性を踏まえ、事例に基づく分析を行う。

　以上の2つの目的を達成することにより、きょうだいと親、及び同胞との関係性における課題を解決するための新しいきょうだい支援方法を具体的に提案し、これまで、障害のある子どもに比べ家族において「二の次」とされてきたきょうだいが、障害のある子どもと同様に、家族の中で子どもとしての発達を保障される家族システムの改善に資するものとする。そして、きょうだいの抱える課題への関心がいまだ低く、きょうだいに必要な支援が確立していない我が国の現状に対し、障害のある子どもを育てる家族のQOL向上に不可欠な要素として、きょうだい支援体制が整備されるための一助とすることを目指す。

第2章　研究の方法

第1節　研究の基本方針

　本研究の目的は、支援プログラムの開発とその有効性の検討である。第1章で述べたように、これまでのきょうだい支援プログラムは、きょうだい個人の心理社会的適応の問題へのアプローチが中心で、きょうだいの障害理解や、その家族支援にまで至っていない。さらに、これまでの支援プログラムについても、内容の妥当性や参加するきょうだいのニーズとの関連性はあいまいなままである。実際にプログラムのどのような内容がきょうだいの変容を引き出すことにつながったのかも十分検討されてきていない。また、加えて、従来の支援プログラムの多くが知的障害や自閉症スペクトラム障害など発達障害のある同胞をもつきょうだいを対象として、その効果検討がなされており、同胞の障害種の違いを考慮した支援プログラムの効果検討がなされてきていない。特に重度・重複障害のある子どものように、常時ケアを必要とし、家族の生活スタイルに多大な影響を及ぼすと考えられる同胞をもつきょうだいを対象とした検討は十分とはいえない。これらのことから、本研究独自の視点として、以下の4点から目的に迫るものとする。

① きょうだいのみを対象とするこれまでの問題意識から脱却し、障害のある子どものきょうだいの抱える課題を家族関係の視点からとらえ、分析する。
② 「障害理解」を促進するきょうだいのためのプログラム内容を開発し、導入する。
③ まず、発達障害のある子どものきょうだいのための支援プログラムを開発し、そこで得られた成果を活かし、これまで十分対象とされてこなかった、重度・重複障害のある子どものきょうだいのための支援プログラムへ発展させる。
④ きょうだいの課題がもつ個別性、多様性を重視し、集団としての評価に加え、事例検討に基づいて、プログラムの有効性を問う。

また、プログラム開発という研究の特質を踏まえ、基本的には、実践研究を積み重ねる方法をもって、これに取り組むものとする。プログラム開発にあたっては、前提として、対象となる人々がどのような課題やニーズをもっているかを調査し、分析した上で、それを解決あるいは満たすために適切と考えられる支援内容と方法を検討する必要がある。そして、それらを踏まえてプログラムを作成、実践し、参加対象者の変容を確認することによって、プログラムの効果と改善点を明らかにしていくものである。そこで、本研究では、次節に示す4つの検討を通して、目的の達成に迫るものとする。

第2節　研究の方法

1　きょうだいとその家族が抱える課題の検討

　第1点目に、きょうだいとその家族の現状と直面する課題を明らかにする。
　第1章で述べたように、きょうだいが直面する心理社会的な問題についてはすでに多くの先行研究により、その実態についての調査研究が進められてきているが、それを家族の問題として捉え、親のきょうだいの養育に関する実態や、きょうだいと親との関係性の現状を調査した量的研究は、不十分な状態であった。そこで本研究では、A県内の小学生以上のきょうだいを育てる家族を対象に、3つの調査研究を行う。まず、研究1として、きょうだいの養育に関する親の悩みや配慮事項、親自身に対するサポートについて調べ、親が直面している、きょうだいの養育上の課題と取り組みの現状を明らかにする。さらに、研究2としてきょうだいの捉えている家族関係、特に親との関係を明らかにするために、きょうだいが、困ったことがあった時には家族をはじめとする身近な人々からきっとなんらかのサポートを得られるに違いないと考えるサポート期待感と、親が、実際にきょうだいが受けていると認識しているサポートの程度を調べ、それぞれの特徴と両者の関係を明らかにする。そして、研究3として、きょうだいが同胞に関連して抱いている否定的感情の程度を調べるとともに、先の研究2で取り上げたきょうだいのサポート期待感の中から、親に対して抱くものについて取り上げ、両者の関係について検討する。さらに、きょうだいが同胞に関連して抱く否定的感情が強い群と、弱い群では、きょうだいが受け取っている、あるいは受け取れ

ると期待しているサポート、及び、親からきょうだいに対して行っているサポートの具体的内容がどのように異なるのかを明らかにするため、各群から同意を得られた対象家族に面接調査（半構造化インタビュー調査）を行い、両群が認識しているサポートの質的な違いを明らかにする。

　研究1から研究3における、量的データの分析にあたっては、きょうだいの出生順位（兄、姉、弟、妹）や、年代、同胞の障害種など、いわゆる変動不可要因がそれぞれの結果にもたらす差異についても、統計的手法も加えて検討するものとする。第1章で述べたように、きょうだいの成長上の課題は、多様な要因が複雑に関係してもたらされるものであり、事例による個別性が高いものであると考えられる。にもかかわらず、このような変動負荷要因による検討を加えるのは、支援プログラム作成及び実践上、配慮すべき事項として活用するための知見を得ることが目的である。決して、それらの要因がもたらすものを特定化し、類型化された影響論を確立する目的を含むものではない。きょうだいがそれぞれの要因を背景にもちつつ置かれた環境の中で育つ固有のプロセスにおいて、きょうだいに共通してサポートすべき課題は何かについての知見を得ることがこれらの研究のポイントである。また、特に同胞の障害種別の検討を加えるのも、同胞の障害種別によってきょうだいの抱える支援課題の軽重を推し量るのではなく、その質的な違いを知ることで、支援プログラムの内容や展開をその特質に応じたものに柔軟に変更することが可能になると考えるからである。

　ところで、本研究では、独自の視点の1つとして、重度・重複障害のある同胞をもつきょうだいに関する支援プログラム開発を意図している。先にも触れたが、きょうだいの成長上の課題は、多様な要因が複雑に関係してもたらされるものであり、本来、事例による個別性が高いものであると考えられる。しかしながら、敢えて、支援プログラム作成という視点から見ると、同胞の障害種別による影響の差異は、考慮すべき要因であると考える。そもそも、きょうだいに関する研究は、全体としてその数は決して多くはなく、十分な研究知見の積み上げがなされていない現状であるが、その中でも、自閉症スペクトラム障害や知的障害等の発達に障害のある同胞をもつきょうだいを対象とした調査研究や支援実践研究が主流となっており、報告もコンスタントに見られる（川谷, 2008；澤田・松宮, 2009；平川, 2010；澤田, 2011；田村・伊藤, 2011；川上, 2013；冨永・松永, 2013；川上, 2014；田倉・辻井, 2015）。それに比べ、その他の種類の障害のある

同胞をもつきょうだいに関しては、聴覚障害のある同胞をもつきょうだいに関する調査研究が数件（森田・四日市, 2006；佐藤・小林・小田・久保山, 2008）と重度・重複障害（重症心身障害の表記を含む）のある同胞をもつきょうだいに関する調査研究がいくつか見られる程度である（小宮山・宮谷・小出・入江・鈴木・松本, 2008；笠井, 2013；江川・堀越・北野, 2014）。

　自閉症スペクトラム障害や知的障害の特性は、いわゆる「見えない障害」という言葉が示すように、外見からは捉えにくいものであり、ともに暮らすきょうだいにとって、それらの障害がある同胞の行動特徴の理解とそれへの対応における関心は、「なぜそのように振舞うのか」「どうしたら、うまく同胞の特異な行動に対処できるか」に重点がおかれることとなる。これら障害のある同胞をもつきょうだいに関する研究が多く行われているのは、障害の発生率の高さもあるが、こうしたきょうだいの抱えるニーズの高さを示すものであると考える。一方、いわゆる「見える障害」のある同胞、特に、重度の肢体不自由と知的障害を併せ有する重度・重複障害のある同胞については、話すことや動くことが困難で、生活全般に介助を必要とする状態が明確であり、場合によっては生命の維持そのものが危ぶまれる事態が起こる可能性もある。このような同胞と暮らすことが家族システムにもたらす影響は、おのずと発達障害のある同胞をもつ家族におけるものとは異質なものになると予想され、したがって、支援プログラムの開発においても、その質の違いに応じた検討を行うべきであると考えられる。しかし、第1章で述べたように、当該分野における先行研究は限られており、そこから、必要な情報を得るには不十分な状況であると考えられる。そこで、本研究では、支援プログラム開発にあたって、特に、重度・重複障害のある同胞をもつきょうだいに配慮すべき事項を明らかにするために、以下の研究4を加える。

　研究4では、重度・重複障害のある同胞をもつきょうだいが執筆し、公表されている作文を文献資料として取り上げ、そこから、きょうだいが同胞に対して抱く感情や同胞に関する考え、いわゆる同胞観について検討する。このような作文のもつ性質として、あらかじめ他者の評価を受けることを前提とした表現内容が含まれることを踏まえる必要がある。しかし、本研究の分析のねらいは、支援プログラム作成上の配慮事項について情報を得ることであるので、このような資料の特質上の限界を踏まえてもなお、その中から、重度・重複障害のある同胞をもつきょうだい特有の同胞観や課題を把握することは可能であると考える。

2 きょうだいと同胞、親がともに参加できる活動方法の実践的検討

　第2点目に、本研究の目的である、家族参加型のきょうだい支援プログラム開発にあたり、家族が一緒に参加するために取り入れるべき妥当な方法のひとつとして、ムーブメント活動の可能性について実践を通して検討する。

　今日、きょうだい支援体制整備の先進国である米国で開発され、世界的に導入されているきょうだい支援プログラムSibshop、及び、同じく公的な支援体制が整っている英国の中核的支援組織のSibsによるプログラムについての調査結果は、すでに第1章で詳述したとおりである。運営展開方法は異なるものの、これらのプログラムのもつ基本骨子には共通項があり、その主たる目的は、きょうだいの心理社会的問題の低減・解決であり、その方略は、ディスカッションとレクリエーションによる、同じ立場にあるきょうだい同士の心理的サポート関係の構築にある。支援プログラムで取り上げられる内容のトピックスは、きょうだいの自身に関する問題の気づきの促進、その問題解決方法の発見、家族に対する認識の共有、社会的サポートネットワークの情報獲得などが含まれ、このような内容をきょうだい支援への直接支援に含むことの効果については、検証され、ほぼ確立されていると考えられる。

　しかしながら、家族参加を視野に入れた支援プログラムを開発するには、これらを踏襲するだけでは不十分である。きょうだいは、本研究で開発する支援プログラムの中心的対象ではあるが、プログラムの参加対象者は、親や同胞を含む家族成員であり、その関係性を高めることができる内容を包含するプログラムを独自に考案する必要がある。そこで、ムーブメント活動を取り上げ、その活用可能性を検討する。

　ムーブメント活動は、子どもが目的をもって取り組む身体運動活動によって、その全人的、調和的な発達を促すものであり（小林, 2006）、多様な遊具や音楽などの環境を活用して、運動遊びを展開する中で、子どもの健康と幸福感の達成をねらいとする活動である（Frostig, 1970/2007）。使われる遊具には、トランポリンやキャスターボードのように大型のものや、ロープやスカーフ、フープのように小型のものなどがあるが、本来遊具として開発されたものだけでなく、公園や広場などにある屋外環境や、部屋においてある机やいす、生活道具である毛布、風呂敷、ナイロン袋や新聞紙等、プログラム作成者のアイデア次第で、様々な素

材が遊具となる。そのため、身近なものを使って、親子が触れ合って遊ぶ活動を提供することが可能である。

先行研究では、ムーブメント活動が障害のある子どもの発達に及ぼす効果について報告されているが（飯村, 1998；藤井・小林, 2006；大崎・新井, 2008）、併せて活動に参加した親についても変容が確認されている。藤井・小林（2006）の例では、0歳から2歳まで2年間にわたり親子でムーブメント活動に参加しているダウン症児の1事例について、継続的な経過観察を行った結果、家族が対象児の長所に注目する発達観や、対象児との日常生活やその養育に対する充足感をもつようになったことが指摘されている。また、大崎・新井（2008）の例では、重度・重複障害のある子どもとその家族がムーブメント教室に参加することで、家族が障害のある子どもに対する支援方法を具体的に経験することができ、併せてアセスメントの活用により、対象児へのかかわり方を工夫するようになるとともに、養育の意欲と喜びを得ることにつながったと報告されている。

ムーブメント活動では、子どもが楽しみながら達成感を得ることが最も重要視されるので（小林, 2006）、一緒に参加する親は、子どもに達成すべき課題をやらせる役割ではなく、子どもと一緒にその活動を楽しむ過程で、子どもが課題を達成することを助ける役割を果たすものである。そのため、活動中に親子で快感情を共有しやすく、親子の肯定的な関係性構築につながるのではないかと予測される。

また、先行研究で示されたように、ムーブメント活動により、障害のある子どもへの発達支援効果と親の養育意欲や充足感を向上させる効果を得られるのであれば、きょうだいを含めた家族支援プログラムに取り入れることで、その家族関係そのものに働きかけることも可能になるのではないかと考える。

そこで、ムーブメント活動を家族参加型きょうだい支援プログラムに活用できる可能性を探るために、以下の研究5を行う。

研究5では、障害のある子どもとその家族を対象に、地域において不特定の参加者を広く募集し、年間を通じて定期的に行われている家族参加型集団ムーブメント活動を取り上げ、同胞とともに参加したきょうだいにもたらす効果について検討する。当該活動は、本来障害のある子どもの療育を目的に参加者を募集するものであるが、中には、家族の一員としてきょうだいが付き添って参加するケースが見られる。その場合、きょうだいも同胞とともに同じ活動に取り組むこと

なる。その際のきょうだいの行動の様子やそれに基づく親のきょうだいに対する意識、また参加したきょうだい自身の感想について、アンケート調査を実施し、家族参加型ムーブメント活動がきょうだいの育ちにもたらす効果と参加に伴う課題について検討する。

これにより、きょうだい、親、同胞が一緒に取り組むことで、家族成員が快感情を共有する体験を深め、相互理解と受容的な関係性を促進するための方法として、ムーブメント活動の可能性を実践的に検討する。

3　家族間接参加型きょうだい支援プログラムの実践的検討

第3点目に、きょうだいへの直接支援に家族が間接的に関与するプログラムを新規に開発し、その効果を実践的に検討する。先にも述べたが、きょうだいへの直接支援プログラムは、欧米ではすでに確立され、障害児を育てる家族への公的支援体制に組み込まれて、実践が積み上げられている。しかしながら、第1章で述べたように、それらの支援プログラムは、いくつかの点で課題を残している。すなわち、きょうだいの心理社会的な問題の軽減・解決に大きな力点が置かれ、同胞の障害理解を促すという面では、障害児・者に関する情報を得るという観点から取り扱われるのみであり、個々のきょうだいが直面する自分の同胞に関する固有の問題や疑問を踏まえて、同胞を理解し、同胞との関係で起こる問題に対応する力を高めるという、教育的支援が不十分であること、また、家族の関係性に直接効果を及ぼすための具体的内容が十分含まれていないことである。後者の課題については、本研究において、きょうだいだけでなく親と同胞を含めて参加対象とするプログラム開発によって、改善することを目指すものである。しかし、その前段階として、まずは、きょうだいへの直接支援プログラムに新たな要素を取り入れて、従来の欧米型プログラムを脱却し、教育的支援の不十分さと、家族の関係性へのアプローチの不足という、両者の課題に対応可能な支援プログラムの開発を試み、実践によってその効果を検討することとする。なお、開発するプログラムは、いずれも2週に1回程度の頻度で、8セッション前後を1セットとして、定期的・集中的に実施されるパッケージ型プログラムを想定している。

具体的には、以下の2つの実践研究を行う。

研究6は、障害理解支援プログラムの開発に関する実践的検討である。自閉症

スペクトラム障害を中心とした発達障害のある同胞をもつきょうだいを対象に、これまでのきょうだい支援プログラムでは十分取り組まれてこなかった、同胞の障害理解促進に力点を置いてプログラムを開発し、実践によってその効果を検証するものである。この場合の障害理解とは、一般的な障害特性についての知識を得たり、その特性に起因する特異な行動に対する対応方法を学んだりにとどまらない。きょうだいが障害のある子どものものの見方や感じ方を知り、それを自分の同胞とのエピソードに結びつけて、エピソードの意味を理解する作業を通して、自分にとって身近なかけがえのない同胞をどのように認め、受け入れるかという、一人一人のきょうだいの同胞観を育てていくことを意図している。毎回のセッションの積み重ねの中で観察されるきょうだいの発言や行動、及びきょうだい本人や親へのインタビューを手がかりに、きょうだいが得た障害理解の内容ときょうだいに起きた変容を事例に即して確認することにより、プログラムがきょうだいにもたらした効果を検討する。

　研究7では、きょうだいのためのポートフォリオ絵本制作支援プログラムを開発し、実践的に検討する。これは、研究7をさらに発展させ、同胞に対する理解促進のみならず、家族の中できょうだい自身が抱く感情や、自分と親との関係、自分と家族を支えてくれる人々の存在などに気づいて、自らの家族のありようを理解することを目指すものである。きょうだい達は、毎回のセッションで、自分自身や同胞、家族について話し合い、発見したり、考えたりした内容を、一人一人がポートフォリオ形式で自分のオリジナル絵本にまとめる。ポートフォリオは、「主体的な学びを実践していくためのツール」(久保・嶋澤・北・高島・高橋・佐竹・濱中・櫻井, 2014)であり、「学習者が自らの学びをモニタできる」(岡田, 2010)ので、この方法を用いることによって、障害について得た知識を手がかりに、きょうだい自身が同胞との間に体験していることを意味づけ、自分が知りたいと思うことや解決したい課題に関して、自分なりの答えと対応方法を得ることに役立つと考える。さらに、作成したポートフォリオ絵本を親と交換日記のようにやり取りすることで、親子のコミュニケーションを促進し、その関係性に及ぼす効果を確認するものとする。効果測定にあたっては、プログラムに参加したきょうだいに対し、これまでの研究で用いた、同胞に関連して抱く感情や親に対するサポート期待感などの質問紙調査を実施するとともに、各セッションにおけるきょうだいの行動観察記録やポートフォリオ絵本の記述内容記録、プログラム実

践前後のインタビュー調査などを用いる。そして、実践によってもたらされたきょうだい自身とその親の双方の変容を個別に分析するものとする。

4 家族直接参加型きょうだい支援プログラムの実践的検討

　第4点目に、本研究の最終段階として、障害のある子どものきょうだいとその家族がともに参加する支援プログラムを開発し、実践を通して、その効果を検討するため、3つの研究を行う。なお、開発するプログラムは、上記「3」で取り組むプログラムと同様に、定期的・集中的に実施されるパッケージ型プログラムを想定し、参加対象は、きょうだい、同胞、親を含む家族を1単位とする。プログラムには、それまでの研究で得られた結果を踏まえ、きょうだいの自己理解と家族理解を促進するとともに、親子の安定的で受容的な関係性獲得を促進するために有効であると考えられる内容（各研究ごとに後述）を組み込む。

　研究8では、知的障害や自閉症スペクトラム障害などの発達障害のある子どものきょうだいと同胞、親が参加する支援プログラム「ジョイジョイクラブⅠ」の開発に関する実践的検討を行う。このプログラムのセッションは、毎回、次の流れで構成する。最初に、参加家族全体でムーブメント活動に取り組む。これは、同胞ができる活動をきょうだいも親も一緒に楽しみ、活動の過程で、きょうだいも、同胞がいる場で、同胞と同じように親にかかわってもらう体験ができることを意図して導入するものである。次に、きょうだい、親、同胞の3グループに分かれて活動する。きょうだいは、同胞の障害理解、自己理解を含む家族理解促進プログラムに、親は、きょうだい理解と養育上の課題解決につながる養育スキルアッププログラムに、そして同胞は、親から離れて、障害の状態に応じた身体活動及び制作活動プログラムに取り組む。これは、特に、きょうだいと親が、それぞれ同じ立場の仲間と知り合い、課題を共有し、話し合いながらその課題解決のための手がかりを得ることを意図して導入するものである。そして、最後に、きょうだいと親だけが短時間のムーブメント活動に取り組む。これは、ムーブメント活動のもつ、身体活動を用いたコミュニケーション機能を活用して、親子が触れ合い、快感情を共有することで、受容的な親子関係を促進することを意図して導入するものである。効果測定として、これまでと同様に、きょうだいが同胞に関連して抱く感情、及び親子の関係性を評価する質問紙調査におけるプログラム

実践前後の数量的変容、及び、インタビューや各セッションにおける観察記録による質的変容を、個々の事例に即して明らかにするものとする。

　研究9では、上記研究8で開発、実践したプログラムの追加分析として、当該プログラムに参加した親のきょうだいに対する見方や養育に関する考え方の変容について検討する。先に述べたように、本プログラムでは、きょうだいだけでなく、親のための直接支援の場を組み込んでいる。すなわち、親もまた同じ立場の親と出会い、意見を交換し、思いを分かち合うことによって、自らのきょうだい観やきょうだいとのかかわりについて省察し、視野を広げ、新しいきょうだい観・養育観を獲得することを目指すものである。その効果を確認するため、プログラムの各セッションにおける親の発言やアンケート調査の記述内容を時系列で分析し、変容の過程を明らかにする。

　そして、最後に研究10として、重度・重複障害のある子どものきょうだいと同胞、親が参加する支援プログラム「ジョイジョイクラブⅡ」の開発に関する実践的検討を行う。この支援プログラムは、上記研究8で開発した支援プログラムをベースとして、さらに研究7のポートフォリオ絵本制作を加えた構成とし、参加対象家族を重度・重複障害のある子どもを育てる家族とするものである。研究3、4から得られた知見に基づき、重度・重複障害のある同胞をもつきょうだいならではのニーズを考慮した内容を加えて実践することとする。効果測定の方法についても原則として研究8を踏襲するが、重度・重複障害のある同胞をもつきょうだいの特徴を明らかにするために、特に個々の事例の変容に着目し、分析を行うものとする。

5　本研究における倫理的配慮

　本研究を実施するにあたって、対象者の個人情報を詳細に収集する必要があり、併せて、参加による対象者への負担・影響が大きいと考えられるものについては、東北大学大学院教育学研究科研究倫理審査委員会による審査を受け、研究実施の承認を得た。また、本研究にかかるデータの収集にあたっては、対象者に研究の趣旨とデータの取り扱いについて文書、あるいは口頭で説明し、合意を得られたもののみを使用した。

　なお、筆者は、富山大学学内研究倫理講習会、及び、文部科学省CITI Japan

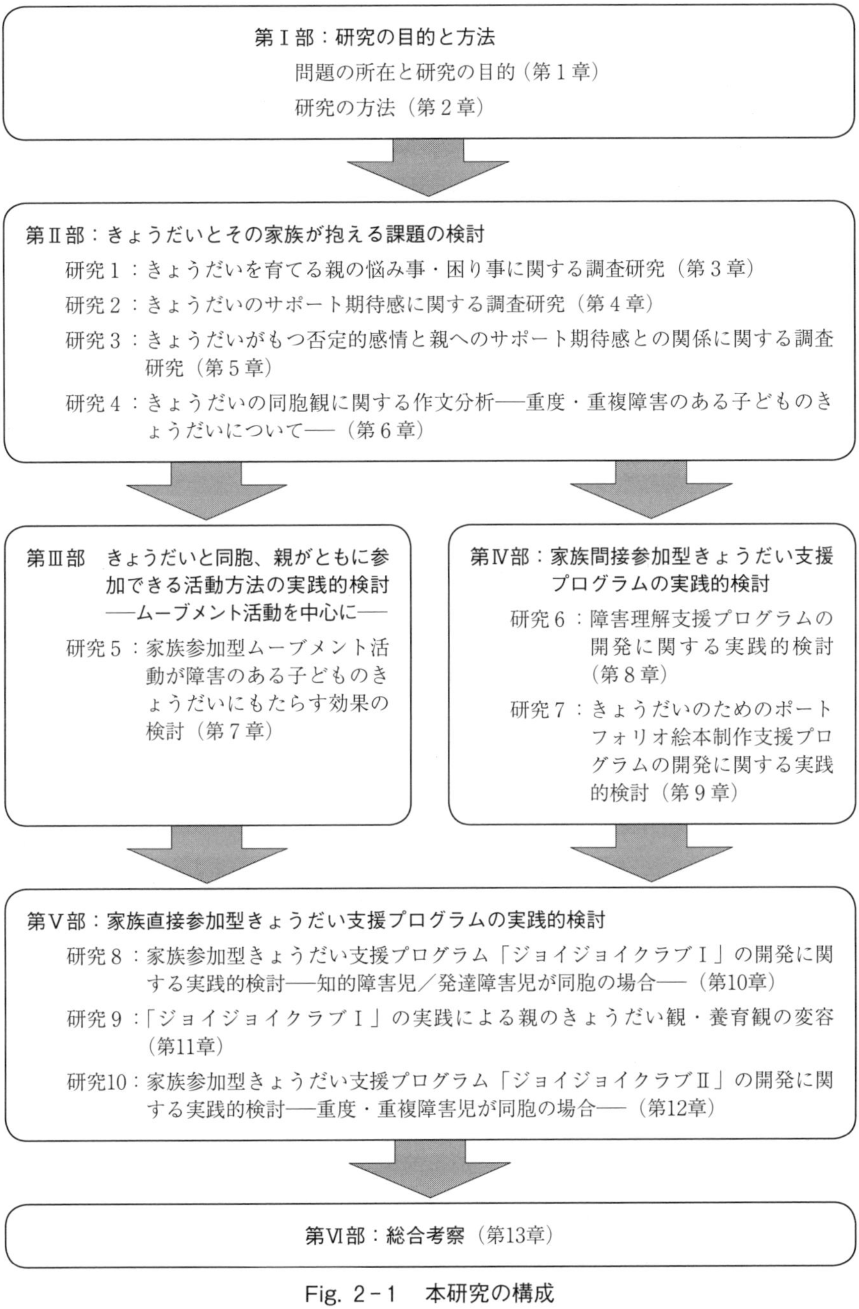

第Ⅰ部：研究の目的と方法
　問題の所在と研究の目的（第1章）
　研究の方法（第2章）

↓

第Ⅱ部：きょうだいとその家族が抱える課題の検討
　研究1：きょうだいを育てる親の悩み事・困り事に関する調査研究（第3章）
　研究2：きょうだいのサポート期待感に関する調査研究（第4章）
　研究3：きょうだいがもつ否定的感情と親へのサポート期待感との関係に関する調査研究（第5章）
　研究4：きょうだいの同胞観に関する作文分析──重度・重複障害のある子どものきょうだいについて──（第6章）

↓

第Ⅲ部　きょうだいと同胞、親がともに参加できる活動方法の実践的検討──ムーブメント活動を中心に──
　研究5：家族参加型ムーブメント活動が障害のある子どものきょうだいにもたらす効果の検討（第7章）

第Ⅳ部：家族間接参加型きょうだい支援プログラムの実践的検討
　研究6：障害理解支援プログラムの開発に関する実践的検討（第8章）
　研究7：きょうだいのためのポートフォリオ絵本制作支援プログラムの開発に関する実践的検討（第9章）

↓

第Ⅴ部：家族直接参加型きょうだい支援プログラムの実践的検討
　研究8：家族参加型きょうだい支援プログラム「ジョイジョイクラブⅠ」の開発に関する実践的検討──知的障害児／発達障害児が同胞の場合──（第10章）
　研究9：「ジョイジョイクラブⅠ」の実践による親のきょうだい観・養育観の変容（第11章）
　研究10：家族参加型きょうだい支援プログラム「ジョイジョイクラブⅡ」の開発に関する実践的検討──重度・重複障害児が同胞の場合──（第12章）

↓

第Ⅵ部：総合考察（第13章）

Fig. 2-1　本研究の構成

プロジェクトeラーニングを受講し、研究に必要な倫理的事項を修めた。

第3節　研究の構成

本研究の構成をFig. 2-1に示す。本研究は、きょうだいの抱える課題を家族の関係性の面から捉え、10の研究を積み重ねることによって、きょうだいのみならず、家族もともに参加するきょうだい支援プログラムを開発し、実践によって、きょうだいと同胞、及び親との関係性の変容を確認し、開発したプログラムの有効性とその意義を考察するに至る。

第Ⅱ部　きょうだいとその家族が抱える課題の検討

第3章 研究1：きょうだいを育てる親の悩み事・困り事に関する調査研究

第1節 本章の目的

　第1章で述べたように、きょうだいの抱える問題は親の視点から見ると、養育上の困難さと捉えることができる。立山・立山・宮前（2003）は、母親がきょうだいを養育する上で行ってきた配慮事項を調べ、母親が同胞ときょうだいを平等に扱うように配慮していても、どうしても同胞の方に注意が向いてしまうこと、母親ときょうだいの考える平等の間にずれが生じやすいなどの難しさを伴うことがあると述べている。また、広川（2006）が障害児施設におけるきょうだい支援の実態についてアンケート調査を行ったところ、その中で84.4％の職員が、きょうだいに対する親のかかわりに「問題を感じる」と答えた。その内訳は「年齢以上の役割を取らせている」「我慢させすぎ」「対応が厳しすぎる」「放任気味である」「期待過剰」「甘やかし」「過保護」などであった。さらに、施設職員がきょうだいのことで親から相談を受けることが多く、相談内容の内訳は、「発達上の問題」「育児上の問題」「学校・保育所などでの問題」「不登校・不登園」などであった。一方、富安・松尾（2001）は、脳性まひ児・者親の会の母親に対して、きょうだいの養育について抱えている心配事や不安等について質問紙調査を行った。その結果、母親は、きょうだいに対して自由な時間を制限させている、我慢させている、相談にのってやれないなどの思いから、自分自身に対する不全感を抱えていることが分かった。
　このように障害のある子どもを育てている保護者にとって、そのきょうだいを育てることは大きな課題となっており、きょうだいの成長にあたり、きょうだいだけでなく、親もまた支援を必要としている者の一人であると考えられる。
　このことから、本研究では、きょうだいのみならず、親をも支援の対象として位置づけ、家族がともに参加するきょうだい支援プログラムの開発を目指すものである。そのためには、まず、親がきょうだいの養育について、実際にどのよう

な困難を感じているのか、また、その解決のためにどのように取り組んでいるのかについて、実態を明らかにする必要がある。

そこで、本章では、質問紙調査によりきょうだいを育てる親の悩み事・困り事の実態を明らかにし、特に家族構成や年代等の要因によって、その悩み事・困り事の有無に差が見られるかを検討する。さらに、親が実践している、悩み事・困り事の防止につながる取り組みの内容を調べ、きょうだいの養育の現状と課題を明らかにし、支援のあり方を探ることを目的とする。

第2節 方法

1 調査対象

A県内の特別支援学校全13校中、視覚障害1、聴覚障害2、肢体不自由3、知的障害5の計11校の在籍児家庭に育つ小学生以上のきょうだいを育てる親を調査対象とした。残る2校は入所施設併設校で、保護者への依頼が困難であり、対象からはずした。親には、各家庭につき1名のきょうだいの養育に関して質問紙に回答を記入するよう求めた。きょうだいが複数いる家庭の場合は、最年長あるいは、同胞の次に出生したきょうだいのいずれかを対象に回答するよう、配布した質問紙によってアトランダムに指定された。個人情報保護の関係上、事前にきょうだいがいる家庭を特定することが不可能であったため、きょうだいがいる場合のみ回答を依頼する旨と、本研究の趣旨、及び得られたデータの取り扱い方法を明記して、きょうだいの有無を問わず全在籍児1050家庭に質問紙を配布し、同意を得られた家庭からのみ回収した。配布は、各特別支援学校に依頼し、担任を通して親に配布され、約1週間後をめどに、厳封の上再度担任を通じて回収された。調査期間は20xx年2月中旬から下旬であった。

2 質問内容

(1) 親、きょうだい、同胞の属性に関すること

回答者である親については、父親・母親の別、年代、職業形態を、回答対象のきょうだいについては、性別、在学している学校種と学年、出生順位、同胞との

年齢差を、同胞については、主となる障害種を、さらに家族構成を記入するよう求めた。

(2) きょうだい養育上の悩み事・困り事とその対応に関すること

Table 3-1に示した5つの観点から質問した。まず「質問1　きょうだいを育てる上での悩み事・困り事の有無」を尋ね、「ある」と回答した者に対し、「質問2　悩み事・困り事はきょうだいのどんな面でみられたか」「質問3　きょうだいに心配なことがある時、どのように対処しているか」を尋ねた。また、全員に対し、「質問4　きょうだいへのどんなかかわりが悩み事・困り事の防止につながるか」を尋ねた。さらに、「質問5　きょうだいのために相談する機関や利用するサービスはあるか」を尋ねた。

質問項目の設定にあたり、「質問2　悩み事・困り事はきょうだいのどんな面でみられたか」の項目については、まず、立山・立山・宮前（2003）が行った母親ときょうだい（11～21歳）20組40名への面接調査で、きょうだいの発達段階に何らかのサイン（身体症状、行動上の問題など）が見られたとされる記述から具体的項目を抽出した。

同じく広川（2006）が行った障害児通園施設にて行った施設職員への調査で、きょうだいに対する相談内容の記述から具体的項目を抽出した。抽出した項目を「身体面」「行動面」「心情面」にそれぞれ分類し、選択肢とした。分類にあたり、まず「身体面」の悩み事・困り事とは、きょうだい自身の身体にかかわる状況や行動・習慣について、親が気がかりな事項と定義した。また、「行動面」の悩み事・困り事とは、きょうだいが周囲とかかわる際の状況や行動について親が気がかりな事項と定義した。さらに「心情面」の悩み事・困り事とは、きょうだいが示す態度や行動について、親がきょうだいの望ましくない心情の表れとして解釈している気がかりな事項と定義した。「質問3　親の対応（きょうだいとのかかわり方・相談相手）」の項目については西村（2004）がSiegel & Silverstein（1994）に基づいて示した「母親ができるきょうだいへの働きかけ」11項目よりかかわり方の例を抽出し、それを選択肢とした。各質問に対し、該当する選択肢の複数選択、あるいは、自由記述で回答するよう求めた。

Table 3-1 きょうだい養育上の悩み事・困り事とその対応に関する質問項目

質問1 きょうだいを育てる上での悩み事・困り事があるか	
（ある・ない）	
質問2　悩み事・困り事はきょうだいのどんな面でみられたか（複数回答可）	
身体面	① チック　　② 吃音　　③ ぜんそく ④ 円形脱毛症　　⑤ 自家中毒　　⑥ 爪かみ　　⑦ 過食 ⑧ 拒食　　⑨ 潔癖症 ⑩ その他（　　　　　　　　　　）
行動面	① 不登校・不登園　　② きょうだいげんか ③ 友人とのトラブル　　④ 会話の減少 ⑤ その他（　　　　　　　　　　）
心情面	① 不公平感を訴える　　② いつまでも親といたがる ③ よく泣く　　④ その他（　　　　　　　　　　）
質問3　きょうだいに心配なことがある時、どのように対処しているか 　　　　（きょうだいとのかかわり方・相談する相手）	
きょうだいと かかわる （複数回答可）	① きょうだいとよく話す・話をよく聞く ② 一緒にでかける ③ ふたりだけの時間をもつ ④ きょうだいの努力や達成をほめる ⑤ 障害のあるお子さんもきょうだいも、平等に接する ⑥ その他（　　　　　　　　　　）
相談する （複数回答可）	（だれに） ① 配偶者　　② 自分の父母　　③ 自分の兄弟姉妹 ④ 配偶者の父母 ⑤ 友人（同じ障害のあるお子さんの母親） ⑥ 学校の先生 ⑦ その他（　　　　　　　　　　）
質問4　きょうだいへのどんなかかわりが悩み事・困り事の防止につながるか（自由記述）	
質問5　きょうだいのために利用する相談機関やサービス機関はあるか（複数回答可）	
	① 教育・療育機関への相談 ② 障害のある子の訓練・通園時にきょうだいを預かってもらう ③ 保育所・学童保育の利用 ④ その他（　　　　　　　　　　）

3 調査結果の分析方法

調査結果の分析にあたっては、質問紙の設問ごとに単純集計によって分析し、必要に応じて Java Script-STAR ver.5.57j で統計的分析を行った。

第3節　結果

1　回収数及び、回答した親、回答対象きょうだいと同胞の属性

　回収数は538（全在籍児家庭の51.2％）であり、有効な回答が得られたのは、346（回収数の64.3％）であった。

　質問紙調査に回答した親の性別内訳は、父親21名（6.1％）、母親325名（93.9％）であった。

　質問紙調査に回答した親の年代内訳は20代1名（0.3％）、30代75名（21.7％）、40代231名（66.8％）、50代39名（11.3％）であった。

　質問紙調査に回答した親の職業形態内訳は常勤95名（27.5％）、パート145名（41.9％）、専業主婦106名（30.6％）であった。

　回答対象のきょうだいの性別内訳は、男子147名（42.5％）、女子199名（57.5％）であった。

　きょうだいの在籍する学校種と学年をまとめて、年代として分類したところ、年代内訳は、小学校低学年（以下、小低と記す）45名（13.0％）、小学校高学年（以下、小高と記す）82名（23.7％）、中学生・高校生（以下、中・高と記す）150名（43.4％）、大学生・社会人（以下、大・社と記す）69名（19.9％）であった。

　きょうだいの出生順位内訳は、兄85名（24.6％）、姉133名（38.4％）、弟61名（17.6％）、妹67名（19.4％）であった。

　きょうだいと同胞との年齢差内訳は、0～2歳違い129名（37.3％）、3～5歳違い164名（47.4％）、6歳以上違い53名（15.3％）であった。

　同胞の主障害内訳は、知的障害270名（78.0％）、肢体不自由45名（13.0％）、聴覚障害26名（7.5％）、視覚障害5名（1.4％）であった。

　回答者の家族構成内訳は、核家族200名（57.8％）、複合家族（祖父母などと同居している）146名（42.2％）であった。

2 分析結果

(1) 親のきょうだい養育上の悩み事・困り事の有無

質問紙調査の回答者346名のうち、きょうだいの養育に悩み事・困り事が「ある」と回答した親は245名（70.8％）、「ない」と回答した親は101名（29.2％）であった。直接確率法を用いて確認したところ、$p<.001$となり、悩み事・困り事の「ある」親が有意に多かった。

次に、「きょうだいの性別」「きょうだいの年代」「きょうだいの出生順位」「家族構成」「きょうだいと同胞の年齢差」「親の年代」「親の職業形態」の要因における内訳の群ごとに、きょうだい養育上の悩み事・困り事のある親とない親の人数を集計し、各内訳の総数で除して割合を算出した。併せて、x^2検定を用いて、悩み事・困り事のある親とない親の人数を比較した。得られた結果をTable 3-2～Table 3-8に示す。

「きょうだいの性別」「きょうだいの出生順位」「家族構成」「親の年代」「親の職業形態」の要因においては、どの群においても親の悩み事・困り事がある親とない親の人数に有意な差が見られなかった。しかし、「きょうだいの年代」では、大・社群で、また、「きょうだいと同胞の年齢差」では、6歳以上違いの群で、5％水準で有意な差が見られ、いずれも悩みがない者が有意に多かった。

(2) きょうだいの年代別の、親の養育上の悩み事・困り事の内訳

きょうだいの年代ごとに、身体面、行動面、心情面にきょうだい養育上の悩み事・困り事を記入した親の人数と、それを各年代における悩み事・困り事が「ある」と回答した親の人数（小低＝35、小高＝62、中・高＝109、大・社＝39）で除した割合をTable 3-9に示す。どの年代も、行動面、心情面の悩み事・困り事が占める割合が高かった。

また、身体面・行動面・心情面で選択された内容をTable 3-10に示す。

各項目における悩み事・困り事の具体事例としては、身体面では、どの年代も「爪かみ」が最も多く（小低28.6％、小高42.9％、中・高30.6％、大・社38.9％）、次いで、小低では、チック症状（28.6％）、その他の年代では、「ぜんそく」（小高17.9％、中・高20.4％、大・社22.2％）であった。

行動面では、どの年代も「きょうだいげんか」が最も多く（小低48.3％、小高

Table 3-2 きょうだいの性別と親の悩み事・困り事の有無

	悩みなし		悩みあり		合計
	n	%	n	%	n
男子	43	29.3	104	70.7	147
女子	58	29.1	141	70.9	199
合計	101	29.2	245	70.8	346

$x^2_{(1)} = 0.00$ n.s.

Table 3-3 きょうだいの年代と親の悩み事・困り事の有無

	悩みなし		悩みあり		合計
	n	%	n	%	n
小低	10	22.2	35	77.8	45
小高	20	24.4	62	75.6	82
中・高	41	27.3	109	72.7	150
大・社	30 ▲	43.5	39 ▽	56.5	69
合計	101	29.2	245	70.8	346

$x^2_{(3)} = 9.04$ $p<.05$ ▲有意に多い、▽有意に少ない

Table 3-4 きょうだいの出生順位と親の悩み事・困り事の有無

	悩みなし		悩みあり		合計
	n	%	n	%	n
兄	31	36.5	54	63.5	85
姉	41	30.8	92	69.2	133
弟	13	21.3	48	78.7	61
妹	16	23.9	51	76.1	67
合計	101	29.2	245	70.8	346

$x^2_{(3)} = 5.10$ n.s.

Table 3-5 きょうだいの家族構成と親の悩み事・困り事の有無

	悩みなし		悩みあり		合計
	n	%	n	%	n
核家族	56	28.0	144	72.0	200
複合家族	45	30.8	101	69.2	146
合計	101	29.2	245	70.8	346

$x^2_{(1)} = 0.33$ n.s.

Table 3-6 きょうだいと同胞の年齢差と親の悩み事・困り事の有無

	悩みなし		悩みあり		合計
	n	%	n	%	n
0〜2歳違い	31	24.0	98	76.0	129
3〜5歳違い	47	28.5	118	71.5	165
6歳以上違い	23 ▲	44.2	29 ▽	55.8	52
合計	101	29.2	245	70.8	346

$x^2_{(2)}=7.40 \quad p<.05$　▲有意に多い、▽有意に少ない

Table 3-7 親の年代と親の悩み事・困り事の有無

	悩みなし		悩みあり		合計
	n	%	n	%	n
30代	19	25.0	57	75.0	76
40代	69	29.9	162	70.1	231
50代	12	32.4	25	67.6	37
合計	100	29.1	244	70.9	344

$x^2_{(2)}=0.89$　n.s.

Table 3-8 親の職業形態と親の悩み事・困り事の有無

	悩みなし		悩みあり		合計
	n	%	n	%	n
常勤	31	32.6	64	67.4	95
パート	39	26.9	106	73.1	145
専業主婦	31	29.2	75	70.8	106
合計	101	29.2	245	70.8	346

$x^2_{(2)}=0.91$　n.s.

Table 3-9 きょうだいの年代別の親の悩み事・困り事の内訳

	小低 ($n=35$)		小高 ($n=62$)		中・高 ($n=109$)		大・社 ($n=39$)	
	n	%	n	%	n	%	n	%
身体面	7	20.0	28	45.2	49	45.0	18	46.2
行動面	29	82.8	53	85.5	94	86.2	34	87.2
心情面	31	88.6	51	82.3	86	78.9	26	66.7

Table 3-10　きょうだいに関する悩み事・困り事の内訳（身体面・行動面・心情面別）

		小低		小高		中・高		大・社	
		n	%	n	%	n	%	n	%
身体面	チック	2	28.6	4	14.3	6	12.2	2	11.1
	吃音	0	0.0	1	3.6	4	8.2	1	5.6
	ぜんそく	1	14.3	5	17.9	10	20.4	4	22.2
	自家中毒	1	14.3	3	10.7	1	2.0	1	5.6
	爪かみ	2	28.6	12	42.9	15	30.6	7	38.9
	過食	0	0.0	2	7.1	1	2.0	0	0.0
	拒食	0	0.0	0	0.0	1	2.0	0	0.0
	潔癖症	0	0.0	0	0.0	2	4.1	1	5.6
	その他	1	14.3	1	3.6	9	18.4	2	11.1
	小計	7	100.0	28	100.0	49	100.0	18	100.0
行動面	不登校・不登園	2	6.9	7	13.2	9	9.6	8	23.5
	きょうだいげんか	14	48.3	25	47.2	35	37.2	10	29.4
	友人とのトラブル	8	27.6	9	17.0	23	24.5	5	14.7
	会話の減少	4	13.8	6	11.3	21	22.3	9	26.5
	その他	1	3.4	6	11.3	6	6.4	2	5.9
	小計	29	100.0	53	100.0	94	100.0	34	100.0
心情面	不公平感	19	61.3	29	56.9	53	61.6	10	38.5
	いつまでも親といたがる	8	25.8	11	21.6	10	11.6	8	30.8
	よく泣く	1	3.2	5	9.8	6	7.0	5	19.2
	その他	3	9.7	6	11.8	17	19.8	3	11.5
	小計	31	100.0	51	100.0	86	100.0	26	100.0

47.2％、中・高37.2％、大・社29.4％）、次いで小低、小高、中・高で「友人とのトラブル」（27.6％、17.0％、24.5％）、及び大・社で「会話の減少」（26.5％）であった。

　心情面では、どの年代も「不公平感」が最も多く（小低61.3％、小高56.9％、中・高61.6％、大・社38.5％）、次いで「いつまでも親といたがる」（小低25.8％、小高21.6％、中・高11.6％、大・社30.8％）であった。

　また、親が身体面・行動面・心情面の「その他」の欄に自由に記入した内容をそれぞれ年代別に示す（複数回答あり、Table 3-11）。本調査は、親の視点から、きょうだいの養育について感じている悩み事・困り事の実態を明らかにすること

Table 3-11 「その他」の自由記述欄に記入された悩み事・困り事

年代	身体面	行動面	心情面
小低		・親と一緒に行動する時間が少ない	・我慢している ・心配しすぎる ・同胞がなぜできないのか理解できない ・同胞の世話を手伝うことを少し辛く感じている
小高	・てんかん	・コミュニケーションがとれない ・いじめ ・同胞に冷たい、怒る ・習い事に行きにくい	・弟のことで気を遣う ・何かにつけ文句、怒鳴り散らす ・きょうだい同士で遊ぶことができなくて、寂しそうだ ・情緒不安定だ ・怒りのやり場がなく、いらいらしている ・気持ちが通じ合わない
中・高	・病気、及び病気の再発 ・指しゃぶり ・自慰行為 ・夜尿 ・アトピー ・肥満・不眠	・差別する ・落ち着きがない ・態度が悪い ・暴言・暴力、すぐキレる ・会話が困難 ・友達関係を積極的につくろうとしなかった、学校で浮いている感じだった	・同胞を仲間として認めない ・あまり感情を表さない ・表情が乏しくなった ・家に帰りたがらない ・情緒不安定、すぐパニックになる ・ストレスを感じている ・不満があっても我慢している ・年齢よりも考えが大人っぽい ・友達にいじめられたため、つきあい方に不安をもっている ・虫や揺れるものをとても嫌がる ・同胞に障害があることをどのように理解させるかが難しい ・いつも後回しにして、同胞の世話を頼んでしまう ・障害のある子どもの入院中、寂しい思いをさせた
大・社	・生理不順 ・入退院の繰り返し	・いつまでも幼い ・遠慮している	・不安定である ・悲しい思いをしている ・親自身が心に余裕がなく、いらいらして子どもにあたってしまうことがあった

を目的としている。そこで、自由記述については、親が身体面、行動面、心情面として判断し、記入したものをそのままの分類とした。特に心情面には、きょうだいの態度や行動だけでなく、親のきょうだいに対する対応に関する記述が含まれているが、これは自らの対応の結果、きょうだいの心情面に何らかの望ましくない状況が生じている、あるいはこれから生じる可能性について、親が心配し悩

んでいる事項と考えられた。

(3) きょうだいに心配なことがある時の対処方法（きょうだいとのかかわり方・相談する相手）

きょうだいに対する親のかかわり方の内訳は、全有効回答者346名のうち、「きょうだいとよく話す・話をよく聞く」が155名（44.8％）、以下同様に、「努力や達成を褒める」が125名（36.1％）、「二人だけの時間をもつ」が117名（33.8％）、「平等に接する」が117名（33.8％）、「一緒に出かける」が107名（30.9％）であった（複数回答あり）。

きょうだいの養育上の悩み事・困り事に関する親の相談相手の内訳は、全有効回答者346名のうち、「配偶者」が152名（43.9％）、以下同様に、「友人（同じ障害のある子どもの母親）」が95名（27.5％）、「自分の父母」が87名（25.1％）、「学校の先生」が50名（14.5％）、「自分の兄弟姉妹」が25名（7.2％）、「配偶者の父母」が19名（5.5％）であった（複数回答あり）。

(4) きょうだいの養育に関する悩み事・困り事の防止につながる親のかかわり（自由記述の分析）

親の自由記述の内容を以下のカテゴリーに分類した（Table 3-12）。カテゴリー化にあたり、筆者と研究の趣旨を理解している特別支援教育にかかわる教員3名とで、KJ法を使い、全員の意見が一致するまで検討を重ねて、最終決定とした。

きょうだいの養育上の悩み事・困り事が「ある」群（$n=245$）と、悩みが「ない」群（$n=101$）とで比較したところ、悩み事・困り事のあるなしにかかわらず、共通するカテゴリーAと、それぞれに特有なカテゴリーB、Cに分類された。カテゴリーBは悩み事・困り事のある群に特有なカテゴリー、カテゴリーCは悩み事・困り事のない群に特有なカテゴリーである。

(5) きょうだいのために利用する相談機関やサービス機関

きょうだいのために利用する相談機関やサービス機関があると回答した内容の内訳は、全有効回答者346名のうち、「保育所・学童保育の利用」が55名（15.9％）、以下同様に、「教育・療育機関への相談」が41名（11.8％）、「障害のある子ども

第3章 研究1：きょうだいを育てる親の悩み事・困り事に関する調査研究

Table 3-12 きょうだいに対する悩み事・困り事の防止につながる親のかかわり

カテゴリー		悩み事あり群 ($n=245$)		悩み事なし群 ($n=101$)	
		n	%	n	%
A	きょうだいと話し、気持ちを分かってやる	36	14.7	34	33.7
	二人の時間をもつ、きょうだいを優先する	18	7.3	10	9.9
	平等に接する	14	5.7	26	25.7
	障害理解を促す	14	5.7	7	6.9
	親の思い（大切に思っていること）を伝える	14	5.7	2	2.0
B	相談機関の利用	14	5.7	0	0.0
C	配偶者・家族の協力・周囲への相談	0	0.0	5	5.0
	きょうだいが親の相談相手	0	0.0	5	5.0
	年齢差があり、悩まない	0	0.0	5	5.0
	きょうだいに頼りすぎない	0	0.0	2	2.0

の訓練・通園時に、一時預かりやファミリーサポート制度等を使って、預かってもらう」が29名（8.4％）、「その他」が15名（4.3％）であった（複数回答あり）。

第4節 考察

1 親のきょうだいの養育上の悩み事・困り事の実態

本章における実態調査の結果、悩み事・困り事が「ある」と答えた親は、「ない」と答えた親と比較し、有意に多かった。このことは、きょうだいの養育に関して、何らかの支援が必要であることを示している。先行研究ではきょうだいに対する支援の必要性が強調されてきたが、今回の研究から、きょうだいだけでなく、同じように親の支援にも取り組む必要があることが明らかとなった。

また、悩み事・困り事の有無に差をもたらしている要因として、きょうだいの年代と同胞との年齢差があることが分かった。きょうだいの年代に関しては、特に大学生・社会人のきょうだいを養育している親群で、期待度数よりも悩み事・困り事の「ない」人が多く、悩み事・困り事の「ある」人が少なくなっていることから、きょうだいが成人期を迎えると、親の養育上の悩み事・困り事が解決さ

れていることが示唆された。また、同胞との年齢差については、年齢差が6歳以上のきょうだいを育てている親群で、期待度数よりも悩み事・困り事の「ない」人が多く、悩み事・困り事の「ある」人が少なかった。年齢差が6歳以上あることで、きょうだいは、同胞と同時期に幼児期を過ごすことがなかったと考えられる。すなわち、幼児期のきょうだいと同胞に対して、親や周囲の者が個別にかかわる期間が長いことで、悩み事・困り事の発生が少なくなるのではないかと思われる。この2つの可能性から、親のきょうだいの養育における悩み事・困り事には、きょうだい自身の精神的な成長と、親がきょうだいと同胞に、個別に幼児期の養育をした時間の長さが関係していると考えられる。

　悩み事・困り事の内訳を見ると、回答者の半数以上に見られる問題から、少数にのみ見られる問題まで多岐にわたっており、それぞれのきょうだいが個々に抱える問題の多様性が明らかとなった。しかしながら、傾向としてはTable 3-9に見るように、どの年代も、行動面・心情面の悩み事が多くなっており、親が主としてきょうだいの行動面・心情面の問題への対応に苦慮していることが示唆された。また、Table 3-10を見ると、心情面の悩み事・困り事では「不公平感」が最も多く、続いて「いつまでも親といたがる」「よく泣く」が挙げられている。これらは、親のきょうだいに対するかかわり方に関連する事項であると考えられる。Table 3-11に示した「その他」に記述された少数の親の具体例回答にも、「きょうだいがいつも後回しになる」「気持ちが通じ合わない」というものがあり、きょうだいの養育に関する親の悩み事・困り事には、きょうだいと同胞間の問題、きょうだい自身の問題だけでなく、親ときょうだいとの親子関係における問題が含まれていた。西村・原（1996b）は、先行研究から得られた知見から、きょうだい達には特有の問題があり、それは母親の育て方に影響を受けているのではないかと述べているが、今回の調査から、親自身が自らのきょうだいに対するかかわりが不適切、あるいは不十分であると感じているもののそれをどうすることもできず、きょうだいの身体面、行動面、心理面などの悩み事や困り事につながってしまうと捉えていることが推察された。

2　親が実施している対処方法

　一方、きょうだいに心配なことがある時の対処方法では、約半数近い親

(44.8％)が、「きょうだいとよく話す・話をよく聞く」と回答し、きょうだい本人とのコミュニケーションに努めており、また、「二人だけの時間をもつ」(33.8％)など、きょうだい本人に向き合うために努力していることがうかがわれた。また、きょうだいの養育に関する親の相談相手は、お互いの配偶者が43.9％を占め、他の相談相手よりも高い割合となっている。富安・松尾（2001）の脳性まひ児の母親に対する調査でも、きょうだいの保育に関する相談相手の1位に夫が挙げられており、親のきょうだいの養育に関する夫婦間の協力体制の重要性が見て取れる。

きょうだいに対する悩み事・困り事の防止につながるかかわりに関する自由記述内容は、Table 3-12に見るように、悩み事・困り事の有無にかかわらず共通しているカテゴリーAと、それぞれに特有なカテゴリーB、Cとがあり、両群の違いが明らかになった。共通しているカテゴリーAでは、きょうだいに心配なことがある時の対処方法で挙げたように、きょうだいに個別にかかわる対応方法が取られているが、悩み事・困り事がある群では、ない群に比べ、「平等に接する」記述が少ない傾向である。また、「親の思い（大切に思っていること）を伝える」という、きょうだいに親自身を分かってもらおうとする働きかけがやや多い傾向になっている。このことから悩み事・困り事がある群の親が、きょうだい自身よりも、親側の視点に立った対応をする傾向にあるのではないかと推察される。このことは、先に述べた親子関係の問題と関連するものであり、親のきょうだいへのかかわり方そのものへの支援の必要性を示すものであろう。また悩み事・困り事がある群は、B「相談機関の利用」を挙げ、外部機関に支援を求めるのに対し、悩み事のない群では、C「配偶者・家族の協力」「周囲に相談する」「きょうだい自身に相談する」など身近な家族に相談や支援を求めており、対照的である。悩み事・困り事のある群では、外部の相談機関を利用しているものの、「配偶者・家族の協力」「周囲に相談する」「きょうだい自身に相談する」記述は見られず、家族内でのコミュニケーションやサポート体制が不十分であることが推察される。このことは親にとって、配偶者・家族をはじめとして、身近な周囲の環境からのサポートの存在が、きょうだいの養育に関する悩み事・困り事の防止につながる要因になっていることを示していると考えられる。

最後に、きょうだいのために利用する相談機関やサービス機関については、どの機関も利用率が低い状況となっている。障害のある子どものきょうだいを育てる親にとって養育サポートサービスが、不十分、あるいは利用しづらい状況があ

るものと考えられる。これまでのような障害のある子どもの養育だけを対象とした支援体制ではなく、きょうだいの養育を含め、広く家族支援の視点に立った支援体制整備が必要であるといえる。

第4章 研究2：きょうだいのサポート期待感に関する調査研究

第1節 本章の目的

　研究1（第3章）では、A県内の特別支援学校に在籍する児童生徒の親に協力を得て、小学生以上のきょうだいのいる346家庭について、質問紙を用いて親のきょうだいに対する悩み事・困り事の実態と、きょうだいに心配なことがある時の対処方法について調査した。その結果、きょうだいに対して悩み事・困り事が「ある」と回答した親は約70％（245家庭）を占め、きょうだいの養育は多くの親にとって課題となっていることが明らかになった。また、悩み事・困り事の内訳として、特に心情面で「不公平感」が最も多く、続いて「いつまでも親といたがる」「よく泣く」が挙げられ、少数の記述にも、「きょうだいがいつも後回しになる」「気持ちが通じ合わない」というものがあり、親自身が自らのきょうだいに対するかかわりに不適切さや、不十分さがあると感じ、親子関係と関連づけてきょうだいの育ちにおける悩み事や困り事をとらえていることが示唆された。

　ところで、調査結果からは、親がきょうだいに心配なことがある時の対処方法として、「きょうだいと話し、気持ちを分かってやる」「きょうだいと二人だけの時間をもつ」「きょうだいを優先する」「平等に接する」ことを心がけて、きょうだい本人に向き合うため努力していることが分かった。このような親からのきょうだいへの対応は、きょうだいにとっては、いわゆるインフォーマルなサポートととらえることができる。三木（1998）によれば、インフォーマルサポートとは、家族や友人、知人からの有形・無形のサポートのことであり、公共機関からのサポートであるフォーマルサポートと併せて、ソーシャルサポートの一つであるとされる。インフォーマルサポートは、子どもの育ちを支える重要な要因の一つであるといえる。それを受ける子どもの側からすると、家族をはじめとした周囲から支えられている実感であり、親の側からすると、日々の養育において実践している配慮そのものを表していると考えられる。

それでは、実際にきょうだいはこのインフォーマルサポートをどのようにとらえているのであろうか。親が同胞の世話に手を取られ、きょうだいに無関心になったり、逆に過剰な期待をかけたりすることにより、親からの全面的受容体験が不足する可能性（吉川, 2002）が指摘される生育環境において、きょうだい達は、どのように自分がサポートされると期待しているのであろうか。一方、親自身はきょうだいが得ているインフォーマルサポートをどのように認識しているのであろうか。

　これまでの研究は、きょうだいの抱える心理的な問題や育ちにおける課題を明らかにする目的で、その原因としてのきょうだいに対するインフォーマルサポートの状況を考察しているものが大部分であり、実際にきょうだいが自分を支えてくれるはずのインフォーマルサポートをどのように認識しているかについては、十分明らかにされていない。きょうだいが認識するインフォーマルサポートの実際は、家族との関係をきょうだいがどのように評価しているか、また、親のきょうだいに対する養育上の配慮が、きょうだい自身にとって実感できているかどうかを示す指標となるものであり、きょうだいと親をはじめとする家族や周囲との関係性の状態を捉える上で、重要な情報であると考える。そこで本研究では、きょうだいときょうだいを育てる親に質問紙調査を実施し、きょうだいは、自らに対するインフォーマルサポートについてどのような期待感をもっているか、またそれらは、きょうだいの性別や出生順位、家族構成などの要因によって違いがあるのか、さらに親自身は、きょうだいに対するインフォーマルサポートの実際をどのように評価しているのか、きょうだいのインフォーマルサポートに対する期待感と親のとらえた実際のインフォーマルサポートには差があるのか否かについて、明らかにする。なお、この後、本稿では、インフォーマルサポートのみについて取り上げるため、これを「サポート」と省略して表記するものとする。

第2節　方法

1　調査対象

　研究1（第3章）の調査に併せて実施した。すなわち、A県内の特別支援学校11校に在籍する児童生徒の家庭のうち、小学生以上のきょうだいを養育する家

Table 4-1 「きょうだいのサポート期待感」質問紙項目（きょうだい用）

1	あなたがおこられた時、なぐさめてくれるのは
2	あなたが勉強など分からない時、教えてくれるのは
3	あなたが何か失敗した時、はげましてくれるのは
4	あなたに何かうれしいことがあった時、自分のことのようによろこんでくれるのは
5	あなたにいやなことがあった時、しんけんに聞いてくれるのは
6	あなたが病気やけがの時、心配してくれるのは
7	あなたが一人でできないことを、手伝ってくれるのは
8	あなたがけんかしたり、いじめられたりした時、助けてくれるのは（小学生用）
	あなたが友達とうまくいかない時、助けてくれるのは（中学生用）
9	あなたの気持ちをよく分かってくれるのは

庭のきょうだい1名（きょうだいが複数いる家庭では、最年長あるいは、同胞の次に出生したきょうだいのいずれかが回答するよう、配布した質問紙によってアトランダムに指定）と、その親を対象とした。質問紙は、各特別支援学校に依頼し担任を通して親に配布してもらい、約1週間後をめどに厳封にて回収した。調査期間は20xx年2月中旬から下旬であった。

2 質問内容

(1) きょうだいに対する質問紙

1) きょうだいの属性（家庭環境）に関すること

きょうだいの性別、出生順位、年齢、在学している学校種と学年、同胞との年齢差について記入を求めた。

2)「きょうだいのサポート期待感」質問紙

きょうだいが自らの日常生活において周囲からどのくらいの援助を得られると感じているか、その期待感を測ることを目的に、森・堀野（1992）による「児童用ソーシャルサポート質問紙」を用いて、文意を損ねないように分かりにくい表現・表記を改め、小学生用・中学生以上用の2種類を作成した。質問項目をTable 4-1に示す。小学生用には平仮名表記を多くし、漢字にはルビを加えた。原本は11項目からなり、情緒的サポート（そばにいてくれる、なぐさめてくれるなど）と実

第Ⅱ部　きょうだいとその家族が抱える課題の検討

Table 4-2　「きょうだいへのサポートの実際」質問紙項目（親用）

1　きょうだいが怒られた時、なぐさめてあげたことがありましたか
2　きょうだいが勉強など分からない時、教えてあげたことがありましたか
3　きょうだいが何か失敗した時、励ましてあげたことがありましたか
4　きょうだいに何か嬉しいことがあった時、自分のことのように喜んだことがありましたか
5　きょうだいに嫌なことがあった時、真剣に聞いてあげたことがありましたか
6　きょうだいが病気やけがの時、心配したことがありましたか
7　きょうだいが一人でできないことを、手伝ってあげたことがありましたか
8　きょうだいが友達とうまくいかない時、助けてあげたことがありましたか
9　きょうだいの気持ちをよく分かってあげたことがありましたか

際的サポート（看病してくれる、教えてくれるなど）が含まれている。本研究では、援助を得られる期待感を測るという目的に合わないと判断した項目と、抽象的で回答しにくい項目を削除し、9項目とした。また、「けんかしたりいじめられたりした時、助けてくれる」項目については、小学生用にはそのまま使用し、中学生以上には年齢的に友達関係の幅広い問題が想定されるため、「友達とうまくいかない時に助けてくれる」という表現に変更した。

対象となるサポート源は、①父、②母、③兄弟姉妹（障害の有無を問わず、その家庭内の兄弟姉妹全般とした）、④祖父、⑤祖母、⑥その他（友人・知人・先生）とした。サポート源ごとに「きっとそうだ」「たぶんそうだ」「たぶんちがう」「ぜったいちがう」の4件法で回答を求めた。

(2) 親に対する質問紙

1）親と同胞の属性に関すること

父親・母親の別、年代、職業形態、同胞の主となる障害種、さらに家族構成を記入するよう求めた。

2）「親から見たサポートの実際」質問紙

「きょうだいのサポート期待感」質問紙の項目を文言を変えて使用した。質問項目をTable 4-2に示す。きょうだいに対して実施した質問紙は「期待感」を測るものであるが、親に対する質問紙は「きょうだいに対してそのようなことが

あったかどうか」という、実際にきょうだいが周囲からどのくらい援助を得られていたかについての親の認識を測るものである。きょうだいのサポート期待感と親から見たサポートの実際とを比較することにより、サポートに関する親子の意識の差異を調べることをねらいとしている。対象となるサポート源はきょうだいへの質問紙と同じである。回答は「きっとあった」「たぶんあった」「たぶんなかった」「ぜったいなかった」の4件法である。

3　調査結果の分析方法

きょうだいの回答については、「きっとそうだ」（4点）、「たぶんそうだ」（3点）、「たぶんちがう」（2点）、「ぜったいちがう」（1点）を配し、親の回答については、「きっとあった」（4点）、「たぶんあった」（3点）、「たぶんなかった」（2点）、「ぜったいなかった」（1点）を配して、それぞれサポート源ごとに集計した。これらの数値は、いずれもサポートの事実の多少を示すものではなく、きょうだいについてはこれまでの経験に基づくサポートへの期待の度合い、親については同様にこれまでの経験に基づくサポートの実際についての認識の度合いを示すものといえる。きょうだいの回答については、得点が高くなるほど、各サポート源に対する期待感が高いことを示し、親については、得点が高くなるほど、各サポート源について親が実際にサポートを行ったという認識の度合いが高いことを示している。

調査結果の分析にあたっては、まず単純集計によって分析し、必要に応じてPASW Statistics 18で統計的分析を行った。

第3節　結果

1　回収数及び、回答したきょうだい、親と同胞の属性

研究1（第3章）で述べたように、回収数は538（全在籍児家庭の51.2％）であり、有効な回答が得られたのは、346（回収数の64.3％）であった。

回答のあった346の家庭における、きょうだい、親、同胞の情報は、研究1（第3章）のとおりである。以下に再掲する。

回答したきょうだいの性別内訳は、男子147名（42.5％）、女子199名（57.5％）であった。
　きょうだいの在籍する学校種と学年をまとめて、年代として分類したところ、年代内訳は、小学校低学年（以下、小低と記す）45名（13.0％）、小学校高学年（以下、小高と記す）82名（23.7％）、中学生・高校生（以下、中・高と記す）150名（43.4％）、大学生・社会人（以下、大・社と記す）69名（19.9％）であった。
　きょうだいの出生順位内訳は、兄85名（24.6％）、姉133名（38.4％）、弟61名（17.6％）、妹67名（19.4％）であった。
　きょうだいと同胞との年齢差内訳は、0～2歳違い129名（37.3％）、3～5歳違い164名（47.4％）、6歳以上違い53名（15.3％）であった。
　一方、回答した親については、性別内訳は、父親21名（6.1％）、母親325名（93.9％）であった。
　親の年代内訳は20代1名（0.3％）、30代75名（21.7％）、40代231名（66.8％）、50代39名（11.3％）であった。
　親の職業形態内訳は常勤95名（27.5％）、パート145名（41.9％）、専業主婦106名（30.6％）であった。
　同胞の主障害内訳は、知的障害270名（78.0％）、肢体不自由45名（13.0％）、聴覚障害26名（7.5％）、視覚障害5名（1.4％）であった。
　回答者の家族構成内訳は、核家族200名（57.8％）、複合家族（祖父母などと同居している）146名（42.2％）であった。

2　分析結果

(1) きょうだいのサポート期待感と親から見たサポートの実際の比較

　「きょうだいのサポート期待感」と「親から見たサポートの実際」の平均値とSDをTable 4-3に示す。全サポート源の平均値のどれもが、きょうだいの期待感よりも親から見たサポートの実際の方が高い結果になった。
　「きょうだいのサポート期待感」と「親から見たサポートの実際」の全体の平均値の分布を確認したところ、ヒストグラムの形状からほぼ正規分布していることが確認された。そこで、両者についてその平均値に差があるかどうかを t 検定により分析した。結果をTable 4-4に示す。全体の平均値及びサポート源ごと

Table 4-3　きょうだいのサポート期待感と親から見たサポートの実際（サポート源別）

	サポート源	n	M	SD
きょうだいの サポート期待感	全体	346	2.95	0.58
	父	330	2.99	0.82
	母	345	3.34	0.63
	きょうだい	305	2.43	0.84
	祖父母	311	2.75	0.78
	その他	340	3.11	0.59
親から見た サポートの実際	全体	346	3.30	0.42
	父	332	3.51	0.66
	母	343	3.71	0.34
	きょうだい	269	2.88	0.84
	祖父母	307	3.14	0.65
	その他	330	3.29	0.51

Table 4-4　きょうだいのサポート期待感と親から見たサポートの実際の比較

	群	n	M	SD	t 値	(df)
全体	きょうだい	346	2.95	0.58	−12.50**	345
	親	346	3.30	0.42		
サポート源 （父親）	きょうだい	330	2.99	0.82	−11.95**	325
	親	332	3.51	0.66		
サポート源 （母親）	きょうだい	345	3.34	0.63	−8.06**	342
	親	343	3.71	0.34		
サポート源 （きょうだい）	きょうだい	305	2.43	0.84	−8.24**	258
	親	269	2.88	0.84		
サポート源 （祖父母）	きょうだい	311	2.75	0.78	−4.98**	295
	親	307	3.14	0.65		
サポート源 （その他）	きょうだい	340	3.11	0.59	−12.12**	327
	親	330	3.29	0.51		

**p<.01

の平均値は、すべて「親から見たサポートの実際」が有意に高かった。また、「きょうだいのサポート期待感」と「親から見たサポートの実際」の全体の平均値について、Pearson の積率相関係数を調べたところ、$r=0.44$（$p<.05$）となり、両者に中程度の正の相関関係があることが示された。

Table 4-5 要因ごとのきょうだいのサポート期待感の平均値の群別比較

	群	n	M	SD	統計的検討	有意差
きょうだいの性別	男子	147	2.96	0.61	$t(344)=.33$	n.s.
	女子	199	2.94	0.55		
きょうだいの年代	小低	45	3.24	0.50	$F(3,342)=8.92^{**}$ 小低＞中・高* 小低＞大・社* 小高＞大・社* （Tukey HSD法による）	
	小高	82	3.07	0.54		
	中・高	150	2.88	0.54		
	大・社	69	2.76	0.63		
きょうだいの出生位置	兄	85	2.89	0.58	$F(3,342)=1.97$	n.s.
	姉	133	2.89	0.55		
	弟	61	3.05	0.63		
	妹	67	3.04	0.54		
きょうだいと同胞の年齢差	0～2歳	129	2.93	0.59	$F(2,343)=.43$	n.s.
	3～5歳	164	2.98	0.55		
	6歳以上	53	2.89	0.63		
家族構成	核家族	200	3.00	0.59	$t(344)=1.73$	n.s.
	複合家族	146	2.89	0.55		

**：$p<.01$　*：$p<.05$

(2) 各要因ときょうだいのサポート期待感の関係

「きょうだいの性別」「きょうだいの年代」「きょうだい出生順位」「きょうだいと同胞の年齢差」「家族構成」の各要因において、「きょうだいのサポート期待感」の平均に差があるかについてt検定あるいは分散分析を用いて比較した（Table 4-5）。分析の結果、「きょうだいの年代」にのみ、1％水準で有意な差が見られた。TukeyのHSD法で多重比較したところ、小学校低学年群のきょうだいのサポート期待感（平均3.24、SD 0.50）が中学生・高校生群のきょうだい（平均2.88、SD 0.54）より、また、大学生・社会人群のきょうだい（平均2.76、SD 0.63）より、5％水準で有意に高かった。また、小学校高学年群のきょうだいのサポート期待感（平均3.07、SD 0.54）が、大学生・社会人群のきょうだいのサポート期待感（平均2.76、SD 0.63）よりも、5％水準で有意に高かった。その他については、有意な差は見られなかった。

第4節　考察

1　きょうだいのサポート期待感

　Table 4-3より、きょうだいのサポート期待感が高いサポート源として「母親」の値が最も高く、次いで「その他」、3番目が「父親」であった。きょうだいにとっては家族の中でも「母親」からのサポートが最も期待できるものであることが示された。また、「父親」からのサポート期待感よりも「その他」である友人・知人・先生からのサポート期待感がやや高くなっている。原因の一つとしては、きょうだいの成長に従い、友人や信頼できる家族以外の大人とのつながりができてくることが背景となっているかもしれないが、年齢によるサポート期待感の変化や父ときょうだいとの関係性を明らかにした上で検討すべきものといえるだろう。祖父母については、サポート期待感の値が両親に比べ低くなっている。臨床的な経験から、両親が同胞の世話に手を取られる日常の中で、きょうだいが祖父母からのサポートを受けることが多いと考え、きょうだい自身もそれを期待しているのではないかと予想していたが、きょうだいは祖父母からのサポートをそれほど重要なものとしては実感していないことが明らかになった。川上(1997)は、7組のきょうだいと親に対するインタビュー調査の結果、母親にとって自らの物理的不在の解決策である父親や祖母の協力は、きょうだい自身にとっては解決になっていなかったことを指摘しており、きょうだいにとって、母親の存在が代替できないものであることを示唆しているが、今回の結果でもきょうだいの同様の認識が見られた。

　要因ごとの比較では、きょうだいの年代においてのみ有意差が見られ、性別や出生順位、同胞との年齢差、家族構成などの要因は、きょうだいのサポート期待感に影響する可能性は低いことが示された。年代別にみると、小学校低学年群が、中学生・高校生群及び大学生・社会人群よりも、小学校高学年群が大学生・社会人群よりもそれぞれに有意にサポート期待感の平均が高かったことから、年齢の低い時ほどサポート期待感が高い傾向にあるといえる。このことは、きょうだいが、年齢が進むにつれて障害のある同胞を抱える家族の実情を客観的に判断できるようになり、サポートを期待することを止め、心理的にも家族と距離をおいて自立的な問題解決方法をとるようになる状況を示しているのではないかと考えら

れる。

2 きょうだいのサポート期待感と親から見たサポートの実際の関係

　きょうだいのサポート期待感と親から見たサポートの実際については、中程度の正の相関があることが示され、親が実際にサポートを行ったと認識している度合いと、きょうだいのサポート期待感とが関係していることが明らかとなった。すなわち、親が積極的にサポートをしていることがきょうだいのサポート期待感に反映されるのは確かであるといえる。

　しかしながら、きょうだいのサポート期待感と親から見たサポートの実際の平均値を比較すると親の値がきょうだいよりもすべてのサポート源において有意に高く、親子間の認識の「ずれ」が生じている。このことから、親から見て、両親や家族、周りの人々などがきょうだいに対してサポートしてきたと思っているレベルほどには、きょうだいの方はそのサポートを期待していないということが分かった。これは、サポートの事実の有無の問題ではなく、サポートの実践者側とそれを受けとめる側の認識の度合いの差であり、サポートの質的な問題と捉えることができるのではないだろうか。すなわち、親は「このサポートは子どもにとって良いことだ」と思って支援をするが、きょうだいに側にすれば、自分が本当に欲しているサポートではない場合があるということである。すなわち、親の「思い入れ」ときょうだいの「思い」との間で開きが生じているといえる。例えば、祖父母からのサポートは、きょうだいよりもむしろ親の方が「サポートしてもらっている」と感じているのではないだろうか。同胞に手がかかり、かかわりたくてもきょうだいにかかわってやれない時、祖父母の援助があることで切り抜けられるという話はよく聞く。この場合、実際に「助かった」という思いを抱くのは親の方であり、きょうだいが同じようにサポートしてもらえると感じているとは限らないであろう。

　このように、親が行っているつもりの支援と実際にきょうだいが受け取れると期待している支援にはギャップがあり、親子間での認識の行き違いが生じ、それが養育上の問題につながっている可能性が示唆される。

3 求められるきょうだいの養育に関する支援

　きょうだいのサポート期待感の実態について得られた知見に基づき、きょうだいの養育支援について、以下の2点が必要であると考える。

　まず1点目として、きょうだいのサポート期待感に影響を及ぼす要因として年齢があり、年齢が進むにつれサポート期待感が減少する傾向にあることが示された。これは、きょうだいが成長とともにサポートを必要としなくなったのか、あるいは、同胞の養育に手をとられる家族の現状を理解し、サポートを期待できないとあきらめるようになったのかなど、今回の調査では、その原因を明らかにするまでには至らなかった。しかし、逆にきょうだいが周囲にサポートを強く期待している年少期からこそ、きょうだいの期待と信頼に応える養育上の配慮が親によってなされる必要があるといえる。なぜなら、サポート期待感は過去の成功経験の積み重ねによって高められるので（岡安・嶋田・坂野, 1993）、きょうだいが年少の時期から被サポート体験を積むことができるように、親への支援が重要となると考えるものである。特に、サポート源としての母親に対する期待感の高さから、この場合の支援とは、同胞の世話で忙しい母親に対し代役サポーターを準備する支援ではなく、母親がきょうだいと直接サポーティブな関係を体験できるような支援が必要であると考えられる。嶋田（1996）は、家族からのサポートを利用できるという「サポート知覚」に関する子どもの発達的変化について、児童期や青年前期（中学生〜高校生期）においては、親からの一方的な働きかけが影響することを指摘しているが、年少時期からのきょうだいに対する親からの被サポート体験の重要性を裏づけるものであるといえる。

　2点目であるが、きょうだいのサポート期待感と親から見たサポートの実際は中程度の正の相関関係にあり、親が実際にサポートを行ったと認識している度合いと、きょうだいのサポート期待感とが関係していることが明らかとなった。しかしながら、きょうだいのサポート期待感と親から見たサポートの実際の平均値を比較すると親の値がきょうだいよりも有意に高く、親が行ったと考えるサポートについて、きょうだいは親が認識しているレベルほどには受け取っていると感じていないことも明らかとなった。このことは、親が行っているつもりの支援と実際にきょうだいが受け取れると期待している支援にギャップがあることを示している。そのような行き違いを解消するためには、親がきょうだいの日常に関心

をもち、そのサポートニーズを把握するための親子のコミュニケーションを活性化する必要があると考えられる。さらに、親が考えるサポートではなく、きょうだいが求めているサポートを親が理解し、実行するためには、サポートの質を担保できる親の養育スキルが必要となる。このことから、親のきょうだい理解と、親子間コミュニケーション、さらに、親のきょうだいに対する養育スキルを伸ばすための具体的な支援方法を開発していく必要性があると考えられる。

第5章　研究3：きょうだいがもつ否定的感情と親への サポート期待感との関係に関する調査研究

第1節　本章の目的

　第1章で述べたように、同胞とともに暮らすことで、きょうだいは、特有の肯定的あるいは否定的感情体験をすることが報告されている。その中でも否定的感情の程度は、どのような要因と関係するのであろうか。本章では、「否定的感情」とは、心配、拒否、憂慮、不満、回避、困惑、負担、その他の同胞に関連して抱く、きょうだいの精神衛生上好ましくないと考えられる様々な感情を総称するものとする。先行研究では、きょうだいの心理的特徴や適応上の問題について、きょうだいの性別、出生順位や、同胞の障害種別等の不可変要因に注目し、状態像との関係を探る試みがなされてきた（柳澤, 2007；高野・岡本, 2011）が、必ずしも一致した知見が得られているわけでない。西村・原（1996b）は、このことについて、研究方法の違いを踏まえた上で、きょうだいの意識や行動に影響を与えるのは、生活の実際の差異であろうと結論づけている。よって、同胞に関連するきょうだいの感情の個人差もまた、きょうだいを取り巻く、生活上の多様な要因との関係で生み出されるものであると推察される。

　その要因の一つとして看過できないのが、親子関係であろう。吉川（2002）は先行研究に基づき、障害のある子どもを育てる家族が秘密や言葉にされない家族内ルールで縛られる状況に陥っており、きょうだいが「自分の全てを受け入れてもらったという主観的経験が不足して育つ」結果、「自分への不安感」「支持や賞賛を過剰に求める傾向」「罪悪感や嫌悪感」等を抱くと述べている。また田倉（2007）は、青年期きょうだいを対象に、親からのかかわりの影響について調査した結果、母親の積極的で支持的な態度と非統制的な養育態度がきょうだいの同胞に対する親和的かかわりや葛藤、負担感に影響する可能性を報告している。このことから、きょうだい特有の同胞に関連した感情体験は、きょうだいが捉えた受容的・支持的な親子関係要因と関係すると考えられる。

きょうだいが抱える心理社会的発達上の課題はきょうだいが育つ家族の機能不全の影響による（吉川, 2008）という指摘を踏まえるなら、きょうだいが同胞に関連して体験する感情ときょうだいの主観的親子関係の関連について把握することは、きょうだい支援プログラム開発のための重要な手がかりとなると考える。出生順位や障害種別といった不可変要因を内包しつつもなお、変容可能な家族の関係性に軸足をおいて支援を構築するなら、従来のきょうだい個人への適応促進的支援（Meyer & Vadasy, 1994, 2008）の枠組みから脱却して、家族支援の視点から、新しいきょうだい支援の方法を確立することにつながるであろう。まさに、それこそがきょうだいが望む支援であると考える。しかしながら、親、きょうだいそれぞれの心理状態や同胞認識に関して、親ときょうだいのデータの関連やずれ等について調査した研究は散見されるものの（浅井・杉山・小石・東・並木・海野, 2004；矢矧・中田・水野, 2005；芝崎・羽山・山上, 2006）、きょうだいが自覚する受容的・支持的な親子関係と同胞に関して抱く感情との関連については、十分検討されてきていない。

　ところで、先の研究2（第4章）では、きょうだいのサポート期待感について検討した。サポート期待感とは、すでに述べたように、自分が困難や悩みに直面した時には、誰かがきっと助けてくれるはずだという期待を指すものである。中でも特に、親からのサポートに対する期待感は、きょうだいと親との受容的・支持的関係を反映すると考える。サポート期待感は、他者との社会的支援関係であるソーシャルサポートの中でも、「知覚されたサポート」、すなわち、他者からの援助の可能性に対する主観的評価（Barrera, 1986）に分類されるものであり、Antonucci, Lansford & Ajrouch（2007/2010）によれば、「サポートは必要な時には利用可能であるという認識は、精神的健康に直接影響を及ぼすことが明らかになっている」とされる。とすれば、サポート期待感は、きょうだいが同胞との関係において直面する様々な出来事から生じる否定的な感情の程度にも、影響すると考えられる。

　以上のことから、本章では、きょうだいが同胞に関連して抱いている否定的感情と、親からのサポート期待感との関係を明らかにすることを目的とする。そして、以下の2点から目的に迫るものとする。

　まず、きょうだいに対し、研究2（第4章）で調査したサポート期待感に加え、同胞に関連して抱いている否定的感情について質問紙調査を行い、親からのサ

ポートに対する期待感の高低と同胞に関連して抱く否定的感情の強弱との関係を検討する。次に、否定的感情の弱い群と強い群に属するきょうだいと親を対象に面接調査を行い、きょうだいの親評価や、親からのサポートに関する意識、また親のきょうだいに対する養育上の配慮の差異を具体的な発言から明らかにする。これにより、親子関係の視点からきょうだいの支援ニーズを分析し、支援プログラム開発に役立つ知見を得るものとする。

第2節　方法

1　質問紙調査

(1) 調査対象

　研究1（第3章）、及び研究2（第4章）の調査に併せて実施した。すなわち、A県内の特別支援学校11校に在籍する児童生徒の家庭のうち、小学生以上のきょうだいのいる家庭のきょうだい1名（該当きょうだいが複数いる家庭では、最年長あるいは、同胞の次に出生したきょうだいのいずれかが回答するよう、配布した質問紙によってアトランダムに指定）に対して実施した。質問紙は、各特別支援学校に依頼し担任を通して保護者に配布してもらい、約1週間後をめどに厳封にて回収した。調査期間は20xx年2月中旬から下旬であった。

　回収数は538（全在籍児家庭の51.2％）であり、そのうち回答に不備があるものを除いた335名分（回収数の62.3％）を分析対象とした。内訳は、性別が男子141名、女子194名、出生順位別が同胞の兄83名、姉132名、弟57名、妹63名、年代別が小学生119名、中高校生148名、大学生・社会人68名であった。また、同胞の障害種別をその障害特性による行動特徴に注目して、次のように分類して集計した。すなわち、感覚機能の代替をもってコミュニケーションが比較的可能である、視覚障害、聴覚障害、肢体不自由の単一障害を「身体障害群」、外部からの障害認識がなされにくく、特異な行動がその特徴となる、知的障害及び自閉症スペクトラム障害等の発達障害を合わせて「発達障害群」、そして、知的障害と肢体不自由、及びその他の障害を併有する場合を「重度・重複障害群」とした。人数の内訳は、身体障害群45名、発達障害群243名、重度・重複障害群47名であった。

(2) 質問内容

1つ目は、「同胞に関する感情アンケート」であり、McHale, Sloan & Simeonsson (1986) により作成されたものである。《将来の問題》《同胞に対する拒否の感情》《同胞に向けられた不公平感》《友達からの反応》《両親の養育態度》《同胞の障害に対する心配事》《余計な負担の感情》《自己猜疑心》《過剰な責任感》の9下位尺度(以下、本章において《 》は下位尺度を示す)から、同胞に関連してきょうだいが抱く否定的感情を評価するもので、各下位尺度につき4質問項目、計36項目からなる。本研究では原則として川上(1997)の訳を用いた。特別支援教育を専攻する複数の大学院生とともに、翻訳独特の言い回しなど、一読して文意を理解しにくいと判断された表現については、原本と照合し文意を損ねないように表現・表記を改め、同じ内容を問う、小学生用・中学生以上用の2種類を作成した。特に小学生用では、小学生には難しいと思われる漢字を平仮名に差し替え、ルビを加えた。各質問項目は、「とてもあてはまる」「どちらかというとあてはまる」「どちらかというとあてはまらない」「全くあてはまらない」の4件法で回答を求めた。各選択肢に4～1点を配し、下位尺度ごとに平均値を求め感情尺度得点とし、得点が高いほど否定的感情が強いと判断した。質問項目(小学生用に表記したもの)をTable 5-1に示す。

2つ目の「サポート期待感アンケート」は、研究2(第4章)(Table 4-1)で示したものである。本章では、父母に対する回答分のみを分析対象とした。片親家庭その他の理由で、父、あるいは、母の分のみの回答があるケースも見られたため、両親分の回答があった場合は合計して2で割り、父母一方だけの回答があった場合はそのままで、サポート期待感得点とした。得点範囲は、9～36点で、高得点ほどサポート期待感が高いと判断した。

(3) 調査結果の分析方法

対象者ごとに各感情尺度得点を総計し、総計点の分布を確認したところ、平均値20.58、SD 3.24であり、ヒストグラムの形状からほぼ正規分布していることが確認された。一方、サポート期待感得点の分布を確認したところ、ヒストグラムの形状が高得点側に偏っており、正規分布ではないと判断された。

そこで、まず、Spearmanの順位相関係数を用いて、感情尺度得点総計、及び各感情尺度得点と、サポート期待感得点の相関関係の有無を調べた。

Table 5-1　同胞に関する感情アンケートの内容（小学生用）

◇将来の問題

1　わたしは、○○が大きくなったときには、もっとこまったことがおきているのではないかと心配している。
2　わたしは、○○がいつか施設でくらすようになると考えている。
3　わたしは、○○がいつまでも障害があるままでないかと心配している。
4　わたしは、○○が大きくなって仕事につけるか心配している。

◇同胞に対する拒否の感情

5　わたしは、障害のあるきょうだいがいることを他の人に知られたくない。
6　ときどき、○○がどこか遠くへ行ってくれたらいいと思うことがある。
7　自分の家族に○○がいることはいいことだ。
8　わたしがそばにいるとき、まわりの人が○○のことをからかうのをゆるさない。

◇同胞に向けられた不公平感

9　わたしのお父さんとお母さんは、○○のためにかけるのと同じ時間をわたしにかけてくれる。
10　わたしはときどき、○○が特別あつかいをされるので○○をしあわせだと思うことがある。
11　わたしはときどき、お父さんとお母さんがわたしよりも○○を大切にしていると思うことがある。
12　わたしのお父さんとお母さんは、○○が自分で何かできることを知っている。

◇友達からの反応

13　わたしの友だちは、○○に障害があることをいやだとかへんだとか思っていない。
14　わたしは、○○に障害があることを言いたくないときがある。
15　わたしの友だちは、○○と遊ぶためにときどきわたしの家に来ることがある。
16　わたしは、○○のことを友だちにうまく話せないときがある。

◇両親の養育態度

17　わたしのお父さんとお母さんは、○○のめんどうをみることを楽しんでいる。
18　わたしのお父さんとお母さんは、○○をもっと助けてあげられればいいのに、と残念に思っている。
19　わたしのお父さんとお母さんは、まわりの子どもたちができることを○○ができなくても気にしていない。
20　わたしはときどき、お母さんが○○のこまったことや気になることは、「すべて自分のせいだ」と思っているのではないかと思うときがある。

◇同胞の障害に対する心配事

21　わたしは、○○のことであまりこまることはないし、もしあったとしても、いつもお父さんとお母さんがたすけてくれる。

22 わたしは、〇〇についてのこまったことや心配なことをだれかにそうだんできればよいのにと思う。
23 わたしは、〇〇がこまっているときに、手伝ってあげるやり方をたくさん知っている。
24 まわりの人は、わたしに〇〇のことを話すのをいやだと思っている。

◇余計な負担の感情

25 わたしはときどき、〇〇が家族の予定をじゃますることが気にいらないことがある。
26 わたしの家族は、まわりの家族とまったく変わらない。
27 わたしはときどき、〇〇がわたしの予定をじゃますることが気にいらないことがある。
28 わたしは、〇〇とかわってあげたい。

◇自己猜疑心

29 わたしの家族は、〇〇がいるので、まわりの家族とはまったくちがうものになっている。
30 わたしのお父さんとお母さんは、自分の子どもたちがとびぬけてすぐれていなくても気にしない。
31 わたしのお父さんとお母さんは、わたしがとびぬけて勉強ができなくてもいいと思っている。
32 わたしはときどき、自分がなんて勉強がよくできるんだろう、と思うことがある。

◇過剰な責任感

33 わたしのお父さんとお母さんは、〇〇がいることで私が今よりももっと世話やきにならなくてもいいと思っている。
34 わたしは、〇〇に障害があるというお父さんとお母さんのたいへんさをへらすために、学校ではうまくやっていこうとしている。
35 わたしは、お父さんとお母さんに、〇〇に障害があるという理由からではなく、本当にわたしを自まんに思ってもらいたい。
36 わたしは、〇〇に障害があるので、お父さんとお母さんのためにとびぬけて勉強ができるようになれたらいいと思う。

※〇〇には、同胞の名前をあてはめるものとする。

　次に、対象者をサポート期待感得点分布の中央値29よりも得点の低い群（サポート期待感低群）168名と高い群（サポート期待感高群）167名の2群に分け、感情尺度総点、及び各感情尺度得点の平均値の群間差を確認した。その際、先行研究で指摘されてきた出生順位や同胞の障害種等の要因との関係を確認するため、出生順位別（兄、姉、弟、妹の4群）、年代別（小学生、中高校生、大学生・社会人の3群）、同胞の障害種別（身体障害、発達障害、重度・重複障害の3群）の各群（人数は前述のとおり）とそれぞれに対して独立変数とし、感情尺度得点

総点を従属変数として2要因の分散分析を行った。統計的検定には、SPSS ver. 20を用いた。

2 面接調査

(1) 対象

感情尺度得点総計の平均値±1SDよりも外側の得点範囲にある者の中から、面接調査の承諾を得られたきょうだいとその親12組を対象とした。うち、感情尺度得点の総計点が低い群（以下、「感情低群」と記す）は7組、高い群（以下、「感情高群」と記す）は5組であった。きょうだいの内訳は、感情低群が、兄1、姉1、弟1、妹4で、年代別に小学生5、中高校生1、大学生・社会人1であった。同胞の障害種は、身体障害1、発達障害4、重度・重複障害2であった。感情高群は、兄1、姉1、弟2、妹1で、年代別に小学生3、中高校生2、大学生・社会人0で、同胞の障害種は、身体障害0、発達障害4、重度・重複障害1であった。また、親については対象父母の指定はせず任意とした結果、内訳は、母親のみ参加したケースが11、両親一緒に参加したケースが1であった。実施にあたり、対象者に調査の趣旨、及びデータの取扱いと個人情報の保護方法について説明し、「面接調査参加承諾書」の提出を受けた。

(2) 面接内容

親子ごとに半構造化面接を実施した。きょうだいには、「困った時のサポート」として、困ったり悩んだりした時の解決法や相談相手、また、今後相談できそうな相手について、また「親との関係」として、父及び母に対して感じていることを尋ねた。親には、きょうだいを育てる際の配慮や工夫（以下、「養育上の配慮」）を尋ねた。調査は筆者が属する大学の教室で親子別々に（両親は同席で）実施した。所要時間は1組約1時間程度であった。承諾を得て内容をICレコーダーで録音した。時期は、質問紙調査の約6か月後であった。

(3) 調査結果の分析方法

録音データの逐語録から、まず質問項目ごとに、発言を意味内容で分類し、短い文章で表して「タイトル」とした。さらに「タイトル」を分類して「カテゴリー」

とした。筆者と15年以上の特別支援教育経験がある教員3名で協議し、全員の意見が一致したものを最終分類とした。また、感情低群・高群別にカテゴリー別発言者数（きょうだい数を基準とし、両親同時に面接した1ケースも1名分にカウントした）を調べ、各群対象者数で除して「発言率」を算出した。

第3節　結果

1　質問紙調査

(1) 感情尺度得点とサポート期待感得点の関係

　感情尺度得点とサポート期待感得点の平均値、SD 及び、両者間の有意性が認められた Spearman の順位相関係数を Table 5-2 に示す。概観すると感情尺度得点総計と、《同胞に対する拒否の感情》《同胞に向けられた不公平感》《友達からの反応》《両親の養育態度》《同胞の障害に対する心配事》《余計な負担の感情》で、感情尺度得点とサポート期待感得点にそれぞれ $\rho = -.16 \sim -.54$ の範囲で弱～中程度の有意な負の相関関係が認められた（$p<.001 \sim .05$）。しかし、《過剰な責任感》だけは逆に、$\rho = .18 \sim .38$ の弱い有意な正の相関関係が認められた（$p<.01 \sim .05$）。出生順位別に見ると、兄、姉、妹の群では、感情尺度得点とサポート期待感得点はいずれも弱い負あるいは正の相関関係であったが、弟群においては、感情尺度得点総計と《同胞に対する拒否の感情》《同胞に向けられた不公平感》《同胞の障害に対する心配事》で、$\rho = -.41 \sim -.54$ の中程度の有意な負の相関関係が認められた（$p<.001 \sim .01$）。年代別に見ると大学生・社会人群では、小学生群、中高校生群と異なり、正の相関関係に《将来の問題》（$\rho = .30, p<.05$）が加わった。同胞の障害種別に見ると、発達障害群と重度・重複障害群では、《過剰な責任感》を除く複数の下位尺度で、感情尺度得点とサポート期待感得点に $\rho = -.17 \sim -.37$ の、弱い有意な負の相関関係が見られた（$p<.001 \sim .05$）。身体障害群では負の相関関係は認められなかったが、《過剰な責任感》においては、発達障害群とともに $\rho = .20 \sim .34$ の弱い有意な正の相関関係が見られた（$p<.01 \sim .05$）。

(2) サポート期待感の高低群別感情尺度得点平均の比較

サポート期待感の高低と、出生順位、年代、同胞の障害種との各組合せによる各群の感情尺度得点の平均値、SDをTable 5-3に、さらに2要因の分散分析の結果のうち、有意な差が見られたものをTable 5-4、5-5、5-6に示す。

サポート期待感の高低と出生順位の2要因分散分析の結果（Table 5-4）、いずれの下位尺度でも各要因の交互作用は見られなかった。サポート期待感の高低の主効果が、感情尺度得点総計と《同胞に対する拒否の感情》《同胞に向けられた不公平感》《両親の養育態度》《同胞の障害に対する心配事》《余計な負担の感情》《過剰な責任感》で0.1〜5％水準で有意であり、感情尺度得点総計と《同胞に対する拒否の感情》《同胞に向けられた不公平感》《両親の養育態度》《同胞の障害に対する心配事》《余計な負担の感情》については、サポート期待感高群が低群よりも感情尺度得点の平均値が低く、《過剰な責任感》については逆に高かった。一方、出生順位の主効果は、感情尺度得点総計と《同胞に対する拒否の感情》《同胞に向けられた不公平感》《自己猜疑心》で0.1〜5％水準で有意であった。TukeyのHSD法による多重比較の結果、感情尺度得点総計と《同胞に対する拒否の感情》では5％水準で弟群が姉群よりも、《同胞に向けられた不公平感》では5％水準で弟群が兄群よりも、《自己猜疑心》では1％水準で弟群が兄及び姉群よりも、感情尺度得点の平均値が高かった。

サポート期待感の高低と年代の2要因分散分析の結果（Table 5-5）、いずれの下位尺度でも各要因の交互作用は見られなかった。サポート期待感の高低の主効果が、感情尺度得点総計と《同胞に対する拒否の感情》《同胞に向けられた不公平感》《両親の養育態度》《同胞の障害に対する心配事》《余計な負担の感情》《過剰な責任感》で0.1〜1％水準で有意であり、結果は上記で示したとおりである。一方、年代の主効果は《同胞の障害に対する心配事》《自己猜疑心》《過剰な責任感》で1〜5％水準で有意であり、感情尺度得点総計と《友達からの反応》では、有意な傾向（$.05 < p < .1$）が確認された。TukeyのHSD法による多重比較の結果、感情尺度得点総計と《友達からの反応》《過剰な責任感》では、中高校生群が大学生・社会人群よりも5％水準で、《同胞の障害に対する心配事》では、中高校生群と大学生・社会人群が1％水準で小学生群よりも、《自己猜疑心》では、小学生群が5％水準で中高校生群と大学生・社会人群よりも、感情尺度得点の平均がそれぞれ有意に高かった。

Table 5-2 感情尺度得点とサポート期待感得点の平均、SD、

群		n	感情尺度得点総計		将来の問題		同胞に対する拒否の感情		同胞に向けられた不公平感		友達からの反応	
			M	SD	M	SD	M	SD	M	SD	M	SD
全体		335	20.58	3.24	2.49	.74	1.98	.66	2.09	.59	2.65	.62
	ρ		−0.18***				−0.30***		−0.20***			
出生順位	兄	83	20.28	3.22	2.49	.71	1.94	.59	1.95	.54	2.65	.62
	ρ											
	姉	132	20.29	3.16	2.51	.72	1.87	.62	2.10	.58	2.57	.61
	ρ		−0.21*				−0.32***		−0.28**			
	弟	57	21.62	3.02	2.63	.72	2.18	.74	2.24	.62	2.81	.64
	ρ		−0.50***				−0.54***		−0.41**		−0.33*	
	妹	63	20.65	3.47	2.32	.81	2.08	.70	2.10	.62	2.70	.61
	ρ						−0.33**					
年代	小学生	119	20.40	3.29	2.41	.79	1.91	.69	2.15	.62	2.59	.64
	ρ		−0.21*				−0.35***		−0.12*			
	中高校生	148	21.05	3.15	2.60	.69	2.07	.66	2.04	.58	2.75	.60
	ρ		−0.28***				−0.35***		−0.25**		−0.18*	
	大学生・社会人	68	19.88	3.22	2.39	.71	1.91	.57	2.08	.53	2.54	.61
	ρ				0.30*				−0.29*			
同胞の障害種	身体障害	45	19.39	3.20	2.27	.90	1.75	.61	2.12	.68	2.29	.59
	ρ											
	発達障害	243	20.80	3.21	2.51	.71	2.04	.66	2.06	.56	2.73	.61
	ρ		−0.18**				−0.30***		−0.25***			
	重度・重複障害	47	20.57	3.22	2.61	.65	1.87	.66	2.20	.63	2.63	.59
	ρ						−0.37*					

及び両者間の Spearman の順位相関係数（有意なもののみ）

両親の養育態度		同胞の障害に対する心配事		余計な負担の感情		自己猜疑心		過剰な責任感		サポート期待感得点	
M	SD	M	SD	M	SD	M	SD	M	SD	M	SD
2.23	.51	2.14	.52	2.52	.66	2.01	.59	2.47	.63	28.03	6.18
-0.16^{**}		-0.28^{***}		-0.21^{***}				0.18^{**}		—	
2.21	.54	2.20	.51	2.47	.55	1.93	.55	2.43	.62	26.80	6.51
		-0.23^{*}		$-.23^{*}$				0.23^{*}		—	
2.25	.52	2.13	.49	2.48	.69	1.92	.56	2.47	.60	27.69	6.19
-0.28^{**}		-0.24^{**}								—	
2.17	.49	2.18	.59	2.68	.66	2.25	.59	2.48	.65	29.11	6.37
		-0.42^{**}		-0.35^{**}						—	
2.27	.50	2.07	.55	2.49	.74	2.11	.62	2.52	.67	29.37	5.16
		-0.25^{*}								—	
2.23	.52	2.00	.54	2.49	.65	2.15	.67	2.46	.63	30.39	5.23
		-0.30^{**}		-0.30^{***}						—	
2.24	.51	2.22	.49	2.58	.68	1.98	.54	2.58	.63	27.13	5.86
-0.18^{*}		-0.24^{**}		-0.21^{**}						—	
2.21	.52	2.24	.54	2.43	.62	1.84	.48	2.24	.54	25.85	7.07
								0.38^{**}		—	
2.32	.56	2.06	.52	2.29	.66	1.90	.64	2.40	.64	28.53	6.51
								0.34^{*}		—	
2.23	.50	2.18	.52	2.57	.65	2.01	.56	2.48	.62	27.79	6.26
		-0.27^{***}		-0.17^{**}				0.20^{**}		—	
2.16	.54	2.02	.55	2.45	.70	2.15	.66	2.48	.64	28.76	5.43
-0.35^{*}		-0.34^{*}		-0.34^{*}						—	

$^{***}: p<.001 \quad ^{**}: p<.01 \quad ^{*}: p<.05$

Table 5-3 サポート期待感高低と出生順位、

		n	感情尺度得点総計		将来の問題		同胞に対する拒否の感情		同胞に向けられた不公平感	
			M	SD	M	SD	M	SD	M	SD
サポート期待感低	兄	49	20.58	2.98	2.50	0.70	2.05	0.54	2.04	0.54
	姉	69	20.97	2.96	2.53	0.67	2.05	0.61	2.25	0.52
	弟	25	23.03	2.27	2.81	0.70	2.54	0.69	2.44	0.56
	妹	25	21.45	3.10	2.37	0.67	2.36	0.73	2.21	0.58
	小学生	39	21.55	2.94	2.46	0.77	2.20	0.69	2.31	0.58
	中高校生	86	21.75	2.65	2.69	0.60	2.25	0.66	2.16	0.56
	大学生・社会人	43	19.92	3.30	2.31	0.71	1.97	0.56	2.23	0.51
	身体障害	20	19.96	3.54	2.20	0.77	1.91	0.65	2.23	0.68
	発達障害	123	21.37	2.94	2.56	0.69	2.22	0.63	2.19	0.54
	重複障害	25	21.60	2.52	2.72	0.50	2.09	0.68	2.31	0.52
	低群全体	168	21.24	2.98	2.54	0.69	2.17	0.65	2.21	0.55
サポート期待感高	兄	34	19.84	3.53	2.49	0.72	1.79	0.63	1.84	0.52
	姉	63	19.55	3.23	2.48	0.78	1.68	0.57	1.93	0.59
	弟	32	20.52	3.10	2.48	0.71	1.89	0.66	2.09	0.63
	妹	38	20.12	3.64	2.29	0.90	1.89	0.62	2.02	0.64
	小学生	80	19.84	3.32	2.38	0.80	1.78	0.66	2.08	0.63
	中高校生	62	20.08	3.53	2.48	0.79	1.80	0.58	1.87	0.57
	大学生・社会人	25	19.79	3.13	2.52	0.71	1.81	0.59	1.81	0.47
	身体障害	25	18.94	2.91	2.33	1.01	1.62	0.56	2.04	0.68
	発達障害	120	20.22	3.38	2.45	0.73	1.86	0.63	1.92	0.55
	重複障害	22	19.41	3.57	2.49	0.77	1.62	0.55	2.08	0.73
	高群全体	167	19.92	3.36	2.44	0.78	1.79	0.61	1.96	0.60

　サポート期待感の高低と同胞の障害種の 2 要因分散分析の結果（Table 5-6）、いずれの下位尺度でも各要因の交互作用は見られなかった。サポート期待感の高低の主効果が、感情尺度得点総計と《同胞に対する拒否の感情》《同胞に向けられた不公平感》《両親の養育態度》《同胞の障害に対する心配事》《余計な負担の感情》で0.1〜1％水準で有意であり、結果は上述したとおりである。一方、障害種の主効果は、感情尺度得点総計と《同胞に対する拒否の感情》《友達からの反応》《余計な負担の感情》で0.1〜5％水準で有意であった。Tukey の HSD 法

年代、同胞の障害種の組合せによる感情尺度得点

友達からの反応		両親の養育態度		同胞の障害に対する心配事		余計な負担の感情		自己猜疑心		過剰な責任感	
M	SD	M	SD	M	SD	M	SD	M	SD	M	SD
2.69	0.59	2.24	0.46	2.28	0.51	2.59	0.51	1.90	0.50	2.29	0.61
2.62	0.64	2.35	0.47	2.24	0.47	2.60	0.67	1.94	0.55	2.40	0.60
2.95	0.51	2.28	0.48	2.50	0.46	2.84	0.54	2.26	0.55	2.41	0.68
2.73	0.67	2.30	0.42	2.19	0.42	2.76	0.72	2.13	0.60	2.40	0.70
2.65	0.61	2.34	0.42	2.23	0.42	2.74	0.55	2.25	0.61	2.37	0.73
2.83	0.59	2.29	0.47	2.29	0.48	2.73	0.63	2.00	0.54	2.51	0.59
2.51	0.64	2.28	0.48	2.32	0.54	2.42	0.61	1.80	0.44	2.08	0.51
2.39	0.74	2.44	0.55	2.20	0.49	2.44	0.72	1.88	0.58	2.28	0.71
2.78	0.60	2.27	0.43	2.31	0.47	2.68	0.60	1.99	0.56	2.36	0.63
2.58	0.54	2.34	0.50	2.22	0.54	2.69	0.60	2.17	0.47	2.48	0.58
2.71	0.62	2.30	0.46	2.28	0.48	2.65	0.62	2.00	0.55	2.37	0.63
2.58	0.66	2.16	0.64	2.07	0.48	2.31	0.56	1.97	0.63	2.63	0.58
2.51	0.57	2.13	0.55	2.01	0.48	2.36	0.70	1.90	0.57	2.54	0.59
2.71	0.72	2.09	0.50	1.93	0.57	2.55	0.71	2.24	0.63	2.54	0.63
2.68	0.57	2.26	0.54	1.99	0.62	2.31	0.70	2.09	0.65	2.60	0.66
2.57	0.65	2.18	0.56	1.88	0.55	2.37	0.67	2.10	0.70	2.50	0.58
2.65	0.61	2.16	0.56	2.12	0.48	2.36	0.70	1.96	0.54	2.68	0.68
2.59	0.55	2.08	0.57	2.11	0.51	2.43	0.64	1.92	0.54	2.52	0.47
2.21	0.43	2.22	0.57	1.94	0.52	2.17	0.60	1.91	0.69	2.50	0.58
2.67	0.62	2.18	0.56	2.05	0.53	2.46	0.67	2.03	0.55	2.60	0.60
2.68	0.66	1.95	0.52	1.80	0.49	2.17	0.71	2.14	0.84	2.49	0.71
2.60	0.62	2.16	0.56	2.00	0.53	2.38	0.68	2.02	0.62	2.57	0.61

による多重比較の結果、感情尺度得点総計と《同胞に対する拒否の感情》《余計な負担の感情》では、5％水準で発達障害群が身体障害群よりも、《友達からの反応》では、5％水準で発達障害群と重度・重複障害群が身体障害群よりも感情尺度得点の平均が有意に高かった。

Table 5-4 サポート期待感高低と同胞の出生順位の組合せ

	df	感情尺度得点総計			同胞に対する拒否の感情			同胞に向けられた不公平感			両親の養育	
		SS	MS	F	SS	MS	F	SS	MS	F	SS	MS
サポート期待感	1	166.26	166.26	16.87***	14.00	14.00	32.62***	5.24	5.24	16.18***	1.33	1.33
出生順位	3	107.06	35.69	3.62*	6.45	2.15	5.63***	3.60	1.20	3.70*	0.33	0.11
交互作用	3	25.88	8.63	0.88	1.40	0.47	1.22	0.40	0.13	0.42	0.50	0.17
誤差	327	3,223.29	9.86		125.05	0.38		105.86	0.32		85.78	0.26
合計	334	3,497.35			144.57			115.29			88.51	
主効果あるいは単純主効果		サポート期待感 低群＞高群 姉＜弟*			サポート期待感 低群＞高群 姉＜弟*			サポート期待感 低群＞高群 兄＜弟*			サポート低群＞	

Table 5-5 サポート期待感高低と年代の組合せによる

	df	感情尺度得点総計			同胞に対する拒否の感情			同胞に向けられた不公平感			友達からの反応		
		SS	MS	F	SS	MS	F	SS	MS	F	SS	MS	F
サポート期待感	1	95.45	95.45	9.66**	8.29	8.29	20.95***	6.85	6.85	21.03***	0.27	0.27	0.71
年代	2	50.20	25.10	2.54†	0.90	0.45	1.13	2.23	1.11	3.42	1.94	0.97	2.57†
交互作用	2	30.34	15.17	1.54	1.01	0.51	1.28	.37	0.18	0.56	0.78	0.39	1.03
誤差	329	3,249.29	9.88		130.13	0.40		107.17	0.33		124.33	0.38	
合計	334	3,497.35			144.57			115.29			128.63		
主効果あるいは単純主効果		サポート期待感 低群＞高群 中高生＞ 大学生・社会人*			サポート期待感 低群＞高群			サポート期待感 低群＞高群			中高生＞ 大学生・社会人*		

2 面接調査

「困った時のサポート」「母親との関係」「父親との関係」「養育上の配慮」について、カテゴリーと感情低群・高群別の発言者数及び発言率、また、それぞれの群で得られたタイトルと発言者数をTable 5-7に示す。以下、本章では、文中の［　］はカテゴリーを、〈　〉はタイトルを示す。また、文中に具体的発言例を示す。その場合、発言者の属性を示すため、発言例の後ろに（感情の高低群別、

による2要因分散分析の結果（有意差のあったもののみ）

態度	同胞の障害に対する心配事			余計な負担の感情			自己猜疑心			過剰な責任感		
F	SS	MS	F	SS	MS	F	SS	MS	F	SS	MS	F
5.09*	6.68	6.68	26.23***	7.21	7.21	17.27***	0.00	0.00	0.01	3.00	3.00	7.73**
0.42	0.62	0.21	0.81	2.39	0.80	1.90	5.36	1.79	5.33**	0.07	0.02	0.06
0.63	1.45	0.48	1.90	0.48	0.16	0.39	0.14	0.05	0.14	0.56	0.19	0.48
	83.24	0.25		136.62	0.42		109.51	0.33		126.84	0.39	
	91.63			146.07			115.08			130.95		
期待感高群	サポート期待感低群＞高群			サポート期待感低群＞高群						サポート期待感低群＜高群		
							兄＜弟**、姉＜弟**					

*** : p＜.001　** : p＜.01　* : p＜.05

2要因分散分析の結果（有意差のあったもののみ）

両親の養育態度			同胞の障害に対する心配事			余計な負担の感情			自己猜疑心			過剰な責任感		
SS	MS	F	SS	MS	F	SS	MS	F	SS	MS	F	SS	MS	F
1.93	1.93	7.35**	4.08	4.08	16.24***	4.17	4.17	10.05**	0.02	0.02	0.07	4.27	4.27	11.61***
0.23	0.12	0.44	1.58	0.79	3.15*	.76	0.38	0.91	4.47	2.23	6.69**	4.21	2.10	5.73**
0.05	0.03	0.10	0.52	0.26	1.03	1.77	0.89	2.14	0.72	0.36	1.08	1.10	0.55	1.50
86.48	0.26		82.65	0.25		136.37	0.41		109.82	0.33		120.90	0.37	
88.51			91.63			146.07			115.08			130.95		
サポート期待感低群＞高群			サポート期待感低群＞高群			サポート期待感低群＞高群						サポート期待感低群＜高群		
			小学生＜中高生＝大学生・社会人**						小学生＞中高生＝大学生・社会人*			中高生＞大学生・社会人*		

*** : p＜.001　** : p＜.01　* : p＜.05　† : .05＜p＜.1

出生順位別、小学生、中高校生、大学生・社会人の年代別、同胞の障害種別）を加筆する。

(1) きょうだいへの面接

「困った時のサポート」では、5カテゴリー10タイトルが得られた。感情低群では、［両親に相談する］の発言率は85.7％と、他のカテゴリーの約3～6倍であった。一方、感情高群では［両親に相談する］［親以外に相談する］［そのまま

Table 5-6　サポート期待感高低と同胞の障害種の組合せ

	df	感情尺度得点総計			同胞に対する拒否の感情			同胞に向けられた不公平感		
		SS	MS	F	SS	MS	F	SS	MS	F
サポート期待感	1	98.74	98.74	9.92**	6.65	6.65	16.98***	2.45	2.45	7.38**
障害種	2	68.47	34.24	3.44*	3.65	1.82	4.65*	0.84	0.42	1.27
交互作用	2	11.33	5.66	0.57	0.18	0.09	0.23	0.07	0.03	0.10
誤差	329	3,273.95	9.95		128.89	0.39		109.10	0.33	
合計	334	3,497.35			144.57			115.29		
主効果あるいは単純主効果		サポート期待感 低群＞高群 身体障害＜発達障害*			サポート期待感 低群＞高群 身体障害＜発達障害*			サポート期待感 低群＞高群		

にしておく］の発言率がいずれも60.0％であった。感情低群のみのタイトル例として、〈父親に相談する〉〈困ったことはあまりない〉、感情高群のみでは、〈忘れる〉〈誰にも言わない〉等があった。

「母親との関係」では、3カテゴリー19タイトルが得られた。感情低群では全カテゴリーにわたり発言が見られ、特に［母親からのサポート］では全員が発言した。感情高群では［母親からのサポート］で80.0％が発言し、［母親の不満なところ］の発言はなかった。感情低群のみで得られたタイトル例として、〈話をよくする、よく聞いてくれる〉〈「大丈夫」と言ってくれる〉〈相談しやすい〉〈元気、明るい〉があり、母親が情緒的に安定し、話し易い存在であることを示す内容であった。感情高群のみで得られたタイトル例としては、〈習い事を応援してくれる〉〈公平に接してくれる〉等があり、「ピアノの練習につき合ってくれる。兄と公平にしてくれる（高群：妹・小・重度・重複障害）」のように、母親の日頃のかかわりを肯定評価する内容が中心であった。

「父親との関係」では、3カテゴリー16タイトルが得られた。［父親からのサポート］では、感情低群の85.7％が発言したが、感情高群は40.0％で、［父親の不満なところ］の60.0％を下回った。タイトル数は、感情低群が13、感情高群が7となり、感情低群に高群よりも多種類の内容の発言があったことが示された。感情低群のみに見られたタイトル例は、〈話をよく聞いてくれ、相談できる〉〈自

第5章 研究3：きょうだいがもつ否定的感情と親へのサポート期待感との関係に関する調査研究

による2要因分散分析の結果（有意差のあったもののみ）

友達からの反応			両親の養育態度			同胞の障害に対する心配事			余計な負担の感情		
SS	MS	F	SS	MS	F	SS	MS	F	SS	MS	F
0.20	0.20	0.55	2.50	2.50	9.64**	4.64	4.64	18.31***	5.36	5.36	13.00***
6.82	3.41	9.35***	0.77	0.38	1.49	1.44	0.72	2.53	3.03	1.52	3.68*
0.57	0.28	0.78	0.88	0.44	1.70	0.29	0.15	0.68	0.84	0.42	1.02
120.05	0.36		85.17	0.26		83.45	0.25		135.71	0.41	
128.63			88.51			91.63			146.07		
			サポート期待感低群＞高群			サポート期待感低群＞高群			サポート期待感低群＞高群		
身体障害＜発達障害＝重複障害*									身体障害＜発達障害*		

***：$p<.001$　　**：$p<.01$　　*：$p<.05$

分で決めたことを応援してくれる〉〈子どもの心を分かってくれる〉〈頼りになる〉等で、心理面でのサポートが主な内容であり、具体例としては「男同士、人間関係のことを教えてくれる（低群：弟・中高・発達障害）」等があった。一方、感情高群のみに見られたのは、〈公平に接してくれる〉、〈面白い〉等、かかわり方に対する評価が中心であった。

(2) 親への面接

「養育上の配慮」について、5カテゴリー20タイトルが得られた。特徴として［抑圧的なかかわりをしない］が感情低群でのみ、［同胞の障害を理解させ、対応を促す］が感情高群でのみ抽出された。また、［きょうだいを支える協力体制をつくる］では、タイトル数が感情低群で6、感情高群が3と、感情低群に高群よりも多種類の内容の発言があった。感情低群のみに見られたタイトル例は、どのカテゴリーにおいても、きょうだいを〈優先する〉〈褒める〉〈意向を尊重する〉〈楽しめるようにする〉〈見守る〉〈責めない〉など、心理・情緒面での配慮が中心であり、具体例としては、「日々の生活の中で、腹から笑っているかなとか、いつも気をつけて見るようにしている（低群：妹・小・重度・重複障害）」「〜だから、できるでしょとは絶対に言わない（低群：姉・大学生・発達障害）」等であった。一方、感情高群のみに見られたのは、主に、〈同胞の障害状況に対する

Table 5-7 面接調査で得られた

大分類	カテゴリー	感情低群 (人)	感情低群 (%)	感情高群 (人)	感情高群 (%)	感情低群、高群に共通するタイトル（感情低群・人）・（感情高群・人）
困った時のサポート	両親に相談する	6	85.7%	3	60.0%	母親に相談 (6)・(3)
	親以外に相談する	2	28.6%	3	60.0%	学校の先生やカウンセラーに相談 (2)・(1)
	自分で考えて解決する	2	28.6%	1	20.0%	自分で考えて解決する (2)・(1)
	そのままにしておく	1	14.3%	3	60.0%	聞き流す、気にしない (1)・(1)
	困ったことはあまりない	2	28.6%	0	0.0%	
母親との関係	母親からのサポート	7	100.0%	4	80.0%	守ってくれ、頼りになる (3)・(1)／自分を大切にしてくれる (1)・(1)／要望を聞き入れてくれる (1)・(1)／味方になってくれる (1)・(1)／夜一緒に寝てくれる (1)・(1)
	母親の良いところ	3	42.9%	3	60.0%	優しい・怒らない (3)・(2)／知恵や判断力がある (1)・(1)
	母親の不満なところ	3	42.9%	0	0.0%	
父親との関係	父親からのサポート	6	85.7%	2	40.0%	自分の相手をしてかまってくれる (2)・(1)／お小遣いをくれたり、欲しいものを買ってくれる (1)・(1)
	父親の良いところ	2	28.6%	1	20.0%	
	父親の不満なところ	4	57.1%	3	60.0%	怒る (1)・(1)／過干渉である (1)・(1)
養育上の配慮	きょうだいを優先するかかわり	6	85.7%	3	60.0%	きょうだいと過ごす時間をつくる (3)・(2)／話をよく聞く (3)・(1)
	きょうだいと同胞を同等に扱う	4	57.1%	1	20.0%	公平な態度をとる (3)・(1)
	抑圧的なかかわりをしない	4	57.1%	0	0.0%	
	同胞の障害を理解させ、対応を促す	0	0.0%	4	80.0%	
	きょうだいを支える協力体制をつくる	6	85.7%	3	60.0%	母親がかかわれない時は、父親が対応する (4)・(2)／両親以外の家族がきょうだいにつき添う (3)・(1)／同胞を預かってくれる先を探してお願いする (1)・(1)

カテゴリー及びタイトル

感情低群独自のタイトル（人）	感情高群独自のタイトル（人）
父親に相談（3）	
知人に相談（1）	親以外の話せそうな親族に相談（2）
	忘れる（1）／誰にも言わない（1）
困ったことはあまりない（2）	
話をよくする、よく聞いてくれる（2）／「大丈夫」と言ってくれる（1）	できる限りのことをしてくれる（1）／公平に接してくれる（1）／習い事を応援してくれる（1）
相談しやすい（2）／元気、明るい（1）／父親と良いコンビ（1）	料理がおいしい（1）
怒る（2）／心配症である（1）／同胞と食べ物で差をつけられる（1）	
話をよく聞いてくれ、相談できる（2）／人間関係のことを教えてくれる（1）／自分で決めたことを応援してくれる（1）／子どもの心を分かってくれる（1）	公平に接してくれる（1）
頼りになる（1）／仕事を頑張っている（1）／母親と良いコンビである（1）	面白い（1）
同胞のことがよく分かっていない（1）／真剣に受け止めてくれない（1）	相手をしてくれない（1）
行事などが同胞と重なったら、きょうだいを優先する（2）／きょうだいを褒める（2）／外出先など、きょうだいの意向を尊重する（2）	スキンシップをする（2）
きょうだいと同胞それぞれが楽しめるようにする（2）	
見守る（2）／責めない（2）／同胞の送迎にきょうだいの同行を強要しない（1）	
	同胞の障害状況に対する理解を促す（3）／将来、同胞の面倒を見るように話す（2）／自分のことを自分でできるようにさせる（1）
夫婦間の共通理解のもときょうだいに対応する（2）／家族外の人にきょうだいのことを相談する（2）／母以外に甘えられる場所をつくる（1）	

理解を促す〉〈将来、同胞の面倒を見るように話す〉などの障害理解や対応への要望が中心であった。具体例としては、「同胞と比べて不満を言う時は、同胞が（障害があって）できないことをあなたはできるのだからと、話してなだめる（高群：妹・小・重度・重複障害）」「きょうだいには、何かあったら同胞を助けてやってねと話している（高群：兄・小・発達障害）」等であった。また、［きょうだいを支える協力体制をつくる］で、特に感情低群独自のタイトルとして、〈夫婦間の共通理解〉や〈家族以外の人と相談〉のように、話し合いながらきょうだいに対応していることが挙げられた。

第4節　考察

1　質問紙調査に基づくきょうだいの否定的感情とサポート期待感の関係

（1）きょうだいの否定的感情とサポート期待感の相関関係

　Spearman の順位相関係数による相関関係の分析の結果、概して感情尺度得点総計と複数の感情下位尺度で、サポート期待感が低いほどきょうだいが同胞に関連して抱く否定的感情が強い傾向が認められ、親からのサポートへの期待感の低さは、《同胞に対する拒否の感情》《同胞に向けられた不公平感》《両親の養育態度》などの直接的な不満や拒否感のみならず、《同胞の障害に対する心配事》のように、障害特性に関連して起こる問題への対応困難感や《余計な負担の感情》のようにそれらの問題を必要以上に負担に感じる思いなど、多様な否定的感情の強さと関連している可能性が示唆された。一方、《過剰な責任感》では、逆に感情尺度得点とサポート期待感得点に正の相関関係が見られた。《過剰な責任感》とは、同胞にできないことがある分、きょうだいが代わりに高い達成を自分に課する状態である。自分が期待に応えるべく頑張ることと、周囲から支えてもらうことが一体として捉えられるという、きょうだいの家族における役割遂行意識が反映されていると推察された。

　また、きょうだいの出生順位や年代、同胞の障害種によって、サポート期待感と関係する否定的感情の種類（下位尺度）やその関係の強さが異なることも示された。特に、出生順位では、兄、姉、妹群が弱い相関関係であったのに対し、弟群のみに中程度の負の相関関係が確認された。弟という出生順位にあって育つ過

程で、本人が同胞に関して抱く否定的な感情の高さと、きっと親は自分を支えてくれるはずだという期待感の低さが、他の出生順位にあるきょうだいよりも強く影響し合う可能性が示唆された。また、年代別に見ると大学生・社会人期特有の特徴として、《将来の問題》において感情尺度得点とサポート期待感得点が正の相関関係となった。青年期きょうだいにおいて、親に対するサポート期待感が高いほど、現実味を増す将来の同胞との生活の懸念も高くなることが示唆された。また、同胞の障害種については、主として発達障害群、重度・重複障害群で、感情尺度得点とサポート期待感得点に負の相関関係が見られ、身体障害群には見られなかったことから、身体障害のみの同胞に比べ、発達障害、重度・重複障害のある同胞の場合、行動への対応や身辺の世話に関する負担の度合いが大きいことが影響するのではないかと推察された。

(2) サポート期待感の高低要因と出生順位等の各要因との組合せによる感情尺度得点の違い

2要因の分散分析の結果、各要因の主効果のみが確認された。このことから、サポート期待感は、出生順位、年代、同胞の障害種等の要因とは関係なく、独立して、きょうだいが同胞に関連して抱く否定的感情に関与すると考えられた。サポート期待感の高低の主効果が見られたのは、感情尺度得点総計と、《同胞に対する拒否の感情》《同胞に向けられた不公平感》《両親の養育態度》《同胞の障害に対する心配事》《余計な負担の感情》《過剰な責任感》であり、サポート期待感の高低が、きょうだいが同胞に関連して抱く感情の多様な側面にわたって、その否定度の強弱に関与していることが示された。また、出生順位、年代、同胞の障害種等の要因に関しても、同様にサポート期待感と関係なく独立してきょうだいが同胞に関連して抱く感情に関与していることが示された。特にサポート期待感が関与しない下位尺度でこれらの要因が関与するものとして、《友達からの反応》では、年代と同胞の障害種の要因が、《自己猜疑心》で出生順位と年代の要因が見られた。

以上のことから、上記(1)と合わせて考えると、きょうだいが親からサポートを期待できる受容的な関係が高まると、きょうだいが同胞に関連して抱く、きょうだいの精神衛生上好ましくないと考えられる様々な否定的感情も低減される可能性があり、さらにそれは、きょうだいの出生順位や年代、同胞の障害種など

の不可変要因に左右されることなく、効果をもたらすことができるものであると考えられる。岡安・嶋田・坂野（1993）は、中学生を対象とした身近な人々に対するソーシャルサポートの期待が学校ストレスの低減に及ぼす効果に関する調査研究に基づき、サポートへの期待は、ストレサーとなる出来事に対する認知を変え、期待感が高いとその出来事をコントロール可能であるとする評価が高められることと、ストレス反応の低減には、特に親からのサポートが重要であることを示唆している。これらの知見はサポート期待感とストレスに関するものであり、必ずしも本章で取り上げたきょうだいの否定的感情と同じ次元で論ずることはできないが、否定的な感情を生み出す同胞に関連した出来事は、いずれもきょうだいにとってストレッサーとなると考えられることから、サポート期待感がきょうだいの否定的な感情に関与するという本研究の結果を支持する知見であると考える。

ただし、一方で、きょうだいの出生順位や年代、同胞の障害種の違いという、個々のきょうだいの属性の差異が、何らかの理由で、その生育過程で同胞に関連してきょうだいが抱く否定的感情に関与することも示された。よって、きょうだい支援プログラムの開発と実践にあたっては、これらのきょうだいの属性にも配慮すべきであると考えられる。

2 面接調査に基づくきょうだいのサポート期待感の実際ときょうだいの否定的感情との関係

きょうだいへの面接調査から、きょうだいが同胞に関連して抱く否定的感情の尺度得点が高い群（感情高群）と低い群（感情低群）では、カテゴリーごとの発言率やタイトルの内容に違いが見られた。

「困った時のサポート」では、感情低群は、父親、母親双方に相談する発言が見られたが、感情高群は、〈父親に相談〉の言及がなく、家庭内の相談相手が母親に限定されていることがうかがわれた。さらに、感情高群では、［両親に相談する］と［親以外に相談する］の発言率が同じ60.0％であり、［両親と相談する］（85.7％）が、［親以外に相談する］（28.6％）の約3倍の発言率であった感情低群と比べると、親への相談が少ない傾向にあることが示された。また、感情高群では悩みを［そのままにしておく］発言が低群よりも多く、その内容も、感情低

群の〈聞き流す、気にしない〉という現状を踏まえた上で影響を低減させようとする方略ではなく、〈忘れる〉〈誰にも言わない〉のように、問題をないもののように処理したり、解決しないまま抱え込む方略を取ったりしていることが示された。遠矢（2009）は、きょうだいの行動特徴を自己犠牲的な親への献身とそれが報われない経験を幼少期から積み重ねて育ったアダルト・チルドレンの特徴に重ねて解説しているが、その特徴の一つに、親に自分のことで手間をかけさせまいとする意識から、自分の不安や不満を内在化させてしまい、感情を表出しにくい人格像を挙げている。感情高群には、このように感情を言語化せず、相談することを避ける傾向にある者が含まれているのではないかと考えられた。

　また、感情低群では、「母親との関係」において、［母親からのサポート］の発言率が100％と高く、さらに〈話をよくする、よく聞いてくれる〉〈相談しやすい〉など、親密さを示す発言が見られる一方で、〈怒る〉〈心配性である〉など不満も見られ、［良いところ］も［不満なところ］も多様に表現されていた。「父親との関係」においても、感情低群では、母親同様に［父親からのサポート］の発言率が高く（85.7％）、［良いところ］も［不満なところ］も率直に表現されていた。これに対し、感情高群では、母親に対する不満は語られず、父親に対しては不満が多く、きょうだいと母親、きょうだいと父親との関係に差異があることが示唆された。［父親からのサポート］を見ると、この傾向はよりはっきりし、感情高群では［父親からのサポート］（40.0％）についての発言率は、［母親からのサポート］（80.0％）の半分であり、期待の低さがうかがわれた。このように、感情低群では両親に対する率直な感情表出とサポート期待があるのに対し、感情高群では父親よりも母親への偏ったサポート期待や、母親に対する肯定感と父親に対する不満感という差異が生まれていることが示唆された。小島・田中（2007）が、小中学生期にある障害のある子どもを育てる母親への質問紙調査から、父親の精神的なサポートが母親の障害のある子どもに対する前向きな育児に関連していることを示すなど、先行研究では父親からのサポートの重要性が指摘されているが、本研究においても、父親のきょうだいに対するサポート状況と、きょうだいの同胞に関連して抱く否定的な感情の程度が関連していることが示唆された。

　一方、親への面接調査の特徴を見ると、感情低群のみに［抑圧的なかかわりをしない］という、きょうだい側の心情に着目した対応があるのに対し、高群のみに［同胞の障害を理解させ、対応を促す］という、親の考えをもって諭す対応が

あり、明確な違いが見られた。この違いは、先に述べたきょうだいから見た親からのサポートに関する、感情低群と高群の発言の違いにも対応していると考えられる。すなわち、感情低群では、〈「大丈夫」と言ってくれる〉〈自分で決めたことを応援してくれる〉というきょうだいの考えを重んじるサポートが語られたのに対し、感情高群では、〈できる限りのことをしてくれる〉〈公平に接してくれる〉という親自身の行為を示すサポートが語られた。このように、きょうだいが同胞に関して抱く否定的感情を低下させるのは、ソーシャルサポートの種類（厚生労働省，2008）から見るならば、物を買い与えるなどの直接的な行為である「道具的サポート」や、同胞とのかかわり方を教えるなどのアドバイスを提供する「情報的サポート」以上に、親がきょうだいを責めたりせず、共感、信頼してやるなど、精神的な支えとなる「情緒的サポート」や、きょうだいを肯定的に認める「評価的サポート」の効果が大きいものと考えられる。また、［きょうだいを支える協力体制をつくる］カテゴリーでは、感情低群に見られた夫婦での共通理解やきょうだいの養育に関する親自身の相談などの発言は、感情高群では見られず、感情高群ではきょうだいのみならず、親自身も感情や考えを共有するサポートを得にくい状態におかれている可能性が示唆された。

　以上のことから、きょうだいが同胞に関連して様々な感情を抱きつつ育つ背景には、きょうだいと親との家族内の受容的・支持的関係性が関連していると考えられる。よってきょうだい支援にあたっては、特に、情緒的・評価的なサポートの観点から、きょうだいと父親、母親それぞれとの受容的・支持的関係性を高める支援のあり方を探る必要があるといえる。加えて、ケースによっては、親にも感情や考えを家族と共有しにくい状況があることが示唆され、きょうだいに加えて親に対しても、家族のサポート活用力を高める支援が求められていると考えられる。

第6章　研究4：きょうだいの同胞観に関する作文分析
——重度・重複障害のある子どものきょうだいについて——

第1節　本章の目的

　第1章で明らかにしたように、先行研究では、きょうだいは、同胞とともに暮らすことで、様々な困難や悩みを抱えることがあり、また同時に、かけがえのないプラスとなる影響を得ていることが示された。また、研究3（第5章）で明らかになったように、きょうだいは同胞に関連して様々な否定的感情を抱き、それは、親からのサポートに対する期待感との関連性があることも示唆された。また、その感情の種類によっては、きょうだいの出生位置や年代、障害の種類等も関連することが示唆された。ところで、実際にきょうだいは同胞について、どのように感じたり、考えたりしているのだろうか。その感情や考えを「同胞観」とするなら、同胞観は固定的なものではなく、きょうだいが経験の積み重ねにより変化させていくものであると予測される。とすると、それは同胞と暮らす時間の経過とともに、どのように変わっていくのであろうか。また、きょうだいがともに暮らしている同胞は、その障害種により、障害の状態や行動の特性に違いがあり、ライフスタイルも異なっている。よって、きょうだいの生活における体験も異なり、きょうだいの同胞観も障害種による影響を受けると予想される。
　しかしながら、これまで見てきたように、同胞の障害種別にきょうだいの抱える悩みや同胞観について検討した研究の知見は、まだ十分積まれてきていない。先行研究では、主に発達障害のある同胞に対して抱く同胞の感情については、自閉症スペクトラム障害を中心に検討が重ねられてきた（澤田, 2011；川上, 2013）。しかし、特に重度・重複障害のある同胞のきょうだいについては、知的障害や自閉症スペクトラム障害などの行動上の問題が顕著となる同胞のきょうだいに比べて、その支援に関する先行研究も少ない状況である。さらに、きょうだいの発達に応じて、きょうだいが感じている悩みや同胞観がどのように変化していくかについても、わずかに、笠井（2013）が重症心身障害児・者の同胞をもつ成人に達

したきょうだい3名にこれまでのライフストーリーの聞き取りを行った研究が見受けられる現状である。

　そこで、本研究では、重度・重複障害のある子どものきょうだいが書いた、同胞に関する作文を対象資料として分析し、そこに表現されたきょうだいの同胞観について、明らかにすることを目的とする。作文は、作者自身による読み返しや書き直しなど推敲を加える機会を含んでいる。すなわち、自分自身の感情や考えを客観的に捉え直し吟味することができる。よって、その場で直感的に回答するアンケート調査やインタビュー調査とは異なり、熟考された対象者の考えを得ることができる資料であるといえる。このように、作文は、「対象者の内的世界を表現したもの」として、「その世界を理解する方法として活用できる」ものである（岩井, 1996）。また、本研究で対象とする作文は中学生期から高校生期の思春期に書かれたものとし、その中に含まれる過去、現在、そして将来への展望や見通しに関する記述に着目し、きょうだいの「同胞観」が、自身の発達とともに、どのように変化していったか、その過程も明らかにするものとする。

　学齢期にある対象者の作文を分析対象とすることについて、中内（2001）は、「作文は、子どもが意識化し、自分の中で消化できた感情や出来事を自分が表現できることばを使って書くので、情緒的混乱に陥ることがなく安全である。（中略）子どもの主観的な生活経験の評価も可能であり、それによって生活の質を向上させるための援助法を検討できるという利点もある」と述べ、安全な自己省察の手段であり、対象者の主観的世界の理解とその Quality of Life 支援につながる可能性を指摘している。特に思春期を取り上げたのは、小学生期を終えて十分な自己省察ができる年齢であることと、すでに成人を迎えた対象者とは異なり、今後、同胞との関係性を主体的に更新していく可能性の高い発達時期にあると判断したからである。この時期の作文には、井上（2003）が指摘するように、「自分くずし・自分つくり＝アイデンティティ形成の様相」が表現されることから、過去から現在、そして未来に向かって変化しつつあるきょうだいの同胞観を捉えることができると考えた。

第2節　方法

1　分析対象

　独立行政法人福祉医療機構（子育て支援基金）の助成により、社会福祉法人全国重症心身障害児（者）を守る会が編纂・発行した、平成18～19年度重症心身障害児（者）兄弟姉妹支援等事業報告書に記載されているきょうだいの作文のうち、作者の年齢あるいは学年が明記されているもので、中学1年生あるいは13歳から、高校3年生あるいは18歳までのきょうだいが書いたもの全77件を分析対象とした。内訳は、中学生期の作者によるものが40件、高校生期の作者によるものが37件であった。報告書によれば、本作文は、社会福祉法人全国重症心身障害児（者）を守る会が、きょうだいの直面する「友人や知人による障害のあるきょうだいへの理解不足やいじめ、親がかまってくれないための疎外感、親の関心を引くための問題行動などの様々な悩みや問題」に対する支援が必要であるとして、「きょうだいシンポジウム」を開催した際に募集したものである。小学校低学年から成人にいたる広範囲のきょうだいから作文が寄せられ、親から「本音を聞くことができた」「率直な想いを聞けた」という感想が得られたとされている。なお本作文を対象とすることについては、社会福祉法人全国重症心身障害児（者）を守る会、及び独立行政法人福祉医療機構の了解を得た。なお、本研究では、重症心身障害児を重度・重複障害児と同義とし、読み替えて用いることとする。

2　分析方法

　まず、作文全体を複数回にわたって通読した後、その中に含まれる文を意味内容ごとに区切り、きょうだいの感情や考えが含まれる部分をすべて抜き出した。次に、それぞれの感情や考えの中から、同胞を対象にしたものを抽出した。抽出された個々の同胞に対するきょうだいの感情や考えを「同胞に関する感情や考えの項目（以下、本章においては「項目」と表記）」とした。続いて、抽出された項目について、内容が共通するものを集めてカテゴリーに分け、それぞれに短い言葉で表題を付け、「意味ラベル」とした。そして、意味ラベルごとに、そのカテゴリーの内容を説明する文章を作成して、ラベルを定義した。このようにして

定義した意味ラベルで表される、同胞に関する感情や考えのまとまりのひとつひとつを「同胞観」とみなした。さらに、それらの同胞観について、過去に感じたり、考えたりしたものを振り返って述べている場合には「過去」、現在感じているものを述べている場合は「現在」、今後のことについて述べている場合には「将来」の「時間ラベル」を付けて分類した。以上の分類に基づいて、思春期におけるきょうだいの同胞観が、時間の経過とともにどのように変化しているかを明らかにした。分析は、筆者と特別支援教育を学ぶ学生8名で行い、協議を重ね、全員の意見が一致したものを最終結果とした。

第3節　結果

1　同胞に関するきょうだいの感情等の分類結果

　意味内容ごとに抽出された、同胞に対するきょうだいの感情や考えは、全部で138項目であり、意味ラベルでは、31のカテゴリーに分類された。また、時間ラベル別に分類すると、「過去」について述べられたものは、17個の意味ラベルカテゴリーで47項目あり、全項目の34.1%を占めた。同様に、「現在」について述べられたものは、20個の意味ラベルカテゴリーで72項目あり、全項目の52.2%を占めた。また「将来」について述べられたものは、8個の意味ラベルカテゴリーで19項目あり、全項目の13.8%を占めた。ただし、同じ意味ラベルカテゴリーの内容が、過去、現在、将来にわたり述べられた場合があったため、全時間ラベルの意味ラベル数の合計は、31を上回っている。特に、将来について述べられた意味カテゴリーは、すべて、過去や現在についても述べられたものと同じであった。
　各意味ラベルカテゴリーと、その定義を Table 6-1 に示す。また合わせて、時間ラベル別にきょうだいの感情や考えの代表例を示す。

2　主に過去を振り返って述べられた同胞観

　時間ラベルで「過去」についてのみ述べられたのは、10個の意味ラベルカテゴリーであった。カテゴリー No. 2 の「同胞を他の人と違う不思議な存在として捉える気持ち」は、重度・重複障害のある同胞の状態に対する素朴な疑問から生ま

れた感情である。そして、「違う」ことから抱くマイナス感情として、カテゴリーNo. 1、3～5の「同胞に障害があることを否定的に捉える気持ち」「同胞を怖いと思う気持ち」「同胞に障害があることが分かりショックな気持ち」「同胞を恥ずかしく思う気持ち」が生まれてきたと考えられる。さらに、カテゴリーNo. 7、8の「同胞を憎む気持ち」「同胞と遊べなくて残念な気持ち」のように、同胞の障害に影響される自分の不利益から、マイナスの感情を抱いたことも示された。しかしそれだけではなく、カテゴリーNo. 6「同胞を好きだと思う一方で、嫌いだと思う複雑な気持ち」という、アンビバレントな感情があることも示された。さらに、重度・重複障害児ゆえの生命の危機に直面する事態を目の当たりにして、カテゴリーNo. 9「同胞を心配する気持ち」や、いわゆる自分だけが障害のない状態で生まれてきて、家族と一緒に当たり前に過ごしていることへの、カテゴリーNo. 10「同胞に申し訳ないという気持ち」という、罪悪感をもっていたことが示された。

3 主に現在について述べられた同胞観

　時間ラベルで「現在」についてのみ述べられたのは、12の意味ラベルカテゴリーであった。同胞に対するマイナス感情を示しているものは、カテゴリーNo. 13「同胞への不満の気持ち」、同No. 23「同胞にもっと努力してほしい気持ち」の2つとなり、カテゴリーNo. 15「同胞に対する感謝の気持ち」、同No. 19「同胞をかわいい、好きだと思う気持ち」、同No. 21「同胞がいて良かったと思う気持ち」、同No. 22「同胞は自分の進路選択に影響を与えてくれたという気持ち」のように、自分との良い関係性にあることを述べたものと、カテゴリーNo. 14「同胞は頑張っていると思う気持ち」、同No. 16～18の「同胞が、自分にはない力をもっていると感じる気持ち」「同胞をすごい、尊敬、誇りであると思う気持ち」「同胞は感情表出が豊かで心が健康だという気持ち」のように、同胞のもつ良いところに着目したり、これまで自分がもっていた同胞の障害に対する見方から一旦離れて、同胞の障害を別の視点から意味づけたりすることで、重い障害を抱えて一生懸命生きる同胞の姿に、積極的な価値を見出した考えを述べたものが見られた。また、1件ではあるが、カテゴリーNo. 12の「同胞を見るのが辛い気持ち」のように、過去の「嫌」「恥ずかしい」というような、自己に引き寄せた感情ではなく、障

Table 6-1 同胞に対する

No.	意味ラベル	定義	項目数	時間ラベル	中学生期	高校生期
1	同胞に障害があることを否定的に捉える気持ち	周りの友達の健常のきょうだいと自分のきょうだいを比べ、その違いに気づいて、同胞の存在を否定し、嫌だと思う。	6	過去	2	4
2	同胞を他の人と違う不思議な存在として捉える気持ち	他の人ができることができないのが不思議だと感じる。	3	過去	3	0
3	同胞を怖いと思う気持ち	同胞に対して、見た目や行動から自分とは違うものを感じ、恐怖感が生まれる。	1	過去	0	1
4	同胞に障害があることが分かりショックな気持ち	同胞に障害がある事実を知りショックを受け、その事実を受け入れられない。	2	過去	1	1
5	同胞を恥ずかしく思う気持ち	障害があることが原因で、他から特別な目で見られる同胞の存在が恥ずかしいと思う。	4	過去	3	1
6	同胞を好きだと思う一方で、嫌いだと思う複雑な気持ち	大切な家族の一員として「好き」ではあるが、受け入れられない「嫌い」な存在でもあるという、相反する感情を同時に感じる。	3	過去	3	0
7	同胞を憎む気持ち	同胞が原因で不利益を被る経験をし、同胞を恨んだり、ねたましい、憎いと思ったりする。	5	過去	3	2
8	同胞と遊べなくて残念な気持ち	他の兄弟姉妹のように、同胞と一緒に遊ぶことができずに、残念に思っている。	4	過去	1	3
9	同胞を心配する気持ち	同胞が苦しそうにしている姿や、体調の不調、入院状態などを見て、心配している。	2	過去	2	0
10	同胞に申し訳ないという気持ち	同胞を他の人に見られることが嫌だと感じたことや、自分だけが家族と暮らしていることを、同胞に申し訳ないと感じている。	2	過去	1	1
11	同胞との距離感を感じる一方で、それを意識的に感じるまいと思う気持ち	同胞が病院や施設に入っているために、一緒にいる時間が少なく寂しかったり、疎遠な感じを持ったりしている。(ただし、現在は、同じ時間を生きていると意識することで、それを改善している。)	5	過去	1	3
				現在	0	1
12	同胞を見るのが辛い気持ち	言葉がしゃべれず、苦しくても伝えられない同胞を見るのが辛い。	1	現在	1	0
13	同胞への不満な気持ち	同胞とのかかわりを通して、苛立ちや不満を感じる。	4	現在	2	2
14	同胞は頑張っていると思う気持ち	障害のあるきょうだいは、一生懸命頑張って生きていると思う。	6	現在	2	4
15	同胞に対する感謝の気持ち	同胞のおかげで、できなかったことができるようになったり、他の人ができないことが自分にはできたりなど、自分にプラスになっていることがあると感じ、同胞の存在に感謝している。	9	現在	5	4

きょうだいの感情や考え

きょうだいの感情や思考の記述例（括弧内は、記述者の中高生別）
・兄が健常者だったらどんなに良かったかと思うことがたくさんありました。（高） ・しゃべることもできなければ、一人では何もできない、そんな姉を小さい頃は嫌いでした。（高） ・僕の2番目の姉は、昔、僕にとって透明人間でした。なぜかと言うと、その存在を認めたくなかったからです。姉にかかわりたくなく、変なものを見るように近づきませんでした。（高）
・他の家のお兄ちゃんは元気で走ったり、けんかをしたりしているのに、なぜ、うちの兄は立つことすらできないのだろうと思っていました。（中） ・小さい頃の私は、どうして姉は車いすに乗っているんだろう、どうして周りの子と違って「うー」、「うー」と言っているのだろうと不思議に思っていたことがあります。（中）
・むしろ姉を見た時は恐怖心さえありました。病院の高い柵のベッドで飛び跳ねながらアーアー言っている姿は正直、恐ろしかった。（高）
・弟が病気を持って生まれたと聞かされた時は「なんで、弟が病気なの？」とすごくショックでした。（中）
・私は兄を「お兄ちゃん」と呼ぼうとしなかった。なぜか？　単純明快「恥ずかしかった」からだ。（中） ・「心のどこかに恥ずかしい」との思いが強かったせいか友達を呼ぶこともしませんでした。（高）
・でも、やはり兄も私の家族だったから大好きだったし、大切にしたかった。でも、やっぱり心のどこかで兄が嫌だった。（中） ・兄を「好きだ」と思う反面、「嫌だ」と思ってしまう時がありました。（中）
・僕ばっかり我慢させられて姉を恨んだこともありました。（中） ・弟が生まれて、嫌なことや我慢しなきゃいけないこともあった。（中略）嫌だったことは私立の中学へ行けなかったことだ。（中略）もともと私立に入る予定だったのに裏切られた気分になり私は弟を憎んでいた。（中）
・妹と弟と一緒に遊びたかった。（高） ・でも自分が描いていた未来とは違ってがっかりした気持ちがないといったら嘘になるでしょう。私は妹と遊ぶことを楽しみにしていたからです。（高）
・僕が中学2年の時、お姉ちゃんが心肺停止状態になった時は、かなり心配しました。（中） ・障害者の人達は良くなる面もあるが悪くなる面もあると言われていたのでちょっと不安でした。（中）
・わたしなんて、家族がいて、友達がいて、いつも健康に過ごしているのに……、お兄ちゃんに本当に申し訳ないと思いました。（中） ・まだ私が小学校の時とかは、友達とかに弟を見られるのが嫌でした。弟にホンマに悪かったなぁと思いました。（高）
・赤ちゃんの頃から、私と妹の間の距離は近くて遠かった。私と妹の間に見えない壁があった。（高） ・姉ちゃんとしての親しみは感じていませんでした。（高）
・そして今、妹は施設に入所している。また妹が遠くなってしまった。でも最近はあまり遠いと感じない。それは、会いに行けばいつでも妹と接することができるということと、私と妹は違う場所ではあるが、ともに同じ時間を過ごし、ともに成長しているからだ。（高）
・言葉がしゃべれないので、痛くてもかゆくても笑っているしかない、そんなお兄ちゃんを見るのが辛いです。（中）
・話が通じないことがあるのが面倒だと思うこともあります。（中） ・唯一の不満は妹の面倒を見るのに自分の自由な時間が奪われるということだ。（高） ・正直イライラする。ストレスが溜まる。そんなストレスの原因がうちの兄貴だ。テレビを見てても、電話をしてても、本を読んでいても、勉強してても、騒がしい。（高）
・（昔は姉のことを恥ずかしいと思っていたけれど）しかし、姉が訓練を一生懸命頑張っている姿や何か物を必死で取ろうとしている姿を見ているとそんな気持ちはなくなりました。（中） ・私から見ても妹は頑張っています。（高） ・姉は姉で一生懸命生きていて、これもまた人間の尊い姿なんだと思えるようになっていくようになりました。（高）
・今、私は、妹の笑顔に助けられることもある。私の妹があなたで良かった。私は心から思う「ありがとう」。（中） ・弟に感謝しています。なぜなら、弟は私に大切なことを教えてくれたからです。それは、「障害はもっていても、私達と同じ心をもっていて、だけど少しだけ、違うものをもっているだけで私と変わらない人間」なんだと。（中略）そのことに気づかせてくれた弟に、心から"ありがとう"。（中） ・でも、私は、今の妹からしかもらえないものをたくさんもらった。勇気も元気も夢も。妹にはとても感謝している。（高）

No.	意味ラベル	定義	項目数	時間ラベル	中学生期	高校生期
16	同胞が、自分にはない力をもっていると感じる気持ち	同胞が、自分や周りの人がもっていない力をもっており、そのことを素直にすごいと感じ、周りにその力を自慢したいと思う。	2	現在	0	2
17	同胞をすごい、尊敬、誇りであると思う気持ち	同胞に対してすごいと感じ、尊敬や、誇りを抱いている。	4	現在	1	3
18	同胞は感情表出が豊かで心が健康だという気持ち	同胞には、体の不自由さはあっても、笑顔があり、心が明るいと考える。	3	現在	1	2
19	同胞をかわいい、好きだと思う気持ち	同じ家族の一員として、誰よりもかわいい、好きだと感じている。	4	現在	0	4
20	同胞は、支援によって変化しうる存在だと思う気持ち	自分を含め、家族などの同胞の周りにいる人が、直接的、間接的に同胞を支えることによって同胞の障害の状態は変化すると考える。	1	現在	1	0
21	同胞がいて良かったと思う気持ち	同胞と兄弟姉妹として生まれたことが良かったと思う。	7	現在	2	5
22	同胞は自分の進路選択に影響を与えてくれたという気持ち	同胞がいることで、自分は福祉や看護の道を進路に選んだと考えている。	3	現在	0	3
23	同胞にもっと努力してほしい気持ち	同胞はもっとできる力があるのに自分でやらないことに関して、努力してほしいと感じている。	1	現在	1	0
24	同胞は貴重な学びを与えてくれる存在であると思う気持ち	同胞と暮らすことで、他では学ぶことができない、様々なことを学ぶことができたと意味づけている。	5	現在	1	3
				将来	1	0
25	同胞に元気でいてほしいという気持ち	同胞が元気でいるのが嬉しい。これからも長く生きて、元気でいてもらいたいと願っている。	4	現在	1	0
				将来	2	1
26	同胞の障害が治ってほしいと思う気持ち	きょうだいが早く治って、元気になってほしいと思っている。	3	過去	0	1
				将来	2	0
27	同胞をかわいそうに思う気持ち	病気や障害をもっていることで、周りと同じように活動できなかったり、自分のように毎日両親と会えなかったりすることに対してかわいそうに思っている。また障害があることを、かわいそうに思っている。	8	過去	2	3
				現在	2	0
				将来	1	0
28	同胞は特別な存在ではないという気持ち	自分は同胞の障害を意識しておらず、同胞は自分にとって、特別ではなく、ごく普通の存在である。	8	過去	1	1
				現在	3	2
				将来	0	1

きょうだいの感情や思考の記述例（括弧内は、記述者の中高生別）
・お話ができなくても、遊ぶことができなくても妹には他にいっぱいいいところがあります。（高） ・なんだか不思議と癒されてしまうのだ。不思議な力……。（高）
・逆に今は兄を誇りに思っています。人にいろんな力を与えてくれる兄は私の誇りです。（高） ・姉は姉で一生懸命生きていて、これもまた人間の尊い姿なんだと思えるようになっていくようになりました。（高）
・笑いをこらえずに、泣くのを我慢せずに生きられるのは、めちゃくちゃ健康で明るいと思います。（高） ・楽しい時や嬉しい時は思い切り笑い、悲しい時や辛い時は声を上げて泣きます。感情を表に表せる、素敵なお兄ちゃん。（高）
・しかし、今は自慢の兄だと言えるくらい兄のことが好きだ。（高） ・しゃべらへんし、歩かれへんし、何も自分でできないし、みんなの弟や妹とかとは全然違うけど、私はそんな弟が大好きです。だれよりも、かわいいと思います。（高）
・妹を支えるために、私達家族は頑張った。（中略）産まれた時は、「見えない」「聞こえない」「歩けない」「話せない」と言われていた妹が「見えない」「聞こえない」が「見える」「聞こえる」に変わり、「話せない」が単語なら話せるようになった。このように多くの人がかかわってくれることで変わっていったのだと思います。（中）
・私はお姉ちゃんが障害者だというのはぜんぜん気にしていません。こんなお姉ちゃんだけど、いてくれて良かった。（中） ・お姉ちゃんの妹で良かった。（高） ・弟は、脳性マヒとして生まれてきてくれて良かったかもしれません。なぜなら、周りの人から愛情をもらって、その愛情を周りの人に分け与えることができるからです。（高）
・きっと兄の存在がなかったら、今のような考えを持った自分ではなかっただろうし、介護というものに興味を持つこともなかったと思います。（高） ・中3の進路選択で福祉の学校に行こうと決めたのも兄の存在があったからです。（高）
・僕は兄を毎日見てきて、兄はできるのにやらないということが多くなってきたので、自分でできることは努力してほしいと思っております。僕の兄としてしっかりしてほしいと思っております。（中）
・今私の17年間を思い出してみると、兄がいたから体験できたことがたくさんあるし、学べたこともたくさんあります。（高） ・兄からいろいろなことを教えてもらった。それだけ兄から得たものが多いのだ。（高） ・私は兄と触れ合うことで、人として忘れてしまいがちな思いやり、笑顔、優しさといった純粋な心を学びました。（高）
・これからも弟と一緒に過ごし、いろいろ学ばせてもらいたいと思う。（中）
・お父さんやお母さんを見ていて思うのは、病院に弟の様子をしょっちゅう見に行ったり、たまに家に連れて帰って来た時の世話などが大変そうだけど、元気に過ごせていると思うと嬉しいです。（高）
・お姉ちゃんが一年でも長く生きられるように頑張って頂きたいと思っています。（中） ・これからも元気でいてほしいなぁって思います。（高）
・「弟もリハビリしたら　お話したり歩いたりできるかな？」そんな期待もしたりしていた。（高）
・病気が少しずつでも良くなってほしいのと、一緒に暮らせるようになってほしい。（中）
・私もこの前まで、妹は私が経験することができないし、しゃべれないから、かわいそうだなと、思うことがありました。（高）
・やりたいことをやりたい時にできなくて、ずっと寝たきりの妹はすごくかわいそうです。（中）
・でも考えてみると、自分で食べたい物・飲みたい物・見たい物・着たい物・あと、いろいろ自由にできないんだよね。これから先ずっと、かわいそうだ。（中）
・こんな楽しかったり、時にはうるさくてうっとうしい家族が僕の家族で、妹は特別支援学校に行ってても、僕の妹で他の友達の兄弟と同じだと思っていた。（中）
・妹の障害なんて分からず、むしろ障害が妹の普通の姿だと思っていました。今もそうです。（中） ・ちっともかわいそうじゃないし、特別ではありません。（中） ・私にとって妹は、特別な存在ではなく、ごく普通の存在である。（高）
・なぜなら、僕は兄のことを特別な人間とも特別な存在とも感じたことが一度もないし、これまでもこれからも、兄は僕にとって普通の兄弟としての存在でしかないと思うからだ。（高）

No.	意味ラベル	定義	項目数	時間ラベル	中学生期	高校生期
29	同胞を大切に思う気持ち	障害の有無を問わず、かけがえのない家族の一人として同胞を大切に思う。	15	過去	0	1
				現在	4	5
				将来	4	1
30	自分を支えてくれる存在であるという気持ち	同胞がいることで、自分や家族が支えられていると感じている。	5	過去	0	1
				現在	0	3
				将来	0	1
31	同胞は、自分が助けてあげたり、世話をしてあげる対象であるという気持ち	同胞に対して自分のできることは何かを考え、同胞の面倒を見たり、助けになったりしようと考えている。しかし、一方で、不安も感じている。	8	過去	0	1
				現在	0	2
				将来	1	4
		項目計	138		61	77

害を背負って生きる同胞の辛さを自分のもののように感じて同情したり、カテゴリーNo.20の「同胞は、支援によって変化しうる存在だと思う気持ち」のように、可能性を秘めた能力をもつ存在として期待を述べたものも見られた。

　先に示した過去の感情や考えが、現在において大きく転換している理由を述べた記述はわずかであった。「学校の総合的な学習の時間で障害福祉について学んだことで、同胞について抱いていた嫌悪感が、薄れた」とする記述も見られたが、多くは、「過去は、このようだった。でも、今は……」と過去の否定的感情に直接続く形で、現在の状況が述べられている。本作文は、募集によって編纂されたものであり、他者に公開することを前提に書かれたものである。よって、過去に抱いていたマイナス感情が「現在はこのように変化している」という書きぶりとなるのは、自然な流れであるといえるだろう。このことから、きょうだいの中では、現在の感情や考えは、いつ、どのようにしてそうなったのか明確な獲得のきっかけがあったというよりは、同胞との暮らしを積み重ね、様々な体験を繰り返しつつ、きょうだい自身の精神的成長と自立の過程で、徐々に身につけたものであり、それを今改めて振り返り言葉にしたものと推察される。また、それらの感

第 6 章　研究 4：きょうだいの同胞観に関する作文分析

きょうだいの感情や思考の記述例（括弧内は、記述者の中高生別）
・どんなに苦しくても私の顔を見ると笑ってくれる妹が大好きで、いなくてはならない存在になるまでそう時間はかかりませんでした。（高）
・僕にとっては大切な兄さんです。たとえ歩けなくても大切な兄さんです。（中） ・やっぱり、なんだかんだ言っても大切な家族の一人だし重要な存在である。（高）
・そして、一生、私のかわいい妹でいてくれるだろうなと思うと、これからも妹を大切にしていきたいです。（中） ・だから、これからもずっと私の妹でいてほしい。（高）
・兄の笑顔に何度助けられたか分かりません。何かをちゃんとやり遂げた時、そこにはいつも兄の存在がありました。（高） ・私や家族もそうですが、兄の笑顔が私達を元気にしてくれます。（高）
・これからも見守ってほしい。（高）
・最初はゼーゼーしているお兄ちゃんを見て"苦しそうだから"といった理由で（世話を）やってみました。（高） ・そして、弟に対する愛しさと兄として守ってやらねばという気持ちが涌いてくる。（高）
・将来、私が兄の面倒を見るようになった時のことを想像すると、すこし不安です。私はそれに耐えられるのだろうか、兄を支えることができるのだろうかと不安に思います。（中） ・私はまだこんな状態で、将来弟の面倒を見ることができるのか不安です。（高） ・確かに、重度の障害を持った兄の介護は大変だと思います。これから先、両親が兄の面倒を見られなくなった時、私と妹が兄の面倒を見ていくことになると思います。でも、私のたった一人の大切な、大好きな兄なので、しっかり最後まで面倒を見たいと思います。（高） ・姉と僕、生き方は違うけれど、協力して助けて行こうと思います。（高）

情や考えは、まったく新しいものとして獲得されたのではなく、おそらく幼少期から求めていた問いに答える形で、生み出されてきたものであるといえる。すなわち、「なぜ、同胞にこのような『不思議な』事態が起こっているのか」「同じ家族の一員でありながら、自分とは異なる同胞のありようをどのように納得したらよいのか」と問い続け、「一生懸命頑張って生きている」「他の人と違うからこそ、他の人に与えることができるものがある」というように「意義ある答え」を見出し、納得できたことで、同胞を受け入れ、新しい関係を構築していくことが可能になったのであろうと考えられる。ただし、これらの「意義ある答え」とは、きょうだいが、作文という他者に評価される可能性を前提に書き出した、社会的に受容可能な感情や考えであり、これによって、現在、きょうだいらの抱いてきた、マイナス感情が解消したことを示すものではない。また、現在だからこそ、生まれてきているマイナス感情もあるはずと考えられるが、それを他者に評価される作文の中で表すことは、難しいと想像される。よって、重要なのは、マイナス感情の増減ではなく、きょうだいが同胞の存在に、社会的に認められる積極的な意味を見出すことで、同胞をかけがえのない存在として、自分との関係性に位置づ

けようと向き合っている現状である。そして、その際に彼らが選択した「意義ある答え」がどのようなものであったかを明らかにすることであるといえる。

ところで、Table 6-1に示したように、「将来」についてのみ述べられた意味ラベルカテゴリーは見られなかった。先にも述べたが、「将来」について述べられた8つの意味カテゴリーは、すべて、「過去」や「現在」についても述べられたものであった。その理由については推測の域を出ないが、きょうだいにとって同胞との将来に関する感情や考えは、過去から現在に続く様々な体験に基づく感情や思考の繰り返しと連なりの中で生み出されるものであり、必ずしも、きょうだいの現時点の意識において、独自性をもつものとはならないのではないかと考えられる。

4　時間の経過にかかわらず述べられた同胞観

意味ラベルカテゴリーの中には、過去から現在、過去から将来にわたって、あるいは、現在から将来にわたって、どの時点でも意識されたり、見通されたりしている感情や考えが9個見られた。これらには、複数の相反する内容が含まれる。まず、同胞が病院や施設に入っているために、一緒に暮らすことができず、カテゴリーNo.11「同胞との距離感を感じる気持ち」がある一方で、同No.11の現在において同時に、「私と妹は違う場所ではあるが、ともに同じ時間を過ごし、ともに成長しているから、あまり遠いとは感じない」とする思いや、カテゴリーNo.27「同胞をかわいそうに思う気持ち」として「やりたいことをやりたい時にできなくて、ずっと寝たきりの妹はすごくかわいそうです」「これから先ずっと、かわいそうだ」と述べるきょうだいがいる一方で、同No.28「同胞は特別な存在ではないという気持ち」として、「ちっともかわいそうじゃないし、特別ではない」「障害が（あることが）普通の姿だ」と述べるきょうだいがおり、さらに、カテゴリーNo.30「自分を支えてくれる存在であるという気持ち」として、「兄の笑顔に何度助けられたか分かりません」と述べるきょうだいがいる一方で、同No.31「同胞は、自分が助けてあげたり、世話をしてあげる対象であるという気持ち」として「弟に対する愛しさと兄として守ってやらねばという気持ちが涌いてくる」「私と妹が兄の面倒を見ていくことになると思います」と述べるきょうだいもあった。そして、そのことに対する不安を吐露する記述も見られた。これ

らは、過去から将来にわたって、人生の長い道のりを同胞に伴走するきょうだいにとって、同胞は決して、唯一の役割をもつ何者かになるのではなく、その時々の状況に応じて、多様な感情と価値をもって位置づけられる存在としてあることを示しているといえる。さらに、障害の有無を問わず、かけがえのない家族の一人としてカテゴリーNo. 29「同胞を大切に思う気持ち」ゆえに、重い障害を背負って生きる、同No. 26「同胞の障害が治ってほしいと思う気持ち」、命に危機に瀕することもある同胞に、同No. 25「同胞に元気でいてほしいという気持ち」を幼い頃からずっと持ち続けているきょうだいの願いが述べられている。また、きょうだいが過去に体験してきた同胞にかかわる辛い体験や、我慢しなければならなかった体験を乗り越えて、むしろカテゴリーNo. 24（現在）「人として忘れてしまいがちな思いやり、笑顔、優しさといった純粋な心」のように、同No. 24（現在）「（同胞が）いたから体験できたことや学べたこと」がたくさんあり、これからも同No. 24「同胞は貴重な学びを与えてくれる存在であると思う気持ち」が述べられている。

第4節　考察

　本研究の対象とした作文集は、いずれも広く社会に発信することを意図して書かれたものである。すなわち、あらかじめ他者の評価を受けることを前提とした内容となっている。それゆえ、先にも述べたように、過去の同胞観よりも現在、さらに将来に向けた同胞観がより積極性をもつ傾向となるのは、自然なことであると思われる。よって、より緻密な同胞観の推移を明らかにするためには、十分ラポートが取れたインタビュアーが、きょうだいの心理的安全を確保した場で、自己省察の機会を設けて調査すべきものと考えられる。しかし、それらの限界を踏まえてもなお、重度・重複障害のある同胞をもつきょうだいの特有の同胞観や抱える課題について、以下のようにいくつかの示唆を得た。

1　きょうだいの同胞観

　これまで見てきたように、思春期のきょうだい達の多くが、まず自らが幼少期に抱いていた同胞に対する多様なマイナス感情や否定的な考えを内省して言語化

し、そのような感情や考えを抱かざるを得なかった自分を客観的に振り返っている。それは、現在、それらの否定的感情に自分なりに折り合いをつけて、新しい同胞観を獲得するに至ったからこそ、言葉にできる感情や考えであるともいえる。

きょうだい達が、現在もっている同胞観は、その多くが前向きで、同胞の存在意義を積極的に評価するものであったが、すべてのきょうだいが同じように考えているわけではなく、また、現在の積極的な同胞観が最終結論というわけでもない。いずれのきょうだいも、過去から現在そして将来に続く時間の流れの中で、それぞれが、同胞のもつ障害の重度さに関する現状認識と回復の可能性への期待、命の危機に瀕しながらも力を尽くして生きる過程をともにすることで得る精神的な支えと、いずれ保護者となる者としての責任感という、家族ならではの葛藤を抱きつつ、まさにかけがえのない存在としての同胞観が、これからも同胞と生きていこうとする決意とともに、語られることとなった。これは、大人になったきょうだいが過去を振りかえって、自分が確信できる一定の意味づけを得て、その観点から体験や感情を自己評価するものとは異なり、今まさに自分自身がおかれている葛藤状況に直面しつつ、そこに意味を見出そうとしている多様な、揺らぎのある同胞観が示されているといえる。また、これらは、第1章で述べたきょうだい特有の悩みや困難さが決して固定的なものではなく、きょうだいの成長とともに変化し、きょうだい自身がそれをつくり変えていくものであることを示している。

きょうだいはそれぞれの発達段階に応じて、異なる同胞観をもち、幼少期から思春期、そして青年期、成人期へとそれぞれの時期の葛藤を乗り越えて、新しい同胞観を獲得していくものと推察される。すなわち、あたかも Erikson (1963) の述べた発達課題とでもいうべき、同胞観形成の発達課題があるように思われる。となれば、それはどのようなもので、その影響要因は何であるのか、また、その発達課題を乗り越えるためにはどのような支援が必要になるのかをさらに検討していく必要があると考えられる。

2 重度・重複障害のある子どものきょうだいに特徴的な同胞観

本研究では、重度・重複障害のある同胞をもつきょうだいの作文のみを分析対象とした。本来であれば、他の障害種の同胞をもつきょうだいの作文分析と比較

対照することにより、重度・重複障害児のきょうだいに特徴的な同胞観を論ずるべきところであるが、その他の障害特性に関する先行研究を参考にいくつか示唆が得られたので、以下に述べる。

　まず、1点目は、施設入所児を同胞にもつきょうだい特有の「疎遠感」である。カテゴリーNo.11にあるように、同胞の障害の重さゆえに、入退院を繰り返さるを得ない同胞ときょうだいの間には、物理的にも精神的にも「赤ちゃんの頃から、私と妹の間の距離は近くて遠かった。私と妹の間に見えない壁があった」という状況が引き起こされ、生活を一緒にしないことによる「親しみ」が感じられない関係性を生み出していることが示された。一方、知的障害や発達障害など、日常的な医療を必要としない同胞の場合は、毎日の生活における行動上の問題にきょうだいが翻弄され、学校の教材を壊されたり、乱暴を受けたりなどの問題（Meyer & Vadasy, 1994, 2008）が顕著に見られる。このようなきょうだいが好むと好まざるとにかかわらず直接的に影響を受けている状況とは、対照的であるといえる。

　2点目に、上記とも関連するが、同胞の命の存続に対する「危機感」である。カテゴリーNo.9にあるように、「お姉ちゃんが心肺停止状態になった時は、かなり心配しました」「障害者の人達は良くなる面もあるが悪くなる面もあると言われていたのでちょっと不安でした」と、障害の重い、寝たきりの状態である同胞を抱えることによって、死を想定する場面に向き合わざるを得ない緊張感が語られている。これは、カテゴリーNo.14の「姉は姉で一生懸命生きていて、これもまた人間の尊い姿なんだと思えるようになっていくようになりました」という、「懸命に生きる姿の尊さ」の意識につながることとなる。

　3点目は、「障害のある人がもつ役割への着目」である。カテゴリーNo.21の「同胞がいて良かったと思う気持ち」では、「弟は、脳性まひとして生まれてきてくれて良かったかもしれません。なぜなら、周りの人から愛情をもらって、その愛情を周りの人に分け与えることができるからです」というように、重い障害のために、一見、何もできないように見えても、実は人として大切な役割を果たしているのだという発見と主張がなされている。この障害者観は、知的障害や発達障害などを有する同胞とかかわる際に求められる、不適切行動の抑制や適切な行動を新規に形成することを目指した手立てを講ずる視点とは異なり、すでに同胞のもっている能力が果たしている役割をありのまま評価する視点である。

しかし、この評価とは裏腹に語られるのが、4点目の将来にわたって全介助を必要とする同胞への深い「同情」である。カテゴリーNo.27にあるように、同胞固有の能力を認めつつも、「ずっと」将来にわたって自由にできないかもしれない現実があることに「かわいそう」と、あきらめざるを得ない悲しさを感じ取っていることも示された。これもまた、多様に自発的行動を有する他の障害種の同胞の姿とは異なる、重度・重複障害のある子ども特有の障害状況から得た同胞観であるといえる。

　田倉（2008）は、知的障害のある同胞をもつ、16歳から39歳のきょうだい14名に半構造化面接を実施し、兄弟姉妹関係の肯定的認識に至る過程を分析している。その結果、「きょうだいが一般の兄弟姉妹関係と同様に、『学童期から思春期、成人期と成長していくにつれ一緒に過ごす時間が少なくなることで、葛藤や衝突が減り、兄弟姉妹に対して親和的になること、より成熟した関係の認知ができるようになる』というScharfらの指摘と同様の過程が確認できた」とし、それは、きょうだいが日常的に同胞とかかわる経験を通して得たものであり、きょうだい自身の成長と同胞の成長に伴うものであると述べている。しかしながら、本研究で対象としたきょうだい達の重度・重複障害のある同胞は、知的障害のある同胞とは異なり、施設入所などによって離れて暮らさざるを得ない「距離感のある」存在であり、外見的にはその成長を確認しにくい存在であることから、きょうだい達は、一緒に暮らす中での成長ぶりから肯定的同胞観を得るより、むしろ同胞の存在に対する社会的な意味づけをすることによるところが大きいのではないかと考えられる。

　以上のことから、特に重度・重複障害のある同胞の障害特性が、きょうだいの障害理解や、きょうだいと同胞、親の関係にもたらす影響は、知的障害や発達障害の同胞の障害特性がもたらすものとは異なると考えられ、その影響の特徴を踏まえるとともに、一人一人のきょうだいの個別性に配慮しつつ、各ライフステージにおける同胞観の変容過程で生じる課題に応じた支援が必要であるといえる。

第Ⅱ部のまとめ

　第Ⅱ部では、きょうだいとその家族の現状と直面する課題を明らかにするため、4つの研究を行った。

　研究1（第3章）では、きょうだいの養育に関する親の悩みや配慮事項、親自身に対するサポートについて調べ、親が直面している、きょうだいの養育に関する課題と取り組みの現状を明らかにし、きょうだいの養育支援のあり方を探った。質問紙調査の結果、約70％の親がきょうだいの養育に悩み事・困り事を抱えていることが明らかになった。また、その内容はきょうだいのどの年代においても、身体面に比べ、行動面、心理面に関するものが多く挙げられた。具体的には、行動面では、どの年代も「きょうだいげんか」が最も多く、次いで小低、小高、中・高で「友人とのトラブル」、及び大学生・社会人で「会話の減少」であり、心情面ではどの年代も「不公平感」が最も多く、次いで「いつまでも親といたがる」が多かった。また、身体面についても、「爪かみ」や小学校低学年での「チック」など心情面での問題が関連する事項が挙げられており、親が主としてきょうだいの行動面・心情面の問題への対応に苦慮していることが示唆された。さらに、親はそれらの問題が、きょうだいと同胞との関係のみならず、親自身ときょうだいとの親子関係にも関連して起きているととらえている可能性が示唆された。このような認識に立って、親は、きょうだいを養育する上での悩み事・困り事に対し、きょうだいとのコミュニケーションをとるなど、直接かかわることにより、解決や予防への努力をしている。しかしながら、親のうち、悩み事・困り事がある群は、ない群に比べ、きょうだい自身よりも親側の視点に立った対応をする傾向にあることが推察され、親のきょうだいへのかかわり方そのものへの支援が必要であると考えられた。さらに、悩み事・困り事の解決には、親自身への周囲からのサポートが役立っていることも示された。

　以上のことから、きょうだいの養育支援にあたっては、きょうだい自身のみならず、親にも焦点をあて、養育上の悩みの解決につながる内容を含め、家族全体を視野に入れたサポートプログラムをつくる必要性が改めて示唆された。

　続いて、研究2（第4章）では、きょうだいの捉えている家族関係、特に親と

の関係性を明らかにするために、きょうだいが、困ったことがあった時に、家族をはじめとする身近な人々から、なんらかのサポートを得られるに違いないと考えるサポート期待感と、親が、実際にきょうだいが受けていると認識しているサポートの程度を調べ、それぞれの特徴と関係を分析した。その結果、以下の2点が示された。

　まず1点目として、きょうだいのサポート期待感に影響を及ぼす要因として年齢があり、年齢が進むにつれサポート期待感が減少する傾向にあることが分かった。これは、きょうだいが成長とともにサポートを必要としなくなったのか、あるいは、同胞の養育に手をとられる家族の現状を理解し、サポートを期待できないとあきらめるようになったのかなど、その原因を明らかにするまでには至らなかった。しかし、きょうだいが周囲にサポートを期待している年少期から、その期待に親自身が直接応え、きょうだいが親からの被サポート体験を十分積むことができるようにするための支援が求められていることが示された。

　次に、2点目として、きょうだいのサポート期待感と親から見たサポートの実際との間には中程度の正の相関があり、親が実際にサポートを行ったと認識している度合いと、きょうだいのサポート期待感とが関係していることが示された。しかしながら、きょうだいのサポート期待感の評定の平均値と親から見たサポートの実際の評定の平均値を比較すると、親の値がきょうだいの値よりも有意に高く、きょうだいは親が認識しているレベルほどにはサポートを受け取れると期待していないことが明らかとなった。これは、親が行っているつもりの支援と実際にきょうだいが受け取れると期待している支援にギャップがあることを示しており、親子間での認識の行き違いが生じ、それが養育上の問題につながっていると示唆された。親が考えるサポートではなく、きょうだいが求めているサポートを実行するためには、親がきょうだいのニーズを把握するのみならず、きょうだいが求めるサポートの質を担保できる親の養育スキルが必要となる。このことから、親子間コミュニケーションの活性化による親のきょうだい理解の促進と、さらに、親のきょうだいに対する養育スキルを伸ばすための具体的な支援方法を開発していく必要性があると考えられる。

　研究3（第5章）では、きょうだいが同胞に関連して抱く否定的感情と、きょうだいの親に対するサポート期待感との関係を検討した。きょうだいの親に対するサポート期待感は、きょうだいが捉える受容的・支持的親子関係の程度を反映

すると考えられる。質問紙調査による量的な関係検討のみならず、否定的感情の弱い群と強い群に属するきょうだいとその親を対象に行った面接調査により、両群のきょうだいの親からのサポートに対する意識の特徴や差異、及び親のきょうだいに対する養育上の配慮の差異を具体的な発言から検討した。

　質問紙調査の分析の結果、きょうだいの親に対するサポート期待感が低いほど、同胞に関連して抱く感情の否定的な程度が強い傾向が認められ、親からのサポートへの期待感の低さは、同胞に対する直接的な不満や拒否感のみならず、同胞の障害特性に関連して起こる問題への対応困難感や、それらの問題を必要以上に負担に感じる思いなど、多様な否定的感情の強さと関連している可能性が示唆された。また、2要因の分散分析の結果、サポート期待感は、出生順位、年代、同胞の障害種等の要因とは関係なく、独立して、きょうだいが同胞に関連して抱く否定的な感情に関与すると考えられた。

　また、面接調査からきょうだいが同胞に関連して抱く否定的感情の弱い群と強い群では、実感している「困った時のサポート」、さらに「親との関係」に質的な違いがあることも明らかになった。否定的感情の強い群のきょうだいは、悩みを家族内で相談せずそのままにしておく傾向や、父親のかかわりを希薄にとらえている傾向が示唆された。また、親からのかかわりを見ると、否定的感情の弱い群ではきょうだいの心情を受容し承認するサポートが行われていたのに対し、否定的感情の強い群ではきょうだいの同胞理解促進を重視する教示的なサポートが行われているという違いが見られた。これらのことから、きょうだいが同胞に関連して様々な感情を抱きつつ育つ背景には、きょうだいと親との家族内の受容的・支持的関係性が影響していると考えられた。よってきょうだい支援にあたっては、きょうだいが親に自分のニーズに応じたサポートを期待し、自ら相談できるような受容的・支持的関係性を高める支援のあり方を探る必要があるといえる。加えて、調査結果から、ケースによっては、親にも感情や考えを家族と共有しにくい状況があることが示唆され、きょうだいに加えて親に対しても、家族のサポート活用力を高める支援が求められていると考えられた。

　研究4（第6章）では、重度・重複障害のある同胞をもつ、中高校生期にあるきょうだいの作文に基づき、その同胞観の変容をきょうだいの過去から将来に至る成長過程の視点で確認した。その結果、それぞれの同胞観は、個別性が高く、すべてのきょうだいが同じ考えをもつものではないが、一方で、いずれのきょう

だいも、過去から、現在、そして将来に続く時間の流れの中で、それぞれが、同胞に対する現状認識と同胞のもつ可能性への期待、命の危機に瀕しながらも力を尽くして生きる過程をともにすることで得る精神的な支えと、いずれ親に代わって保護者となる者としての重責感という、家族ならではの葛藤を抱きつつ、同胞とともに生きようと決意していることが示された。また、重度・重複障害のあるきょうだいに特徴的な同胞観について、「疎遠感」「命の存続に対する危機感」「障害のある人がもつ役割への着目」「深い同情」の4つがあることが示唆された。このことから、きょうだいの支援プログラム開発にあたり、個々のきょうだいの個別性に配慮しつつ、各ライフステージにおける同胞観の変容過程で生じる課題に対応した内容が求められること、また、重度・重複障害のある同胞と暮らすきょうだいについては、知的障害や発達障害とは異なる障害特性に影響される、家族との関係性の特徴を踏まえた支援が必要であると考えられた。

　以上の4つの研究から、きょうだいのための家族参加型支援プログラムの開発においては、以下の課題を解決するための内容を組み込む必要が示された。

　1つ目は、きょうだいを育てることに困難さを感じている親に対し、その養育の悩みの解決につながる支援内容を含むこと、2つ目は、きょうだいへのサポートに関してきょうだい自身の期待と親の意識の違いに見られたような、親のきょうだいに対する認識と、きょうだいの家族認識のずれを解消するために、親のきょうだい理解を促進するための内容を含むこと、3つ目は、きょうだいが同胞に関連して抱く感情ときょうだいの親子関係の関連性を踏まえ、親子のコミュニケーションを促進し、その受容的関係性を高めるための内容を含むこと、そして4つ目に、同胞の障害特性によるきょうだいの同胞観（同胞理解）の個別性とライフステージにおけるその変容過程を踏まえながら、きょうだいが現時点で直面している状況とそのニーズに即した支援を展開していくことである。

　それでは、そのような支援プログラムを実現するにあたり、具体的にどのような活動を取り入れるのがよいであろうか。特に、家族が活動を共有する喜びを感じながら、相互のコミュニケーションが活性化され、その受容的な関係を高める具体的な方法を検討していく必要があると考える。

　そこで、本研究では、続く第Ⅲ部において、ムーブメント活動を取り上げ、本研究で開発する家族参加型のきょうだい支援プログラムにおける活用可能性を検討するものとする。

第Ⅲ部　きょうだいと同胞、親がともに参加できる活動方法の実践的研究
　　　　──ムーブメント活動を中心に──

第7章 研究5：家族参加型ムーブメント活動が障害のある子どものきょうだいにもたらす効果の検討

第1節 本章の目的

　第Ⅲ部では、障害のある子どものきょうだいのための家族参加型支援プログラムを開発するにあたり、特に、ムーブメント活動の活用可能性について実践を通して検討する。

　本研究で開発するプログラムでは、きょうだいと親とのコミュニケーションが促進され、きょうだいから見た、同胞、親との受容的関係性、及び親のきょうだいに対する受容的関係が向上することをねらいとするものである。すなわち、先行研究で示されたようなきょうだいが家庭内で引き受けてしまう年齢や発達段階には不相応で過大な役割（吉川, 2002；立山・立山・宮前, 2003；田中, 2012）から、きょうだいが脱却し、ありのままの子ども役割を体験し、それを親から受容される関係を目指すものである。

　従来のきょうだい支援プログラムでは、きょうだいが体験している様々な気がかりや困難さ、心理的な不適応に対し、同じ立場のきょうだい同士が集まり、レクリエーションやピアカウンセリング的活動による心理的開放を得ることによって、心理的な健康度を高めることを目指してきた。しかし、それらは現実の生活の中できょうだいが背負っている過大な役割からの開放に直接関与するものではなく、きょうだいは相変わらず、自らの力でその役割の重圧に耐え続けることとなる。きょうだいと家族の関係性に着目した支援とは、このような問題に対し、きょうだいが家族において、本来の子どもとしての役割を見出せるように、きょうだいだけでなく親をも含めて支援することである。具体的には、親と同胞とが同席する場で、親との関係において、きょうだい本来の姿である子ども役割体験を積むこと、また同胞との関係において、同じ子ども同士としての活動体験を積むこと、さらにその両者を親に受容してもらう体験を積むことが求められる。

　そのような体験を導く方法として、本研究では、ムーブメント活動に着目した。

第2章でも触れたが、ムーブメント活動は本来障害のある子どもの発達支援方法として開発されたものであるが、先行研究から障害のある子どもに対する親や家族の意識やかかわりの変容にも有効であることが指摘されてきた（藤井・小林, 2006；大崎・新井, 2008）。

特に、重度・重複障害のある子どもについては、表出行動が乏しく、自発的なコミュニケーション行動も獲得されにくいケースが多いことから、その家族にとってコミュニケーションそのものが難しいとともに、特にきょうだいにとっては、遊びを共有する関係性をつくることにも困難があると予測される。このような状況にある重度・重複障害のある子どもに対し、これまで、トランポリン、ハンモック、パラシュート等の遊具を用いて、主に前庭感覚や触感覚への刺激を中心にしたムーブメント活動を展開することにより、快表出、笑顔や喃語の表出が盛んになった事例が報告されている（新井・小澤・藤村・小林, 1996；藤森・杉山・鈴木・山下, 1996；鎌田, 2003）。

阿部（2009a, 2009b）は、大島の分類（大島, 1971）で「1」に属している重度・重複障害のある子どもの事例について、対象児が好むムーブメント活動を査定して（阿部, 2007）、それを取り入れた実践により、自発的なコミュニケーション行動が形成されるかどうかを検証した。その結果、対象児となった2名について、重度・重複障害のある子どものアセスメントツールである「Movement Education and Therapy Program Assessment-Ⅱ（略称：MEPA-Ⅱ）」（小林, 1992）による評定で、コミュニケーション分野における伸長が確認され、自発的な他者に対する呼びかけ行動、応答・要求行動が獲得できたことが確認された。さらに阿部（2009a, 2009b）は、獲得されたコミュニケーション行動が、その子どもの親や学校の担任など身近な人々にとって、伝わるものであるかどうか、さらに、そのようなコミュニケーション行動を獲得したことで、対象児の印象がどのように変化するかを検討した。その結果、いずれの事例においても、対象児の意思表出が以前よりも「分かりやすく」、より「能動的」「積極的」になったとする判断が示された。特に、「対象児もまた、感情の豊かな一人の子どもなのだ」「人に伝えようとする意思があることが分かった」「分からない、できないと思っていたが、本人なりに意思表示も理解もできる」などと、対象児に対する見方を変え、対象児へのかかわり方が積極的に変化したことが確認された。

このことから、きょうだいと同胞、親がともに参加する活動において、ムーブ

メント活動を導入することは、障害の軽重にかかわらず、きょうだいと同胞とのコミュニケーションが促進され、そのかかわりを変容させうる可能性があると考える。すなわち、重度・重複障害のある同胞に対しても、きょうだいがその見方を変え、きょうだいが負っている世話役割の対象としてではなく、同じ子ども同士として、活動を共有できる可能性があると思われる。

　一方、ムーブメント活動が親自身にもたらす効果についてはどうであろうか。障害のある子どもを育てることは母親にとって負担感が大きく、母親自身のQuality of Life（以下、QOLと表記）を低下させる可能性があることが指摘されている。例えば、種子田・桐野・矢嶋・中嶋（2004）は、障害のある子どもの問題行動と母親のストレス認知の関係を調べ、問題行動が母親の子ども及び育児に対する否定感情に関係していることを指摘し、専門家が単に治療的アプローチの開発のみならず、育児に伴う母親のストレス問題を解決していく方策を考案すべきことを示唆している。また、刀根（2000）は、保育園児をもつ母親1,037名にQOLに関する質問紙調査を実施し、子どもの発達に不安をもつ母親は、発達不安のない母親より、QOLが低くなっていることを明らかにしている。さらに、発達障害の診断を受けて障害のある子どものためのデイケア施設に通う子どもの母親45名に対し、QOL及び育児ストレスについて同様に質問紙調査を行い、先行研究における障害のない子どもの母親のデータとの比較から、障害児の母親のQOLについては「生きがい」「育児」得点が低く、育児ストレスが高いことを指摘している（刀根, 2002）。このような状態がきょうだいに影響を及ぼすことについては、親が同胞の世話を負担だと感じるほど、きょうだいの負担感が増すという知見（芝崎・羽山・山上, 2006）や、障害のある子どもを育てる親の抑うつ的な精神状態がきょうだいの適応に影響を及ぼす可能性（浅井・杉山・小石・東・並木・海野, 2004）など、先行研究で示されているとおりである。

　障害のある子どもを育てる親が経験するストレスを考える時、子どもの発達支援だけでなく、家族全体を視野に入れた援助が必要である（土屋、2002）が、そのためには親が子どもの喜びを実感でき、親自身も楽しめる、子育て支援と療育を兼ね備えた支援が求められていると考える。阿部（2009c）は、障害のある子どもとその家族を対象に行われたムーブメント活動に参加した家族49組を対象とした調査から、ムーブメント活動が障害のある子どもを育てる親にもたらす影響について検討している。それによれば、年間8回の自由参加によるムーブメント

活動の終了時に行った親へのアンケート調査で、回答者の93.9％が参加後に親の気持ちがプラスに変化したと答え、活動中に感じた気持ちを単語で示すよう求めたところ、プラスの評価を表す語が全回答の78.9％を占めた。その内容は、活動によって親や子どもに起こる、適切な様子、望ましい感情や変化等を表す時に使われると考えられる単語で、「愛」「感謝」「楽しい」「嬉しい」「成長」「仲良く」などであり、子どもが楽しそうに活動している様子を見ることのみならず、活動を通して子どもと感情を共有し、親自身も楽しく活動できたことがうかがわれた。また、回答者の73.8％が、親自身や子どもへのかかわり方に変化が生まれたと答え、子どもとのかかわりに直接関係することばかりでなく、「ほっとした」「楽しめた」「ゆっくり」「明日から頑張ろう」などと述べ、親が自分自身の気持ちの変化を自覚していることがうかがわれた。このことから、ムーブメント活動に家族で参加することは、親の精神面にも新たな活力をもたらし、そのストレスを軽減することが示唆された。第1章でも示したように、親の心理状態はきょうだいの心理的社会的適応状態に影響するとされており、このような親の心理的負担の軽減は、きょうだいにも好影響を及ぼす可能性があると考えられる。

　これまで見てきたように、ムーブメント活動は障害のある子どもと周囲のコミュニケーションを促進し、親の子どもとの感情の共有体験を促進し、さらに障害のある子どもを育てる親へのエンパワメントとなることが示された。それらの効果はいずれもきょうだいと同胞や親との関係にも影響を及ぼす可能性があると予測される。しかしながら、これまでの研究では、きょうだいが同胞や親とともにムーブメント活動に参加することが、きょうだい自身にどのような効果をもたらすかについて、検討されたことはなかった。家族参加型の療育活動には親と障害のある子どものみならず、きょうだいが参加することも多い。障害のある子どもの家族という視点で考えるならば、きょうだいも重要な家族の一員であり、活動に参加することで、同胞や親と同じようにその活動から何らかの影響を受けているはずである。しかしながら、このような療育活動にきょうだいが参加することによる、きょうだい自身に対する影響や意義については、十分関心が寄せられているとはいえない。

　従来の親子参加型の療育活動の多くは保健センターなどの公的機関を中心に実施されてきており、その目的の中心は、あらかじめスクリーニングされた障害のある子どもを対象とした発達支援とその親の障害受容や子育てスキルアップ（浜

本・永田, 2011) である。よって、きょうだいはそれに同行したとしてもあくまで対象外であり、活動に参加することは想定されていない。しかしながら、地域に広く参加者を募集して行われる任意の家族参加型のムーブメント活動では、障害のある子どもの家族が楽しみながら参加することを中心理念としている。よって、きょうだいも同胞と同じ活動に参加し、自分の家族と、あるいは他の障害のある子どもを育てる家族とかかわりながらプログラムを体験することとなる。それゆえ、きょうだいがこのような活動に参加することの、きょうだい自身及び家族にとっての意義や影響についても検討する必要があると考える。

そこで、本章では、障害のある子どもとその家族が自由に参加できる任意の集団ムーブメント活動において、参加した親ときょうだいにアンケート調査を実施し、親が捉えた活動中のきょうだいの様子とそれに伴う親のきょうだいに対する意識や、きょうだい自身の活動に対する感想について明らかにする。得られたデータから、家族参加型のムーブメント活動がきょうだいの育ちにもたらす効果と、家族参加型ムーブメント活動をきょうだい支援プログラムに活用する際の課題について検討する。

第2節　方法

1　調査対象

A県内において、20xx年度及び20xx＋1年度に月1～2回のペースで、障害のある子どもとその家族を対象に、実施されたムーブメント活動に参加し、活動評価アンケート調査に回答することを同意した家族のうち、きょうだいに関する質問項目に回答したものを対象とした。アンケートは各年度5～12月までに、10回ずつ実施された。1家族あたりの参加頻度は年間1～5回であり、各回できょうだいに関する質問項目に回答した家族は、1～14組であった。対象となった回答家族は、初年度が延べ58組で、年間アンケート回答者延べ239組の24.3％、次年度が延べ72組で年間アンケート回答者延べ254組の28.3％にあたる。

2 評価対象活動プログラム

　調査対象者が参加したムーブメント活動は、A県内で実施された任意の家族参加型療育プロジェクトである、「親子で楽しむムーブメント教室」において提供された。このプロジェクトは、特別支援教育に携わる教員、保育士、福祉指導員、保健師らの有志によって企画・運営され、筆者はそのスタッフの一員であり、スーパーバイザーでもあった。毎年度5月に、年間開催計画を記載したチラシが特別支援学校や小学校、療育施設などで配布され、参加を希望する家族が自由に申し込むものであり、参加登録をした場合も毎回の出欠に関する強制はなかった。参加者は、0～6歳までの発達を評価するアセスメントツールである「Movement Education and Therapy Program Assessment-Revised（略称：MEPA-R）」（小林, 2005）による同胞のアセスメントの結果を踏まえて、同胞の年齢と障害の状態を考慮した上で、原則として家族単位で、3グループに振り分けられて活動したが、全体で活動する場合もあった。また、家族の希望によりグループを自由に変更でき、さらにきょうだいは、希望すれば同胞とは異なるグループに参加することも可能であった。

　本章で評価対象としたのは、各年度10回分の集団活動プログラムで、そのうち7回分がグループ別に作成され、3回分が参加者全体用に作成されたものである。プログラムの主な内容例を Table 7-1に示す。プログラムは、MEPA-R のアセスメント結果に基づく発達課題に応じて作成され、毎回内容が異なっていた。作成は、原則として2～3名のスタッフチームあるいは外部からの招聘講師が担当した。招聘講師及び作成担当者の大多数は、ムーブメント教育・療法士の有資格者であり、そうでない場合も複数年にわたるムーブメント教育・療法の実践経験とスーパービジョンの受講経験をもつ者であった。ムーブメント活動の主な内容は、手遊び、タッピング、くすぐり遊び、マッサージ、各種ムーブメント遊具（トランポリン、風船、新聞紙、フープ、ロープ、スカーフ、パラシュート、キャスターボード、ビーンズバッグ、カラーボール、段ボールなど）を使った遊びである。

　活動展開時には、実践研修を目的とする教員、保育士、福祉指導員、学生ら（以下、「研修員」と表記）が加わり、プログラム作成担当者のリードで、参加家族1～2組につき研修員1人がついてサポートした。毎回の活動開始時に、プログ

Table 7-1 ムーブメントプログラムの内容例（20xx年度、及び20xx+1年度分）

区分	内容
全体で行うプログラムの例	・MEPA-Rによるアセスメント（年度当初のみ） ・パラシュートを用いた粗大運動及び社会性プログラム（ドームづくり、くぐりっこ、メリーゴーランドなど） ・各遊具を組合わせた創造的プログラム（新幹線づくり、サーキットコースつくり、お店屋さんでのお買い物遊びなど） ・タオルを用いた身体運動プログラム（タオルを手で回す、ストレッチ、マッサージ、タオルブランコなど）
グループ別プログラムの例	〈肢体不自由児・幼児中心グループ〉 ・キャスターボードやユランコ（子どもを乗せて揺らす布製遊具）を使った揺れ刺激プログラム（キャスターボードに乗ってコースを回る。ユランコで歌に合わせて揺らしてもらうなど） ・スカーフを使った身体意識プログラム（歌に合わせて体をマッサージする、身体部位を隠す、引っ張るなど） ・ロープにつかまって円形になって行う社会性プログラム（順番に名前を言ったり、呼名に応答したりする。協力してロープを動かすなど） ・ウレタン積み木やマットでできたサーキットコースでの粗大運動プログラム（這う、くぐる、またぎこす、よじ登る、転がるなど） 〈小学低学年生中心グループ〉 ・ビーンズバッグを用いた「色」「形」の理解促進プログラム（色・形のマッチング、名称との対応など） ・ロープ、フープ、ビーンズバッグを用いたバランス、身体図式プログラム（ロープやフープを渡る、またぎこす、くぐるなど、指定された身体部位にビーンズバッグを乗せるなど） ・手裏剣型カード、紙管、ボール、ビーンズバッグなどを用いた巧緻性プログラム（紙管を倒さずに立て、上に物を置く、ビーンズバッグを的に向かって投げるなど） 〈小学中～高学年生中心グループ〉 ・グループで協力して問題解決する社会性プログラム（一緒に物を運ぶ、同時に複数で遊具を使う方法を考える、役割分担をするなど） ・テーマに沿って表現する創造的プログラム（季節を表す言葉から連想する内容の短い出し物を考えたり、遊具を選んで造形物を作成したりして発表するなど） ・単語の構成や、言葉の意味に応じた身体表現などの言語プログラム（指定された文字から始まる言葉や季節を表す言葉を文字カードで構成する、雨・風、暑さ・寒さなどのイメージを動きで表現するなど） ・相互に評価しあう社会性プログラム（自分や他の参加者の発表について、感想を述べたり、良いところを見つけたりするなど）

ラムの主なねらいと内容に併せ、活動のポイントや支援の仕方を説明する時間を設け、保護者が子どもにかかわる時のヒントを得られるように配慮した。

1回分の活動の流れは、どのグループも、以下の通りである。

① 到着した親子から順にフリー活動をする。（約30分）
② 本日のムーブメントプログラムについて、プログラムリーダーが説明する。それを受けて、親子と研修員がペアを組み、プログラムにおける子どもの個別のねらいや配慮事項について確認する。（約10分）
③ ムーブメント活動を行う。（約1時間）
④ 活動終了後、水分補給をしながら、保護者が感想を発表する。その際、研修員が保護者からの質問に答えたり、感想へのコメントを加えたりする。（約20分間）

3　調査内容及び方法

　親が回答するものと、きょうだい自身が回答するものの2種類のアンケート調査を実施した。親用アンケートは、きょうだい参加の有無にかかわらず、全参加家族を対象に実施され、活動中の同胞、及びきょうだいが参加している場合はその様子と、親自身に関する気づき、活動の感想を問う内容で構成された。そのうち、きょうだいに関する質問は、設問1：参加したきょうだいの年齢と出生位置、設問2：きょうだいの様子で気づいたことや発見したこと（自由記述）、設問3：当日の活動がきょうだいにとって良い影響を与えたと思う点（以下の6つより選択、「きょうだい自身のこころの面で」「同胞の障害の理解の面で」「障害のある同胞とのかかわりの面で」「親とのかかわりの面で」「他の同じきょうだいとのかかわりの面で」「その他（自由記述）」、複答回答可）と、回答にあたり各項目を選択した理由（自由記述）、設問4：きょうだいにとって良かったと思う活動内容（自由記述）の4種類であった。

　一方、きょうだい用アンケートは、参加したきょうだいのうち、独力で回答できる参加者のみを対象に実施された。質問は、設問1：当日の活動の感想を「楽しかった」「どちらかというと楽しかった」「どちらでもない」「どちらかというと楽しくなかった」「楽しくなかった」の5件法で回答、設問2：楽しかった場合、

その内容を以下より選択（「思い切り遊べたこと」「同胞と一緒に遊べたこと」「お父さんやお母さんと一緒に遊べたこと」「他の友達と遊べたこと」、複数選択可）、設問3：参加して、嬉しかったことや来て良かったと思うこと（自由記述）、設問4：活動に参加して嫌だったことの有無（ある、ないの2択）、あった場合その内容（自由記述）、設問5：今後の活動への参加の意思（「来たい」「どちらでも良い」「来たくない」の3択）の5つで構成された。

　アンケートは記名式で、回答の可否は参加者の判断に任され、回答拒否者への不利益がないことが保障されていた。また、アンケート用紙は毎回のプログラム終了後の振り返り時間の際に配布され、その場で回収された。記入所要時間は、親用の場合アンケート全体で10～15分程度で、きょうだい用の場合、3～5分程度であった。

4　調査結果の分析方法

　設問別に内容を分析した。自由記述回答については、共通する意味内容をまとめてカテゴリー化し、各カテゴリーに短い文で見出しをつけた。1つの回答に複数の意味内容が含まれる場合は、意味内容ごとに分類した。カテゴリー化は筆者と特別支援学校教諭（経験33年）の2名で行い、両者の意見が一致した段階で最終とした。また、後述するように、親用アンケートでは回答対象となったきょうだいの年齢幅が0～14歳と広く、年齢によって回答内容に差がある可能性が考えられたため、設問の特質に応じて、適宜6歳未満の乳幼児期と6歳以上の学齢期の2群に分けて集計と分析を行った。一方、きょうだい用アンケートでは、乳幼児期にあるきょうだいの中で回答できる者がごくわずかであり、大多数の回答者の年齢が学齢期にあったので、年齢群別の分析は行わなかった。なお、各回のアンケート回答者数のばらつきが大きいので、データは年度ごとに延べ回答数で集計した。そのため、同一きょうだいについて複数回のデータが含まれるが、実施した活動プログラム内容が各回で異なっていることから、別々のデータとして処理した。

Table 7-2 回答対象となったきょうだいの実態

出生位置	年度	6歳未満人数	6歳以上人数	計	%	平均年齢
兄	20xx	7	0	7	12.1	7.4
	20xx+1	5	1	6	8.3	9.0
姉	20xx	8	0	8	13.8	7.3
	20xx+1	10	0	10	13.9	9.0
弟	20xx	7	9	16	27.6	5.5
	20xx+1	12	11	23	31.9	4.5
妹	20xx	6	21	27	46.6	4.0
	20xx+1	6	27	33	45.8	3.4
合計	20xx	28	30	58	100.0	5.3
	20xx+1	33	39	72	100.0	5.0

第3節 結果

1 親のアンケート結果

(1) 設問1：回答対象のきょうだいの年齢と出生位置

回収されたアンケートの回答対象となったきょうだいの人数、出生位置内訳、平均年齢等を Table 7-2 に、年齢別人数を Table 7-3 に示す。

Table 7-2 より、アンケート回答対象となったきょうだいは各年度とも弟あるいは妹の出生位置にある者が多く、合わせると約70％以上を占めた。特に年下きょうだいは、親が同胞のために外出する際は同伴せざるを得ないケースが多いと考えられ、そのようなきょうだい達も一緒に参加できる活動の場が必要であることが改めて示された。

兄、姉は学齢期（6歳以上）にある者が多く、妹は乳幼児期（6歳未満）にある者が多くを占めたが、弟は両時期ともほぼ同じ程度の対象者数が含まれ、各年度とも乳幼児期、学齢期の対象者数に大きな差は見られなかった。また、Table 7-3より、きょうだいの年齢は大部分が0～10歳の範囲にあり、平均年齢は20xx年度が5.3歳、20xx+1年度は5.0歳であった。

このことから、家族参加型のムーブメント活動に参加するきょうだいの年齢幅は乳児から小学校中・高学年までの広範囲に及んでいることが示され、多様な年

Table 7-3　回答対象となったきょうだいの年齢別人数（人）

	年齢	0	1	2	3	4	5	6	7	8	9	10	11	12	13	14
20xx年度	n	1	3	5	7	5	9	5	10	11	1	1				
20xx+1年度	n	6	8	11	5	4	5	9		6	13	3	1			1

齢実態のきょうだいが参加できる内容が必要であると考えられた。

(2) 設問2：きょうだいの様子で気づいたことや発見したこと

　本設問の回答者は20xx年度が27組、20xx+1年度は45組で、きょうだいに関するアンケート回答者のそれぞれ46.6％、62.5％であった。前者で29個、後者で49個の意味内容が得られ、それぞれTable 7-4に示す9個のカテゴリーに分類された。そのうち、【いろいろな障害のある子どもと一緒に遊べた】【その他】（以下、本章において【　】はカテゴリーを示す）の2つを除く、7個のカテゴリーが両年度で共通であったので、2か年度分の78個の意味内容を合わせ、年齢群別に検討した。

　各カテゴリーの具体例としては、【楽しそうだった】では「よく笑っていた（兄6歳）」「のびのび楽しんでいた（姉9歳）」「言葉つくりの活動が楽しいようだった（妹5歳）」、【これまでできなかったことができるようになって成長を感じた】では、「友達の行動をよく見て参加する姿に成長を感じた（姉9歳）」「先生の指示をきちんと聞いて理解して行動できた（弟8歳）」「一つ一つの課題を頑張り、自信をもったように見えた（妹5歳）」、【同胞の面倒をよく見たり、同胞と仲良くする姿が見られた】では、「同胞をよく見ていた（兄6歳）」「同胞を気遣いながら自分も楽しんでいた（姉8歳）」「同胞がゆっくりなので、自分の分を分けてあげたりしていた（弟5歳）」「同胞をリードしてくれた（妹6歳）」、【普段見られない積極的な姿が見られた】では、「知らない場所や人前では話をしないのに、今日は自己紹介も上手にできてびっくりした（兄5歳）」「『ほら、ぼくできるよ』といろいろチャレンジしていた（弟4歳）」「自分で一生懸命考えて他の人の出し物への感想を述べていた（弟8歳）」「積極性が出てきた（妹4歳）」「年齢は小さいけれど、嫌がらずに参加できた（妹2歳）」、【きょうだいが同胞の影響なしに十分満足して活動できていた】では、「兄は兄、同胞は同胞というように、しっ

Table 7-4 「きょうだいの様子で気づいたことや発見したこと」の回答の意味内容カテゴリー（数値は意味内容数）

カテゴリー	年齢群	20xx年度	20xx+1年度	意味内容数計(%)		兄	姉	弟	妹
楽しそうだった	6歳未満	3	0	3	(8.1)			1	2
	6歳以上	4	7	11	(26.8)	3	2	6	
これまでできなかったことができるようになって成長を感じた	6歳未満	4	5	9	(24.3)			1	8
	6歳以上	1	3	4	(9.8)		1	2	1
同胞の面倒をよく見たり、同胞と仲良くする姿が見られた	6歳未満	3	2	5	(13.5)			2	3
	6歳以上	2	4	6	(14.6)	1	2	2	1
普段見られない積極的な姿が見られた	6歳未満	1	8	9	(24.3)	1		2	6
	6歳以上	3	3	6	(14.6)			6	
きょうだいが同胞の影響なしに十分満足して活動できていた	6歳未満	0	0	0	(0.0)				
	6歳以上	1	2	3	(7.3)	1	1		1
いろいろな障害のある子どもと一緒に遊べた	6歳未満	0	0	0	(0.0)				
	6歳以上	0	5	5	(12.2)	1		3	1
きょうだいのできないことや親の期待と異なる姿が見られた	6歳未満	2	6	8	(21.6)			3	5
	6歳以上	0	3	3	(7.3)	1		2	
親を求めてかかわりたがる姿が見られた	6歳未満	3	0	3	(8.1)			1	2
	6歳以上	0	1	1	(2.4)			1	
その他	6歳未満	0	0	0	(0.0)				
	6歳以上	2	0	2	(4.9)	1	1		
合計	6歳未満	16	21	37	(100.0)	1	0	10	26
	6歳以上	13	28	41	(100.0)	8	7	22	4

かり守られていた（兄14歳）」「スタッフに1対1でかかわってもらい、一つ一つの活動に満足できた（姉9歳）」、【いろいろな障害のある子どもと一緒に遊べた】では、「いろいろな子どもがいる中で遊ぶことができた（姉9歳）」「他の障害のある子どもとも進んで手をつないで活動していた（弟10歳）」、【きょうだいのできないことや親の期待と異なる姿が見られた】では、「年下の子どもと遊べない（兄10歳）」「恥ずかしがってやろうとしない（弟6歳）」「同胞につられて（真似て）しまう（弟1歳）」「疲れてくると我慢できない（妹3歳）」「順番が理解できない（妹2歳）」、【親を求めてかかわりたがる姿が見られた】では、「家族と手をつなぎたがる（弟6歳）」「抱っこをせがむ（弟4歳）」「すねる（妹5歳）」、【その他】では、「同胞の障害に戸惑っている（姉8歳）」「他のきょうだい児が少ないので

物足りない（兄8歳）」などであった。

　Table 7-4から年齢群で比較すると、大部分のカテゴリーは、双方の年齢群で共通しており、【楽しそうだった】【これまでできなかったことができるようになって成長を感じた】【普段見られない積極的な姿が見られた】のように、きょうだい自身に関する肯定的な気づきとともに、【同胞の面倒をよく見たり、同胞と仲良くする姿が見られた】のように、同胞との積極的なかかわりに関する気づきが見られた。一方、【きょうだいのできないことや親の期待と異なる姿が見られた】のように否定的な気づきもあった。

　6歳未満群では、【これまでできなかったことができるようになって成長を感じた】【普段見られない積極的な姿が見られた】のカテゴリーに含まれる意味内容数がいずれも全体の20％以上で他のカテゴリーよりも多くなっており、きょうだい自身の成長や能力の高まりに関する親の発見が語られた。具体例に見るように、家庭では見られないきょうだいの積極的な姿や自信に満ちた姿が確認されている。しかしその一方で、【きょうだいのできないことや親の期待と異なる姿が見られた】のカテゴリーも21.6％と同様に多く、具体例の中には、先に挙げたように「疲れてくると我慢できない（妹3歳）」「順番が理解できない（妹2歳）」など年齢的に当然と考えられることが「できない」こととして挙げられており、Meyer & Vadasy（1994, 2008）が指摘するように、年齢不相応の成長を期待される年少きょうだいの状況が示唆された。

　6歳以上群では、【楽しそうだった】のカテゴリーの意味内容数が占める割合が26.8％と最も多くを占め、続いて【普段見られない積極的な姿が見られた】が14.6％であり、具体例でも「よく笑って」「のびのびと」などの表現に見られるように、きょうだいの伸びやかで楽しげな姿が確認されていた。また少数ではあるが、【きょうだいが同胞の影響なしに十分満足して活動できていた】のカテゴリーが6歳以上群にのみ見られたことも併せ、学齢期のきょうだいにとっても、十分楽しみ、満足できる活動であったことが示唆された。一方、【いろいろな障害のある子どもと一緒に遊べた】も、6歳以上群にのみ見られたカテゴリーであり、【同胞の面倒をよく見たり、同胞と仲良くする姿が見られた】と同様に、10％台を占めた。このことから、学齢期になると、同胞だけでなく、他の家族の障害のある子どもとのかかわりが生まれることが家族参加型のムーブメント活動の重要な要素の一つとなっていると推測された。

Table 7-5 「当日の活動がきょうだいにとって良い影響を与えたと思う点」の選択状況（数値は人数）

選択肢	年齢群	20xx年度						20xx+1年度					
		選択数	回答者に占める割合(%)	兄	姉	弟	妹	選択数	回答者に占める割合(%)	兄	姉	弟	妹
きょうだい自身のこころの面で	6歳未満	14	70.0			2	12	15	71.4	1		4	10
	6歳以上	9	45.0	3	3	3		12	54.5	1	2	8	1
障害のある同胞とのかかわりの面で	6歳未満	7	35.0			1	6	7	33.3			1	6
	6歳以上	15	75.0	5	1	4	5	11	50.0	1	2	5	3
親とのかかわりの面で	6歳未満	7	35.0			1	6	8	38.1			1	7
	6歳以上	4	20.0	2	2			1	4.5				1
他の同じきょうだいとのかかわりの面で	6歳未満	3	15.0				3	3	14.3				3
	6歳以上	6	30.0	3	2	1		7	31.8	1	1	4	1
同胞の障害の理解の面で	6歳未満	0	0.0					3	14.3				3
	6歳以上	5	25.0	1	1	3		4	18.2		2	2	
選択数合計	6歳未満	31		0	0	5	26	36		1	0	6	29
	6歳以上	39		14	9	11	5	35		3	7	19	6
回答者数合計	6歳未満	20	100.0			4	16	21	100.0	1		4	16
	6歳以上	20	100.0	5	4	5	5	22	100.0	3	4	10	5

また、9カテゴリーのうち【親を求めてかかわりたがる様子が見られた】については、年齢群を問わず弟と妹のみで回答があり、活動の場が年少位置にあるきょうだいの思いに親が気づく機会となったことが示された。

(3) 設問3：当日の活動がきょうだいにとって良い影響を与えたと思う点

本設問の回答者は20xx年度が40組、20xx＋1年度は43組で、きょうだいに関するアンケート回答者のそれぞれ69.0％、59.7％であった。年度別各年齢群の選択状況をTable 7-5に示す。

各年度とも、年齢群別に各選択肢が占める割合の傾向は類似しており、6歳未満群では、〔きょうだい自身のこころの面で〕（以下、本章において〔 〕は、選択肢を示す）が70％以上で最も割合が高く、続いて〔障害のある同胞とのかかわりの面で〕、〔親とのかかわりの面で〕が30％台であった。一方、6歳以上群では、〔きょうだい自身のこころの面で〕が、20xx年度で45.0％、20xx＋1年度で54.5％、〔障害のある同胞とのかかわりの面で〕が同じく75.0％、50.0％と、い

ずれも高率であった。併せて〔他の同じきょうだいとのかかわりの面で〕についても、各年度とも30％以上を占めており、学齢期きょうだいが受ける影響は、乳幼児期きょうだいに比べ、より多様であることが示された。

　それぞれの回答を選択した理由の例としては、〔きょうだい自身のこころの面で〕では、「知らない人とも仲よく一緒に遊んで楽しんでいたから（姉7歳）」「いつも同胞中心の生活をしているので、今回は本人も参加できて良かった（弟6歳）」「いろいろな子どもとかかわることで、自分を少しずつ表現しようとしていた（妹5歳）」「どの活動もやってみたいと積極的だった（妹2歳）」のように、きょうだい自身がのびのびと活動に取り組むことができた様子が挙げられた。また、「障害のある子ども達と偏見なくかかわる様子が見られた（弟7歳）」「障害のあるなし関係なく楽しんでいたのが良かった（妹3歳）」のように障害のある子どもとのかかわりの広がりや「障害の有無にかかわらず、人としていろいろな方とかかわる力を身につける機会になると感じた（姉9歳）」「他の人と協力する大切さを学んでいる（妹6歳）」「皆が集まって一つの目的に向かい行動することは子どもの全体的な成長に大切だ（妹5歳）」「年上の人とのかかわりの大切さを感じた（妹4歳）」のように、きょうだいが、社会性及び対人能力の成長に有益な体験を得ていることを指摘する回答が見られた。

　〔障害のある同胞とのかかわりの面で〕では、「『できた！』と、同胞と一緒に喜ぶ姿が見られた（兄10歳）」「同胞の障害を自然と受け入れているようだ。他の参加者にもうまく同胞のことを伝えてくれている（姉9歳）」「同胞と仲良く遊ぶことができた（弟7歳）」「同胞とも他の人と同じように区別なく楽しむことができた（妹9歳）」「日頃同胞と一緒に遊ぶことが少ないので良かった（妹2歳）」など、活動を通して同胞ときょうだいのより親しいかかわりが得られたことが挙げられた。

　〔親とのかかわりの面で〕については、「普段、きょうだいにゆっくりかかわる時間が少ないので、一緒に遊べて嬉しかった（妹8歳）」「親と一緒に活動できて嬉しそうだった（妹2歳）」など、普段できない親と一緒の活動を体験できたことが挙げられた。

　また、〔他の同じきょうだいとのかかわりの面で〕では、「たくさんの子ども達と同じ活動ができた（兄10歳）」「異なる年代の子どもが一緒に遊ぶと刺激になる（兄8歳）」「誰とでも仲よく活動できた（弟9歳）」「新しい友達と協力して活動

Table 7-6 「きょうだいにとって良かったと思う活動内容」の回答の意味内容カテゴリー（数値は意味内容数）

カテゴリー	年齢群	20xx年度	20xx+1年度	意味内容数計（％）	兄	姉	弟	妹
具体的活動内容	6歳未満	8	12	20（50.0）	2	1	5	12
	6歳以上	10	10	20（58.8）	3	3	10	4
ムーブメント活動を通して得られた体験	6歳未満	6	6	12（30.0）	0	0	1	11
	6歳以上	6	4	10（29.4）	2	1	3	4
家族参加型ムーブメント活動が生み出した場面状況	6歳未満	3	5	8（20.0）	0	1	2	5
	6歳以上	2	2	4（11.8）	1	0	0	3
合計	6歳未満	17	23	40（100.0）	2	2	8	28
	6歳以上	18	16	34（100.0）	6	4	13	11

できた（弟8歳）」「他の人の行動を見て良い点を取り入れていた（妹5歳）」と、きょうだい同士が出会ってすぐに仲良くなり、ともに活動に取り組み、刺激しあったり、協力しあったりする様子が報告された。

〔同胞の障害の理解の面で〕については、「同胞ときょうだいがお互いにどう思っているのか考えられるようになってきたと感じた（兄10歳）」「いろんな障害のある人との接点がもてる（姉9歳）」などの指摘があった。

(4) 設問4：きょうだいにとって良かったと思う活動内容

本設問の回答者は20xx年度が29組、20xx+1年度は34組で、きょうだいに関するアンケート回答者のそれぞれ50.0％、47.2％であった。得られた意味内容のカテゴリーをTable 7-6に示す。

意味内容は各年度とも個数の多いものから順に、【具体的活動内容】【ムーブメント活動を通して得られた体験】【家族参加型ムーブメント活動が生み出した場面状況】の3つのカテゴリーに整理された。

各カテゴリーの具体例としては、【具体的活動内容】ではパラシュートを用いた活動が最も多く12個（6歳未満群：8、6歳以上群：4）で、特に新聞紙やカラーボールと組合わせて動きを生み出した活動が挙げられた。次いで、テーマに沿ってグループで出し物を考えたり、造形物を作ったりする創造的プログラムが9個（6歳以上群のみ）、ボール、ビーンズバッグなどを用いた巧緻性プログラ

ムが6個（6歳未満群：3、6歳以上群：3）、音楽や遊具環境に合わせていろいろな動きをアレンジするプログラムが5個（6歳未満群：4、6歳以上群：1）などであった。他に少数であるが、自己紹介や他者を褒めるなどの社会性プログラム、キャスターボードなどによる揺れ刺激プログラム、文字による単語構成を行う言語プログラムなどが挙げられた。このことから、パラシュートのように参加者全員が力を合わせて行う活動や、グループで協力して表現する活動が、親から見て、きょうだいにとって良かった活動として受け止められていることが示された。

同様に【ムーブメント活動を通して得られた体験】においても「障害のある子どもと障害の有無を意識せず仲良く遊べる環境を体験できたこと（兄10歳）」「障害のある子どもも、ない子どもも関係なく遊べたこと（姉8歳）」「大人も子どもも、ともに同じ課題をやり遂げた達成感を味わえたこと（妹5歳）」「複数で一緒にものを作ったこと（妹6歳）」「他の子どもと一緒に表現活動ができたこと（妹8歳）」というように、障害の有無や年齢の差異に関係なく、ともに同じ活動で力を合わせたり、十分遊べたりしたことが、きょうだいにとって良かったという回答が見られた。他に本カテゴリーでは、「クリスマスツリー作りなど、自分で考えて作り上げる体験ができたこと（弟5歳）」「サーキットのでこぼこ道作りなど、自分で考えて作る楽しさを味わえたこと（弟7歳）」などの創造的な活動体験や、「普段遊べない大きなトランポリンで思いっきり遊べたこと（弟7歳）」「いつもと違う体の動きを体験したこと（妹9歳）」のようにムーブメント活動ならではのダイナミックな動きの体験、「ご褒美シールをもらえたこと（妹3歳）」「メダルをもらったこと（妹5歳）」のように褒められる体験などが挙げられた。

【家族参加型ムーブメント活動が生み出した場面状況】では、「いろいろな考え方をする人がいることを知ることができる場（兄8歳）」「障害の有無にかかわらず、人として、いろいろな相手とかかわる力を身につけることができる場（姉9歳）」「障害のある子どもについて理解し、かかわることができる場（妹0歳）（妹8歳）」「大人数の中にいることができる場（妹2歳）」のように、いずれも集団での活動を通して、障害の有無にかかわらず、きょうだいの対人能力を高めていくことができる場としての意義が挙げられた。

第7章　研究5：家族参加型ムーブメント活動が障害のある子どものきょうだいにもたらす効果の検討　157

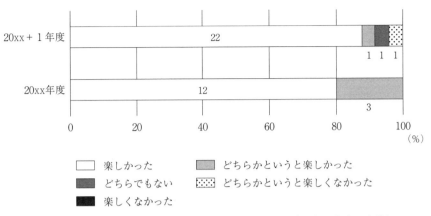

Fig. 7-1　きょうだいのムーブメント活動の感想（図中の数字は人数）

2　きょうだいのアンケート結果

(1) 回答者内訳

アンケートに回答したきょうだいは20xx年度が延べ15名、20xx+1年度が延べ27名で、年齢範囲は前者が5～8歳、後者が5～14歳で、幼児期にあるきょうだいは5歳児が各年度に1名ずつ、その他はすべて学齢期のきょうだいであり、平均年齢はそれぞれ7.0歳と8.5歳であった。出生順位内訳は20xx年度が、兄2名、姉5名、弟3名、妹が4名、無回答1名、20xx+1年度は、兄が2名、姉が10名、弟が10名、妹が4名、無回答1名であった。幼児期の回答者が2名と少ないことから、各設問における年齢群別の分析は行わず、全体で集計し、考察した。

(2) 設問1：当日の活動の感想

年度別の各選択肢の選択割合を Fig. 7-1 に示す。両年度とも「楽しかった」の評価が80％以上であり、きょうだいにとっても、ムーブメント活動は楽しめるものであったことが示された。

(3) 設問2：楽しかった内容

年度別の各選択肢の回答者全員に占める選択率を Fig. 7-2 に示す。各年度とも、〔思いきり遊べたこと〕の選択率が最も高く、大多数のきょうだいがムーブ

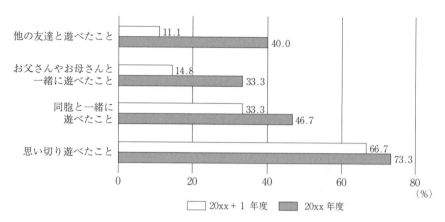

Fig. 7-2　きょうだいが選んだ楽しかった理由（複数回答あり）

メント活動を自分自身のための活動として体験し、満足していることがうかがわれた。次いで、〔同胞と一緒に遊べたこと〕の選択率が多く、ムーブメント活動が障害のある同胞と同じ遊びを楽しむことができる機会となっていることが示された。これについては、上述した親のアンケート記述で、日頃一緒に遊ぶことが難しい同胞と同じ遊びに取り組めたことが良い体験であったとする報告と重なる部分である。

(4) 設問3：参加して、嬉しかったことや来て良かったと思うこと

20xx年度は延べ14名、20xx+1年度は延べ24名から、それぞれ15個、25個の意味内容の回答が得られた。Table 7-7に示すように、前者は3個、後者は4個のカテゴリーに分類された。2か年分を合わせた各カテゴリーの回答数が全回答数に占める割合は、高いものから順に、【楽しさを味わった具体的活動内容】が37.5％、【活動に関する満足感】が30.0％、【家族や参加者との交流】が17.5％、【活動における達成感】が15.0％となった。

具体的内容例としては、【楽しさを味わった具体的活動内容】では、「パラシュートが良かった（兄5歳、弟10歳、妹6歳）」のように日頃体験することができない遊具を集団で使う活動や「『お使いに行こう』（親から頼まれたものを買いに行く、見立て遊び）の活動が楽しかった（姉8歳、姉7歳）」「サンタさんのプ

Table 7-7 きょうだいが参加して、嬉しかったことや来て良かったと思うことの回答の意味内容カテゴリー（数値は意味内容数）

カテゴリー	20xx年度	20xx+1年度	意味内容数計（%）	兄	姉	弟	妹	無記入
楽しさを味わった具体的活動内容	8	7	15（37.5）	2	6	4	3	0
活動内容に関する満足感	3	9	12（30.0）	0	6	4	1	1
活動における達成感	0	6	6（15.0）	0	1	2	3	0
家族や参加者との交流	4	3	7（17.5）	1	2	2	1	1
合計	15	25	40（100.0）	3	15	12	8	2

レゼントを買いに行くの（サンタに扮したスタッフに頼まれたものを買いに行く、見立て遊び）が楽しかった（弟10歳）」「クリスマスツリー作りが楽しかった（弟10歳、弟6歳）」のように、季節のテーマに応じた創造的な活動、「タオルを使って、ブランコのようにする遊び（姉9歳）」「青い線をたどって歩く遊び（姉8歳）」「ペットボトルを使ったボウリング（姉6歳）」「積み木やマットで作った、でこぼこ道のサーキット（妹8歳）」のように身近な素材を使ってダイナミックな遊び環境を作る活動などが挙げられた。

【活動内容に関する満足感】では、「パラシュートに乗れたこと（姉9歳、弟7歳、妹8歳）」「いろいろな遊びができたこと（姉9歳、弟9歳）」「思い切り遊べたこと（弟10歳）」のように、十分身体を使った遊びができた満足感を挙げたものや、「自分の新幹線（他の子どもと一緒に、遊具を利用して、オリジナル新幹線車両を作って、一緒に乗る遊び）を考えて、いっぱい作れたこと（姉9歳）」「ツリーを作ることができたのが嬉しかった（弟8歳）」のように自らアイデアを出し、それを実現した満足感を挙げたものがあった。

【活動における達成感】は、「バケツを使った野球ゲームでヒットが打てた（妹9歳）」「パラシュートで作ったバルーンの中に入ることができた（妹9歳）」「側転ができた（弟6歳）」のように、自分が取り組んだ活動が成功したことが嬉しかったと感想を述べたものであった。

【家族や参加者との交流】については、「友達と仲良く遊べた（兄7歳、姉10歳、姉6歳）」「（季節のテーマについて表現する活動で）よく考えている人がいっぱ

Table 7-8 きょうだいの今後の活動への参加の意思（数値は人数）

選択肢	20xx年度	20xx+1年度	人数計（％）	兄	姉	弟	妹	無記入
また来たい	11	24	35 （85.4）	4	11	12	7	1
どちらでもよい	3	3	6 （14.6）	1	4	0	1	0
もう来たくない	0	0	0 （0.0）	0	0	0	0	0
合計	14	27	41 （100.0）	5	15	12	8	1

いて、来て良かったと思った（弟8歳）」「お母さんと一緒に遊べた（妹5歳）」のようにそれぞれが、集団活動で得られたかかわり体験を挙げていた。

(5) 設問4：活動に参加して嫌だったことの有無と、あった場合の内容

嫌だったことが〔あった〕と回答したのは、20xx年度が延べ3名（20.0％）、20xx+1年度が延べ2名（7.4％）で全体では延べ5名（11.9％）であった。内容は「自己紹介が嫌だった（兄5歳）」「活動中に大蛇に食べられるの（見立て遊び）が嫌だった（妹8歳）」という、活動内容に関するもの、「遊んでいたものを他の子どもにとられた（姉6歳）」「同胞とけんかになった（弟5歳）」という、活動中のトラブルに関するもの、「少し寒かった（兄6歳）」という、活動環境に関するものであった。

(6) 設問5：今後の活動への参加の意思

20xx年度は延べ14名、20xx+1年度は延べ27名から回答が得られた。Table 7-8に示すように、〔また来たい〕を選択して、積極的な継続参加の意思を示したものが85.4％であり、家族参加型のムーブメント活動は、それを体験した大多数のきょうだいにとって、繰り返し参加したいと感じられる活動の場であったと考えられた。一方、〔もう来たくない〕を選択して、参加を拒否する意思を示したものはいなかった。また、先の設問4で、活動に参加して嫌だったことが〔あった〕と回答した5名のうち、4名は〔また来たい〕を選択し、1名は〔どちらでもよい〕を選択した。

第4節　考察

1　家族参加型ムーブメント活動がきょうだいの育ちにもたらす効果

(1) 家族の中での中心的存在体験の促進

　先行研究では、きょうだいがその成長過程で抱く感情の一つとして「自分は二の次」感が挙げられている（笠井, 2013）。すなわち、親が同胞の世話に手を取られるので、きょうだいは親にかまわれず、後回しにされてしまう体験の積み重ねから得た自己像といえる。また、親が同胞と療育活動に出かける場合など、きょうだいが年少であれば、留守番が難しいので同行せざるを得ないが、行った先にきょうだいが参加できる活動の場はないことが多く、そこでもきょうだいは「疎外感」を抱くこととなる。逆に、家等で留守番していたとしても、家族から取り残された「孤独感」を味わうことなるのは変わりがない。

　これに対し、家族参加型ムーブメント活動では、障害のある子どもの療育活動として設定されたものではあるが、きょうだいは付き添いではなく、参加者の一人として位置づけられ、同胞とともに同じ活動に参加する機会が設けられている。本章における調査では、Fig. 7-1 に見るように、参加したきょうだい本人の80％以上が〔楽しかった〕と述べ、さらに Fig. 7-2 に見るように、その理由として〔思いきり遊べた〕が最も多かったことから、活動がきょうだいにとって十分満足できるものであったことがうかがわれる。このことは、親アンケートの設問2の回答で、Table 7-4 に見るように、【楽しそうだった】【きょうだいが同胞の影響なしに十分満足して活動できていた】というカテゴリーが得られたことからも裏づけられる。このカテゴリーに属する回答は、6歳未満群よりも6歳以上群で多くなっており、「よく笑って」「のびのびと」という具体的回答例にもあったように、学齢期のきょうだいにとって、自分のために十分活動できる場となっていることがうかがわれた。

　また、設問3の回答で、Table 7-5 の「当日の活動がきょうだいにとって良い影響を与えた点」の中の〔きょうだい自身のこころの面で〕の選択理由として、いつもの同胞中心の生活とは異なり、きょうだいが活動に参加できたことを挙げる記述も見られた。このことから、家族参加型ムーブメント活動がきょうだいに「自分は二の次」と感じさせることなく、自分もまた家族での活動における中心

的存在の1人であると感じられる体験をもたらすことが示唆された。

(2) きょうだいの活動への積極的参加と達成感や満足感獲得の好循環形成

Table 7-7のきょうだい用アンケート設問3の結果に見るように、きょうだい達はプログラムにおいて楽しかった活動内容を具体的に挙げるだけでなく、それに十分取り組めた満足感や、自分でチャレンジしたり、工夫したりしてやり遂げることができた達成感などを参加して良かったこととして答えていた。例えば「パラシュートに乗れた」「自分で考えて……作れた」のように、「○○ができた」と、取り組んだ自分について肯定的に評価し、そのような自分を嬉しいと感じていることが示された。

また、親用アンケートでも、Table 7-4の設問2の回答に見るように、親は、活動に取り組む過程で、きょうだいに【普段見られない積極的な姿が見られた】ことを確認し、【これまでできなかったことができるようになって成長を感じた】と評価している。このような親の回答は、特に6歳未満群で多くなっており、親は、乳幼児期にあるきょうだいについて、ムーブメント活動への参加によって得られる成長発達の促進効果をより強く認識していることが、示唆された。

親用アンケートの設問4では、きょうだいにとって良かったと思う活動内容として、多様なプログラム内容が具体的に挙げられており、中でも、ダイナミックに体を動かすプログラムや、パラシュートを協力して使うプログラム、季節のテーマに応じて集団で表現する創造的プログラムなどは、親だけでなく、きょうだい本人へのアンケートの設問3の回答でも、【楽しさを味わった具体的活動内容】として挙げられていた。

以上の記述から、きょうだい達が多様なムーブメント活動に積極的に取り組み、達成感を感じ、そのような自分に満足して、さらに積極的に取り組む好循環が生まれていると考えられた。ムーブメント活動においては、参加する子どもの実態に応じて、個々の活動内容、方法などを選択、変更できる、活動アプローチの柔軟性（小林, 2006）を活動展開の原則としている。この原則により、子どもは自分自身で課題レベルや方法を選択しながら、活動に取り組むことができるので、本来、障害のある子どもが取り組むことを前提に作成された活動が、きょうだいにとっても達成感と積極性を生み出すものとなったと考えられる。このように、ムーブメント活動への参加がきょうだいの成長発達を促す場となりうることが示

された。

(3) きょうだいと同胞、親、及び他のきょうだいとの関係促進

　吉川（2008）によれば、2007年から2008年にかけてナイスハート基金により行われた「障害のある人のきょうだいへの調査」で、きょうだいが小学生時代に感じていた他の家族との違いのうち、否定的評価として多かったものに、「同胞と一緒に遊べない」「同胞とけんかができない」などの同胞との関係があったと報告されている。このように、同胞と当たり前の兄弟姉妹関係を十分体験できないでいるきょうだいの現状が明らかにされた。また、同様に親との関係においても「甘えられなかった」「家族がお互いに接する時間がなかった」と、十分なかかわりをもつことができない状況が挙げられた。また、「家族で外出しても楽しめない」という評価もあり、家族で楽しさを共有できる体験が少ないことも挙げられた。

　さらに、きょうだいの友人関係については、第1章でも述べたように、Meyer & Vadasy（1994, 2008）が、きょうだいが自分と同じ立場のきょうだいに出会う機会がなく、分かり合える相手がいないことによる「孤独感」を抱くと指摘している。このように、きょうだい達は、同胞、親、そして友人関係において、体験や感情を十分共有できる関係をもちにくい状況にあることが推測される。

　これに対し、本章における調査では、ムーブメント活動におけるきょうだいと同胞とのかかわりに関しては、Fig. 7-2に見るように、設問2できょうだい達が選択した、活動が楽しかった理由のうち、〔同胞と一緒に遊べたこと〕が、〔思い切り遊べたこと〕に次いで多くなっており、同胞と同じ遊びを楽しむ体験ができたきょうだいが多かったことが示された。また、親に対する調査でも、設問3の「活動がきょうだいにとって良い影響を与えたと思う点」として、〔障害のある同胞とのかかわりの面で〕の選択率が、特に6歳以上群で高くなっており（20xx年度：75.0％、20xx＋1年度：50.0％）、具体例でも述べたように、同胞と一緒にプログラムリーダーが示した課題をやり遂げたことを喜び合う姿や、同胞とも他の人と同じように遊べた姿、日頃なかなかかかわれないでいる同胞と一緒に遊べた姿などが報告され、活動を通して同胞とのかかわりが促進されたことが示された。

　きょうだいと親との関係については、Fig. 7-2よりきょうだい本人の約15〜

33％が、〔お父さんやお母さんと一緒に遊べたこと〕が楽しかったと報告している。親に対する調査でも、設問2において、Table 7-4に見るように年齢を問わず、特に弟や妹の位置にあるきょうだいが親を求めてかかわりたがる姿が見られたり、設問3において、Table 7-5に見るように、活動が〔親とのかかわりの面で〕きょうだいに良い影響を与えたとする回答が、特に6歳未満群で約35～38％あったりなど、活動に参加したことで、親子のかかわりが促進されたことを示す意見が見られた。回答理由の具体例からも、日頃からかまってやりたいと感じていてもなかなかできないでいる親が、きょうだいと一緒に活動できる機会を得たことが報告された。

　さらに、他のきょうだいとのかかわりについて、きょうだい自身に対する調査では、Fig. 7-2より設問2で約10～40％が楽しかったこととして報告し、設問3の嬉しかったことや来て良かったことの自由記述回答でも、複数のきょうだいが「友達と仲良く遊べた」ことを挙げている。親に対する調査では、設問3で、Table 7-5より、特に6歳以上群で、〔他の同じきょうだいとのかかわりの面で〕ムーブメント活動がきょうだいに良い影響を与えたとする回答が約30％あり、その理由として、複数のきょうだいと仲良く遊べたことやお互いに刺激になったことなどが挙げられており、ムーブメント活動で得られた他のきょうだいとのかかわりが、きょうだいにとって有益なものであると受け止められていることが示唆された。

　以上のことから、ムーブメント活動にきょうだいが参加することで、きょうだいにとって同胞と同じ遊びを楽しめる体験、親と遊びを通してかかわる体験、他のきょうだいとかかわる体験が得られたことが示された。

(4) 同胞及び障害のある子どもの理解促進

　親への調査では、設問3において、Table 7-5に見るように、〔同胞の障害の理解の面で〕活動がきょうだいにとって良い影響を与えたとする回答が、約14～25％見られた。また、設問2の回答カテゴリーでは、Table 7-4より、きょうだいが【いろいろな障害のある子どもと一緒に遊べた】ことに気づいたとする回答が、特に6歳以上群で約12％見られた。さらに、設問4のきょうだいにとって良かったと思う活動内容に関する回答においては、【ムーブメント活動を通して得られた体験】として、「障害のある子どもと障害の有無を意識せず仲良く遊べ

る環境の体験」「障害のある子どもも、ない子どもも、関係なく遊べた体験」が挙げられ、【家族参加型ムーブメント活動が生み出した場面状況】でも「いろいろな考え方をする人がいることを知ることができる場」「障害の有無にかかわらず人としていろいろな相手とかかわる力を身につけることができる場」「障害のある子どもについて理解し、かかわることができる場」という意味内容の回答が得られた。

　このように、回答数としては少ないものの、親は、きょうだいがムーブメント活動に参加する過程で、同胞と楽しく遊べた体験を通して、同胞の気持ちや能力について新しい考えをもったり、他の障害のある子どもとその家族と一緒に活動することで、多様な障害について知ったり、かかわり方を獲得したりできたことを報告している。これらの成果は、「障害の有無を意識せず」「障害のある子どもも、ない子どもも、関係なく」という親の表現にあるように、きょうだいが障害のある子どもの世話を目的にかかわるのではなく、一緒に自らも思い切り遊ぶ体験の中から、獲得したものであることが示された。

　このような体験をもたらした要因として、上記（2）の項でも述べたムーブメント活動がもつアプローチの柔軟性に加え、「競争排除」や「個々の子どもの成功感重視」の原則（小林, 2006）に基づくプログラム展開があると思われる。ムーブメント活動では、参加者は、優劣を比較されることなく、すべてのパフォーマンスを肯定的に評価され、そのオリジナリティや努力への賛辞が送られる。このような活動展開が、きょうだい達にとって、能力や行動に困難さをもつ子どもを排除したり、一方的に守ったりする関係ではなく、遊びを共有する仲間としての関係を実現することにつながったのではないかと考えられた。

2　家族参加型ムーブメント活動におけるきょうだい参加の課題

(1) 親ときょうだいの目的意識における齟齬

　本章で評価対象とした家族参加型ムーブメント活動は、特別支援教育に携わる教員、保育士、福祉指導員、保健師らの有志によって実施された、任意の家族参加型療育プロジェクトの中で行われたものである。よって、家族が参加を希望した主目的は、障害のある子どもの発達促進に役立てることにあると考えられる。親の意識からすれば、本来、同胞のための活動であって、きょうだいのためのも

のではない。しかし、これまで見てきたように、きょうだい達もまた、参加者の一員として、思い切り遊び、達成感や満足感を得る中で、活動の中心的存在として、肯定的、積極的な自己像を得るとともに、その発達が促進され、併せて、同胞観、障害者観をも変容させていく可能性があることが示された。よってきょうだいにとっては、自分自身のための活動であるといえる。

　この認識の齟齬があるために、親の中では、活動中にきょうだいが同胞よりも自分を優先したり、同胞を積極的に手助けしなかったりするのを不適切だと捉え、親の望む、障害のある子どものきょうだい像にかなう振る舞いを強く期待するケースが見られることもあった。また、親への調査でも、設問2の回答カテゴリー【きょうだいのできないことや親の期待と異なる姿が見られた】の具体例として、兄であるきょうだいが「年下の子どもと遊べない」ことを指摘したり、【親を求めてかかわりたがる姿が見られた】の具体例として、弟や妹が「家族と手をつなぎたがる」「抱っこをせがむ」「すねる」というように、同胞とかかわろうとする親を邪魔するような行動で親を求めることへの戸惑いを記述したりする例が見られた。

(2) 親による過度の達成要求

　多様な実態の子どもが参加するムーブメント活動では、全員が同じ環境を使って活動に取り組むが、個々の子どもの活動のねらいと方法は、その実態に応じて、一緒に活動する親や支援者が判断する方法を取っている。プログラムリーダーは、集団の大多数がどのように動くかを観察し、適宜、遊具環境を変え、展開のスピードを調整しているが、全員がプログラムリーダーの指示に応じて同じペースで活動し続けることは想定していない。よって、親が子どもの状態を把握して、その場で臨機応変に子どもの課題を見極め、活動内容を調整する必要が生じることがあるが、これは親にとって難しい場合もある。親によっては、きょうだいと同胞で設定する達成基準の違いが大きく、同胞に関してはスモールステップで適切に活動内容を組み立てたり調整したりするのに、きょうだいには始めから「できる」ことを前提に、過度な達成を求めるケースも見られた。例えば、親用アンケートの設問2の項で述べたように、3歳の妹が疲れて我慢できなかったことや、2歳の妹が順番が分からなかったことを「できない」と指摘したり、同胞の行動を模倣する1歳の弟の行動に失望したりなど、発達的に当然であると考えられる

きょうだいの行動を否定的に評価するものである。

3　きょうだい支援としてのムーブメント活動の可能性と課題

　本章における調査の結果、家族参加型ムーブメント活動は、参加したきょうだいにとって、自らも同胞と同様に活動の中心的存在として思う存分活動でき、楽しい体験ができる場であり、きょうだいが積極的に活動し、達成感や満足感を得て、「できる自分」を感じ、さらに積極的に活動しようとする好循環が生み出されることで、きょうだいの成長発達を促す場となりうることが示された。また、きょうだい達は、ムーブメント活動を通して、同胞と同じ遊びを楽しむことができる体験や親と一緒に遊べる体験、同じ立場にある他のきょうだいと交流できる体験など、日常生活場面ではなかなかできないかかわりを体験することができること、また、特に親の視点から、他の障害のある子どもを育てている家族と一緒に活動することで、きょうだいが同胞のみならず、多様な障害のある人を受け入れ、分け隔てなく活動できるようになることが示された。このように、家族参加型のムーブメント活動は、きょうだいへの支援活動としても有効であることが示唆された。

　一方、きょうだいに見られたこれらの成果は、きょうだいにとっては自分自身が獲得したものであるにもかかわらず、親によっては、同胞のための活動で得られた副次的な効果と捉えられ、活動参加に関して、きょうだいの意識との齟齬が見られるケースや、きょうだいに年齢不相応な期待を寄せ、それができないことに対し否定的な評価をするケースも見られた。このことから、家族参加型ムーブメント活動をきょうだい支援活動に取り入れる場合には、家族がともに活動を楽しみ、家族の関係性を促進する活動としての効果が最大限に引き出されるように、プログラムに配慮する必要があると考えられた。

　なお、本章で取り組んだ研究の限界として、評価対象が自由参加を原則とする任意の活動であったため、収集した各回のデータ数にばらつきが大きく、各回のプログラムの内容や特質によるきょうだいへの影響の比較分析ができなかったこと、きょうだいが継続参加することによって、きょうだいに起こる変容過程を捉えることができなかったことの2点が挙げられる。しかしながら、これらの限界を踏まえても、なお、家族参加型ムーブメント活動をきょうだい支援プログラム

に取り入れることで、きょうだいと同胞、親との関係性支援に役立つ可能性が示されたものと考える。

第Ⅲ部のまとめ

　第Ⅲ部では、研究5（第7章）により、きょうだい支援プログラムの開発にあたり、きょうだいと同胞、親がともに参加できる活動方法として、特にムーブメント活動の活用可能性について、実践を通して検討した。検討から得られた知見を以下の3点にまとめる。

1　家族間の快感情の共有体験促進の可能性

　家族参加型ムーブメント活動では、障害のある同胞のみならず、ともに参加したきょうだいと親も「楽しい」と感じられることが報告された。また、この「楽しい」感情は、きょうだいも親も活動の当事者として参加することによって感じているものであり、同胞だけが活動の主体で、それに付き添うことが楽しかったと報告しているのではなかったことも示された。このように、同胞の療育を目的として参加した活動であっても、ともにその活動を体験することで、きょうだい、同胞、親がそれぞれの立場で楽しみ、その快感情を家族で共有できる要素が、ムーブメント活動に含まれていると考えられた。

　本来、発達の状態が異なるきょうだいと同胞では、夢中になることができる遊びの内容にも差があり、ともに活動する場合には、きょうだいが同胞に合わせて「遊んでやる」方法をとらざるを得ないことが多いと推測される。そのような活動は、きょうだいにとって同胞と遊んでやる喜びを生み出すものの、きょうだいはあくまでも世話役であり、遊びの主体者となるわけではない。

　これまでのきょうだい支援活動では、きょうだいだけを集めて特別な遊びの機会を提供することで、その主体者体験を保障してきた。しかしながら、一方で、同胞ができないことを自分だけ楽しむことは、きょうだいにとって、後ろめたさ（Meyer & Vadasy, 1994, 2008）を感じさせずにはいられないものであることも、先行研究で報告されているとおりである。また、それは、「同胞と一緒に遊べない」（吉川, 2008）という不全感を直接解消できるものでもない。これに対し、研究5（第7章）で明らかになったように、ムーブメント活動できょうだいが体験

する快感情は、同胞と同じように活動しながら、決して世話役としてではなく、自らも活動の主体者として楽しむことから得られるものである。きょうだい自身のアンケート調査で、活動が楽しかった理由として、「思い切り遊べた」「同胞と一緒に遊べた」ことが、上位を占めた結果に見るように、きょうだいの「同胞と一緒に自分も思い切り遊びたい」という願いの実現につながるものであると考えられる。このことは、親のアンケート記述においても示されており、きょうだいが同胞とやり遂げたことを一緒に喜ぶ姿や、きょうだいが、他の子どもと同じように同胞とも一緒に遊びを楽しむ様子、日頃一緒に遊ぶ機会が少ないきょうだいと同胞の遊びが実現したことなどが報告されていた。

2 家族間コミュニケーションの拡大の可能性

　阿部（2009c）は、家族でムーブメント活動に参加することで、親は子どもの感情を敏感に共有でき、親自身も楽しく活動できると報告している。また、阿部（2009a, 2009b）は、ムーブメント活動を用いて重度・重複障害児が獲得したコミュニケーション行動が、親をはじめとした対象児を取り巻く周囲の人々にも、伝わりやすいものとなったことを報告している。これらのことから、ムーブメント活動に家族で参加することは、障害の軽重にかかわらず、障害のある子どもの快感情が引き出されやすくなるばかりでなく、家族がその子どもの感情を読み取りやすく、障害のある子どもとのコミュニケーションが拡大される可能性が示唆されている。このようにこれまで障害のある子どもと親の間のコミュニケーション拡大についてはその効果が確認されたが、きょうだいと同胞間のコミュニケーション拡大については、直接的な検証がなされていなかった。しかし今回、研究5（第7章）で実施した同胞の活動参加に対する親のアンケート調査における、きょうだいが同胞と一緒にできたことを喜ぶ姿の報告例や、「同胞ときょうだいがお互いにどう思っているのか考えられるようになってきたと感じた」との報告例に見るように、きょうだいと同胞とのコミュニケーションにも影響を及ぼすものである可能性が示唆された。

　一方、同じくムーブメント活動に参加することは、きょうだいと親のかかわりにも影響を及ぼすことが示唆された。きょうだいへのアンケート調査では、きょうだい本人の約15〜33％が、お父さんやお母さんと一緒に遊べたことが楽しかっ

たと報告しており、親へのアンケート調査でも、きょうだいが親を求めてかかわりたがっていることに気づいたり、親自身も日頃一緒に遊ぶ機会が少ないきょうだいと、一緒に遊べたことを嬉しいと感じたりしたことが報告されている。このように、親ときょうだいがともにムーブメント活動に取り組むことで、上述したように快感情の共有が促進され、日頃、気持ちを伝え合う機会が得にくい状況にあると思われる親子に対し、感情を伝え合うコミュニケーションを促進する場を生み出すことができる可能性が示唆された。

3 きょうだいに対する新しい視点獲得の可能性

　研究5（第7章）では、親はムーブメント活動に参加するきょうだいの様子から、これまでできなかったことができるようになった成長や、普段は見られない積極的な姿を発見したことを報告している。さらに、のびのびと活動するきょうだいの様子や、障害の有無にかかわらず協力して遊んでいる様子から、心理的な安定や社会性の面での能力の伸長を感じ取っている記述も見られた。併せて、きょうだいが親を求めてかかわりたがる姿に気づいたと、きょうだいが抱える思いの認識にかかわる回答があったことも上述のとおりである。

　今回の検討では、ムーブメント活動がもたらす親のきょうだいに対するかかわりの変容分析までには至らなかったが、ムーブメント活動に親子で参加し活動を楽しむ過程で、親は、きょうだいの能力や心情に気づき、きょうだいへの理解を深めるきっかけを得ることができるのではないかと期待される。

　以上、ムーブメント活動を家族参加型のきょうだい支援プログラムに活用することにより期待される効果について検討した。ムーブメント活動は障害のある子どもの発達支援のために開発された療育方法でありながら、障害の有無にかかわらず、誰でも楽しめる内容の柔軟性をもち、参加者相互の感情コミュニケーションを促進しやすいという特質をもつと考えられる。これによって、きょうだいと同胞、親が、快感情を共有し、家族で活動する喜びを味わいながら、お互いの関係性を高めることにつながると期待するものである。

　しかしながら、ムーブメント活動をきょうだい支援プログラムに活用する際の課題として、以下のことが挙げられる。

これまで検討してきたプログラム内容は、いずれも障害のある子どものために作られたものであり、プログラムを運営する支援者はもちろん、家族も、それを前提に活動に取り組んできたものであった。よって、研究5（第7章）で示したように、親の中には活動中にきょうだいに対し、親の願うきょうだい像にかなう行動をとることを強く期待したり、同胞を優先することを当然とみなしたり、また、同胞と比較して、年齢や発達に見合わない過度の達成要求をするケースが見られた。しかし、本研究で用いるムーブメント活動は、障害のある子どもの発達支援における二次的な産物としてきょうだいにもたらされる変化を期待するものではなく、きょうだいと親、そして同胞との関係改善あるいは促進そのものを目的とした活動として導入するものである。よって、プログラムに取り入れる活動要素をどのように選択し展開するかが重要なポイントとなる。すなわち、障害のある子どもにとって、その力を十分発揮できる内容であるとともに、きょうだいにとっても、手ごたえのある遊びができる内容であり、さらに、そこに親が加わることで、家族成員の誰かが、障害のある子どもの介助担当に終始することなく、全員がかかわりあいながら快体験を共有できたと実感することを可能とするプログラム構成を検討していく必要がある。

第Ⅳ部　家族間接参加型きょうだい支援プログラムの実践的検討

第8章　研究6：障害理解支援プログラムの開発に関する実践的検討

第1節　本章の目的

　本章の目的は、本研究の最終目標である家族参加型きょうだい支援プログラム開発に至るためのパイロット研究として、まず、障害理解支援プログラムを開発し、4名のきょうだいを対象に実践を行い、その過程で家族が間接的に参加する要素を加えて、きょうだいとその親にもたらされる効果を詳細に検討することである。

　第1章で述べたように、きょうだいに対する国内外の支援は、心理社会的支援プログラムが中心であり、それらの多くは、レクリエーションや話し合いなどの活動を通じて、問題の軽減や解決を図ることを目的としている。このような活動は、心理的開放による適応を促進するものではあるが、きょうだいに必要な障害理解教育の側面から見ると、十分なサポートとはなり得ていないという指摘がある（柳澤, 2007）ことも、前述のとおりである。特に、身体障害などに比べ、知的障害や自閉症スペクトラム障害などの外観からは分かりくい障害は、周囲の理解や支援が得にくく（山口, 1998）、中でも、こだわりやパニック、コミュニケーションの問題は、社会生活のしにくさをもたらすものであり、きょうだいの憤りや困惑を引き起こしやすいとされる（平川, 1993）。このように、きょうだいに対し同胞の障害理解を促進することは、障害に関する知識の獲得のみならず、きょうだい自身の心理社会的適応につながる重要な支援の一つと考えられる。

　しかしながら、同様に第1章で示したように、障害理解支援にどのような内容を含めるのがよいかについては、これまで十分検討されてきていない。実践例も少なく、支援プログラム内容の妥当性や参加するきょうだいのニーズとの関連性もあいまいなままである。また、実際にプログラムのどのような内容がきょうだいの変容を引き出すことにつながったのかも十分検討されてきていない。このような課題を解決するためには、事例的研究によりさらなる検討を行う必要がある

と考える。

　そこで本章では少人数のきょうだい集団を対象に、ニーズ調査に基づいて障害理解支援プログラムを開発した。プログラムは、参加者の同胞に共通する特徴を取り上げ、同胞の障害の理解と対応に関してクイズと話し合いにより学ぶ「勉強タイム」と、障害のある同胞とゲームをしながら学んだ対応方法を実際に体験したり、家族で楽しい時間を共有したりする「ゲーム」の2部で構成する。

　そして、1つ目の目的として、本プログラムの実践により、きょうだいの同胞とのかかわりの変化やストレスの変化を確認し、本プログラムがきょうだいにもたらす、心理面での負担軽減と障害理解の促進効果を明らかにする。

　一方、これまでも述べてきたように、きょうだいの育ちの問題は、きょうだい自身の問題にとどまらず、親にとっても気がかりな課題である。きょうだいに支援の必要性を感じ、支援を受けるよう促すのはその親であるが、親はきょうだい支援についてどのようなニーズをもち、どのような支援内容を望むのであろうか。さらに、きょうだいに直接支援を行った結果、親はどのような視点からきょうだいの変化を評価し、また、親自身にはどのような変化が起こるのだろうか。

　そこで、2つ目の目的として、本プログラムに参加したきょうだいの親に対し、アンケート調査を実施し、きょうだい支援に関する親のニーズや、実践の結果、親がとらえたきょうだいと親自身の変化、本プログラムに対する親の満足度等を調べ、本プログラムが、親のきょうだいに対する意識や親自身の養育態度にもたらした効果を明らかにする。

第2節　方法

1　対象

　小学2年生から6年生までのきょうだい4名（以下、対象児）とその母親を対象とした。同胞はいずれも未就学の弟で、同じ幼児ことばの教室に通っており、対象児と親同士は本プログラムが始まる前から、幼児ことばの教室の家族イベントなどで顔を合わせている。幼児ことばの教室の指導員を通して、本プログラムの趣旨を周知し参加者を募ったところ、弟との関係を憂慮した親が対象児に参加を勧め、対象児自身が「弟についての勉強会」であることを了解して参加した。

Table 8-1 対象児と同胞、親について（障害名表記は診断時のまま）

対象児	性	学年	同胞	特記事項	母親に対する対象児からの評価
A児	男	小6	小4・自閉症	外出時、行き先は弟優先になるなど我慢をすることがある。	自分ばかり叱られる。同胞を優先している。
B児	男	小5	小3・広汎性発達障害	母親や弟の担任の先生と弟について相談している。	同胞に関する相談に乗ってくれる。
C児	女	小3	年長・言語発達遅滞	弟ではなく、自分が行うプログラムをすると聞き、楽しみにしている。	同胞に対象者を取られた。満点でないと怒る。
D児	女	小2	年中・高機能自閉症	母親が弟のことを優先することが多いと感じている。	常に同胞と一緒にいるので、そばに行けない。

本プログラムでは、親に対してきょうだいに関する情報提供など直接介入することはせず、親は毎回のセッション後半に組み込まれたゲームの際、対象児や同胞と場を共有するのみとした。対象児のプログラム開始時の状況を Table 8-1 に示す。参加にあたっては、親に対し研究の趣旨を説明し、データの収集と使用について了解を得た。

2 支援プログラム

(1) 対象児のニーズ

プログラム作成にあたり、まず、後述する対象児へのインタビューやアンケート調査、障害理解テスト、及び親へのアンケート調査を実施し、その結果から対象児のニーズを以下のように把握し、支援プログラムの内容に反映した。

A児は、弟の状況を不思議だが、そのうち治るかもしれないと述べた。弟に対して悪い思い出が多く、弟に関する悩みは、弟が並ぶ順番が分からないこと、勝ちにこだわりゲームを放棄すること、弟に暴力をふるわれることなどを挙げた。また、親がそのような弟を全く注意しないことを不満に感じている。障害理解テストでは、行動の理由を正しく答え、障害特性を理解していたが、対応については障害のある子どもはばかであり、ほっとけばよいという回答であった。母A（A児の母親、以下同様）の参加理由は、家庭で頻繁に見られるA児の同胞に対

する暴力的な行為を減らしたいというものであった。

　B児は、弟の状況を「自分のワールドがある」と評し、弟とうまく過ごせるように様々な工夫をしてかかわっている様子であった。弟といると良いことも嫌なこともあるが、自分が守らなくてはならないと感じている。悩みとしては、弟と一緒に出かけて弟がパニックを起こした際、周りの視線が気になることや、弟が何かに夢中になっている時に話しかけられないことを挙げた。障害理解テストでは、行動の理由を正しく答え、障害特性を理解していた。対応については障害のある子どもに分かりやすい言葉で伝えるなど、積極的に助ける内容を回答した。母Bの本プログラムへの参加理由は、B児に自分の気持ちを抑えずに同じきょうだい同士で話し合える場所を提供してやりたいからであった。B児自身は、弟について母親や教師と相談した経験があると話しており、母Bが本プログラムの事前アンケートに記入したB児の悩みは、B児がインタビューで話したことと一致していた。

　C児は、弟が普通と違う、不思議で面白い、弟と一緒にいる時は弟の好きな遊びをさせるとよいと話した。悩みに関しては、遊びのルール説明をする際、弟になかなか伝わらなくて困ることを挙げた。障害理解テストは5問中3問が誤答で、他の人と違う行動をする人は変だ、ばかであると言い、そのような行動を見かけたら、何でやらないのか、うるさい、早くやれなど、厳しく注意する批判的な対応の仕方を回答した。一方、母Cの本プログラムへの参加理由は、C児の心理的な支えとなる場を提供してやりたいからであった。

　D児は、弟に不思議なことはないが、弟がいくら言ってもその通りにできないことを感情的に受け入れ難いようであった。弟と追いかけっこや縄跳びなどで遊ぶのがよい、母親と自分がかかわっている時に割り込んでくるのが嫌だと言い、悩みは勉強の邪魔をされることであった。障害理解テストはすべて正答したが、対応方法としては、「駄目だと言う」「頑張ればよいと言う」などと、本人の努力による改善が可能だと考えているようであった。一方、母Dから見るとD児は同胞が周りの大人や友人から怒られるのを見るのが辛いようであり、母DはD児にストレスを発散できる場所が必要であると感じていた。そのため、母Dの本プログラムへの参加理由は、D児が自分の気持ちを言える場所を提供してやりたいからであった。

(2) プログラム内容

　以上から、障害特性について知識を得る活動、きょうだいが抱える課題に関連するテーマについてきょうだい同士で話し合う活動、弟と遊んで楽しい感情を共有できる活動の3つの活動を組み込み、プログラムを作成した。プログラムは全8セッションからなり、1セッションあたり1時間、毎週1回の頻度で実施した。各セッションは以下に示す前半30分の勉強タイム、後半30分のゲームからなる。

1）前半：障害理解のための勉強タイム

　活動のねらいは、①弟の特質や困難さを理解する、②困っている弟の気持ちを考えることができる、③他のきょうだい達の対応を知る、④③を参考に自分の弟へのかかわりを考えることができる、⑤弟や周りの人に対する自分の気持ちを言語化したり、他のきょうだい達と共有したりできるの5点である。毎回のセッションのテーマはアセスメントによって明らかとなった2人以上に共通するニーズに基づいて設定した。取り上げたテーマと主な内容を Table 8-2 に示す。

　毎回の内容については、子ども向けの障害解説絵本である、「ふしぎだね!? アスペルガー症候群（高機能自閉症）のおともだち」（内山・安部・諏訪, 2006）、「ふしぎだね!? 自閉症のおともだち」（内山・諏訪・安部, 2006）を参考に、テーマに即した場面を設定して、登場人物である障害のある子どもが示す行動の具体的なエピソードを示し、「その子どもはなぜそのような行動をしたのか」「その時、その子どもはどのような気持ちだったのか」をクイズ形式で考えさせた上で、登場人物のもつ障害特性をスライドを用いて解説した。その後、自分の弟にも同じようなエピソードがないか問いかけ、そのような行動をする弟の様子を見る時の自分の気持ちや、その場面における弟の気持ち、弟の行動への対応の仕方などについて話し合う機会を設けた。最後に、一人ずつ学んだことについて感想を述べてもらい、終了した。

　また、第8回については、第3回から第7回までに取り上げたテーマを弟を主人公にして復習し、弟はなぜ困っているのか、どうしてほしいと思っているかを考え、さらに弟とのかかわりで努力していることや母親に知ってほしいこと、現時点での弟に対する気持ちなどを話し合った。

Table 8-2 障害理解のための勉強タイムのテーマと主な内容

回	テーマと主な内容
1	「家族（自分も含めて）の長所と短所」 　付箋に対象児、母親、弟の長所と短所を3つ書く。それを発表して、ボードに貼る。
2	「弟の不思議なところについて」 　場面を理解できなかったり、話している言葉の意味が分からなかったりする子どもの例を示し、弟にも似たようなことがないか、そのような時にどう感じるかなどを自由に話す。
3	「順番に並べないことについて」 　登場人物がブランコの順番を待てず、トラブルになった場面を取り上げ、協議する。
4	「抽象的な言葉では理解が難しいことについて」 　登場人物が掃除の時間になっても取りかかろうとしない場面を取り上げ、協議する。
5	「言葉だけの説明では理解が難しいことについて」 　登場人物がドッジボールのルールを説明されても理解できず、実際のゲームでパニックになってしまう場面を取り上げ、協議する。
6	「1番にこだわってしまうことについて」 　登場人物が返されたテストを見て、満点でなかったことにショックを受け、情緒不安定になってしまう場面を取り上げ、協議する。
7	「夢中になって周りが見えなくなることについて」 　登場人物が水遊びに夢中になってしまい、次の活動時間になっても止められない場面を取り上げ、協議する。
8	まとめ 　弟を登場人物にして、これまで取り上げてきた場面を再度取り上げ、協議する。

2）後半：ゲーム

　前半の勉強タイムで学んだことを応用し、かかわりを促進する場として、第Ⅲ部で検討したことを踏まえ、ムーブメント活動を参考に、ゲームを設定した。対象児らが、①弟と工夫して協力することによりゲームをうまくできる成功体験をすること、②弟や母親と一緒に自分も遊ぶことを十分楽しめる体験をすることの2点をねらいとした。

　ゲームは2種類準備した。1つは対象児と弟、計8人で行う風船運びゲームで、2人組で風船を新聞紙に乗せて次のペアに送りゴールまで運ぶ活動である。時間内に全員でどれだけ多くの風船を運べたか、全セッションを通して記録を継続した。そのため、毎回セッションの最初に前回の記録を確認し、誰とペアを組み、

どのような作戦をとれば、その記録を更新できるかを検討する機会を設けた。もう1つは、母親、スタッフも含め、全員で行うしっぽとりゲームである。このゲームは個人戦で、他者が腰につけたタフロープ製のしっぽをなるべく多く集めるというものである。最初に全員がゲームに参加できるように自分達でルールを考え、それに従って楽しく失格せずに参加することを目指した。

(3) 実施期間、実施場所等

支援期間は、20xx年8〜12月であり、実施場所は、A町幼児ことばの教室プレイルームであった。筆者と進行役の学生1名、及び1〜2名の補助学生がプログラムを実施した。またセッション後半のゲームでは、同スタッフに幼児ことばの教室の指導員1名も加わった。

3　効果測定の方法

本章では、詳細な事例検討を行うことによって、プログラムが対象児にもたらした効果について明らかにするものとする。そこで、毎セッションの活動をVTRで記録し、抽出した発言や行動記録に基づき、時系列で質的な変化を検討することとした。併せて、複数の調査を用いて、まず実践開始2〜4週間前時点（以下、「Pre時点」と表記）での対象児の実態をアセスメントして、プログラムに反映させ、次に、実践終了2週間後時点まで（以下、「Post時点」と表記）に再度同様の調査を行うことで、対象児の変容を確認した。さらに、母親へのアンケート調査に基づき、対象児だけでなく、母親にもたらされた変容、また、母親がとらえた本プログラムの有用性についても検討を加えた。調査データ及び、VTRデータは、筆者と特別支援教育を学ぶ学生3名の協議により、分析を実施した。以下に、調査内容について述べる。

(1) 対象児の障害理解テスト

Pre時点、及びPost時点で、同胞の障害の理解度を調べるために、自作の障害理解テストを用いて個別面談により回答を求めた。障害理解テストの内容をTable 8-3に示す。テストでは、対象児の同胞によく見られる行動をもとに「好きな世界にこだわること」「パニックを起こすこと」「暗黙のルールが分からないこと」

Table 8-3 障害理解テスト

行動特徴	具体的なエピソード	回答の選択肢
好きな世界にこだわること	まことくんは、友達と鬼ごっこで遊んでいる時に突然ぼうっとすることがあります。話しかけても反応がなかったり、急に笑ったり、パンチやキックを出したりします。どうしてでしょうか。	・3択 ① 遊んでいて眠くなったから。 ② 友達と遊んでいることを忘れて、楽しいことを思い出しているから。（正答） ③ 鬼ごっこが楽しくないから。 ・まことくんを見てどう思う？ ・あなたは、まことくんみたいな人がいたらどうする？
パニックを起こすこと	まことくんは、授業中に突然大声を出して叫んだり、暴れたりすることがあります。どうしてでしょうか。	・3択 ① みんなを驚かそうと思ったから。 ② 分からないことがあって、どうすればいいか分からなくなったから。（正答） ③ 夢から覚めたから。 ・まことくんを見てどう思う？ ・あなたは、まことくんみたいな人がいたらどうする？
暗黙のルールが分からないこと	まことくんは、公園に遊びに行きました。ブランコの周りでは、次に乗りたい子どもが順番に並んで待っています。まことくんは、その列を無視してブランコに乗ろうとしました。どうしてでしょうか。	・3択 ① 今すぐブランコに乗りたかったから。 ② 隣のブランコに大好きなかなちゃんが乗っていたから。 ③ みんなの様子を見て、並んだらブランコに乗れるということが分からなかったから。（正答） ・まことくんを見てどう思う？ ・あなたは、まことくんみたいな人がいたらどうする？
言葉だけでは理解が難しいこと	まことくんは椅子に座ってお絵かきをしています。かなちゃんは、まことくんに机の上にある筆箱を「取って」と言いました。でも、まことくんは、かなちゃんの方をちらっと見ましたが、ずっと絵を描いています。かなちゃんはもう1度「筆箱取って」と言いました。でも、まことくんはずっと絵を描いています。どうしてでしょうか。	・3択 ① かなちゃんの言っている意味が分からなかったから。（正答） ② かなちゃんの声が聞こえていなかったから。 ③ かなちゃんのことが嫌いで、無視したから。 ・まことくんを見てどう思う？ ・あなたは、まことくんみたいな人がいたらどうする？
1番にこだわること	まことくんは、運動会の100m走で練習の時はいつも1番でした。でも、本番は3番になってしまいました。まことくんは、ゴールした途端に叫び出し、暴れ出しました。どうしてでしょうか。	・3択 ① 1番でないと駄目だと、思い込んでいるから。（正答） ② 速く走れなかったから。 ③ 追い越されて腹が立ったから。 ・まことくんを見てどう思う？ ・あなたは、まことくんみたいな人がいたらどうする？
周囲の視線について	まことくんは、教室で算数の時間にプリントをしていました。でも、分からない問題があったので大声で叫び出しました。まことくんについて周りの友達が「うるさい！」「静かにしろよ！」と言っています。それでも静かになりません。	・周りの友達が言っていることについてどう思う？ ・この時、あなたならどうする？

「言葉だけでは理解が難しいこと」「1番にこだわること」について、主人公を設定して具体的なエピソードを示し、そのような行動をする理由を Table 8-3 に示した3つの選択肢から選ぶとともに、主人公のそのような行動を見てどう思うか、またその場に居合わせたら、自分ならどう対応するかについて尋ねた。また、障害のある子どもがパニックを起こしている場面で、周りの子どもが「うるさい」「静かにしろ」などと非難している状況を示し、周りの子どもについてどう思うか、このような場面で自分ならどうするかについても尋ねた。

(2) 対象児へのインタビュー

Pre 時点と Post 時点で、弟の障害についての理解の程度、対象児の悩み、弟に対する気持ちの3点について、変容を把握するために個別インタビューを実施した。インタビュー項目は、Pre 時点では、「弟の不思議・変わっている点」「弟と一緒にいて良かったと思う点」「弟と一緒にいて嫌だなと思う点」「弟と一緒にいる時に困ること」「友人から弟のことを聞かれて困った経験」の5つである。Post 時点では、Pre 時点と同様の「弟と一緒にいて良かったと思う点」「弟と一緒にいて嫌だなと思う点」の他に、本プログラムを通して対象児らが得た内容として、「弟について分かったことや発見したこと」「プログラムに参加するようになってから、弟とかかわる際、工夫していること」「弟と一緒にゲームをした感想」「プログラムに参加した感想」を尋ねた。

(3) 対象児のストレス調査

Pre 時点と Post 時点に、「小学生用ストレス反応尺度（Stress Response Scale for Children, 以下、SRS-C）」（嶋田・戸ヶ崎・坂野, 1994）を用いて、回答を求め、得点の変化を確認した。SRS-C は、「身体的反応」「抑うつ・不安感情」「不機嫌・怒り感情」「無気力」の4下位尺度各5項目からなり、それぞれ「全然あてはまらない」「あまりあてはまらない」「少しあてはまる」「よくあてはまる」の4件法で回答するものである。各下位尺度得点は5～20点となり、合計して、20～80点でストレスの程度を評価する。点数が多いほどストレスが高いと判断される。

(4) 対象児に関する母親へのアンケート

母親に対し、Pre 時点で、「本プログラムに参加した理由及び本プログラムへ

の期待」、「対象児の同胞に対する日常的なかかわりの様子と、それに対する気がかり」、「親が捉えた対象児の抱える悩みや、対象児から親への相談事項」に関して、自由記述で回答するように求めた。併せて、2週間の対象児の家庭での行動観察を依頼し、行動の状況を調べた。行動観察では、対象児の同胞に対する言動について、母親から見て好ましいもの、気になるものの内容とその回数、また、対象児が障害や同胞に関して親や友人に話した内容を指定した用紙に記録するよう求めた。

　Post時点では、Pre時点で母親が回答した対象児の状態がどう変化したかについて、個別にトピックスを挙げ、記入するよう求めた。併せて、Pre時点で実施したものと同じ家庭での行動観察（2週間）を依頼した。

(5) プログラムの有用性に関する母親へのアンケート

　Post時点で、プログラムのねらいと内容、活動時の対象児の様子を書面にまとめて、母親に説明した上で、母親が捉えたプログラムの効果と満足度について、アンケート調査を実施した。調査項目は「プログラムの効果に満足しているか」1項目、「勉強タイムの効果」について、「対象児が同胞の困難さや特徴を理解する上で適切な内容だったか」「対象児が同胞の言動や気持ちを理解する上で適切な内容であったか」「対象児が自分の気持ちを言語化し、整理できる場であったか」の3項目、「ゲームの効果」について、「対象児は、ゲームを楽しむことができたか」「対象児は協力してゲームを行うことができたか」の2項目、「プログラム全体の効果」について、「同胞の抱える困難さや特徴について以前よりも対象児の理解が深まったか」「対象児は自分の気持ちを素直に言えるようになったか」「対象児の悩みが低減したか」「対象児の同胞へのかかわり方が変わったか」の4項目、さらに、「支援プログラムをすることは対象児にとって役立つか」「きょうだい支援プログラムが必要か」の2項目を加え、全12項目について、「そう思う」「少しそう思う」「どちらともいえない」「あまりそう思わない」「そう思わない」の5件法で評価するよう求めた。さらに、プログラムで母親が満足したこと、不満なこと、及び母親自身の自覚する変化について、自由記述により回答するよう求めた。

第3節　結果

1　プログラム実践時における対象児の変容

各セッションにおける対象児のエピソードをまとめたものを Table 8-4 に示す。対象児らは顔見知りであったことから、初回から活発に発言した。セッションが進むと、勉強タイムで示された架空事例の主人公に自分の同胞をあてはめて、行動の理由を考えたり、対応方法を提案したりするようになった。また、自分と同胞とのかかわりや、母親とのかかわりについても話すようになり、他の対象児の考えや感情に共感したり、「自分だったらこうする」と自分の判断を示したりした。また、同胞とのゲームでは、当初同胞と離れて活動したり、ペアになるのを嫌がったりしていたが、プログラムの後半では、同胞も一緒に参加できる方法を考え、ゲームを楽しむ様子が見られるようになった。

Ａ児は、第3回の勉強タイムで「ばかだな。人間じゃない」、弟が分からない時は「蹴る、殴る」、第4回目で弟が失敗した出来事では「自業自得だ」と言っているように、一貫して否定的な評価をしていた。しかし、回が進むにつれ、自分から障害特性について質問するようになり、第7回目に「自分にも同じ経験がある」「弟の方が自分よりもできることがある」、第8回目に「弟を励ます」「弟のレベルに合わせるように工夫する」と弟を認める発言が見られるようになった。また、ゲームの様子からは、Ａ児は自分の弟だけでなく他のきょうだいの弟ともうまくできるように工夫する姿が確認できた。弟と作戦を立てるだけでなく、弟の失敗をカバーしたり、弟の動きに合わせてやったりなど、口をついて出る否定的な発言とは反対に、弟の様子をよく見てかかわるように変化した。

Ｂ児は、日頃から母親や教師に弟のことを相談する関係ができており、当初より弟の障害特性を理解して、どう対処すべきか自分なりに考え実践していた。特に、第2回に「弟は、『分かった』って言っても分かっていないから、図や絵を描いて説明する」や、第4回に弟のプライドを傷つけないように「そっと後ろからついていく」など、弟の視点に立って対応しようとする発言が見られた。第5回には「弟が自分でできなくて悔しいという気持ちをもっているのかもしれない。あるいは、自分ではできないからあきらめてしまっているかもしれない」、第6回には「弟がイライラする時は、自分もイライラする時だから仕方がない」とい

第8章 研究6：障害理解支援プログラムの開発に関する実践的検討　185

Table 8-4　プログラム実践時における対象児の様子

児	回	対象児の様子
A児	1	家族の長所と短所を考える場面で、短所のみを述べた。他の対象児の発表の際、自分や母親、弟にもあてはまる内容には「賛成」と言い、「長所も短所もあって、みんないろいろだ」という意見を聞くと、「まあ、ちょっとは（長所も）あった」と述べた。ゲームでは、弟が欠席し母親と二人となり、母親の膝に座るなど、甘える行動が見られた。
	2	エピソードの登場人物と同じことが、自分の弟にもあると気づき、関連して弟のエピソードを話した。また、障害特性の話や他の対象児の話を真剣に聞き、弟に対して手本を見せるようにしていると話した。ゲームでは、弟と話をして作戦を立てる様子が見られ、「走れ」「座れ」など弟に対し短く指示する様子が見られた。
	3	弟が分からなくてうまくできないことについては、「蹴る、殴る（方法で教える）」と言う。しかし、他の対象児から意見を聞いた後では、他の方法についての発言も見られた。障害特性の解説を聞き、「ばかだな、人間じゃない」などの否定的な発言をした。風船運びゲームでは、自分の弟ではなく、C、D児の弟とペアを組み、相手の身長に合わせて、自分の膝を床につけて高さを調節してやる様子が見られた。
	4	弟が体をさわられて驚き、遠方まで走っていってしまったエピソードを話し、「自業自得だ」と言う。弟が説明しても分からなかった時や好きなことに夢中になっている時は、見本を見せたり、強制的に連れて行ったりする方法をとるとよいと述べ、母には自分が悪くなくても怒られ、もう慣れてしまったと言う。風船運びゲームでは、D児や弟の失敗を素早くカバーしていた。しっぽとりゲームでは、参加者全員がうまく参加できるルールを新しく考え出した。
	5	花火をする時に、弟が花火を上に向けてしまうのを注意したがなかなか直せないので、石を置いて花火を下に向けるように工夫したと話し、弟は楽しくて、危ないと思わずにやってしまったのかもしれないと言う。風船運びゲームでは、弟と協力しやすいように声をかけるなど工夫していた。また、弟がゲームの進行の邪魔をしないように、弟を常に視界に入れるようにしている様子も見られた。
	6	障害の特性に関する説明に対し、自分から具体的な例を質問して、理解を深めようとしていた。弟にも1番になれなくてあきらめてしまったことがあり、きっと「ゆっくり走ろう」とあきらめてしまったと思うと、弟の気持ちを考えて話した。風船運びゲームでは、積極的にゲームの内容を考えて、順番に並ぶ際、弟の番になったら声をかける様子が見られた。しっぽとりゲームは笑顔で参加した。
	7	弟だけでなく自分も夢中になると他のことができなくなってしまうことがあると気づき、むしろ、弟の方が自分よりも先に周りの様子に気づいてくれることもあると話した。また、弟がこの頃、理由をつけて説明するようになったと弟の成長について話した。風船運びゲームでは、うまく新聞を持てない弟の動きに合わせて新聞の持ち方を加減し、うまく動かせるように新聞の大きさを工夫する様子が見られた。
	8	「弟が困っている時、どうしてほしかっただろう」という問いに対して、「次にできるよと言う」と励ます発言や「弟のレベルに合わせるように工夫する」など話した。また、母親や弟に言いたいことを、否定的な態度ではなく言葉で表現した。風船運びゲームでは、弟とペアを組むのは嫌だと言いながらも、弟と協力するのがいちばんうまくできると述べた。またしっぽとりゲームでは、1回も勝っていない弟になんとか勝たせてやろうとする様子や、作戦を立て、弟と協力する様子も見られた。さらに、プログラム終了後、A児がなかなか帰ろうとせず、自分から母親に近づいて、じゃれついて遊ぶ姿が見られるようになった。

B児	1	弟の短所については、「あるかなあ」とつぶやき、最後に「長所も短所もあって、みんないろいろだ」という言葉を聞くとうなずく様子が見られた。弟の体に触れて促したり、弟の名前を呼んだり、弟の体を抑えたりなど、支援する様子が見られた。初めは弟とうまく風船を運べなかったが、場所を交替するなどの工夫をした。
	2	エピソードの登場人物にあてはめて、弟のエピソードを話した。特に、「弟は、分かったって言っても分かっていないから、図や絵を描いて説明する」と述べた。風船運びゲームでは、弟に「早く」「走れ」と声をかけ、弟が座るように言われても座らない時に名前を呼んで、近くに座るように促していた。
	3	以前、弟は順番に並べなかったが、工夫して教えたら並べるようになったと話した。A児が弟に対して否定的な発言をするのを聞き、「もっとこうすればよい」と提案する様子が、複数回見られた。風船運びゲームでは、C児やD児の弟に合わせて、膝を床につけて高さを調節している様子が見られた。また、「はい」などの声をかけて、弟が風船を受けやすいようにしていた。しっぽとりゲームで、弟がルールを守れない場合に、弟の名前を呼んで隣に座らせた。
	4	「弟にも（抽象的な言葉では）分からないことがある」と詳しく話し、どのように対応しているかについても話した。他のきょうだいの話も興味深く聞き、あいづちを打ちながら聞いていた。外出時は「弟がどこかへ行かないようにそっと後ろからついていく」と言い、「あまり近づいて見ていると、弟が小学生なのに赤ちゃん扱いされたと感じ、嫌な思いをするかもしれないから」と言う。風船運びゲームのペアを決める際に、弟の並ぶ場所を提示し、他の対象児が弟と協力して風船を上手に送れるように、声をかけていた。しっぽとりゲームでは弟がしっぽを取られた後走り回らないように、隣に座って見守っていた。
	5	ビデオの録画の方法を教えるために、まずは一つ一つ順番に丁寧に教えてみたが、弟はできなかった。そこで、学校で知的障害の本を読んで勉強した結果、弟には難しくて無理かもしれないと知り、B児が自分で行うことになったと話した。弟ができないことについて、「自分でできなくて悔しいという気持ちをもっているかもしれない」、あるいは、「自分ではできないからあきらめてしまっているかもしれない」とも述べた。風船運びゲームでは、弟とうまく協力をしてできるように声をかけるなどの工夫をし、他の弟とペアになると風船を相手の目線に合わせて運ぶようにしていた。しっぽとりゲームでは、弟が最後まで頑張っている姿を見て応援した。
	6	当初、B児の弟には1番にこだわることはないが、他の対象児の話を聞いて、「そういえば自分にも同じようなことがある」と気づきを話した。そして、弟がイライラする時は、自分もイライラする時だから仕方がないと話した。風船運びゲームでは、弟とペアにならなかったが、弟を応援した。しっぽとりゲームでは、母親、弟と話しながらリラックスしてゲームを楽しんだ。
	7	自分にも夢中になると他のことができなくなる時があり、弟にも同じことがあると気づいた。弟は好きなこととそうでないことでは、関心のもち方に大きな差があるという特性について発言した。ゲームで勝てない弟に勝たせてあげたいと話し、風船運びゲームでは、話を聞く際に弟が聞いていない様子であれば、声をかけて聞くように促していた。また、弟の動きに合わせて声をかけ自分の体を動かしていた。しっぽとりゲームでは、前回の活動を踏まえて、B児自身が改善すべきだと考えたルールを提案した。
	8	欠席

第 8 章　研究 6：障害理解支援プログラムの開発に関する実践的検討　187

C児	1	弟の短所を「たくさん書く」と発言していたが、実際に書こうとすると時間がかかっていた。他の対象児の発表の際、自分や母親、弟にもあてはまると、「賛成」とうなずきながら聞いていた。最後に「長所も短所もあって、みんないろいろだ」という言葉を聞くと、「ちょっとね」と発言した。風船運びゲームは、弟と母親が不在でスタッフと行い、応援する姿も見られた。笑顔でしっぽとりゲームを行った。
	2	エピソードの登場人物について、「そういう病気だから」と発言した。また、「そんなこと、誰でもあるでしょ」「お子ちゃまだね」「それぐらい、保育所の子どもでも分かる」とばかにした口調で話した。弟は「分かっているけどできない」ことがあると話す。弟にも登場人物と同じことがあると気づいている様子であった。また、「自分は100点じゃないと母親に怒られる」「母親が認めてくれない」と話した。
	3	「弟に母親を取られたと思う」、「自分は悪くないのに怒られる」と話した。また、順番が守れない障害特性を解説すると、「普通は順番を守ることぐらい分かるし、ばかじゃないの」と話した。風船運びゲームでは、好きなペアをつくる場面ですぐにD児とペアになり、弟に目もくれなかった。しっぽとりゲームでも、弟の方へ行くことはなかった。
	4	弟も同じ行動をすることがあると気づき、弟の場合はこんなことがあるとエピソードを加えて話した。第3回ではC児と同じように母親が弟を優先すると話していたD児が、今回は母親がD児を見てくれるようになったと話すと「いいな」と言い、母親と弟に対する不満を話した。風船運びゲームでは、前回と同じようにD児と組み、隣のペアのミスをうまくカバーした。しっぽとりゲームでは、他の参加者と一緒に思い切り楽しんでいる様子であった。弟がC児と遊びたがっている様子を見せるが、知らないふりをした。
	5	弟と一緒にトランプで遊ぶ時に、弟がルールを分かっていないだろうと思っても、そのまま進めてしまうと話した。「分からない時は見本を見せればいい」「絵に書けばいい」と言い、実際にC児が弟に対して行っているようであった。体を器用に動かすことができないという障害特性について話した際、「(弟も)うまく力が入らないのかも」と自分なりに理由を考えていた。風船運びゲームでは、弟を見てうまく協力できるように、動いていた。続くしっぽとりゲームでは、弟やスタッフなど隔てなく一緒に楽しんだ。
	6	満点以外を認められないというエピソードに、自分も満点以外だと怒られる経験があり、「認められないのは親のせい、親の決めたことだから満点にこだわってしまう」と発言した。エピソードの登場人物の気持ちを「悔しい」「嫌だ」と解釈し、弟の気持ちについても、「嫌だ」「負けたくない」と考えることができた。夢中になると周りの指示が聞こえなくなる時があるという障害特性の説明の際は、真剣に聞く様子が見られた。
	7	D児の発言につっかかるように発言した。また、エピソードの登場人物について「普通(そんな行動は)しないだろう」と言う。また、夢中になると周りの声が聞こえなくなると聞くと「病気かよ」と言う。しかし、話し合いの過程で、C児は自分も夢中になると、他のことが見えなくなったり、聞こえなくなったりすることがあると気づいた。また、弟にもエピソードの登場人物のように同じ言葉をずっと続けて言うことがあると気づいた。風船運びゲームでは、弟が欠席し、母親とペアになったが、笑顔で嬉しそうな様子であった。しっぽとりゲームの約束事を話す時は、何度も母親の顔を見ていた。
	8	「弟が困っている時、どうしてほしかっただろう」という質問に対して、弟の気持ちを考えて「優しく教えてほしかった」「見本を見せてほしかった」と回答した。また、「弟にわざと負ける」などと工夫をしていると話し、他の対象児の様子を見て、自分も新しい工夫ができると話した。C児自身も母親や弟に言いたいことを話すことができているが、D児の母親は弟を優先しなくなったという話を再度聞いて、「いいな」と羨ましそうにした。風船運びゲームは、弟とペアを組むことにより、今までで最も多く風船を運べていることに気づいた。また、目標を積極的に考えることができた。弟が風船を手で持ってしまった場面では、「駄目」と注意していた。

	1	欠席
D児	2	障害特性の説明を自分の言葉で言い直して解釈しようとする姿が見られた。エピソードの登場人物に弟と同じ困難さがあると気づき、同様の弟のエピソードを交えて話した。弟には、体を一緒に動かして教えていると話した。風船運びゲームでは、弟が部屋から出ていこうとすると名前を呼んで一緒にいることを促すこともあったが、だいたいは母親が弟の世話をするのに任せていた。時折、弟に「ここ持って」と新聞を持つ場所を指示していた。しっぽとりゲームでは弟の方へ行く様子は見られなかった。楽しそうに参加した。
	3	弟が常に母親と一緒にいるから、自分は母親と一緒になれないと話した。また、弟は順番を守るのが難しいが、ちゃんと言えばできると発言した。風船運びゲームでは、好きなペアをつくる時にすぐにC児とペアを作り、弟に目もくれず、その後も話しかける様子はなかった。
	4	弟はいつも自分のそばを離れないので、自分は弟に頼りにされているのかも知れないと言う。母親が弟だけでなくて自分も見てくれるようになったと嬉しそうに話した。弟にも登場人物と同じようなことがあるとエピソードを紹介した。風船運びゲームでは、つい新聞紙を離してしまう弟に、「あー」とがっかりして言うが、手は出さず、イライラしている様子ではなく、あきらめている様子であった。しっぽとりゲームでは、思いきり楽しむ様子が見られた。
	5	弟が鉄棒の前回りをできるように様々な方法で教えているが、弟は何回言ってもできず、どうすればいいのか分からないと話した。それを聞いたB児が以前にやった鉄棒の方法を話すと、真剣に聞いていた。弟のことについて、「本当はそうではないのに、周りの人達が自分勝手に『弟は自分が楽しければいいと思っている』と言っている」と言う。ゲームでは、弟がどこかへ行かないように、体を抱き止めていた。風船運びゲームでは、弟の方を見てうまく協力できるように、自分の体を動かしていた。しっぽとりゲームでは、どの相手とでも積極的に楽しんで行おうとする様子が見られた。
	6	欠席
	7	今回のエピソードはD児の弟にあてはまらないと言うが、何かに夢中になり、止められない理由を説明している時に、食い入るように聞いていた。また、他の対象児の話も真剣に聞いている様子であった。感想では、弟が夢中になると止められないのは、心に余裕がなくなってしまうからだと初めて知ることができたと話した。風船運びゲームでは、当初風邪のため体調が悪く見学すると話していたが、弟が「一緒にする」と言ってD児を引っ張るので、弟の隣で説明を聞いた。その後、母親から「頑張りなさい」と言われ、風船運びゲームを弟と一緒にした。しっぽとりゲームは見学し、弟を応援した。
	8	「弟が困っている時、どうしてほしかっただろう」という問いに対して、積極的に手を挙げ、弟は「見本を見せてほしかった」「相手にも分かってほしいと思っている」などと発言した。「弟が本を読む時は時間を教えてあげる」など、弟が見通しをもてるように工夫をしていることを話した。風船運びゲームでは、弟がしっかり新聞紙が持てるように声をかけていた。

うように、うまく弟の面倒をみるという視点だけでなく、弟の心情を理解しようとする傾向が見られるようになった。

C児は一貫して障害特性の説明の際、エピソードの主人公に「ばかじゃないの？」と非難めいた発言をしていたが、プログラムが進むにつれ、弟も同じ特性を有していることに気づき、弟自身のエピソードを話したり、登場人物の気持ちを読み取って、それを弟の気持ちに置き換えて考えたりするようになった。その後、第5回では、「弟が分からなければ見本を見せればいい」「絵に書けばいい」、第8回では「他の対象児の様子を見て（弟への）かかわり方が工夫できる」などと発言し、弟の抱える困難さに自分なりの方法で援助しようとする意識が高まった様子が見られた。風船運びゲームでは、当初弟の存在を無視するかのような振る舞いをしたが、プログラム後半のセッションでは、弟と協力するようになり、第8回で弟とやる方がより多くの風船を運べることに気づくなど、弟との関係を見直すに至ったことが確認された。

D児は、プログラム開始当初「弟が常に母親と一緒にいるから自分は一緒になれない」と発言していたが、第4回では「母親が自分を見てくれるようになった」と母親との関係が変化したことを報告した。D児は、プログラム前半のセッションでは、障害特性を説明されると、「弟はちゃんと言えば分かる」と弟には特別な対応は不要だと主張したが、後半のセッションになると、障害の説明や、他の対象児が話す対応方法を興味深く聞く姿が見られ、「（障害特性について）こういうことが分かった」と報告したり、「弟はきっとこう感じているかもしれない」など、弟の気持ちを考える発言が見られるようになった。ゲームでは、プログラム当初のセッションでは、弟に積極的にかかわる様子がなかったが、後半は弟の求めに応じて一緒に行い、自分が怪我をして参加できない時も関心をもって弟の様子を見るようになった。

2 対象児への調査結果における対象児の変容

(1) 対象児の障害理解テスト

対象児の障害理解テストの結果を Table 8-5 に示す。「主人公の行動の理由」について、A児、B児は、Pre 時点ですでに、障害特性を踏まえた回答を選択した。C児は、Post 時点で正答が増え、逆にD児は、Post 時点で正答が減少した。

Table 8-5 対象児の

領域	対象児	A児		B
	質問	Pre	Post	Pre
好きな世界にこだわることについて	理由	正答	正答	正答
	主人公について思うこと	変な人。遊びに集中していない。	遊んでいるのにぼうっとしているから、ばかだと思う。	何か考えているから、何か悩みがあるのかなと思う。
	自分なら、どう対応するか	無視する。	何でやらないのかと注意する。	「大丈夫？」と声をかける。
パニックを起こすことについて	理由	正答	正答	正答
	主人公について思うこと	「なにしとるん？」って思う。	勉強中に何かやっていて変だと思う。	勉強が難しいのかなと思う。
	自分なら、どう対応するか	「うるさい」と、注意する。	うるさいから無視する。	授業が終わったら教えてあげようと思う。
暗黙のルールが分からないことについて	理由	正答	正答	正答
	主人公について思うこと	しっかり順番を守らないと駄目だと思う。	皆並んでいるのに、並ばないから変だと思う。	他の子が並んでいるから、ちゃんと並ばないと他の子が嫌な気持ちになる。
	自分なら、どう対応するか	ブランコに乗り続けるか、並んでいるのであれば他のところに行く。	「なんで並ばないんだよ」って注意する。	無理やり乗ろうとするのを止める。そして、皆と同じように並ばせる。
言葉だけでは理解が難しいことについて	理由	正答	正答	正答
	主人公について思うこと	聞こえてなかったんじゃないか。	自分で取ればいいのに、取ってあげなければよいと思う。	ちょっと簡単な言い方じゃないと分からない子だと思う。
	自分なら、どう対応するか	何も言わずに自分で取る。	自分でできることは、しないといけないという現実を教えてあげたから褒めてあげる。	分かりやすい言葉で言う。
一番にこだわることについて	理由	正答	正答	正答
	主人公について思うこと	変だと思う。	1番じゃなくても走りきったことはすごい。	1番じゃないと駄目だと思う子だからかわいそう。
	自分なら、どう対応するか	「何やってんの」って感じで無視する。	「今は1番じゃなかったから残念だったね」と声をかける。	「3番でも4番よりは良いよ」と教える。
周囲の視線について	周りの友達が主人公に対して言っていることについてどう思うか	「うるさい」と言っているのは正解だと思う。	しっかり注意しているからいいと思う。	悪い意味で捉えているから、困っているから叫んでいるという事を教えてあげれば良いと思う。
	自分なら、どう対応するか	「うるさい」と言って駄目なら無視する。	うるさくてもどうでもいいから無視する。	プリントを教えてあげる。

障害理解テストの結果

児		C児		D児	
	Post	Pre	Post	Pre	Post
	正答	誤答	誤答	正答	誤答
	鬼ごっこに興味がないから、自分の世界に入っていると思う。	ぼうっとして何見ているのか気になる。	1回休ませたらいいかもしれないと思う。	「どうしたのかな？」と思う。	「夜更かししたの？」と思う。
	「みんなやっているから一緒にやろう」と声をかける。	「おーい、目を覚ませ」と声をかける。	「休めば？」と声をかける。	「どうしてぼうっとしているの？」と聞く。	ぼうっとしている理由がなかったら、休憩か好きなことをさせる。
	正答	正答	正答	正答	正答
	分からないのに無理やりやらされてかわいそう。	「勉強中だぞ。静かにして」と思う。	静かにしてほしいから叫ぶ理由を聞きたい。	びっくりする。	「何でいきなり大声出すの？」と思う。
	詳しく教えてあげる。	「驚かしても無駄だぞ」と言う。	叫ぶ理由を聞いて、先生や隣の人がヒントをあげる。そして、「もう大丈夫」と声をかける。	分からない。	なぜ暴れるか聞く。
	正答	誤答	正答	正答	正答
	誰にでもあることで、口で言われても分からなかったのだと思う。	順番守れ。「はぁ？」って思う。	横入りしたのが分からないかも。	「悪い男の子だ」と思う。	「なんで並んでいるのに横入りするの？」と思う。
	「みんなが並んでいるからちゃんと並ぼう」と分からなかったら教えてあげる。	「順番に並んで」と言い、並ぶように列に引っ張る。	「並んで」と言い、自分の後ろに並んでと教えてあげる。	「横入りしちゃ駄目だよ」と言う。	友達の後ろに並べば乗れることを教えてあげる。
	正答	正答	正答	誤答	誤答
	「筆箱」って言っても分からないのだと思う。	そっちの方が近いのに、何で取らないのと思う。	実際に手を伸ばしてみて、届かないのを教えてあげたい。	「意地悪」と言う。	「2回も言ったのに何で取ってくれないの？」と思う。
	「これ」とか言って指を指す。または、長すぎて分かんなかったらメモをする。	「早く取ってよ」と言う。	本当に取れないことを実際に手を伸ばしてみる。取ってくれたらお礼を言う。	物語の人物とは友達になりたくないと思う。	取ってくれなかったら、他の人に頼む。
	正答	誤答	正答	正答	誤答
	いつも1番だったから、当たり前になっていて、それじゃないと駄目だと思っている。	「何で叫んでいるの？」と思う。	「1番じゃなくても頑張ればいい」と言ってあげたい。	別に1番じゃなくてもいいのに叫んでいるのは不思議だと思う。	ビリじゃないから、3番でもいいと思う。
	「3位でもいいじゃないか」と声をかける。	「うるさい」と言う。	周りがうるさかったら「静かにして」と注意してから、「頑張ったね」と褒めてあげる。	「順位は関係ないんだよ」「頑張ればOK」と声をかける。	「3番でも、親は頑張ったねって言ってくれる」と言う。
	友達としてはうるさいから、間違ってはいないと思う。	周りの友達がうるさくて、集中できないと思う。	「うるさい」じゃなくて言い方変えればいいのにと思う。叫ぶ理由を聞いてあげればいいと思う。	静かにならないのなら、違うところに行けばいいのにと思う。	怒りをぶつけたらもっと叫ぶから「うるさい」と言うのは駄目だと思う。
	先生を呼んで、分からないところを教えるように伝える。	「ヒントあげるから静かにして」と言う。	「みんな集中してるから静かにして」と言ってから、こっそり分からないところを教えてあげる。	「どういう風に分かんないの？」と聞く。	分からないところは、教えてあげる。

しかし、いずれの対象児も、主人公に対する考え方や対応方法が、Pre時点での非難・困惑や拒否的な内容から、Post時点では主人公の抱える困難さを理解した上で、その気持ちに沿った支援の方法を考える内容に変化した。

例えば、A児のかかわり方における回答はPre時点では、「無視する」のように回避的であった。しかし、Post時点になると、A児が悩んでいた弟の勝ちにこだわる特性に対して、「走りきったことはすごい」「残念だったね」とその心情に配慮した対応を回答している。B児を見ると、対応方法の答え方が具体的になり、より丁寧で伝わりやすい言葉かけの仕方を選んだり、案を複数出したりできるようになった。さらに、「先生を呼んで教えてもらう」と、それまでの自分が教えるという直接的な支援だけでなく、間接的な支援の方法を用いる回答が加わり、独力での解決以外に多様な支援方法を考えられるようになったことが示された。C児については、Pre時点では「静かにしてと言う」「うるさいと言う」など、非難する回答だったのに対し、Post時点では、「理由を聞く」「ヒントを出してあげて、『もう大丈夫』と言う」「実際にやって見せて教える」「褒めてあげる」「こっそり分からないところを教える」など、障害のある子どもの困難さを理解した上で、具体的な支援方法を答えている。D児も同様に、Pre時点では「分からない」「(本人に)『どうして？』と聞く」という回答だったものが、Post時点では、順番を待つ方法を具体的に教えたり、障害のある子どもの気持ちに沿った対応の仕方を答えたりしている。

(2) 対象児へのインタビュー結果

対象児へのインタビュー結果をTable 8-6に示す。A児やC児は、Post時点で、「弟のことが分かった」と述べた。また、A児とD児においては、Pre時点の「弟と一緒にいて嫌だなと思う点」が、Post時点では解決したことが示された。さらに、どの対象児も、Post時点で、弟とうまくつき合う方法を工夫するようになったことが見て取れた。

A児は、Pre時点では弟を嫌だと思うことが「たくさんある」と話したが、Post時点では「別にない」と言い、自ら弟に暴力的な行為をすることが少なくなったと話した。暴力については後述するように母親からも減少したことが報告された。また、「弟と一緒にいて良かったと思う点」として、Post時点では、「弟にちょっかいを出せる」と話したが、母親の話では、A児はPre時点では全く

弟に干渉しなかったが、Post時点では、関心をもってよく自分からかかわるようになったとのことであった。拒否的な暴力から、積極的にかかわりを求めるちょっかいへと行動が変化し、弟に対する関心の高まりが示された。

　B児は、Postインタビューでは、「弟の新たな一面を知ることができた」「弟は悔しい気持ちになるとうるさいけれど、暴れてはいない」と冷静に弟の実態を分析した上で、弟といる時の留意点として、「いい加減なことを言わずに、確かなことを言うようにする」と言い、Pre時点の「どうしたらよいか分からない（ことがある）」という回答とは異なり、自信に満ちた回答をするようになった。

　C児は「弟の気持ちが分かった気がする」、「いつも弟と取り合いでゲームをしていたけど、交替でゲームができるようになった」など、弟との関係が変化したことを自覚している様子がうかがえた。C児は当初より、母親が自分よりも弟を優先することに強い不満を抱いており、セッション中に母親が自分を認めてくれないと何度も漏らし、母親が自分を認めてくれるようになったと話すD児にまで攻撃的になるなど、親子関係の不満がC児の情緒面に影響していることが見て取れた。第3回の「弟に母親を取られた」という発言に見るように、この親子関係が本プログラム実践の初期に見られた弟への強い拒否的態度に反映されていたと推察される。残念ながら、C児の意識において母親との関係はプログラム中に大きく変化することはなかったが、それでもプログラムが進むにつれ、C児は弟の抱える問題を客観的に認識してそのかかわりを自ら変化させるに至ったことが示された。

　D児は、Preインタビューで「弟が母親との間に割り込んでくることが嫌だ」と述べていたが、Post時点には「（弟と一緒にいて）嫌なことはない」と答えている。D児もC児同様に、弟が母親を独占していることに対する不満を述べていたが、プログラムに参加する過程で得られた親子関係の変化が、弟との関係にも影響したと考えられた。また、Postインタビューでは、「いつも家ではすぐにあきらめるけどここではあきらめない」「家ではあまり笑っていないのに、ここではいつもニコニコしていた」と弟の新たな一面を発見できた発言や、弟に教える時は、「まずは言葉で言って、それでも分からなかったら実際に手を持って動かして教える」とプログラムで学んだ方法を実践している発言が見られた。また、「弟と一緒にいて良かったと思うこと」については、Post時点では、「ゲームでうまくできなかった時も弟と心が通じていると思うことがある」と言い、他にも

Table 8-6　対象児のプログラム

対象児	A児	B児
		Pre インタビュー
弟の不思議・変わっている点	・ラジオ体操の時に変な声を出したり、みんなと違う動きをするが、なぜするかは、分からない。 ・変な声を出している時は、教えても駄目。かかわると蹴ってくる。	・頭の中に自分のワールドが入っているから、途中で思い出して、笑うことが不思議。
弟と一緒にいて良かったと思う点	・テレビゲームを一緒にやる。 ・テレビ番組の登場人物になりきって一緒に遊ぶ。	・少しある。腹立つこともあるけど、言い返さずに自分の言うことを聞いてくれる。
弟と一緒にいて嫌だなと思う点	・たくさんある。うるさい、迷惑、物ほったらかし、すぐ叩くから喧嘩になる。 ・ゲームで負けそうになると、途中で急に電源を切る。運動会でも、負けるのが嫌で走らなかったことがあった。	・塾で暴れた時とか、いなくなったりするからずっと見てないといけないし、探すのも大変で疲れる。 ・友達がいる時に暴れると困るし、見られるのが嫌。弟がうるさいから嫌だ。
一緒にいる時に困ること	・暴力をふるうこと。	・漫画、テレビばっかり見ると自分の世界に入るから、どうすればいいか分からない。
友人から弟のことを聞かれて困った経験	・友達からは言われないが、自分から弟を友達と一緒にばかにする。	・暴れる時に見られて、嫌な感じがする。 ・暴れると自分の方に「何とかしろよ」という視線が来る感じがする。
		Post インタビュー
弟と一緒にいて良かったと思う点	・一緒にいるとちょっかいを出せるから楽しい。 ・弟に宿題で分からないところを時々教えてもらえる。	・弟は何でも口答えしないでするから、かわいいと思う。 ・自分の真似をする。
弟と一緒にいて嫌だなと思う点	・別にないが、あえて言うなら学校とかで「お兄ちゃん」と言って寄ってくること。	・塾で暴れるから、お兄ちゃんとして恥ずかしい。 ・たまに弟がいなくなるから、一緒にいて、見張っていないといけない。
弟について分かったことや発見したこと	・他の対象児の弟とは違うということが分かった。	・たまには言えばできるという新たな一面を知ることができた。 ・「悔しい」気持ちになるとうるさいけど、暴れてはいない。
プログラムに参加してから、弟とかかわる際、工夫していること	・殴ったり、蹴ったりするのが減った。蹴ったりしないように、関わる時間を減らしている。	・いい加減なことは言わない。確かなことを言うようにする。
弟と一緒にゲームをした感想	・楽しくなかった。 ・風船運びゲームでは、弟がふざけていたからむかついた。 ・しっぽとりゲームでは、うるさいから嫌だった。	・楽しかったが、しっぽとりゲームでは弟に1回ぐらいは勝たせたかったなと思う。
プログラムに参加した感想	・少し楽しかった。いろんな意見が聞けて、勉強できたから。	・いろんな意見が聞けて楽しかった。 ・同じ境遇のきょうだいに会えて、学校の友達には言えない恥ずかしいことが話せた。

実施前後におけるインタビュー結果

C児	D児
の回答内容	
・みんなと違って、言葉がすごく面白い。	・ない。
・一緒に遊ぶ時。弟の好きな遊びをさせる。例えば、怪獣ごっこ、カードゲームで遊ぶ。	・おいかけごっこ、二段ベットから飛び移る、縄跳びの汽車で遊ぶのは楽しい。
・宿題している時は、うるさい。声がうるさくて、「うるさい」って言う。	・お母さんと手をつないでいる時に後ろから来て、弟が間に入るのは嫌。
・ない。	・宿題している時、机を動かすのは困る。
・友達と遊ぶ時は、一緒に遊ぶけど、友達に何か聞かれたことはない。	・いとこと弟と遊ぶが、途中で弟は他の事をし始めるけど何も言われない。みんな弟のことをかわいそうだと思ったからだと思う。
の回答内容	
・保育園行事に参加できる。 ・保育園の先生にも会える。	・つまらない時、遊んでくれる。 ・弟と交替して遊べる。 ・ゲームで上手くできなかった時も弟と心が通じてると思うことがある。
・「〜して」「〜言って」とうるさい。	・ない。
・弟の気持ちが分かった気がする。	・ブロックで遊ぶ時はすぐにあきらめるから、しっぽをあきらめないで取って、弟の自信がついたことが良かった。 ・家ではニコニコしていないが、この場ではニコニコしている。
・今まで取り合いでゲームをしていたが、1回ずつ交替でできるようになった。	・ゲームのやり方の教え方で言葉だけで教えても分からなかったら、弟の手を持って実際に動かすようにしている。
・走ったり、運んだり、風船が落ちたりといろいろと面白さがあった。 ・しっぽとりは優勝できたし、風船運びは最高記録が出せて嬉しかった。	・しっぽとりゲームは楽しかったけど、風船運びゲームは新聞を弟がすぐに離すから嫌だった。 ・しっぽとりゲームは、初めからD児を狙わないで、初めは他の子のしっぽを頑張って取ろうとしてくれたことが嬉しかった。
・皆と話せたのと自分もたくさん話せたのが楽しかった。ゲームも楽しかった。	・風船運びゲームで急ぐ時にその気持ちが弟に伝わったと思うから良かった。

Table 8-7 対象児の SRS-C 下位尺度得点、及び、合計点

下位尺度	A児		B児		C児		D児	
	Pre	Post	Pre	Post	Pre	Post	Pre	Post
身体反応	5	5	5	5	5	5	8	7
抑うつ・不安感情	5	5	5	5	5	5	6	8
不機嫌・怒り感情	5	5	5	5	8	8	10	6
無気力	11	5	5	5	8	8	9	6
合計	26	20	20	20	26	26	33	27

「風船運びゲームで急ぐ気持ちが弟に伝わったと思うから良かった」と心理的な側面について触れ、プログラムに参加する過程で、以前に感じることができなかった弟との感情交流を体験でき、心理的距離感が近くなったことがうかがわれた。

また、対象児らは、本プログラムに参加した感想として、お互いに話ができいろいろな意見を聞くことができたことを積極的に評価している。A児は、今回の活動自体を「いろんな意見が聞けて勉強できた」と自分に変化をもたらす機会となったことをプラスに評価している。また、B児は「同じ悩みをもつきょうだいに会えた」「学校の友達には言えない恥ずかしいことが話せた」と、今回の活動で、ありのままの自分を出せる貴重な時間を過ごし、心理的な開放を得られたことを示唆した。また、C児は、「みんなと話せて良かった。自分もいっぱい話せた」と嬉しそうに語り、自分が日頃言えないことを話すことができ、認められる体験を得たと推察された。

(3) 対象児のストレス調査

SRS-C の Pre 時点、Post 時点の下位尺度得点、及び、合計点を Table 8-7 に示す。A児、B児、C児のストレス得点は、Pre 時点で20点台とすでに低く、特に B児は20点で、最低点であった。D児のみが30点台でややストレスを感じている様子が見られた。Post 時点では、A児と D児の得点が減少し、A児は、Pre 時点で唯一11点と同学齢児の平均値9.63点（嶋田・戸ケ崎・坂野, 1994）より高かった「無気力」もプログラム後には減少し、最低点になった。また、D児は「抑うつ・不安感情」は増加したが、その他の尺度はいずれも減少し、特に、「不機嫌・怒り感情」が10点から6点へ、「無気力」が9点から6点へとプログラ

ム前後で大きく減少した。D児は当初、弟の様子に失望したりあきらめたりする態度が見られたが、後半そのような様子は鳴りを潜め、弟へのかかわり方を積極的に発言するようになっており、上記の回答の変化を裏づけるものと考えられた。

3 母親への調査結果における対象児と親の変容

(1) 対象児に関する母親へのアンケート

母親が捉えた対象児のPre時点、及びPost時点の様子をTable 8-8、また、Pre時点、Post時点で母親が家庭で行った2週間の対象児の行動観察の結果をカテゴリー化したものをTable 8-9に示す。

Table 8-8を見ると、対象児らにはPre時点で、同胞に対する乱暴な態度（A児）、同胞の障害特性による特異な行動へのいらだち（D児）、拒否（A児）、困惑（B児、C児）、さらには、同胞に関連した自分の友達との関係における苦慮（A児、B児、D児）などが確認された。また、障害そのものに対する疑問をもっていること（A児、D児）も示された。一方Post時点では、Pre時点で見られたような、気がかりな様子が低減し、安定した情緒で同胞とかかわる姿（B児、C児、D児）や、同胞とトラブルにならないように配慮して行動する様子（A児、B児、C児、D児）が確認された。

一方、Table 8-9では、母親から見た対象児の「望ましいこと」「気になること」のエピソード数にPre時点とPost時点で大きな変動は見られなかった。特に、きょうだいの同胞に対する気になる態度や行動については、以前見られたものが、Post時点で変容し、改善されたと把握している一方で、新たにまた、受け入れがたいと感じる行動を見出していることが示された。

(2) プログラムの有用性に関する母親へのアンケート

プログラムの有用性に関する母親へのアンケート調査結果について「そう思う」～「そう思わない」の各選択肢に5～1点をあてはめて表したものをTable 8-10に示す。また、母親がプログラムで満足したこと、不満なことと母親が自覚する自身の変化について、Table 8-11に示す。

有用性に関しては、概ね「少しそう思う」～「そう思う」の評価が得られたが、ゲームの効果について「対象児はゲームを楽しむことができたか」という質問項

Table 8-8 対象児の様子に

質問	母A	母B
		Pre
対象児によく見られる同胞への言動や態度にはどのようなものがあるか	・呼ぶ時、高圧的な態度や殴ることがある。 ・自分が嫌なことをされたら、後々まで根にもち、同じ事を平然とやり返す。	・やさしく、丁寧に、分からないことは何回も繰り返し説明してくれる。
同胞に対しての対象児のかかわり方で気になることはあるか	・何かといえば、手や足が出て、蹴ったり、パンチしたりする。 ・弟をばかにする。	・学校では、同胞の行動が気になり何かと心配する。 ・家では、同胞に気を遣い心穏やかに過ごせてないのではないかと思う。
対象児が同胞に対して困っていることはあるか	・同胞を優先させるので、我慢させられる。 ・同胞が学校で悪さをして、その報復が自分のところに来るかもと思っている。	・塾で、同胞が泣いたり、暴れたりする時に、ジロジロと他の生徒から見られたり、言われたりして嫌な思いをしている。
同胞に対する対象児の悩みや相談はあるか	・どうして障害になったのかと聞く。	・塾での同胞が暴れたりする時、どうすればいいか分からないと言う。
		Post
同胞と関わる際に対象児の態度やかかわり方、言動が変わったことはあるか	・指示口調が少なくなった。 ・いきなり蹴ったり、パンチしたりするのが少なくなった。真似だけで止めるようになった。 ・母が同胞に指示（注意）をしたら、それを繰り返して言う。	・同胞の普段聞き流しているような話にも、耳を傾け熱心に説明したりするようになった。 ・外で2人で遊ぶこともあまりなかったが、兄が誘うと同胞も喜んでついて行っている姿が見られるようになった。
母親と関わる際に対象児の態度やかかわり方、言動が変化したことはあるか	・「何で俺ばっか」「同胞の方が〜」等、言うことがなくなった。 ・良いことも悪いこともやたらと話しかけてくる。	・以前より優しい口調で、本当にいろんなことを教えてくれたり、頼んだことも嫌な顔をすることも少なくなり、やってくれるようになった。
Pre時点での、対象児の気になる行動や、悩みなどに変化があったか	・「ばか」発言、パンチや蹴り真似は、相変わらずである。 ・同胞を優先させるために我慢させられることや、同胞が学校で悪さをして自分に報復されると思うことについて、A児自身が気にしなくなる。 ・同胞が突飛な行動をして、他の児童が笑ってA児に振り向いたけど、知らん顔したと報告した。 ・親に、同胞がなぜ障害をもつようになったか質問することはなくなったが、母から「同じお腹から産まれてきたし、同じ血が流れてるんだから、あなたがそうなってもおかしくない」と話した。	・同胞と一緒に2階へ行こうと誘って、宿題を教えたり、ボードを使って同胞の分からないことを絵を描いて説明したり、自分から同胞にくっついていっているような気がする。 ・以前は、塾に迎えに行くなり、母に同胞が泣いたり暴れたりしたと嫌そうに話していたが、最近では自分の趣味や好きなことをしてから、実はこうだったんだと穏やかに話すようになった。同胞が塾で暴れなかった時は「えらかったね」と褒めたりもしている。

第 8 章　研究 6：障害理解支援プログラムの開発に関する実践的検討　199

関する母親へのアンケート結果

母 C	母 D
アンケート	
・分かりやすい言葉で話す、ジェスチャーを使う。	・分かるように説明する。 ・同胞が理解できなくても腹を立てない。
・なし	・同胞ができないことに 1 回や 2 回なら我慢ができるが、我慢の限界がある。
・ゲームの説明をする時に、思いが通じないことがある。	・同胞が児童会で、並ぶ順番が分からず、他の児童に叱られているのを見ると耳をふさぐ。大声で同胞が泣いていても同様に耳をふさぐ。
・なし	・療育などで、同胞の障害が少し治ると言ってなだめているが、このままの状態で同じ小学校に行くのは嫌だと泣く。
アンケート	
・本人に心の余裕があり、同胞に何か説明、指示などする時、分かりやすく言葉だけでなく、体を使って伝えようとしていた。	・細かいことで立腹しなくなった。 ・言い回しに配慮が見られるようになった。
・心に余裕がある時、前よりも自分と同胞を比べないようになった。	・母娘の相互間での無駄な言い争いが、ぐんと減った。
・ゲームの説明で弟に自分の思いが通じない場合は、以前は感情が爆発していたが、心に余裕がある時だけではあるが、工夫して伝えようとしている様子が見られる。他のきょうだいの意見もいいアドバイスになっているのではないかと思う。	・同胞が他の児童に叱られたり、大声で泣いたりする際の対象児の耳ふさぎについては、その後、そのような状況になっていないので分からない。 ・同胞が障害をもったままの状態で、同じ小学校に行くことについては、障害者だからやむなしと納得したのだろう。 ・母親から D 児に同胞への対応の仕方をケースバイケースで教えている。

Table 8-9 母親による対象児の

		A児	Pre	Post		B児	Pre	Post
好ましいこと		全エピソード数	19	25		全エピソード数	18	14
		・同胞が見たいテレビが入ると、声をかける。	8	12		・一緒にDVDを鑑賞したり、遊んだりする。	9	13
		・同胞に代わって、遊び道具などを準備してやる。	4	4		・同胞のことを心配する。	4	
		・一緒に遊ぶ、留守番をする(一緒にゲームをするなど)。	3	3		・同胞に何をすればいいか教える。	3	
		・同胞を励ましたり、感謝をする。	3			・同胞に感謝をする。	2	
		・同胞がパニックを起こさないように、行動する。	1	2		・同胞ができたことに対して褒める。		1
		・一緒に遊ぶ、寝る。		3				
		・同胞に感謝する。		1				
気になること		全エピソード数	30	28		全エピソード数	13	12
		・殴る、蹴るなどの暴力をふるう。	12			・同胞の言動に対して「うるさい」「やめろ」と怒る。	6	5
		・ばかなどの暴言を吐く。	11	15		・対象児の好きなものをぐちゃぐちゃにされて怒る。	2	
		・邪魔をする。	4	1		・同胞の質問に面倒くさそうに答える。	2	
		・否定的なことを言う。	3	9		・否定的なことを言う。	3	
		・蹴り真似をする。		2		・「どうせ塾で暴れるんだろう」と同胞に言う。		3
		・邪魔者扱いする。		1		・同胞になんでも頼んでやらせる。		3
		・同胞に命令する。				・同胞に「大嫌い」と言う。		1

親や友達に対する、同胞に関する対象児の言動

	A児	B児
Pre時点	特になし	・同胞が上級生に何か言われている時に、対象児の友達が助けてくれた。 ・対象児のクラスにも何か障害をもっている子どもがいて、同胞と比較をしている。
Post時点	特になし	・同胞が「僕も友達が欲しい」と言ったことや、忘れ物をした際に「僕の脳が悪いんだ」と頭を叩くのを見て、心配する言葉を母親に言う。

家庭での行動観察のカテゴリー分類

C児	Pre	Post	D児	Pre	Post
全エピソード数	17	11	全エピソード数	63	43
・トランプなどで一緒に遊ぶ。	7	3	・遊びルールや箸の持ち方などを教える。	29	
・同胞のできたことを褒める。	3	2	・一緒に保育園の遊戯を練習する。	17	6
・言葉を選び分かりやすく話す。	2	2	・同胞ができないことは代わりに、または一緒にしてあげる。	6	
・同胞といろいろな会話をする。	4		・同胞が分かるように工夫をする。	6	
・同胞に物を貸してあげる。	1		・同胞のできたことを褒める。	3	
・同胞のことをまず否定せずに褒め、その後違う提案をする。		2	・同胞が間違ったことをしている時は優しく注意を促す。	2	
・けんかになりやすいことも、うまく感情をコントロールしてかわす。		1	・一緒に釣りやゲーム、ピアノなどで遊ぶ。		18
・同胞の代わりに片づける。		1	・カルタやトランプなどのゲームを教える。		17
			・一緒に手伝いをする。		1
			・同胞が自分でできることは手伝わずに見守り、できたら褒める。		1
全エピソード数	8	9	全エピソード数	7	3
・同胞が遊びルールを理解できなくてトラブルになる。	3		・同胞が大きな声を出すと「うるさい」「あっちに行け」と言う。	5	
・けんかをする。	2		・同胞に教える際、うまくいかないと怒る。	2	
・同胞と対等の物を買ってもらえなくて不満を言う。	2	1	・同胞がトランプなどのルールが分からず、D児が途中でゲームを投げ出す。		3
・同胞を無視する。	1	1			
・ゲームのルールを守らない同胞を怒る。		4			
・ゲームで自分が勝つようにルールをつくる。		1			
・C児が病気になり、同胞に迷惑をかけ、申し訳ない様子をする。		1			
・同胞の頑張っている姿を見て「ダサい」と言う。		1			

C児	D児
・「同胞は勝手だ」と母親に話す。 ・学校で障害者の話になった時に、同胞も同じなのかと母親に聞く。	・同胞の障害のことを聞かれると敏感になり「障害者ではない」と話している。 ・「同胞は、D児に比べて求められるボーダーラインが低い」と祖母に話す。 ・同胞が療育でどんな力が伸びるか母親に聞く。
・同胞のことを母親に告げ口する。 ・同胞のために買った物とC児のために買った物が同じ価格であるか母親に聞く。	・同胞が頑張っていると、いとこに訴える。 ・ゲームのように同胞もレベルが上がればいいのにと母親に話す。 ・同胞ができるようになったことを喜ぶ。 ・同胞の障害について知ったために、障害についてD児が話す際に、思い上がっているようだ。

Table 8-10 プログラムの有用性に関する母親へのアンケート結果

質問内容		母A	母B	母C	母D
本プログラムの効果に満足しているか		4	4	4	3
勉強タイムの効果	対象児が同胞の困難さや特徴を理解する上で適切な内容だったか	4	4	4	3
	対象児が同胞の言動や気持ちを理解する上で適切な内容であったか	5	5	4	3
	対象児が自分の気持ちを言語化し、整理できる場であったか	5	5	4	3
ゲームの効果	対象児はゲームを楽しむことができたか	4	4	5	1
	対象児は協力をしてゲームを行うことができたか	4	5	3	5
プログラム全体の効果	同胞の抱える困難さや特徴について以前よりも対象児の理解が深まったか	3	4	3	4
	対象児は自分の気持ちを素直に言えるようになったか	4	4	4	4
	対象児の悩みが低減したか	4	3	4	5
	対象児の同胞へのかかわり方が変わったか	3	4	3	4
支援プログラムをすることは対象児にとって役立つか		5	5	5	5
きょうだい支援プログラムが必要か		5	5	5	5

5：そう思う、4：少しそう思う、3：どちらともいえない、2：あまりそう思わない、1：そう思わない

目については、母Cが「そう思う」、母Dが「そう思わない」の回答であり、個人差が大きかった。また、プログラムが対象児にとって役立つことや、きょうだい支援プログラムの必要性については、全員が「そう思う」と回答した。

また、Table 8-11では、母親達は、いずれもプログラムを通して対象児同士が話し合い、感情共有ができ、同胞に対して穏やかな対応をするように変化したことを「満足」したと述べた。一方、母A、母Dは、対象児が母親の思い通りの行動や障害理解に至っていないことに「不満」を感じていると報告した。母親自身の変容については、どの母親も自らも対象児に目を向けるようになり、よく話を聞くようになったと報告した。

Table 8-11 母親がプログラムで満足したこと、不満なことと母親自身の変化

母親	満足したこと	不満なこと	母親自身の変化
母A	他の対象児と共感できた。	風船運びゲームできょうだいで助け合うのが、できていなかった。	頭ごなしに怒る（注意する）ことが少なくなった。同胞を優先しがちだが、「助かる」「ありがとう」と言って少しでも持ち上げるようにした。口調にイラつくことも多いが、話をできるだけ聞くようにした。
母B	普段はきょうだいのいろんな思いを聞ける友達がいないので、この支援プログラムによって、今までの心の中の思いを吐き出すことができたと思う。また、他の人の意見を聞くことにより、共感できることも多かったのではないかと思う。	なし。	学校から帰ってきて、B児に学校での同胞の様子をよく聞いたりしていたのが、最近はB児自身の学校での出来事を聞いたり、表情を見て、言葉かけをするようになった。
母C	同じ境遇の子どもと話せる場ができて良かった。自分だけじゃない、他にも同じような子どもがいてそれを理解してくれる大人がいることが分かって良かった。また、母親に何でも話すようになった。下級生に対して優しくなったという報告を担任から聞いた。	なし。	今まで同胞にばかり目を向けていたような気がした。C児は、そういう母の行動を理解してくれるだろうと、安易に考えていたかもしれないと反省した。C児の方に目を向ける時間が増えたと思う。
母D	心の成長が見られた。同胞に対しても対応が良くなった。同じきょうだいの仲間が見つけられた。母親に何でも話すようになった。D児が学校の状況を理解できるようになった。	障害のある子とない子の境界線がD児自身曖昧であり、うまく障害が解釈できていない。	D児が協力者として母の助けとなるようになったことで、同胞にしか行き届かなかった目線が、D児にも行き届くようになった。

4 対象児及び親の変容に関する事例分析

(1) A児と母A

　Table 8-8に見るように、Pre時点での母Aの関心事は、A児の同胞に対する暴力行為であり、それを減少させることが本プログラムへの主な参加目的であり、A児自身への関心よりもA児の同胞に対する態度や同胞とトラブルを起こすことに対する問題意識が強くうかがわれた。

　A児の暴力については、本プログラム終了後、A児自身へのインタビューでA児は自ら同胞に対する暴力が減ったと報告し、実際に母Aが観察した状況もその通りで、Table 8-9を見ると、Post時点に暴力は記録されていない。逆に

母Aから見て好ましい行動の総数が19から25へと増加した。また、以前の直接的な暴力は「真似」に変化し、実際に手を出すのではなく、ちょっかいを出す形で、自分なりに同胞と新しいかかわり方を模索し始めている。母Aはこれに対し、A児の暴力が収まった変化を好ましいと思いながらも、「ばかと言う発言が収まっていない」、「真似は相変わらず」とTable 8-8で否定的に評価をしている。また、筆者やスタッフはゲーム中にA児が同胞をさりげなくカバーしたり、手伝ったりしていることを確認しているが、母Aは、Table 8-11の満足度調査でA児がゲームで十分同胞を助けていなかったと述べ、Table 8-10で、A児の同胞へのかかわり方が変わったかという問いに対し、「どちらともいえない」と答えるなど、自分の願うような障害児を思いやる子ども像をA児に求める強い思いがあり、A児に厳しい評価を下した。一方、母Aは、Table 8-8において、A児と自分とのかかわりについて、Pre時点では、A児が母親に対し同胞との不公平感を訴えていたが、Post時点ではむしろ母Aを求めて、「良いことも、悪いこともやたらと話しかけてくる」ようになった変化を報告している。本プログラムによって同胞の障害の状態と困難さを理解したA児は、同胞と比較して公平な扱いを求めるのでなく、自分自身と母Aとの固有のかかわりを求め始めたものと推察される。本プログラム中に観察されたエピソードでも、A児は、「母には自分が悪くなくても怒られ、もう慣れてしまった」と発言する一方で、同胞がいない場面でさりげなく母Aに甘えたり、セッションが進むにつれ、終了後もすぐに帰らずに母Aと遊ぼうとする姿が見られるようになった。

母Aもこの変化を受け、A児を褒めるようにしていることや、思春期の子どもらしい口のきき方に苛立ちを感じながらも、自らかかわりを求め始めたA児を受け入れようと努力するようになった自分の変化を報告している。また、Table 8-10に示すように、A児が自分の気持ちを素直に言えるようになったかという問いに対し、「少しそう思う」と答え、本プログラムの経過の中で、母AとA児の関係が変化し始めたことを自覚している。

(2) B児と母B

Pre時点での母Bの本プログラムへの参加理由は、B児にきょうだい同士で遠慮なく話ができる場所を提供したいということであった。Post時点のB児へのインタビューで示したとおり、本プログラムが母Bの希望していた通りの体験

をB児にもたらしたことを確認できた。母Bも、Table 8-10で、対象児が自分の気持ちを言語化し整理できる場であったかという問いに対し「そう思う」と回答し、Table 8-11で満足したこととして、「このプログラムによって、B児が今までの心の中の思いを吐き出すことができた」と同様の成果を確認している。

一方、Table 8-9より、母BによるB児の行動観察では、Pre時点で見られた「心配する」「教える」という同胞へのかかわりが、Post時点で同胞と楽しむかかわりへと変化してきていることが推測された。また、Table 8-8を見ると、Postアンケートで、母Bは、B児が同胞に対して、遊びに誘ったり、優しい口調で話すようになったりなどかかわり方が変化したと報告しており、加えて、塾の迎えに来た母Bに、以前のように同胞の振る舞いが嫌だったことをすぐに訴えず、まず自分の好きなことをして情緒的な安定を図ってから、改めて口にするようになった変化に気づいている。B児は本プログラムに参加する中で、塾で同胞がうるさくすることを苦痛に感じており、それを自分の責任のように見る他者からの視線が嫌だと述べていた。しかし、本プログラムを通して同胞がもつ特性を学んだことで、塾の学習環境は、混乱した同胞が大きな声を挙げずにはいられない状況であると理解し、冷静に同胞の状況を母Bと共有する方法を選んだものと考えられた。また、暴れずにいられた時は、同胞を褒めることもできるようになった。母BはこのようなB児の同胞に対する認識の変化が反映された行動を見逃さずに把握している。このことは、Table 8-10で、同胞の抱える困難さや特徴について以前よりも理解が深まったか、自分の気持ちを素直に伝えることができるようになったか、同胞へのかかわり方が変わったかという問いに対する「少しそう思う」という回答結果につながるものであろう。しかしながら、実際に同胞の塾での行動自体が改善したわけではなく、それによる周囲のB児への視線もそのままであり、B児の直面する問題は解決されないままであった。母BもTable 8-10で、対象児の悩みが減ったかという問いに対し、「どちらともいえない」と回答しており、対象児と同胞との関係性の改善にとどまり、対象児とその周囲との関係性の問題にまで関与できなかった本プログラムの限界が示された形になった。

(3) C児と母C
Table 8-4で示したように、C児は本プログラム開始当初から「同胞に母C

をとられた」と発言し、母Cが自分を認めてくれないと何度も訴えていた。またその認識は本プログラム終了時まで変化することなく、本プログラムの中に出てきた登場人物が満点にこだわっているというエピソードを聞き、それは親が決めたせいだなどと主張し、母Cからの強いプレッシャーを示唆していた。

　しかし母Cは、C児の情緒的安定を本プログラムの学習の場に求めており、自らとC児との関係性がC児の同胞に関する感情や行動に影響を及ぼしている認識は薄いようであった。Table 8-9を見ると、Pre時点の行動観察でもC児の気になる行動として「同胞と対等の物を買ってもらえなくて不満を言う」を取り上げており、障害のある同胞が特別扱いされるのは当然であり、それを羨ましがるC児の方に問題があると考えているようであった。このことについて、Table 8-11を見ると、母Cは、Post時点で、「今まで同胞にばかりに目を向けていたような気がした。C児は、そういう母の行動を理解してくれるだろうと安易に考えていたかもしれないと反省した。C児の方に目を向ける時間が増えた」と述べており、本プログラムに参加する過程で、自らのかかわり方における問題に気づき、改善に向け努力するようになったことが明らかになった。また、母Cは、Table 8-8でPost時点のC児の様子を「前よりも自分と同胞を比べないようになった」と言いながらも、Table 8-9では、依然として気になる行動として、C児が、親の同胞と自分に対する扱いの差を気にする様子を報告しており、C児の抱く不公平感は十分解決していないことが示された。C児のこのような訴えは、自分が同胞と同じように愛されていることの確証を得たいという思いの表れであると考えられるが、母Cは、C児の「文句や不平を言う」行動が受け入れられず、C児の思いを受容するまでには至っていないことが示唆された。

　一方、C児は本プログラムが進むにつれ、同胞の抱える困難さを理解し、その対応方法を自分なりに考え出すことができるようになり、Table 8-6に見るように、Post時点のC児自身へのインタビューで「同胞の気持ちが分かったような気がする」と発言している。この変化に母Cも気づき、Table 8-8に見るように、Post時点で、C児が自らの感情をコントロールして、同胞に思いを工夫して伝え、本プログラムに参加する中で学びとったことを手がかりに自ら同胞との関係性を改善しようとしている様子を報告している。また、C児は本プログラムで他のきょうだいと話せたことが良かったと述べているが、母Cも「同じ境遇の子と話せる場」「自分だけじゃない、他にも同じような子がいてそれを理解

してくれる大人がいることが分かって良かった」と述べ、Table 8-10に示すように、対象児が自分の気持ちを言語化し、整理できる場であったか、対象児は自分の気持ちを素直に言えるようになったかという問いにいずれも「少しそう思う」と答えており、当初望んでいたC児の心理的な支えを得られる場として、本プログラムの効果を確認している。

(4) D児と母D

Table 8-9を見ると、母Dが報告したD児の行動観察では、母Dから見て好ましいエピソードの総数は、本プログラム終了後にPreの63個から43個へと減少した。しかしその内容については、Pre時点では同胞に何かを教えてあげる、一緒に練習するという援助者としての行動が大多数を占めていたものが、Post時点では一緒に遊ぶ様子が新たに加わり、その回数が最も多くなっている。また、Table 8-8では、母DはPost時点で、D児が同胞に対して細かいことで立腹しなくなったことや言い回しに配慮が見られるようになったことを報告し、Table 8-11で、満足したこととして、「心の成長が見られた。同胞に対しても対応が良くなった」と評価している。Table 8-10でも、同胞へかかわり方が変わったかという問いに対し、「少しそう思う」と回答している。このことから、母Dは、D児が同胞のもつ特性を理解し、それに合わせて柔軟に対応しながら一緒に遊べるようになった様子に気づき、このようなかかわり方の質的変化を肯定的に評価していることが示された。

しかし、一方で母Dはプログラム後に新たな葛藤を感じ始めている。それは、以前、同胞について「障害者ではない」と言っていたD児が、同胞の障害について学んだ結果、同胞への態度やかかわり方が変わったことについて、Table 8-9に示すように、D児が同胞について障害者だから仕方がないと考え、障害のない自分と比較して思い上がっているように感じられることである。Table 8-11でも、プログラムに対する不満として、D児がどこからが障害者で、どこから障害者でないかという境界線が理解できないままであると感じている。このことは、母Dの障害観と同胞の障害特性の受容とのジレンマを反映していると推察される。母Dは、療育によって、同胞の自閉症スペクトラム障害の特性による困難さや特異な行動が改善され、その能力が伸長することを強く期待しており、それは、母Dが捉えている一般的な「障害者」像とは異なる、「我が子」固

有の育ちを目指すものであった。D児が、同胞に対し自分と同じようにできることを強く求める Pre 時点のかかわりから、プログラムの経過とともに、同胞のありのままを認めて、実態に応じた「ちょうどよい」かかわりをするようになった変化を、母Dは仲睦まじい同胞との関係として好ましく感じる一方で、母Dがこれまで良しとしてきた、同胞の成長を信じて、同胞に向上への努力を求め続けるD児の振る舞いとは質的に異なると感じ取ったと推測される。本プログラムは、D児が自分の同胞について実際に体験したことをベースにしながら、参加したきょうだいの同胞の共通の特性としての障害理解を促進し、きょうだい自身の問題を解決することを意図したものであったが、母Dにとっては、結果的にD児に対して、母親が受け入れたくなかった一般的な障害者観を同胞にあてはめさせるものと感じられたと思われる。よって、Table 8-10 でも全体の満足度を問われた際、母Dは「どちらともいえない」と答え、特に勉強タイムの効果についても同様に回答している。

　また、母Dは、Table 8-8 で、Post 時点でD児との親子関係において、無駄な言い争いがぐんと減ったと報告し、さらに Table 8-11 で、自分自身の変化として、D児が協力者として母の助けとなるようになったことによって、同胞にしか行き届かなかった自分の目線が、D児にも行き届くようになったと述べている。これは、D児の母Dに対するかかわりの変容が、母D自身のかかわり方を変えたという認識であるが、実際には、D児は第4回のセッション以降、筆者らや他の対象児らに、それまで訴えていた不公平感に代わり、同胞優先だった母親が自分を優先してくれるようになったと報告しており、本プログラムの参加は、親子の双方にかかわり方の変化をもたらすきっかけとなったようである。しかし、D児の不公平感が減少する親からのかかわりが得られたとしても、このような自分の願い通りの親子のかかわりをD児に期待する母Dの思いは、前段で述べた親の障害観に沿った同胞への対応をD児に求める傾向と同じ性質のものであり、D児は、依然として母親と同じ考えに立って振る舞うことを求められる親子関係に直面していることが示唆された。

第4節　考察

1　対象児にもたらされた変容

　本章では、開発した障害理解支援プログラムがきょうだいにもたらす、心理面での負担軽減と障害理解の促進効果を明らかにすることを1つ目の目的とした。実践の結果、各事例によって差異はあるものの、いずれもPre時点で母親が憂慮していた対象児らの同胞とのかかわりにおけるトラブルや、対象児自身の心理面における課題が、Post時点では改善傾向となったことが示された。

　心理面での負担軽減効果としては、まず、Table 8-7のSRS-Cの結果から、ストレスが高い状態にあったD児については低下し、Pre時点からすでにストレスが低い状態であった他の3名の対象児については、維持、あるいはさらに低下したことが示された。さらに、Table 8-6の対象児に対するインタビュー調査の結果から、「弟の気持ちが分かった（C児）」「弟と心が通じている（D児）」というように、同胞を理解できないストレスからの開放や、「同じ境遇のきょうだいに会えて、学校の友達には言えない恥ずかしいことが話せた（B児）」のように、心理的開放体験を得たことが示された。さらに、Table 8-11の母親の評価では、対象児らが心理的な安定を得たことが報告された。

　同胞の障害理解の面では、Pre時点では、同胞のもつ障害特性に対する知識がなかったり、あるいは知っていてもそれを受け入れることができず否定的態度でかかわったり、対応方法が分からず困惑している状態であった。しかし、Post時点では、Table 8-5の障害理解テストの結果から、どの対象児も同胞の障害特性を踏まえて、その行動を理解し、積極的に支援する対応方法を見出すことができるようになったことが示された。さらに、Table 8-6の対象児へのインタビュー結果や、Table 8-8の親へのアンケート調査の結果から、対象児らは、生活場面でも学んだ知識を生かして、同胞とのかかわり方を変えるようになったことも示された。その結果、A児のように暴力的なかかわりが減少したケースや、C児やD児のようにトラブルにならず遊べるようになったケースなど、きょうだいと同胞との関係が改善されることとなった。

　以上のことから、本プログラムが目的としていた、心理面での負担軽減と障害理解の促進効果が、実際に対象児にもたらされたことが明らかとなった。

2 母親にもたらされた変容

本研究の2つ目の目的は、本プログラムが、親のきょうだいに対する意識や親自身の養育態度にもたらした効果を明らかにすることであった。

実践の結果、セッション中の対象児の発言や、Table 8-8及び、Table 8-11の母親アンケートの結果から、母親が対象児の肯定的な変化を認めたこと、また、「話を聞くようになった（母A）」「表情を見て言葉かけをするようになった（母B）」「目を向けるようになった（母C）」「目が届くようになった（母D）」と、実際に対象児へのかかわりにも変化が生まれたことが示された。しかしながら、前節の事例分析で明らかになったように、それぞれの母親のきょうだいに対する意識には、質的な違いが見られた。きょうだいに対し、自分の願う通りのかかわり方を求めて厳しい評価をする母Aの例や、同胞ときょうだいでは扱いに差があるのが当然として、きょうだいの不公平感を受容できない母Cの例、自らが願う同胞の成長の助け手としての振る舞いをきょうだいに求める母Dの例など、いずれも理想のきょうだい像を求める意識が変容するには至らなかったことが明らかとなった。

3 各対象児の変容をもたらした本プログラムの要因

(1) ニーズ調査に基づく内容の焦点化

従来のきょうだい支援プログラムの多くは、前述した通り心理的な開放を主眼としたプログラムであり、その内容はあらかじめ設定された、誰でも参加可能な楽しい活動が中心である。また、障害理解教育的内容が含まれる場合も、その内容を選択する際の根拠が明確になっていなかった。これに対し、本プログラムでは、対象児の数を絞った小集団で、個々の抱えている教育的ニーズを明らかにした上で、それをもとに取り上げる内容を焦点化し、具体的事例を用いて学べるようにした。これにより、対象児らは各セッションの内容を自分自身の課題と結びつけて学ぶことができ、個に応じた同胞の障害理解を深めることにつながったと考えられる。母親も、母親から見て問題と感じられていた行動が低減したことだけでなく、対象児らが自ら同胞とのかかわり方を質的に変化させたことについて、具体的に報告している。本プログラムの対象児のニーズに対応した内容構成が、

母親の目から見ても、対象児の変容を感じられる成果につながったと思われる。

(2) 課題解決型の学習スタイル

障害の理解と対応について学ぶ際、講義は1枚程度のスライドで障害特性を短く説明するだけに留め、クイズ形式で対象児らが協議しながら障害特性に応じた対応方法を探し出すスタイルをとった。特に、対応方法の検討だけでなく、「同じようなことが弟にもあるか」「その時、自分はどう感じるか」「弟はどう感じていると思うか」と、現実の同胞と自分との問題として、心情面の考察を加えながら展開した。これにより、対象児らは、これまで自分達が無意識に行ってきた同胞とのかかわりを見直したり、意味づけたりして、弟の視点を踏まえて意図的に工夫することができるようになった。対象児らは、小学2年生から6年生までの年齢差のある小集団であったが、そのことがかえってお互いの意見を参考にしたり、相手に自分の実践している方法を積極的に伝えようとしたりする態度を引き出し、自由な意見交換につながった。Post時点の障害理解テストでは、障害のある子どもが行動上の問題を起こした場面での対応方法を聞かれると、自分が考えた対応方法を具体的に説明できるようになっており、本プログラムへの参加によって対象児らの同胞に見られる行動上の問題への対処スキルが向上し、自信につながったと推測される。

(3) きょうだい同士の共感関係を促進する話し合いの場の設定

母親らは、本プログラムに参加するにあたり、対象児らに共感し合える仲間ができ、ストレス解消や心理的なサポート効果が得られることを期待していたが、Table 8-11に示したように、Post時点で、いずれも対象児らに期待した通りの体験と効果が得られたことを「満足した点」として報告している。本プログラムでは、自由な雑談をするだけでなく、対象児らが1つのテーマで十分話し合う時間を確保するように展開した。これにより、同じ立場の者同士、気持ちを共感し合う関係ができ、その中で自分の考えを自由に口にする体験を保障することができた。これは、Table 8-6のPostインタビュー結果に示した複数の対象児の発言から裏づけられる通りである。このような語り合い、共感し合う体験は、きょうだいの自己受容感を高め、同胞とともに暮らすことによって生じる様々な困難や悩みに立ち向かうためのエンパワメントとなったと考えられる。

(4) 成功体験を導く実践の場の設定

　本プログラムでは、講義や話し合いだけでなく、後半に実際に同胞とゲームをする時間を設定した。対象児らは日頃から同胞と遊ぶ関係はできていたが、本プログラムでは、チームとして協力する場面を設定し、前半で学んだ対処方法を実践することで、対象児らが同胞とのかかわりにおける成功体験を積むことができるようにした。展開にあたっては、対象児らが一方的に同胞の世話を求められることを避け、ペアづくりの際も相手を自由に選択するようにした。当初、同胞を無視し、同胞とペアになりたがらない様子が観察されたが、プログラムの後半では、同胞への対応を工夫できるようになり、同胞とペアになる方がゲーム自体の目的を達成しやすくなり、自分自身もゲームをうまくやれることに気づき、自分から同胞や他の同胞をペアに選ぶようになった。

　さらに、ペアを組む活動だけでなく、親と同胞とともに思い切り遊ぶ活動を加えることで、従来「自分は親にとって優先順位が低く、我慢させられる」という感情を気にせずに遊べる体験ができるようにした。当初、対象児らは自分だけが勝つことに夢中になり、その時期が過ぎると、後半では同胞と協力して勝ち残ろうとする様子が見られたり、さりげなく勝ちを譲ったりなど、我慢するのではなく楽しもうとする様子が見られるようになった。

　このように、同胞や家族と楽しみながら成功体験を積む場をプログラムに組み込むことが、対象児らの同胞との肯定的なかかわりを促進すると考えられる。

4　残された課題

　本章で開発したプログラムにより、対象児らの障害理解促進と同胞の行動に対する対応スキル向上の効果が得られたが、さらに以下の課題が明らかとなった。
　1点目は親子関係支援の問題である。対象児らの多くは当初より親子関係に不満を抱いており、同胞に対する否定的な発言の背景に、親が優先する同胞を自分は認めたくないという感情があることがうかがえた。これまでも述べてきたように、親子関係はきょうだいと同胞との関係に影響すると考えられ、親子関係に問題があると、たとえきょうだいが同胞の障害特性を理解し、適切な対応方法を知っても、今後の生活場面できょうだいと同胞との関係における問題の解決にそれが機能するかどうかは疑問である。

本章の実践では、Post 時点で各事例に親子のかかわりの変容が確認されたが、それはあくまでも、本プログラムの副産物として得られた効果である。母親らはいずれも、独自のきょうだい理想像をもっており、Pre 時点では、支援されるのは対象児のみであるという意識であったと考えられる。しかし、母親達は本プログラムに関与する過程で、対象児の育ちに対する意識の高まりとともに、自らのかかわり方を見直さざるを得なくなり、相互作用として、対象児らもまた、自らの母親への接し方を変えていったと考えられる。

しかしながら、このように親の対象児に対する接し方が変容しても、Table 8-9 や Table 8-11 の親の発言を見ると、「きょうだい」であることに対する理想像は Post 時点でも、依然としてそのままであることが確認された。上記「1」で示したように、実践の結果、対象児らは母親の思い通りのきょうだいになったのではなく、対象児自身の同胞に対する発見と理解に基づいて、新しい同胞とのかかわり方をつくりだそうとする自発的な変容を遂げた。一方、上記「2」で述べたように、母親らは、その変容を肯定的に評価しながらも、きょうだいの現状を受容することはなく、理想像と照らし合わせて、新たな問題を見つけ出したり、対象児の自発的な変容の方向性を修正すべきだと主張したりした。このように、本プログラムは、親に対し、きょうだい自身の視点に立ったきょうだいの現状理解と、それに基づく受容的な親子関係をもたらすには不十分であったことが示された。今後、親がきょうだいの現状をありのまま理解し、受容的な親子関係が構築されるための、親へのアプローチを含むプログラムを開発していく必要がある。

2 点目は、きょうだいが同胞に関して周囲から受ける評価に対する対処の問題である。Table 8-6 に示したように、A 児は「学校でお兄ちゃんと言って寄ってくることが困る」、B 児は「塾で暴れるから恥ずかしい。自分に『何とかしろよ』と視線が来る感じがする」、D 児は「みんなは弟のことをかわいそうだと思っている」と言い、それぞれが生活場面で同胞との関係で感じ取る周囲からの評価にどのように対処すべきか戸惑っていることが示された。このような「対処すべき手段をもたない」状態は、きょうだいの心理的適応や同胞との関係にも影響を及ぼす要因として見逃すことができないものであるが、本プログラムでは、これについて、直接取り上げることができなかった。きょうだいが同胞に関連して直面する、生活上の個々の課題に対する解決スキルを高めるための要素を支援プログラムに取り入れる必要があると考えられる。

第9章　研究7：きょうだいのためのポートフォリオ絵本制作支援プログラムの開発に関する実践的検討

第1節　本章の目的

　研究6（第8章）では、自閉症スペクトラム障害等の発達障害のある同胞をもつきょうだい4名に対し、同胞の障害理解や同胞とのかかわりに関する支援ニーズを調査し、それを踏まえて、内容を焦点化した支援プログラムを作成・実践することで、障害理解促進とストレス低減を図った。具体的には、スライド等の教材を用いて、同胞の障害特性について説明し、問題解決のための話し合いを設け、実際に同胞とかかわる場を設けることで、きょうだいに同胞とうまくかかわれる成功体験を導くようにした。その結果、対象児らの障害の理解と同胞の行動に対する対応スキルが向上し、ストレスの低減が見られた。しかしながら、きょうだいと同胞のかかわりは改善されても、きょうだいが同胞に関連して、友達など周囲の人々との間で感じている負担感をはじめとした、現実の生活で直面する多くの課題へのアプローチは不十分であった。さらに、実践を通して、母親のきょうだいへのかかわりを促進する効果も確認されたが、接し方が変わっても母親の「きょうだい」に求める理想像はそのままであり、きょうだい自身の視点に立った課題や心情の受容的な理解をもたらすまでには至らなかった。そこで、きょうだいの障害理解支援プログラムの開発にあたっては、単にきょうだいが同胞の障害特性を理解し、同胞に対応できるだけでなく、個々のきょうだいが日々の生活面で抱える課題を解決することにつながるとともに、親のきょうだいに対する受容的な理解を促進することにも役立つものとする必要があると考える。

　ところで、改めて障害理解とはどのように捉えるべきものであろうか。芝田（2013）は障害理解について、「障害に関する諸知識を得て、マイノリティ・グループの典型としての障害児・者理解を通して、総合的人間理解に連鎖するもの」とし、また、徳田・水野（2005）は、「ノーマリゼーションの思想を基軸と

した、障害に関する科学認識の集大成である」としている。さらに中村（2011）は、障害理解とは、「自己理解と、他者理解と知見的理解が重なりあった理解とかかわりである」とする。このように多様な障害理解論に共通するのは、科学的で正確な知識の獲得に基づく障害児・者理解と、それに基づく個人の行動のありようである。それでは、きょうだいにとっての障害理解とはどのように捉えたらよいのであろうか。きょうだいは、同胞の障害とその支援方法について学ぶことを望み、関心をもっていることが報告されているが（Dyson, 1998）、これまで取り組まれてきた障害理解支援プログラムは、きょうだいから見ると知識教授型の受動的活動が中心である（Dyson, 1998；Meyer & Vadasy, 1994, 2008）。これは、同胞のもつ障害に着眼してきょうだいが正確な情報を得て知識を広げ、障害特性に応じた適切なかかわり方を獲得することを目指すものであり、きょうだいに限らず、障害理解教育として、広く実践されてきたテーマでもある。

　しかし、研究6（第8章）の事例分析では、同胞のもつ障害に着眼することで、母親には、きょうだいが「一般的な障害者」として同胞を理解したように感じられ、違和感を覚えた事例が報告された。このエピソードは、親が抱くきょうだいの理想像が反映されたものではあるが、一方で、きょうだい特有の障害理解のあり方を示唆するものでもある。すなわち、きょうだいにとって、同胞は障害児・者というカテゴライズされた他者ではなく、かけがえのない家族の一員として在るのであり、きょうだいが同胞の障害を理解するとは、社会的に適切とみなされる一般的な障害観の獲得に至ることではなく、自分との関係性に根ざした固有の意味を見い出すことであると考えられる。

　よって、きょうだい支援における障害理解とは、きょうだいが自ら同胞観を更新し、同胞に関連して直面せざるを得ない様々な局面において、自らの意思や振る舞い、さらには生き方をも自身が納得して選択し、変革していく過程を支援するものであると考える。きょうだいが好むと好まざるとにかかわらず、同胞はその生活に深くかかわり、きょうだいの人間性形成の重要な影響因となる。きょうだいが直面するとされる特有の心理社会的な問題（Meyer & Vadasy, 1994, 2008）は、いずれもその影響を受けて生まれるものである。それゆえ、きょうだいにとっての障害理解支援プログラムは、自ら同胞について理解し自分との関係を捉え直すことで、きょうだいが「影響される側」から、「影響を決定する側」として、自己形成の主体者となるためのものであることに意義があると考える。

そこで、本章では、きょうだい支援にあたり、ポートフォリオ絵本制作活動に着眼した。絵本をきょうだいの同胞理解に用いる試みは、これまでもいくつか例がある（久保・森口・川辺・井上・西川・石渡, 2003；山田, 2010）が、そこで用いられた絵本はいずれもきょうだいに供与するために支援者が内容を選択し、作成したものであった。しかし上記で述べたように、きょうだいの同胞理解を支援する活動は、個別性の高い、主体的な自己選択と変容の可能性を保障するものである必要がある。ポートフォリオは、「主体的な学びを実践していくためのツール」（久保・嶋澤・北・高島・高橋・佐竹・濱中・櫻井, 2014）であり、「学習者が自らの学びをモニタでき、振り返りをすることによるコーチングやメンタリング機能がある」（岡田, 2010）、すなわち、対話による気づきと自発的変容促進機能があるとされており、個々のきょうだいが目的をもって自ら変容していく過程そのものをサポートし、表現できる手段となる。よって、きょうだいが同胞の障害について学び、自ら体験に基づいてポートフォリオ形式で絵本を制作することで、きょうだい自身が同胞に関して体験していることを意味づけ、自分ならではの同胞像を獲得するともに、知りたいことや解決したい課題に関して、自分なりの答えと対応方法を得ることができると考える。加えて、ポートフォリオ絵本の制作過程にきょうだい同士の話し合いを含むことにより、日頃なかなか口にできない同胞や家族に対する思いを言葉にし、同じ立場のきょうだい達と共有する体験ができるであろう。この体験はきょうだいの同胞理解と自己理解を促進し、その変容に寄与すると考える。

　ところで、先行研究では、きょうだいが家族間のコミュニケーションに課題を抱える場合があると指摘されており（吉川, 2008）、研究2（第4章）で明らかにしたように、親がきょうだいに配慮している「つもり」と、きょうだいの受け止めにはギャップがあるという家族認識の違いの現状から、同胞に対する本当の気持ちを家族に話していいものか迷っている（西村・原, 1996b）と考えられる。また、戸田（2012）は、「きょうだいは家族内での居場所に不安定さを感じているために、親と対立するかもしれない自らの主張を躊躇せざるを得ない」と述べている。また、益満・江頭（2002）は、きょうだいが不満や怒りの感情を表出することへの抵抗感や、否定的感情をもつことへの罪悪感等をもつことを示している。これらは、家族システムの中できょうだいが陥りがちなコミュニケーション不全、及び自己表現の抑圧の問題を指摘するものといえる。さらに、研究6（第

8章)の実践でも示されたように、きょうだいが、障害をもつ同胞に対して、不満や怒りを表現したり、否定的な態度を示したりすることは、親にとっても、理想のきょうだい像に反する姿であり、改善すべき行動として捉えられがちである。これらのことから、きょうだいと親とのコミュニケーション不全を改善し、きょうだいには、自らの感情や考え、親に分かってほしいことをありのまま言語化でき、親には、きょうだいが直面している課題や抱いている感情をありのまま理解して、親子のかかわりを促進するための支援が必要であると考えられる。

よって、障害理解支援プログラムでは、きょうだいが同胞を理解するのみならず、きょうだいが同胞について知り得たり、考えたりしたことを親と分かち合いながら、親もまた、きょうだいについて、理解を深めていく取り組みが必要である。ポートフォリオは子どもの成長をとらえることに適しており、親への情報伝達手段としても適しているとされている(松井・守田・七木田, 2004)。そこで、ポートフォリオを用いることで、親は、きょうだいが同胞に関して直面している、また感じている事実とその変化の過程を知ることができると考える。さらに、親子のコミュニケーションツールとして機能させることで、その関係促進につなげることも可能となるであろう。また、きょうだいが願うならば、制作したポートフォリオ絵本は、「絵本」としての機能により、親及び家族のみならず、さらに広く周囲の人々への情報発信ツールとなる可能性をもつと考えられる。

以上のことから、本章では、特に知的障害及び自閉症スペクトラム障害のある子どものきょうだいを対象に、ポートフォリオ絵本制作を取り入れた支援プログラムを開発し、実践を通して、以下の3つの効果検証を行うことを目的とする。

1つ目に、本プログラムによって、きょうだいが①同胞の障害やその行動特性について理解し、関連する問題への対応方法を選択できるようになること、②制作した絵本を通して、親や周囲の人と同胞について話したり、自分自身の思いを伝えたりできるようになること、③同胞に関連して抱いている不安や不満、困惑などが低減することの3つが、促進されるかどうかを明らかにする。

2つ目に、本プログラムがきょうだいと親との関係性にもたらす変化を以下の2段階で検討する。まず、きょうだいの母親に対するサポート期待感、及び親子の日常的なかかわりにおける変化を質問紙調査から数量的に分析する。次に、数量的分析において特徴が見られた事例を抽出し、その変容プロセスを分析することにより、効果が見られた事例とそうでなかった事例を明らかにする。

3つ目に、親から見た本プログラムの有用性に関する検討を加える。以上により、本プログラムの効果と課題について考察する。

第2節　方法

1　対象

　小学校2～6年生（平均9.4歳）のきょうだい7名（男2名・女5名）であった。対象児とその同胞のプロフィールを Table 9-1 に示す。同胞にはいずれも多動、こだわりなどの行動特性と、パニックやコミュニケーション困難が見られた。A県内の特別支援学校、療育機関等にチラシを配布し募集した結果、親が活動の趣旨を理解し、きょうだい本人が参加を希望した。参加に際し親に研究の目的と内容、データの取り扱い、個人情報の保護方法について説明し、文書で全員から同意を得た。

2　支援プログラム

(1) プログラムの内容

　プログラムは全6セッションからなり、1セッションあたり2時間、2週に1回の頻度で実施した。内容は、①アイスブレーキングと第2回目以降前回の振り返り（30分程度）、②勉強タイム（30分程度）、③ポートフォリオ絵本制作（60分程度）の3部で構成した。

　アイスブレーキングは、風船やボールを用いて、人間関係づくりのためのムーブメント活動を中心に実施した。

　続く勉強タイム及びポートフォリオ絵本制作の内容設定にあたり、まず後述する、実践開始約2週間前時点（以下、「Pre 時点」と表記）におけるきょうだいインタビューと親アンケートの結果から、対象児らが同胞に関連して抱える課題を抽出した。その結果、同胞のこだわりや他害、パニックなどの特異な行動が起こる理由やその対応方法が分からず、困惑し、辛さや不満を抱いていること、同胞について周囲から尋ねられる時に、どのように答えたらよいのか困惑していること、同胞が自分とは違う学校（特別支援学校等）で学んでいる意義や、同胞の

Table 9-1　対象児とその同胞について（障害名表記は診断時のまま）

対象児				同胞		
対象児	性	学年	出生順位	学年	出生順位	障害名
A児	男	小2	双生兄	小2	双生弟	知的障害／視覚障害
B児	女	小2	姉	年中	弟	知的障害／自閉症
C児	男	小5	弟	中1	兄	知的障害／自閉症
D児	女	小5	姉	小2	弟	知的障害／自閉症
E児	女	小5	姉	小3	弟	知的障害／てんかん／糖尿病
F児	女	小6	姉	小1	弟	広汎性発達障害
G児	女	小6	姉	小3	弟	知的障害／精神運動発達遅滞

支援に関する知識が少なく、疑問を抱いていること、親による同胞と自分との扱いの差異に不公平感をもっていることなどが挙げられた。このことから、対象児のニーズとして、まず、①同胞の障害及び関連する事項について正確な知識を得て、対同胞、対友達など、同胞に関連する多様な場面で自らの行動を主体的に判断・選択できるようになる必要があること、併せて、②同胞や自分に関する感情を再認識し、率直に家族や周囲に伝える関係を構築していくこと、そして、③同胞に関連して起こる様々な不安、困惑などを低減する必要があることの3つがあると考えられた。そこで、これらのニーズに対応するように、Table 9-2に示す通り、①家族理解、②障害の概念的理解、③同胞の行動特性と対応方法の理解、④周囲への対応、⑤自己理解、⑥同胞の療育・学習に関する理解、⑦支援機関・組織に関する情報の7つの観点でテーマを設定した。①では、対象児が感じている家族像を言葉にすることで家族を客観的に捉え直す。②では、障害の捉え方を学ぶと同時に、同胞のもつ様々な側面を分析することで、障害特性をもちながら生きる自分の同胞の全体像を掴む。③、④では、同胞の障害特性に関する正確な知識を得て、トラブルや葛藤場面での対処方法を選択する。⑤では、同胞について理解が深まるのに併せ、自分自身のもつ様々な感情を客観視する機会をもつ。そして、⑥、⑦では、自分と家族への社会的サポートに関する具体的な知識を得て整理することで、自分と同胞、家族、社会との関係における視野を広げることをねらった。

各セッションでは、まず、テーマに関する基礎的知識を得るために、スライドとプリント教材を用いて短い講義を実施した。続いて、スタッフのファシリテー

Table 9-2　各回のテーマと主な内容

回		勉強タイム	ポートフォリオ絵本制作
1	テーマ	①自分の家族を紹介しよう	
	内容	・自分の家族の構成員について、いろいろな側面から捉え、感じていることを言葉で表現する。	・自分の家族の「好きなもの」・「みんなに自慢したいところ」・「よくやっていること」について紹介する。
2	テーマ	②障害とは何か（同胞のことを話そう）	
	内容	・様々な障害の特徴とその原因について知る。 ・障害のある人は、周囲の適切な手助けにより、力を発揮できることを知る。	・同胞の「好きなところ」・「すごい・面白いところ」・「変わっている・不思議なところ」・「困った・つき合いにくいところ」を紹介し合う。
3	テーマ	③自閉症スペクトラム障害について（同胞とのつき合い方・助け方）	
	内容	・同胞の障害特性について知る。 ・同胞の障害特性に応じた対応ポイントを知る。	・同胞の困った行動に対する対処方法や、トラブル回避方法、うまい助け方などについて意見を出し合い、まとめる。
4	テーマ	④友達に同胞について聞かれたら	
	内容	・友達に「お前の弟、なんで変なの？」と聞かれた事例を取り上げ、自分の体験と比較する。	・周囲から同胞について尋ねられ、どのように答えてよいか困った体験をもとに、対処方法について意見を出し合い、まとめる。
5	テーマ	⑤ぼく・わたしのこと、カミングアウト	
	内容	・自分の感情を言葉で表現する。 ・親や周囲の人に自分の気持ちを知ってもらおうとする意欲をもつ。	・日常の生活で抱く「嬉しい」「楽しい」「ちょっと悲しい」「腹が立つ」「心配」「もっと家族に分かってほしい」感情について気づき、自分の様々な気持ちを書き表す。
6	テーマ	⑥同胞の学校ってどんなところ？ ⑦家族を助けてくれるのはどんな人達？	
	内容	・同胞が特別支援学校で学んでいる内容やその意味について知る。 ・将来にわたり、障害児・者を抱える家族を支えてくれる人（機関や組織）について知る。	・同胞が受けている特別支援学校での支援の内容について、イラストをシートに貼り、紹介し合う。 ・自分をサポートしてくれる人をピックアップしてまとめる。

トにより、取り上げたテーマについて、各対象児が「自分の場合は」という視点から、考えや感情をシートにまとめ、グループで話し合った。最後に書き込んだシートをＢ４サイズの画用紙に自由にレイアウト装飾し、「マイページ」と題してポートフォリオ絵本の1ページに仕上げた。そして、別の画用紙に「シェアルーム」と題し、スタッフ全員が各対象児の制作したページへの感想を書き込んで、「マイページ」の次に綴じ込んだ。さらに、親子のコミュニケーションを促

第9章　研究7：きょうだいのためのポートフォリオ絵本制作支援プログラムの開発に関する実践的検討　221

進するため、制作したポートフォリオ絵本を家に持ち帰って、次回までの間に親に見てもらい、親にも「シェアルーム」に感想を書き込んでくれるよう依頼し、次回セッションの最初には、親の書いたコメントを紹介し合った。スタッフは、毎回親のコメント内容の確認のみをし、親へのアドバイス等は加えなかった。これを繰り返し、セッションを追うごとにポートフォリオ絵本のボリュウムが増えていくようにした。

(2) 実施期間、実施場所等

プログラムは、20xx年7～10月にわたり、筆者が所属する大学の演習室を使用して実施した。筆者と進行役の学生1名がコアスタッフとして活動をリードし、学生3～4名が活動を補助した。

3　効果測定の方法

(1) 対象児の障害理解テスト

対象児に対し、Pre時点と最終セッション終了後（以下、「Post時点」と表記）に、対象児の同胞及び類似する障害のある子どもの行動特性と対応方法に関する8つの質問について、口頭による自由回答を求めた。内容は「言語指示理解の困難さ」、「暗黙のルール理解の困難さ」、「同一状況へのこだわり」、「1番でなければ気が済まないこと」、「急な予定変更時の混乱」、「特定の感覚遊びへの執着」、「触覚の過敏さ」、「聴覚の過敏さ」について、それぞれ障害のある子どもを主人公にした具体的なエピソードを紹介し、「主人公は、なぜそうしたのか（以下、「行動の理由」と表記）」「主人公に対し、どう対応するのがよいか（以下、「行動への対応」と表記）」を尋ねるものであった。得られた対象児らの回答は、以下の基準で分類した。「行動の理由」について、障害特性に基づいて判断したものを「a」、間違いではないが、障害特性を踏まえているとは言えないものを「b」、「分からない」とする回答あるいは場面とは無関係な理由を「c」とした。次に、「行動への対応」について、障害特性を考慮した方法を「a」とし、中でも具体的な内容が含まれる場合は「aa」とした。「b」「c」の判断基準は「行動の理由」と同様である。「行動の理由」のa～cの各評価に2～0点を、「行動への対応」のaa～cの各評価に3～0点をあてはめ、対象児別に集計した。最高得点は「行動の

理由」で16点、「行動への対応」で24点である。「a」及び「aa」評価の回答が増えることにより、対象児における同胞の行動特性理解と妥当な対応方法の自己選択が促進されたと判断した。評価にあたっては、筆者と学生1名、本研究とは無関係の特別支援教育に携わる教員1名で協議し、全員の合意が得られた段階で最終評価とした。

(2) 対象児の同胞に関する感情アンケート

対象児に対し、Pre、Post時点、及び最終セッション約1か月後（以下、Follow upと表記）に、研究3（第5章）で用いた、「同胞に関する感情アンケート」（Table 5-1）に回答するよう求めた。本質問紙は、先に示したとおり、同胞に関連してきょうだいが抱く直接的、間接的な否定的感情を多側面から評価するものであり、同胞及び、親や周囲の人々との関係性に関する対象児の意識変容が反映されると考えた。反転項目を逆転し、各選択肢に1～4点を配して、下位尺度得点を求めた。得点が高いほど否定的感情が強くなる。単純集計による比較を行った後、必要に応じ統計的検定を実施した。検定には、SPSS Statistics ver. 19を用いた。

(3) 対象児の母親に対するサポート期待感アンケート

対象児に対し、Pre、Post時点において、特に母親に関して、研究2（第4章）で用いた「サポート期待感質問紙」（Table 4-1）に回答するように求めた。本質問紙は先に示したとおり、情緒的サポート（そばにいてくれる、なぐさめてくれるなど）と実際的サポート（看病してくれる、教えてくれるなど）についての期待感を測るものであり、対象児が認識する、母親からの受容的な関係の程度を明らかにできると考えた。「きっとそうだ」～「ぜったいちがう」の選択肢に4～1点を配して対象児別に集計した。得点範囲は、9～36点で、高得点ほどサポート期待感が高くなる。Pre時点からPost時点にかけての増減を比較した。

(4) 対象児へのインタビュー

Pre時点とPost時点に、「同胞の印象」、「同胞について困っていること」、「周囲との関係（同胞について周囲の人から聞かれること）」「親とのかかわり状況（話をする頻度や話す内容等）」について、自由回答を求めた。Post時点では、参

Table 9-3　対象児と親のかかわりの変化に関する調査項目

対象児自身に関して	対象児からの働きかけ	1　自分の学校や友達との出来事について話すことがある。 2　自分の学校や友達との関係で、困り事や悩みなどを相談することがある。 3　自分の気持ちやしたいことを表現することがある。
	保護者からの働きかけ	4　同胞との関係で困っていることはないか尋ねる。 5　対象児の学校や友達について質問したり、話したりする。 6　同胞よりも対象児の気持ちを優先してかかわる。
同胞に関して	対象児からの働きかけ	7　同胞の行動について感情的に訴えることがある。 8　同胞の障害や行動の理由について質問することがある。 9　同胞との関係で、困り事や悩みなどを相談することがある。 10　同胞の受けている支援の内容等について質問することがある。
	保護者からの働きかけ	11　同胞の障害や行動の理由、病気の状態等について説明する。 12　同胞の学校での様子を具体的に話す。 13　対象児と一緒に、同胞の学校や支援機関に行く機会をつくる。

加の感想も併せて質問した。

(5) 母親へのアンケート

1) 対象児と母親自身に関して

　母親に対し、Pre時点で対象児と同胞、及び対象児と親とのかかわり方に関する気がかりや、親子間の話題について自由に記述するよう求め、Post時点では、Pre時点で記述した気がかりのその後の変化や、親子間の話題内容を改めて記述するよう求めた。加えて、Post時点では、母親が把握している対象児とのかかわり状況について、Table 9-3に示す項目について、Pre時点と比べ、「増えた」「少し増えた」「変わらない」「少し減った」「減った」の5件法で尋ねた。各選択肢に＋2〜－2点を配し、「同胞に関して」「対象児に関して」の2つの話題別に、「対象児からの働きかけ」「親からの働きかけ」のそれぞれについて対象児ごとに集計し、かかわりの増減を確認した。さらにPost時点における母親自身の変化について自由記述による回答を求めた。

2) プログラムの有用性に関して

　本プログラムの有用性について、6種類、計8項目からなる質問を設定し、

Post時点で、母親に対し、回答を求めた。質問内容は、①「対象児の悩みや不安、否定的感情の軽減に役立ったか」、②「対象児が同胞の抱える困難さや特徴について理解することに役立ったか」、③「対象児の同胞やそれに関連して起こる問題への対処能力の向上に役立ったか」、次に、親と対象児のコミュニケーション促進に関して、④-1「親が対象児の気持ちや思いを知り、共有することに役立ったか」、④-2「対象児と親が同胞について話すきっかけづくりに役立ったか」、④-3「対象児が自分の気持ちを言えるようになったか」の3項目、さらに、⑤「本実践のような支援プログラムは対象児の育ち（精神的成長）に役立つか」、⑥「きょうだいには本実践のような支援プログラムは必要か」である。各項目に、「思う」「少し思う」「どちらともいえない」「思わない」「全く思わない」の5件法で回答するよう求めた。各選択肢に＋2～－2点を配して、項目ごとに合計し、回答者数（7名）で除して、平均点、SDを算出した。さらに、各項目で回答者全員が「思う」と答えた場合を想定した満点（2点×7名＝14点）で、実際の合計得点を除して100を乗じた数値を「有用度」として算出した。

　また、特に本プログラムが、対象児の育ちに「役立った」あるいは、「役立たなかった」と考える理由を自由記述で回答するよう求めた。

第3節　結果

1　ポートフォリオ絵本制作時の対象児の様子

　制作時はどの対象児も集中して取組み、色を塗ったり、シールを貼ったりして丁寧に仕上げた。第1回の家族紹介では、自己紹介を兼ねて家族成員の状況をイラスト入りでまとめて発表し、お互いの同胞が「少し変わっていること」に気づいた様子で、感想を交換し合った。第2回では同胞のいろいろな面を書き出して紹介し合い、自分の同胞にも同じことがあると共感し合う様子が見られた。親からは、「家族や同胞のことをよく見ているので、感心した」「似顔絵が似ている」などの肯定的なメッセージが寄せられた。第3～5回については、Table 9-4に対象児別に主なポートフォリオ絵本の記述内容を示す。第3、4回では、それぞれが、同胞の行動への対応、及び同胞に関して周囲から尋ねられることの困惑を書き表し、どんな対応をしているか、他にどんな対応のアイデアがあるかを話

し合った。例えば、友達から同胞が自分と違う学校に通っている理由を尋ねられた際に「同胞に合う学校だから」「この学校では勉強できないことを教えてくれる学校だから」など、積極的に相手の理解を求めようとするものだけでなく、「無視する」や「いいじゃん、別に」など、はぐらかすアイデアもあり、スタッフはすべての回答を肯定的に評価した。対象児らは他児のアドバイスのうち、自分が使えそうだと思う方法を選んでシートに追記した。第5回では、日頃感じている感情を書き出したが、どの対象児もさりげない話題を出しながら、ついでのように家族に知ってほしい不安や不満、辛い気持ちなどを思い切って話した。それに他児が共感したり、「こうすれば？」とアドバイスしたりした。第6回では、同胞の学校の資料を参考にもっと知りたいことを書き出し、家族に伝えようとする様子が見られた。それを受けた家族から、後日同胞の学校について具体的に話したことが報告された。また、自分をサポートしてくれる人については、家族や先生、医者、親友、近所の人など、どの対象児も複数名書き出し、中には本プログラムで出会った仲間を加える者もいた。親からは「いつでも相談して」「味方がたくさんいるよ」などのメッセージが寄せられた。

2 インタビュー等における対象児及び母親の変容

各対象児のインタビュー調査の主な内容、及び母親のアンケート調査から得られた、対象児や母親自身の変容エピソードを対象児別にTable 9-5に示す。対象児らの「同胞の印象」に関しては、Pre時点において否定的な印象のみだったが、Post時点では「できることがある、増えた」や「〜してくれる（から、良かった）」と肯定的内容が加わった事例が見られ、バリエーションが広がった。「同胞について困っていること」と「周囲との関係」に関しては、問題解決を示唆する発言が見られた。母親の回答からも、対象児の変容として、同胞にうまく対応するようになった姿や母親とのかかわりが増えた姿が報告された。また母親自身の変容として、心がけて対象児とコミュニケーションを図ろうとするようになったことが報告された。

Table 9-4　対象児別のポートフォリオ絵本の

対象児		A児	B児	C児
第3回：同胞とのつき合い方	記述内容	お菓子を食べ過ぎるので小分けにしている。	同胞が私を叩いたら、やり返したいけどけんかになる。	同胞が商店で騒いだり、自分の物を取ったりして困る。
		（他児からのアドバイス）手の届かないところにおく。	（他児からアドバイス）逃げて、布団にもぐればよい。	（他児からアドバイス）すぐ家に帰る。
	親から	同胞のことをよく分かってくれているので、嬉しいよ。	困ったことがあったらお父さん、お母さんに任せて。	同胞のことが、嫌で仕方ないんだよね。
第4回：友達に同胞について聞かれたら	記述内容	周りから「同胞が変わってる」と言われたら、「そういう人なんだからいいでしょ」と言う。	友達に同胞がどうしてじっとしていないのと聞かれたら「まだ小さいから仕方がない」と言う。	同胞について、「どんな人？」と聞かれた時は、無視する。
		（他児からのアドバイス）「別にいいでしょ」「問題ないよ」「変わってて悪い？」	（他児からのアドバイス）「言いたいことがあるから」「知らない」と言う。	（他児からのアドバイス）「ちょっと変わっているけど、面白い人だよ」
	親から	あなたは上手な答え方を知っているね。	同胞の好きなところもみんなに教えてあげてね。ぎゅっと抱きしめてあげるのがいいかも！	同胞のことはお母さんに任せとけ！　あなたは自分のことを考えて。
第5回：ぼく・私のことカミングアウト	記述内容	もっと家族に分かってほしいのは、学校に行きたくない時がある、自分は役に立たないから要らない子どもなんじゃないかと思うこと。	悲しいのは、同胞が叩く時。もっと家族に分かってほしいのは、怒られるのが怖いこと。私をばかって言わないでほしいこと。私はお姉ちゃんだから抱っこしてもらわなくてもいい。	嬉しいのは、祝ってもらった時。もっと家族に分かってほしいのは、自分は、学校が嫌いなんだってこと。冷蔵庫の賞味期限の切れたプリン捨てて！
	親から	思っていることを上手に言えてすごいよ。あなたもお父さんやお母さんにいっぱい甘えてもいいんだよ。	思っていることを教えてね。いつもお母さんと、お父さんはあなたの味方だよ。怒るのはあなたのことを思っているから。	プリンは同胞が食べてくれましたよ……いいのか（笑）。安心してください。

第9章 研究7：きょうだいのためのポートフォリオ絵本制作支援プログラムの開発に関する実践的検討

記述エピソード（第3回、4回、5回より抜粋）

D児	E児	F児	G児
同胞が何度言っても止めない時は、あと1回と予告する。	同胞が音楽に合わせて手を叩けとせがむので困る。そういう時は、音楽を止める。	同胞が言葉で言っても分からない時は、無視する。	同胞が自分に言うことをきかせようとするので困る。放っておくことにする。
（他児からのアドバイス）紙に書いて渡す。	（他児からのアドバイス）一緒に楽しめばいい。	（他児からのアドバイス）予告すればよい。手帳などに書いて渡す。	（他児からのアドバイス）「また後で」と言う。
優しい言葉の方があなたもきっと過ごしやすくなると思うよ。	いつも同胞の面倒を見てくれてありがとう。	同胞のことをよく考えているね。	ママも、どうにもならない時は、知らん顔をしてみることもあるよ。
なぜ同胞は一緒に学校に行かないのと聞かれたら、「違う学校だから」「知らない」と言う。	同胞の年齢を聞かれるのが困る。同胞の学校が違う理由を聞かれたら「いろいろあるんだよ」と言う。	同胞が早退して違う学校に行く理由を聞かれたら、「いろいろある」と言う。	なぜ同胞だけが転校したのかと聞かれたら、「同胞は障害者の学校に行った」と言う。
（他児からのアドバイス）「自分に合っている学校に行っているから」	（他児からのアドバイス）「知らない」と言ってもいい。「体に悪いところがあるから」「障害があるから」	（他児からのアドバイス）「大切な用があるから」「答えずに逃げる」のもあり。	（他児からのアドバイス）「この学校で勉強できないことを教えてくれる学校だから」
いつか友達に聞かれたらどんなふうに答えたのか教えてね。	友達によっては、理解できない人もいるし……。あなたの成長を感じました。	いろいろ聞かれて嫌なこともあるね。本当に嫌な時は一緒に考えるから言ってね。	ママも考えました。話したくない時は「いいじゃん、別に」もいいと思うよ。
楽しいのは、音楽会の練習。悲しいのは、友達に同胞のことを聞かれた時。心配なのは、学校の勉強が進むのが速くて、遅れそうになる時。	心配なのは、一人でいる時。もっと家族に分かってほしいのは、ママに優しくなってほしい。算数が分からない。（他児からのアドバイス）お父さんや友達に教えてもらう。	心配なのは、お化けが出ないかということ。悲しいのはテストで分かっていた問題を間違えた時。	心配なのは、朝早くから同胞に起こされる時。（他児からのアドバイス）同胞のテレビの音を小さくして見てもらう。
音楽会の練習をすごく頑張ってるもんね！見に行くのをお母さんも楽しみにしているよ。	もう少しテキパキして、楽しい時間を過ごしてください。	心配なことがあったら、パパとママが必ず守るよ。	同胞は本当に早起き。ママもゆっくりしたい……その分、一日が長く使えるから実はお得かも？

Table 9-5　対象児別のインタビュー

	対象児		A児	B児	C児
きょうだいへのインタビュー	同胞の印象	Pre	自分の真似をする。いいことはない。	うるさい。ゲーム機を取る。叩く。	邪魔。いていいことは一つもない。
		Post	わがまま。うるさい。支援学校に行ってできることが増えた。	怒ると最悪。一緒に遊ぶ。私を応援してくれる。	うるさい。やかましい。わがまま。
	同胞について困っていること	Pre	いつもけんかになる。	叩いてくる。	家の中や外で騒ぐ。
		Post	掃除機が嫌いで、掃除をすると服を引っ張る。	ない。(他児に)教えてもらった方法を使うから、叩かれても、大丈夫。	同胞が大きな音でテレビを見る。
	周囲との関係	Pre	周囲から同胞について聞かれることはない。同胞の学校のことは何も知らない。	「障害って何?」と聞かれてもどう答えたらよいか分からない。	同胞が障害児なのかと聞かれたり、噂されるのが嫌だから、聞こえないふりをしている。
		Post	同胞について聞かれることはない。同胞の学校の先生は優しい。	(上記について)まだ同胞は小さいから、ルールが分からないと言う。	(上記について)相手に「何でそんなこと言うのか」と言う。
	参加した感想	Post	本にするのが楽しくて、もっとやりたかった。活動全部が心に残った。同胞が学校でいろいろやってるとかが分かって、同胞ってすごいなと思った。	きょうだい同士のゲームが楽しかった。もっとやりたい。	友達ができたのが良かった。同胞の頭の中には、(情報処理の)棚が一つしかないということを参加しなければ分からなかった。だから来て良かった。
母親アンケート	対象児の様子	Pre	自分ばかり宿題がある(同胞にないのはずるい)と言う。同胞が騒ぐのに困っている。	同胞の様子をうかがって、やりたいことでも我慢している様子がある。	同胞が嫌いだと言い、ばかにして、意地悪する。同胞に我慢したり、困ったりしている。
		Post	不公平だという訴えが減った。同胞が騒ぐのは、「仕方がない」と言うことがある。同胞の障害の状態についての話や、特別支援学校の話、A児自身のことなどを話してくることが増えた。	様子をうかがうことが減り、同胞にばかり合わせず、自分に同胞を合わせるように仕向けることも出てきた。また、同胞にやり返したり、同胞のことで困ると、言葉で親に助けを求めたりするようになった。	同胞に対しては、相変わらずの態度だが、本活動には喜んで通っていた。
	母親自身の気づきや変化		絵本の中で書いていたことについて、親からも話すようになった。	B児が母親にもっと認めてもらいたがっていると感じた。	同胞を嫌いな気持ちを受け入れて、2人を離すように心がけた。

調査と親へのアンケート調査結果

D児	E児	F児	G児
皆と違って喋らない。かわいそう。	食いしん坊。うるさい。泣く。	面白い。決まりごとが細かすぎる。	にぎやかで楽しい。元気いっぱい。
発達が遅い。優しくて、けんかをしかけてこない。	できることもいろいろある。ママに甘える。一緒に宿題すると楽しい。	夜トイレに一緒に行ってくれるから良かった。	にぎやか。楽しい。おっちょこちょい。
ずっと同じ事を何度も聞いてくる。	同胞だけおやつを食べるのはずるい。	友達からいろいろ聞かれるのが困る。	特にない。
困っていることはない。	お菓子を勝手に食べる。	ない。	テレビを見ていると、膝に乗ってくる。
なぜ同じ学校にいないのかと聞かれるので、「みんなと違って遅れているから」と言う。	同胞がどんな病気か、なぜ違う学校なのかと聞かれるのが困る。	同胞が他校の通級指導教室に行く時に、友達からどこへ行くか聞かれるのが困る。	なぜ同胞だけが特別支援学校に転校したのかと聞かれるので、「障害者だから」と言う。
（上記について）「自分に合っている学校に行っている」と言う。	（上記について）今ならうまく答えられる。	（上記について）ちょっといろいろあるからと言う。もう困っていない。	同胞について聞かれることはなくなった。
プリントを見たり、話し合いで絵本の意見を参考にして絵本を作ったら、よく分かった。もう一度、初めから全部やりたい。	自分と同じきょうだいの人がいると分かった。自分の気持ちを分かってくれる人がいっぱいいて良かった。同胞の世話もして、同胞と仲良くなりたい。	学校のみんなには同胞が障害があることを伝えていないから、ここで喋れて良かった。友達ができて話もできた。	自分以外にもきょうだいの立場の人がいたと分かった。みんなからいろいろな方法を教えてもらい、役に立った。もっと、他の障害のことも勉強してみたい。
同胞をかわいそうに思っているようだ。うまく対応できずに困っている。	同胞をかわいいと言う。同胞が同じ学校でないことを友達に説明する際に、困っている。	同胞が理解してくれないと怒り出す。親に同胞の言いたいことを通訳してくれる。	「同胞ばっかり」「わたしもしたい」と訴える。爪噛みをする。いらいらしている。
「同胞は、同胞」という感じで接するようになった。他のきょうだいと同じ立場で話せて、自分だけではないと安心していた。「家族の意見も大事だけど、今回のプログラムで会ったスタッフや友達の意見も取り入れてみる」と話すようになった。	「同胞ばっかり」と言わなくなった。また、「自分の同胞の問題は、あまりたいしたことはないと分かった」と話した。活動で褒められることで、自信をもち、自分を表現して受け入れてもらえることに満足しているようだった。	同胞が理解してくれないからといって怒ることが減り、そのまま放っておいたり、見守ったりするようになった。また、親に自分のことをよく話すようになった。	自分から親にくっついてくるようになり、同胞と母親が寝ていると、「私も」と布団にもぐりこんでくるようになった。同胞の行動には、我慢せず、「駄目」と毅然と断ることもあるが、以前のきつい言い方はなくなった。
家でも活動内容を聞くようにした。同胞の学校の話を具体的にした。	絵本で自分を表現し満足した様子。じっくり話し合うようになった。	きょうだいの負担を知って、親がきょうだいを頼らなくなった。	思っても見なかったG児の気持ちを知った。遠慮していたと分かった。

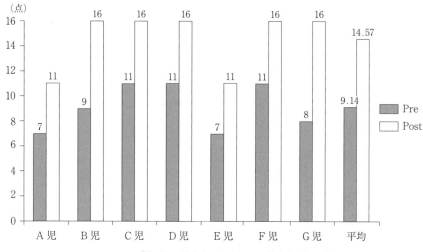

Fig. 9-1 「行動の理由」に関する回答総得点の変化

3 対象児の障害理解テスト

　結果を Fig. 9-1、9-2 に示す。全員が Pre 時点より Post 時点で総得点が高くなり、「行動の理由」については、5名が全質問に対してa評価回答をした。平均得点を算出したところ、Pre 時点の9.14（SD 1.73）から、Post 時点の14.57（SD 2.26）へ増加した。評価が向上した例としては、「暗黙のルール理解の困難さ」では、遊びの順番を守れないことに対し、Pre 時点の「すぐやりたいから（b回答）」から「ルールが分からず、他の人が順番を守っていることを分かっていないから（a回答）」：A児及びD児、「急な予定変更時の混乱」では、時間割変更があると泣く、あるいは参加しないことに対し、Pre 時点の「思い通りにしたかった（b回答）」から「予定変更で不安になった（a回答）」：E児、「触覚の過敏さ」では、突然体に触れられたことに怒り出したことに対し、Pre 時点の「分からない（c回答）」から Post 時点では「自分のバリアに急に入られて、体に触れられてびっくりした（a回答）」：C児などがあった。逆に、評価が下がった例は1件のみ見られ、「1番でなければ気が済まないこと」で、1番になれずに怒り出したことに対し、Pre 時点の「自分は1番でなければならないと思っている（a回答）」から、「他の人が褒められてやきもちを焼いた（b回答）」：E児

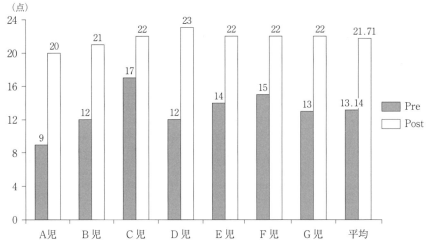

Fig. 9-2 「行動への対応」に関する回答総得点の変化

というものであった。

一方、「行動への対応」では、平均得点は Pre 時点の13.14（SD 2.36）から、Post 時点の21.71（SD 0.88）へ増加した。評価が向上した例としては、遊びの順番を守れないことに対して、Pre 時点の「『ちゃんと並べ』と言う、注意する（b 回答）」から「手をつないで一緒に並ぶ（aa 回答）」：B 児及び D 児、「並ぶ場所が分かる目印を置く（aa 回答）」：F 児があり、1番でなかったことにパニックになっている場合には、Pre 時点の「声をかけて慰める（b 回答）」から Post 時点では「人のいない静かなところに連れて行く（aa 回答）」：G 児、時間割変更があると参加しないことに対し、Pre 時点の「強制的にさせる（b 回答）」から Post 時点では、「もともと予定を決めておけば良かったけど、動かなくなったら対処方法はない（aa 回答）」：C 児などがあった。逆に、評価が低下した例としては、聴覚過敏で隅に隠れてしまう場合に、Pre 時点の「耳栓を使う（aa 回答）」から Post 時点では「『大丈夫？』と声をかける（b 回答）」：C 児、1番でなかったことにパニックになっている場合には、Pre 時点の「先生に100点にしてもらう（aa 回答）」から、Post 時点の「励ます（b 回答）」：F 児というものであった。

Table 9-6 対象児の同胞に関する感情下位尺度得点（平均値）（下位尺度別比較）

下位尺度	n	Pre		Post		Follow up		Friedman 検定	Scheffe 法による多重比較
		M	SD	M	SD	M	SD	$x^2_{(2)}$	
将来の問題	7	2.32	1.13	1.82	0.76	1.71	0.87	10.17 **	Pre＞Post＝Follow up
同胞に対する拒否の感情	7	1.96	0.65	2.14	0.60	2.32	0.78	2.82 n.s.	
同胞に向けられた不公平感	7	2.21	0.36	2.29	0.77	2.29	0.76	0.58 n.s.	
友達からの反応	7	2.54	0.84	2.57	0.42	2.71	0.57	0.35 n.s.	
両親の養育態度	7	2.18	0.68	1.89	0.65	1.89	0.40	0.92 n.s.	
同胞の障害に対する心配事	7	2.00	0.42	1.96	0.45	1.71	0.25	2.33 n.s.	
余計な負担の感情	7	2.14	0.67	2.68	0.86	2.57	0.83	0.67 n.s.	
自己猜疑心	7	2.04	0.45	2.04	0.71	1.75	0.78	2.08 n.s.	
過剰な責任感	7	2.79	0.62	2.36	0.50	2.18	0.39	8.67 *	Pre＞Post＝Follow up

＊：$p<.05$　＊＊：$p<.01$

4　対象児の同胞に関する感情アンケート

各下位尺度得点の平均値、及びSDをTable 9-6に示す。「将来の問題」と「過剰な責任感」尺度において、実践前から実践後にかけて、統計的に有意な差をもって否定的感情の減少が見られ、プログラム終了1か月後にもその効果が維持されていた。（「将来の問題」：Pre＝2.32, Post＝1.82, Follow up＝1.71, $x^2_{(2)}$＝10.17, $p<.01$,「過剰な責任感」：Pre＝2.79, Post＝2.36, Follow up＝2.18, $x^2_{(2)}$＝8.67, $p<.05$）。また、対象児別の下位尺度得点とそれらの合計（感情下位尺度合計）をTable 9-7に示す。Pre時点で否定的感情が特に強かったのは、B児とC児の2名であったが、いずれもPost時点以降低減した。また、A児、E児、G児の3名については、否定的感情の上昇が見られたものの、いずれも低い値の範囲に留まった。統計的検討を行ったところ、7名のいずれの対象児についても、Pre-Post-Follow up間に有意な差はみられなかった。

5　対象児の母親に対するサポート期待感、及び母親から見た対象児と親とのかかわり頻度の変化

対象児の母親に対するサポート期待感、及び母親から見た対象児と親とのかかわり頻度の変化に関するアンケート調査結果をTable 9-8に示す。左側の母親

第9章 研究7：きょうだいのためのポートフォリオ絵本制作支援プログラムの開発に関する実践的検討　233

Table 9-7　対象児の同胞に関する感情下位尺度得点（平均値）（対象児別比較）

対象児		将来の問題	同胞に対する拒否の感情	同胞に向けられた不公平感	友達からの反応	両親の養育態度	同胞の障害に対する心配事	余計な負担の感情	自己猜疑心	過剰な責任感	感情尺度得点総計
A児	Pre	3.50	2.50	2.50	1.00	1.00	1.75	1.75	2.50	3.25	19.75
	Post	3.00	2.50	2.75	2.00	1.25	1.50	4.00	2.50	3.00	22.50
	Follow up	2.50	4.00	2.50	1.75	1.75	1.75	3.25	1.00	1.75	20.25
B児	Pre	4.00	1.75	2.00	2.50	3.25	2.50	1.75	2.50	4.00	24.25
	Post	2.50	2.25	3.00	2.50	2.00	2.75	1.75	2.25	3.00	22.00
	Follow up	3.25	1.75	2.50	2.75	2.50	2.00	1.50	1.75	3.00	21.00
C児	Pre	3.25	3.00	2.75	4.00	2.50	2.75	3.50	2.00	2.25	26.00
	Post	2.50	3.00	2.75	3.25	3.25	1.50	3.00	3.00	2.00	24.25
	Follow up	2.25	2.50	3.00	3.75	2.25	1.75	3.25	3.00	2.00	23.75
D児	Pre	1.50	1.25	1.75	2.25	1.75	1.75	2.00	1.25	2.75	16.25
	Post	1.25	1.00	1.25	2.25	1.25	1.75	2.00	1.00	2.50	14.25
	Follow up	1.00	1.50	1.00	3.00	1.50	1.50	1.75	1.00	1.75	14.25
E児	Pre	1.25	2.00	2.50	2.75	2.00	2.00	1.50	2.25	2.00	18.25
	Post	1.00	2.00	3.00	2.75	2.25	2.50	2.50	2.00	1.75	19.75
	Follow up	1.00	2.25	3.00	2.75	2.25	2.00	2.75	1.75	2.00	19.75
F児	Pre	1.00	2.25	1.75	3.00	2.75	1.75	1.75	1.50	2.75	18.50
	Post	1.00	2.50	1.00	3.00	1.50	1.75	1.75	1.00	1.75	15.25
	Follow up	1.00	2.50	1.25	2.75	1.50	1.25	1.75	1.00	2.00	15.00
G児	Pre	1.75	1.00	2.25	2.25	2.00	1.50	2.75	2.25	2.50	18.25
	Post	1.50	1.75	2.25	2.25	1.75	2.00	3.75	2.50	2.50	20.25
	Follow up	1.00	1.75	2.75	2.25	1.50	1.75	3.75	2.75	2.50	20.00

へのサポート期待感得点の変化は、増加4名、変化なし1名、減少2名であった。サポート期待感得点が特に大きく減少したのがB児、大きく増加したのがE児であった。変化がなかったA児はPre時点で満点であり、A児を含め対象児7名中6名までがPre時点で高得点であり、得点の上昇余地が少なかったことから、サポート期待感については、概ね増加傾向となった。

　表右側の対象児と親のかかわりの変化量についても、6名がプラスに変化した。対象児別に見ると、対象児と親のかかわりの変化量では、顕著に増加したのは、A児、E児、G児であり、減少したのがF児であった。また、得点増減の内訳を見ると対象児に関する話題では概ね増加傾向が見られ、同胞に関する話題については、増加と減少が見られた。同胞に関する話題については、母親アンケートの自由記述から、対象児からのかかわりとして、同胞への不満を感情的に訴えずに済むようになり、かかわりが減少した例（F児）と、逆に自分の気持ちを遠慮

Table 9-8 対象児のサポート期待感、及び親とのかかわり頻度の変化量

対象児	母親へのサポート期待感			対象児と親のかかわりの変化量				計
	Pre	Post	Post-Pre	対象児に関して		同胞に関して		
				対象児から	親から	対象児から	親から	
A児	36	36	0	1	1	4	2	8
B児	36	28	-8	1	2	0	1	4
C児	34	32	-2	1	2	1	-1	3
D児	34	36	2	2	1	1	1	5
E児	18	26	8	4	0	2	1	7
F児	33	36	3	1	2	-4	-3	-4
G児	33	35	2	2	3	0	2	7

せず言えるようになり、かかわりが増加した例（A児）が示された。また、親からのかかわりでは、C児とF児の値が減少した。両母親は、アンケートの自由記述で、対象児の負担感を知り、敢えて同胞に関する話題を避けるようにしたと述べており、かかわりの減少は、親が対象児の心情を慮って対応するようになった変化を示していると考えられた。

6 プログラムの有用性アンケート

①対象児の悩みや不安、否定的感情の軽減に対する有用度が、57.1ポイント（平均得点1.14点、SD 0.69）、以下同様に、②対象児の同胞の障害理解85.7ポイント（平均得点1.71点、SD 0.49）、③対象児の同胞とそれに関連する様々な問題への対応力向上64.3ポイント（平均得点1.29点、SD 0.49）、④親と対象児のコミュニケーション促進（「対象児の思いや考えの共有85.7ポイント（平均得点1.71点、SD 0.49）」、「同胞について話すきっかけづくり64.3ポイント（平均得点1.29点、SD 1.25）」、「対象児による感情表出57.1ポイント（平均得点1.14点、SD 0.69）」）、⑤対象児の精神的成長85.7ポイント（平均得点1.71点、SD 0.76）、⑥本プログラムの必要性92.9ポイント（平均得点1.86点、SD 0.38）となった。

また、特に母親が、本プログラムが対象児の育ちに「役立った」と考えた理由（自由記述）として、「同じきょうだい同士がかかわる機会はなかなかないので、同じ思いを共有できて良かった（A児）」「同じ境遇のきょうだいと話をしたり、

聞いたりすることで、気づくこともある（B児）」「個人の考え方だけでなく、他のきょうだいの考え方や思いも知ることができ、同じ悩みを抱えている者同士の安心感で、素直な気持ちで参加できる（D児）」「自分と同じきょうだいがたくさんいることを知り、同じような悩みや思いをしていることを知ることができる（G児）」のように、きょうだい同士の出会いとそれによる感情や情報の共有に関すること、また、「親には普段言えないことを、他の人には言えることもある（B児）」「親とは異なり、どんな意見でも受け入れてもらえるので、満足できる（E児）」「家族以外の人に自分の困っているところを話し、それを認めてもらうことはきょうだいにとって心強い。困っていることに関し、自分がした行動を話し、共感または認めてもらっていることやアドバイスをもらうことは今後も自信につながる（F児）」のように、親以外の支援者との出会いと受容的な話し合いと相談の場の保障に関すること、「思いを言葉にすることで頭の中が整理される貴重な機会である（A児）」「同胞の障害やかかわり方について、今後もポートフォリオ絵本を読み返して学べる（D児）」「普段思っていることを書くという作業を通して、改めてきょうだい自身が思っていることを整理でき、絵本にすることで見返すことができる。G児）」のように、ポートフォリオ絵本のもつきょうだいの自己省察及び自己学習機能に関すること、さらに「親がきょうだいの気持ちを理解することができる（D児・G児）」と親によるきょうだい理解の促進に関することが挙げられた。一方「（役に立った、役に立たなかったの）いずれともいえない」理由として、「障害について客観視して学ぶことは必要だが、それによってきょうだいが負担に感じすぎてしまうこともあるのではないか（C児）」という、障害理解支援に関するマイナス面を危惧する意見も見られた。

7 親子のかかわりに関する事例の変容プロセス検討

親子のかかわりに関する本プログラムの詳細な効果検討を行うために、F児、B児、E児の3事例を分析対象に抽出した。Table 9-8より、F児の場合、同胞に関する話題に関して対象児・親双方からのかかわりが減少した一方で、サポート期待感は増加していることから、かかわりの減少が生み出された過程と意義を分析する。B児の場合、親からのかかわりは増加傾向となったにもかかわらず、サポート期待感が顕著に減少したことから、何が減少につながったのかを分

析する。E児の場合、E児自身からの親に対するかかわりとサポート期待感が顕著に増加しており、このような積極的な関係変容がもたらされた要因を分析する。

(1) F児
1) 対象児
　小学校6年生の女児であり、同胞は小学校1年生男児で自閉症スペクトラム障害があり、通級による指導を受けている。Pre時点アンケートで母親は、F児が「同胞が同じことを何度も言うので困っているようだ。同胞が、言っても理解してくれず怒り出すことがある」と述べた。一方、F児はPre時点インタビューで、「周囲から同胞が通級指導教室に行っている理由を聞かれるのが困る」と述べた。

2) ポートフォリオ絵本の記述内容
　第1回では、F児は家族の様子を詳細に書いた。それを読んだ両親はいずれも感心し、「これからも仲良し家族でいこうね」と共感メッセージを返した。母親はさらに「なんだか母は恥ずかしいですが、あなたの心がこもったものをすごく感じた」とF児が家族に寄せる思いを受け止めている。
　第2回は同胞のいろいろな面を紹介し合うテーマであり、F児は持ち前の観察力を発揮して、誰よりも多く同胞について書き出した。両親はその内容を「自分も知らなかった。面白い」「同胞の『あるあるクイズ』ができるほど書いてあったので、楽しい」と述べ、F児を積極的に評価している。
　第3回では、同胞の困った行動への対応方法について対象児間で相談した。両親はF児の出したアイデアを見て「よく考えている」と評価し、母親は「ママにも教えてほしい」と後押ししている。
　第4回では、友達からの同胞に関する質問に対し、回答に困った場合の対処を話し合った。F児は、同胞が通級による指導のため学校を途中退出する理由を尋ねられた場合の回答について、「いろいろある」「用事がある」「答えずに逃げる」などと記載した。F児の困惑がそのまま表現された状況であった。これを読んだ母親は、「（あなたが）いつも『大丈夫』と言ってくれるから、パパとママが甘えてしまっていた」と反省し、「本当に嫌な時は一緒に考えるから言ってね」と、F児の辛さを確実に受け止めたと返事している。
　第5回では、対象児自身について表現することがテーマであった。F児は「お

化けが怖い」「サンタさんにプレゼントをもらって嬉しい」など、6年生にしては幼すぎると感じられる言葉を書き連ねた。これに対し、父親は「お化けが出たらパパが必ず守るよ。これからも心配なことがあったら、必ず言ってね。絶対に守るから」、また母親は「ママはあなたがへっちゃらになる日まで"ナイト（騎士)"になるよ」と真面目に返し、幼い表現にカモフラージュされたF児の自信のなさや、甘えたい気持ちを受け止めたことを伝えている。

第6回では、サポート資源について学んだ。父親は「あなたの後ろには必ず家族がいます。どんなことがあっても決して一人ではないのです。何かあったら思い出してください」と励まし、母親も「あなたをたくさんの人が見守っていますよ。パパ・ママ・ペット・じいちゃん・ばあちゃん……困ったことがあれば『助けて！』と言ってね。パパ・ママに言えなかったら誰かに言ってください。必ず一人で悩まず言ってください。あなたにはたくさんの人達がついていますよ！パパ・ママも同胞もペットもあなたの味方です。何かあれば一緒に考えていこうね」とF児を支えていくことを明確に約束している。

このようにポートフォリオ絵本上でのやり取りを通して、F児は自分の素直な気持ちを表現でき、両親もF児の思いやニーズに気づいて、F児を支える意思を新たにしていく経緯が見て取れた。

3）対象児へのインタビュー結果

F児は、Pre時点では同胞と一緒の小学校に通えることが嬉しい反面、「同胞が途中で通級指導教室に行く際、どこへ行くのかと友達に言われるとちょっと困る」と、アンビバレントな思いに苦しんでいる様子であった。しかし、Post時点では困ったことは「ない」と明確に答え、問題が解決したことがうかがえた。上記の第4回で述べたように、F児は友達に明確に説明できる回答を得たわけではなかったが、困惑している気持ちを両親が理解してくれた影響が大きいと推測される。

自分から母親に同胞について話す内容に関しては、Pre時点では「同胞が○○していた」と、半ば告げ口のような報告が中心であったが、Post時点では「同胞が学校で抱きついてきたことが恥ずかしかった」と自分の気持ちを中心に話すようになった。Post時点では、親に対して話したいけれど話せていないことは「ない」と答えている。

4）母親へのアンケート結果

Post 時点での母親へのアンケート回答では、Pre 時点で見られた、F 児の同胞に対する苛立ちや怒り、必要以上の心配に代わり、「放っておく」「見守る」姿が観察されるようになったことが報告された。また、親と F 児とのかかわりでは、「同胞のことではなく、F 児のことをよく話すようになった」と報告がなされた。

母親は自身の変化として、F 児に困ったことがないか尋ねたり、F 児の気持ちを優先したりなどの配慮をするようになり、同胞の世話などで「F 児を頼らなくなった」と述べた。また、「以前は『大丈夫』という F 児の言葉で親が（本当の気持ちを）感じ取ることができず、F 児の負担になることを頼んでいたが、この（ポートフォリオ）book をきっかけに、F 児の気持ちに目を向け、同胞のことも考えていこうと思った」と、ポートフォリオ絵本が母親の認識を変えることにつながったと報告している。

5）F 児の事例に見る本プログラムの効果と課題

F 児のインタビューと母親アンケートに見られるように、当初 F 児は同胞の相手をする負担や、同胞の障害を友達に説明できない困難さを感じていた。そして、それを「苛立ち」や「必要以上の心配」で示していた。本プログラムでは、まず家族の紹介からはじめ、同じ立場のきょうだい同士で話し合いながら、徐々に対象児らが直面している課題が話題となるようにセッションを組み立てた。その結果、F 児は直面している困難さを書き出すようになった。F 児の親はこれに対し、常に肯定的なコメントを返し、F 児が第 4 回で同胞のことを友達に説明できず、回避的な対応方法を選択した時も、受容することに徹し、第 5、6 回と「守る」「味方」と、F 児に対し、繰り返しサポートを明確に約束した。このように F 児の事例では、本プログラムに含まれた親子のやりとりの仕組みに沿って、F 児が抱えていた困難さを吐露し、それに親が肯定的なメッセージを返すという、受容的なコミュニケーションが展開された。その結果、Table 9-8 に見られるように F 児のサポート期待感はさらに高まり、Post 時点で「親に対して話せていないことはない」状態となった。また、母親は Post 時点のアンケートで、「マイページ」から F 児が感じている負担感を読み取り、F 児を同胞につき添わせる回数を減らすなど、F 児の役割を軽減するようにしたと報告している。Table 9-8 に示したように、F 児と親双方から同胞に関するかかわりが減少したのは、

本プログラムを通して、F児が自分自身について率直に表現する体験を得たとともに、親がF児の負担感を理解し、それを低減する意識をもつようになったことを示すものと考えられる。このように、F児親子については、それまでの同胞中心のコミュニケーションが、F児中心のコミュニケーションへと転換し、F児が困難さも含め、ありのままの自分を親に肯定的に受け入れられ、サポートされていると感じられる受容的な親子関係が促進されたと考えられる。

(2) B児
1) 対象児
小学校2年生の女児であり、同胞は児童発達支援センターの年中クラスに通う男児で、軽度知的障害、自閉症スペクトラム障害がある。Pre時点アンケートで母親は、B児が同胞の様子をうかがい、いつも我慢している様子であると報告した。B児本人は、同胞は一緒に遊んでいて楽しいが、暴力に困っていると話した。

2) ポートフォリオ絵本の記述内容
第1回では、B児は家族の様子を詳しく書き込み、それを読んだ両親は「よく見ている」と感心し、父親は「同胞とけんかしないで仲良くゲームで遊んでね」、母親も「何でも挑戦して、できることを増やそうね」と、B児への期待を書き加えている。
第2回では、B児は同胞について「ゲームが上手」など肯定面を複数挙げる一方で、「大声で泣く」「叩く」など否定面も率直に書いた。これに対し、父親は「同胞はあなたのことが、大・大・大好きなんだと思います。そんな同胞のことをあなたも大好きでいてあげてください」、母親も「仲良く、楽しく遊べるといいね」と、要望を伝えている。
第3回では、同胞の暴力に困っていたB児が、他の対象児のアドバイスを得て、「無視して逃げて布団に隠れる」「やっつける」等のアイデアを書いた。これに対し父親は、「困ったことがある時は、いつでもパパに相談してね」とサポートを約束している。母親も同様に「お父さんとお母さんに任せて」と申し出るが、一方で「たまには、同胞が怒らない方法で遊んであげるのもいいかもね」と本人の努力を促すコメントを加えている。
第4回では、友達に同胞の多動や奇声の理由について質問された時の返答とし

て、B児は「小さい子だから仕方がない」「知らない」と自分なりの回答を考え出した。そして、年上の対象児達からもらった「言いたいことがあるから」「『知らない』と言うのがいいと思う」等のアドバイスを書き込んだ。これに対し、父親は「あなたが同胞の好きなところをみんなに教えてあげてね」、母親は「(同胞が大声を出したら) ぎゅっと抱きしめてあげるのがいいかも！ まだ小さいから許してあげてね」と、B児には難しい対応を促す提案をしており、B児の困惑への受容はなかった。

第5回では、B児は自分のことについて、「嬉しいのはお母さんに褒められた時」「家族にもっと分かってもらいたいのは、お母さんに怒られるのが怖いこと、私を『おばかさん』と言わないでほしいこと」と次々と自分の思いを表現し、「私はお姉ちゃんだから抱っこしてもらわなくてもいい」と、願望の逆説的な訴えと推察される表現を書き込んだ。これに対し、父親は「これからは、パパにもあなたが思っていることをいろいろ教えてね」と受容的コメントを返している。一方、母親は「いつもお母さんと、お父さんはあなたの味方だよ」とサポートを約束している。さらに「怒るのはあなたのことを思っているから」と自らのB児への対応の意義を納得させるためのコメントを加えている。

第6回では、母親は「あなたと同胞はそれぞれにいいところもいっぱいあると思います。それをもっとたくさん見つけていけたらいいなと思うよ」と再度、願いを伝えている。そして「みんながあなたのことを応援しています。いつでも相談してくださいね」とサポートを約束している。

このように、回を追うにつれ、B児もF児同様にポートフォリオ絵本上で自分の素直な気持ちを表現できるようになる経過が見て取れた。一方、両親からのコメントは、B児への要望が中心であった。ただし、最終的にはサポートを約束するコメントも加えられるようになった。

3）対象児へのインタビュー結果

B児は、Pre時点で親との会話内容をよく思い出せない様子であった。Post時点でも、親とは「あまり話をしない」と述べた。同胞の暴力については、Pre時点、Post時点とも母親に相談していると話したが、Post時点では、同胞の暴力には「プログラム中に対象児同士で話し合った方法を実践している」ので、「もう心配ない」とも答えた。ポートフォリオ絵本に率直な考えや気持ちを書き込むことが

できたB児ではあるが、生活場面で、自らが親とかかわる行動が増えた実感はあまりもっていないようであった。

4）母親へのアンケート結果

Post時点で母親から、同胞の様子をうかがうことが減り、同胞が叩いてきた時、B児に以前にはなかった応酬する姿が見られることが報告され、プログラム中に他の対象児から得たアドバイスを使って、自己主張するようになったことが確認された。一方、B児自身は同胞の暴力を母親に相談したと話したが、母親はPre時点、Post時点ともにB児から悩みや困り事は聞いていないと回答しており、B児の「相談」は届いていなかったことが示された。母親は、「『紹介ブック』を見てB児が母親にもっと認めてもらいたがっていると感じた」と、本プログラムを通してB児の母親を求める思いを知ったことを明らかにした。

5）B児の事例に見る本プログラムの効果と課題

B児は、同胞の暴力に対処できない困難さに直面していたが、セッションが進むにつれ、そのような不全感を含め、「マイページ」に感情を率直に書き込むことができるようになった。これに対し、親はB児への要望を繰り返し書き加えており、第2～4回ではいずれもB児が困っているとした同胞の行動に対し、B児にはおおよそ困難と思われる対応への期待を述べた。また、第5回では「母親から怒られたり非難されたりするのが辛い」という意味を込めたB児の言葉に対し、「それはあなたのためだ」とB児の感情を受容することなく、諭す対応が見られた。そのため、B児は親が自分の困難さや辛さを理解せず、サポートを約束する言葉とは裏腹に、独力で乗り越えるように要求すると感じ、結果として、Table 9-8 に示したように、きっと困った時に助けてくれるはずだというサポート期待感を減少させるに至ったと考えられる。

母親が述べたように、ポートフォリオ絵本は、B児の受容欲求を知る手がかりとしては、効果があったことがうかがわれる。しかし親は、B児の本音を理解した後も、B児に親の願う振る舞いを求め、「シェアルーム」を教示の場として用いた。これは、本プログラムが、親を直接支援する手立てを含んでいなかったためと考えられる。親が自らの養育観に反する子どもの思いに直面した場合、困惑し、必ずしも受容的な対応ができるとは限らない。今回のようにスタッフがコメ

ントの例を示すのみでは、親のきょうだいへのかかわり方の手がかりを示すには不十分であり、関係性の変化にまでは至らなかったといえる。

(3) E児
1) 対象児
　小学校5年生の女児であり、同胞は特別支援学校3年生男児で、知的障害、てんかん、糖尿病がある。Pre時点で、母親はE児が同胞の奇声や、友達に同じ学校に通っていない理由を説明する際に困っているようだと答え、同胞の障害について、「現段階では、自分からE児に話せそうにない」と述べた。一方、E児は、同胞とは一緒に遊べるので良かったと言い、糖尿病の補食として同胞だけにおやつが与えられるのが「ずるい」「母親が同胞優先でかかわることが多く、悲しい」などと述べた。

2) ポートフォリオ絵本の記述内容
　第1回では、家族の様子を詳しく書き込んだ。同胞の癖として「お菓子をねだる」、自分の自慢として「指の関節が柔らかい」等と面白いネタ風に書くと、「マイページ」を自由な発想で熱心にレイアウトした。父親は「人のことをよ〜く観察しているね。自慢できるところはそこなのでは？」、また、母親は「みんなのことをよく分かっているね。なぜわたしは怒ってばかりいるのでしょう？」と書き込み、冗談めかしたやりとりとなった。
　第2回では、同胞の印象を好悪にかかわらず次々と挙げ、「どこかに出かける楽しみな予定の前に風邪をひく」と、同胞に対する同情とも、失望ともとれる内容を書き込んだ。母親はこれに対し、「家の中での同胞のことたくさん書けたね。外でのことも一緒に考えてみようか！」と、Pre時点で母親から見てE児が困っていると感じた内容を話し合おうと水を向けている。
　第3回では、同胞が水遊びを止めないことや、音楽に合わせて手を叩くようにしつこくせがむことに困っていたE児が、「(そのような時は) お母さんに言う」「(水で遊んでもよいか) 親の許可をもらう」と書き、親を頼りにしている気持ちが表現されていた。他の対象児の助けを得て、「一緒に手を叩いて楽しむ」「あと1回とか、予告する」等のアイデアも書き加えた。これに対し、父親は「いつも同胞の面倒を見てくれてありがとう。同胞もお姉ちゃんが大好きです。お姉ちゃ

第9章 研究7：きょうだいのためのポートフォリオ絵本制作支援プログラムの開発に関する実践的検討　243

んの気持ちが同胞に通じなかったり、同胞が言うことを聞かないこともあるけど面倒を見てください」と依頼し、母親も「お友達（他の対象児）は思いやりのあるアドバイスをくれたね。同胞はまだ上手に喋れなくて突然行動で伝えてくるから困ることもあるよね。でも言ったら分かる子だから、優しい気持ちで注意しようね」と、同胞の世話を依頼する内容となっている。さらに母親は、「困った時は、いつでもパパに相談してね」と、自分より父親へのサポートを求めるように提案している。実はこの時期母親は、E児が母親の指示通りに行動しないことや、小学生には分不相応と思える高価な物を欲しがることに苛立ちを感じると筆者に打ち明けており、母親のE児と向き合う気力の減退を推察させる内容となっている。

　第4回でE児は、友達に同胞の体格が年齢に比してかなり小柄であることや、同じ学校に通っていない理由を尋ねられることについて、「知らない」「いろいろあるんだよ」などと、話をはぐらかす回答を考え出した。その一方で、他の対象児からのアドバイスとして、「みんなと違う勉強をしているから」「体に悪いところがあるから」「障害があるから」と書き込み、初めて障害という言葉を使うようになった。父親は「あなたにとっては同胞の存在は普通のことだったんだよね。ここ1～2年何か違和感を感じていたみたいだね。なかなか難しいことだね、友達によってはなかなか理解できない人もいるだろうし……」と自分自身の迷いも含めて、E児を受け止め、母親は「お母さんはアドバイスしたこともなかったのに自分で見つけていたんだね。あなたの成長を感じました。お友達（他の対象児）もありがとう」と、同胞の障害に関してE児と向き合っていなかったことを素直に認め、E児の成長への喜びを書き込んだ。

　第5回では、自分のことについて、E児は「嬉しいのは旅行に行った時、お菓子やお金をもらった時」「家族にもっと分かってほしいと思うのは、ママが優しくなってほしいこと、算数が分からないこと」と自分の気持ちを素直に書いた。これに対し、父親は「ピアノの練習や勉強に取りかかるのが遅い。始めてもだらだらとしている。もう少しきぱきとして楽しい時間を作ってください」と苦言を呈し、母親はコメントを書かなかった。先に述べたように、母親が気にしている金品に関する話題や、優しくなってほしいというE児の要求を受容できなかったためと推測された。

　第6回では、自分や同胞を支えてくれる人を親以外にも複数挙げたE児に対し、父親は「あなたはコメントが上手だね。同胞のことを文字にすると今までよりも

っと理解できるね」とE児のもつ強みに気づいて励ましている。母親は、「困った時助けてくれる人、たくさんいて良かったね。遠慮せず相談してください」と勧めている。

　3）対象児へのインタビュー結果

　E児は、Pre時点インタビューでは同胞に障害があるおかげで、療育キャンプなど特別な体験ができること、（自分の）友達と遊ぶのとは違い、同胞が予想外の行動をとるのも面白いと言い、同胞の存在を積極的に楽しんでいる様子であった。しかしPost時点では、「楽しいんだけど、やっぱり障害もってない方がいい」と率直に気持ちを話した。親へE児から話す内容として、Post時点でもPre時点と同じく、「同胞ばかりお菓子を食べることがずるい」ということ、さらにPost時点では「同胞の（インシュリン）注射をしてみたい」と、同胞の介護を手伝いたい気持ちが生まれたことを挙げた。また、親からE児に話す内容として、Pre時点では「同胞の面倒を見て」と曖昧な言われ方だったが、Post時点では「今日は血糖値が高いからお菓子は駄目だよ」などを挙げ、同胞の状態に応じて話をしてくれるようになったと報告した。

　4）母親へのアンケート結果

　母親は、Pre時点でE児が友達に同胞が同じ学校に通っていないことを説明する際困っていたが、Post時点では「E児自身が『今なら、うまく答えられる』と言っている」と、報告した。また、E児が「『同胞ばっかり』とあまり言わなく」なり、「大きな声を出すので、友達の前では恥ずかしいと言っていたけど、他の対象児の悩みを聞いていると、弟はたいしたことはないと言っていた」など、E児が母親にプログラムで学んだ内容をいろいろと話している様子を報告した。また、同胞の学校での様子について、E児にPre時点では同胞の連絡帳の内容や療育訓練の様子を話すだけであったが、Post時点では、一見遊びに見える同胞の宿題や訓練の意義までも話すことができたと述べている。さらに母親は、「E児は、褒められることで自信をもち、毎回プログラム参加後、機嫌よく帰ってきた。弟のことより、自分を表現して受け入れてもらえることに満足しているようだった」と述べた。母親自身については、「以前はE児も自分も感情的になり最後まで話せないことが多かったのだが、今では、ノートにお互いの意見を書いて、じ

っくり話し合うようになった」「今まで同胞優先で、E児の話を最後まで聞いてあげることができなかった。話を聞くことはなかなか難しいが、そういう意識をもつようになって良かったと思う」と述べ、本プログラムへの参加過程で、E児とのかかわり方を改善できたことを明らかにした。

5）E児の事例に見る本プログラムの効果と課題

　E児は、のめり込むようにポートフォリオ絵本を制作することに熱中し、時間が過ぎてもなかなか切り上げることができないほどであった。自分の気持ちやコメントを書いた紙を丁寧に切り張りし、細かく色を塗り装飾した。母親がアンケートで答えたように「自分を表現して受け入れてもらえることに満足」し、親に対し思いを表出できるきっかけをつかんだといえる。E児が本プログラムで学んだことを積極的に報告するようになり、母親もまた、E児とじっくり話し合う機会を得たと報告している。このように、ポートフォリオ絵本がE児の自己表現の手段となり、親とのかかわり意欲を引き出し、結果的にTable 9-8に見るように、生活場面で、E児から親に対するかかわりの増大の増加に結びついたと考えられる。一方、親は、E児が記載した「マイページ」の内容に対し、E児の抱える不公平感や要求を受け入れることができず、E児への願いをありのまま表したり、親自身が踏み出せないでいた同胞の障害理解にE児が取り組み始めたことに感慨を叙述したりなど、正直な思いを返した。そして、これまでのE児との感情的な話し合いを避け、「シェアルーム」での体験を応用して、ノートに互いの意見を書いて、じっくり話し合う方法を見出した。このようにプログラムに参加する中で、親子相互のコミュニケーションが促進された結果、E児のサポート期待感の高まりがもたらされたと考えられる。

　E児の事例では、親が、自らの家族がもつコミュニケーションの特質に気づき、本プログラムの「書き言葉」によるコミュニケーションの利点を生かして、家族成員相互の自己表現の方法に応用することで、以前には母親が述べたように同胞が優先され、E児と「最後まで話せない、聞けない」関係であったものが、プログラム実践後は、率直にそしてじっくりと気持ちを伝え合える関係性へと変容したことが確認できた。

　しかし、一方でE児の親も、B児の親と同様に、E児が受容しがたい表現をした時に困惑し、特に母親はコメントを書けず、E児と向き合うことを避けざ

を得なかった。本プログラムは、対象児への対応は親の努力に任せた方法を取っていたため、このような親の葛藤をサポートするには至らなかったといえる。

第4節　考察

1　対象児にもたらされた変容

(1) 同胞の障害特性理解と対応方法選択における変容

「障害理解テスト」(Fig. 9-1、9-2) の結果から、対象児らは、同胞の対応に困る行動の背景にある障害特性を知り、同胞の行動にうまく対応する方法を自分なりに考え出すことができるようになったと考えられた。評価が向上した回答例に見るように、当初の個人的な感情を行動の理由とする思考から、障害による認知特性に原因を求める思考に変化し、行動への対応にも具体性が加わった。加えて、Table 9-4 の第3回のポートフォリオ絵本記述内容に見るように、対象児らは一般的な対応知識だけでなく、話し合いによって、自分が現実に直面しているトラブル場面における具体的対応方法を獲得できたことが示された。また、理論的適切さのみならず、「逃げて、隠れる (B児)」「楽しむ (E児)」など、実行性を考慮して対応方法を選択するようになったことも示された。同様に「障害理解テスト」で評価が低下した対応例も、障害特性を理解した上でベストではないが、当初の方法よりもその場で現実的に対応できる方法に変更したためであると考えられた。特に、B児、D児は、Post インタビューで、実際に本プログラムで得た対応方法を使うことで、同胞とのトラブルをうまくやり過ごすことができるようになったことを報告している。

(2) 同胞に関する周囲とのかかわりにおける変容

同胞の障害について他者から問われたり、説明を求められたりする場合、きょうだいは親とは異なり説明に足るだけの情報をもたず、きょうだいにとって同胞の障害は感覚的にはとらえられても、言葉では説明しにくいものであることが指摘されている (諏方, 2008)。また、特に小学生期にあるきょうだいのうち、半数が友人に同胞のことを話さなかったとし、その理由に「理解してもらえない」「隠したい」を挙げた報告 (加瀬, 2008) もあり、きょうだいが同胞の情報を他者と

共有することのハードルの高さが示唆される。Table 9-5 の「周囲との関係」に示すように、本研究でも7名中6名の対象児が Pre 時点で友達から同胞の話題をもちかけられることに困惑しており、特に F 児は同胞に関する困り事にも同様の内容を挙げていた。しかし、Post 時点ではそれぞれが自分の対応方法を明確に答えることができるようになり、F 児も問題が解決したと報告している。その裏づけとして、Table 9-4 の第4回ポートフォリオ絵本記述内容に見るように、対象児らは実行可能な方法を複数選び出すことができており、（同胞の学校では）「分かり易く教えてくれる（D 児）」、「同胞に合う勉強ができる（G 児）」のように理解を求める方法だけでなく、「何でそんなこと聞くの（C 児）」「別にいいでしょ（A 児，G 児）」「知らない（多数例）」のように、反論したり、はぐらかしたりする方法を見出したことも示された。

さらに、後日のエピソードとして、D 児の学校の教員より、これまで学校で同胞のことを全く話そうとしなかった D 児が、ポートフォリオ絵本を自発的に持参して紹介したことが伝えられた。その教員が「みんなに分かってもらえて嬉しいね」と伝えると、D 児が大きくうなずいていたこと、教員自身も障害のある子どものきょうだいに配慮すべきであると気づくことできたと報告があった。D 児の母親も「ポートフォリオ絵本は、D 児にとって大切な宝物になりそうだ」と述べた。このエピソードから、ポートフォリオ絵本が親子で共有されただけでなく、さらに広く D 児の「分かってほしい」思いの伝達を実現に導くツールとなったことが分かった。冒頭にも述べたように、D 児が、同胞の障害について、まさに説明に足るだけの情報をもたず、言葉で説明できない状態から、ポートフォリオ絵本という手段を得て、同胞の障害の状態を説明するにとどまらず、家族の一員としての同胞の存在を伝えようとする行動にまで至ったことが示された。

(3) 同胞に関連して抱く否定的感情の変化

Table 9-6 より、プログラム実践後の「同胞に関する感情アンケート」については、対象児全体の傾向として、「将来の問題」と「過剰な責任感」の下位尺度において否定的感情が低減したことが確認された。特に、「過剰な責任感」は、Pre 時点で下位尺度中最も否定的な程度が強かったものであった。先行研究では、きょうだいが感じる「将来の問題」として、自分自身の将来に関する不安（Meyer & Vadasy, 1994, 2008；高野・岡本, 2009）や、同胞の将来への心配（吉川, 1993）、

将来同胞の面倒を見る義務感（植木, 2008）が指摘されている。また、「過剰な責任感」については、きょうだいによる同胞の困難さの補充や親の期待へのプレッシャー（Meyer & Vadasy, 1994, 2008）、年齢に比して高すぎる責任感（Harris, S, 1994／2003；遠矢, 2009）が指摘されている。このように、両者の問題はきょうだいの心理社会的適応上の重要課題の一つであるが、本プログラムの実践により、それらが継続的に低減したことが確認できた。これらは、いずれも同胞の障害やそれによる困難さへの認識が影響する感情である。よって、これまで見てきたように、ポートフォリオ絵本の制作過程で対象児が同胞の障害特性を知り、現実的な対応方法を選択できるようになり、自らの生活において同胞の問題に対する対処可能感を得たことが、低減につながった要因の一つであると思われる。Table 9-5 に示すように Post 時点で、E 児が「同胞にはできることもいろいろある」「同胞の問題はあまりたいしたことはない」、A 児が「同胞が支援学校に行ってできることが増えた」と述べているように、同胞に対して積極的評価ができるようになったことからも、そのことが見て取れる。またこれらの感情は、同胞や自分自身へのサポートの見通しにも影響を受けるものである。Table 9-4 の親からのコメントに見るように、親から対象児のありのままを認める受容的なかかわりと明確なサポートの約束を得たこと、加えて、第 6 回のポートフォリオ絵本の制作時の様子で見られたように、自分と家族への社会的サポートに関する具体的な知識を得て、全員が家族以外を含む具体的な支援者の存在を複数イメージできるようになったことが否定的感情の低減に影響していると推測される。さらに複数の親から、プログラム終了後も対象児がポートフォリオ絵本を常に身近な机上の本棚に入れていることが報告されており、低減効果が Follow up 時にも維持されていたのは、いつでも成果を確認できるポートフォリオ絵本の特質が影響したと推測される。一方、変化が見られなかった下位尺度は、「友達からの反応」以外は Pre 時点の時点ですでに否定的感情が低い状態であった。「友達からの反応」に関しては、上記（2）で述べたように、プログラムの中で対象児らは友達から同胞について尋ねられた場合の対応について実行可能な案を考えることができ、実際に問題が解決したと報告する者もいたが、対応できるようになったからといって、それに伴う感情が好転するとは限らないことが示唆された。友達との関係は、本来家族内の関係とは異なる性質のものである。よって本プログラムにより、親とのコミュニケーションが促進され、サポートの見通しが得られたとしても、

依然対象児らは、マイノリティとして周囲の問いに一人で対応しなければならず、その負担感が大きいと推察された。

またTable 9-7より対象児別に見ると、Pre時点で否定的感情が高かったC児は、対象児の中で唯一兄を同胞にもっており、同性であることからも、他の対象児に見られたような「世話をする」「面白い」という発想はなく、Pre時点では同胞は「邪魔」「いていいことは一つもない」と、強い否定的感情を露わにしていた。母親の話では、C児は以前同胞の担任から障害について説明してもらう機会があったが、その後の態度に変化は見られなかった。本プログラム後も母親から見たC児の様子は、Table 9-5のとおり「相変わらず」だったが、母親のC児に対するかかわりは大きく転換した。Table 9-4に示すように、「マイページ」で同胞を批判するC児に対し、常に受容的なメッセージを返し、「同胞のことは母親に任せて」と伝えて、実際に同胞と距離をおくことができるように生活面で配慮するようになった。一方、Table 9-5に見るように、C児は「同胞の頭の中には、(情報処理の)棚が一つしかないということを(本プログラムに)参加しなければ分からなかった。だから来て良かった」というように、同胞には一度に一つの情報にしか注目できない、いわゆるシングルフォーカスの特性があることを知ることができて「良かった」と言い、周囲から同胞について聞かれると、それまでの「知らないふり」を止め、他児の意見を取り入れて抗議する行動を選択するようになった。このようなC児の変容は、Table 9-7において、C児の「友達からの反応」下位尺度得点がPre時点の4.00点からPost時点の3.25点へと、また「同胞の障害に対する心配事」下位尺度得点が同じく2.75点から1.50点へと減少していることにも反映していると考えられる。以前の障害の説明を受けただけの学習とは異なり、ポートフォリオ絵本の制作過程で得た、他の対象児との学び合いや親からの被受容体験の積み重ねが、このような否定的感情の低減に作用したものと考えられる。

2 親子の関係性にもたらされた変容

Table 9-8より、実践後対象児らの多くにおいて、母親に対するサポート期待感が高まり、親とのかかわりが増加したことが確認できた。このことから、実践により、概ね、本プログラムがねらいとした、きょうだいと親のコミュニケー

ションの促進と、きょうだいが親からのサポートを感じられる関係の促進をもたらすことができたと考えられた。しかしながら、事例分析で明らかになったように、その変容内容はそれぞれ異なるものであった。

F児の事例では、親がきょうだい自身に関心をもち、敏感にきょうだいの心の状態を掴もうとする意識が高まっていく様子が見られた。そして、親が同胞と同じ学校に通うF児にかかる負担に気づき、親子の話題に同胞を取り上げることを止め、きょうだい自身について話をするようになり、F児にとって、直面している困難さや弱さも含め、ありのままの自分を親に理解してもらい、サポートされていると感じられる受容的な親子関係が促進された。一方、B児の事例では、B児が「マイページ」に自らの率直な思いを表現するようになり、それを見て親も今まで気づかなかったB児の承認欲求を感じ取ることができた。しかし、親は困難に直面するB児に対し、更なる努力をするよう励ますメッセージを送り続け、B児にとって、辛い気持ちを親に受容されたと感じられるまでには至らなかった。また、E児の事例では、親が「シェアルーム」を使ったやり取りの成功体験から、「書く」コミュニケーションに取り組むようになり、じっくりと親子が気持ちを伝え合える関係性へと変容した。このように、それぞれの事例に見られたプログラムの効果は異なっているが、いずれも本プログラムの中核であるポートフォリオ絵本の仕組みから、対象児が自らについてありのままを親に伝えることができるようになったことが示された。

しかし、本プログラムは、その後の親の対象児へのかかわりについて具体的な支援の手立てをもっていなかった。そのため、親がポートフォリオ絵本で知り得たきょうだいの思いに即して、自発的にそのかかわり方を改善できたF児やE児の事例では、よりサポーティブな関係性促進につながったが、B児の事例のように、対象児の気持ちに寄り添う対応方法を見出すのが難しい親の事例では、関係性変容までの効果を得るには不十分であったといえる。

3　本プログラムに対する参加当事者の有用性評価

母親の本プログラムに関する有用性アンケートの結果を見ると、対象児の同胞の障害理解、親による対象児の思いや考えの共有、対象児の精神的成長に関する有用度がいずれも80ポイント以上となった。また、本プログラムの必要性も90ポ

イント以上となっており、高評価が得られた。自由記述からは、特に本プログラムにおいて、対象児らが同じ立場のきょうだいと出会い、同胞について理解するだけでなく、きょうだい自身の感情や考えを表し、共有し、それを認め合える場が生まれたことが、対象児の精神的成長に役立つと評価されていることが示された。さらに、ポートフォリオという手法を用いたことで、対象児にとって、上記の内容がその場限りの体験にとどまらず、その後も繰り返し確認できるものとなり、併せて親がきょうだいの考えや感情を理解する手がかりとなったことが示された。

一方、対象児自身からは、Table 9-5に示した参加後の感想にあるように、「楽しかった」「役に立った」「もっと、もう一度やりたい」と本プログラムの方法に対する肯定的な評価が得られており、本プログラムは、概ね、きょうだいにも受け入れやすいものであると考えられた。

4 対象児自身及び、親との関係性の変容を引き出した本プログラムの機能

これまで明らかにした対象児の変容及び、対象児と親の評価に基づいて、本プログラムがもつきょうだい支援機能、及びきょうだいと親の関係性支援機能について検討する。

(1) きょうだい支援機能
1) 個々のきょうだいのニーズに応じた障害理解の促進機能

本プログラムの結果、対象児らはいずれも自分の同胞のもつ障害特性を知り、そのような特徴をもつ同胞や関連する様々な場面における自らの行動を主体的に選択し、実行できるようになったことが分かった。これは、本プログラムで目指した障害理解の考え方にかなう変容であるといえよう。さらに対象児らは「同胞がすごいなと思った（A児）」「（同胞のことが）よく分かった（C児、D児）」のように、同胞観の更新を自覚しており、「他の障害のことも勉強してみたい（G児）」と意欲をもつまでになった。また母親からも対象児の同胞の障害理解に80ポイント以上の有効性評価が得られている。本章の最初で述べたように、ポートフォリオ絵本のもつ主体的な学びの促進とモニタリング機能が、対象児の同胞に関する体験をその感情も含めて意味づけ、整理し、判断することを促し、一人一

人の対象児固有の障害理解過程を保障することにつながったと考えられる。

　2）コミュニケーション促進機能
　今回制作したポートフォリオ絵本は、対象児にとって3つのコミュニケーション促進機能をもっていたといえる。
　1つ目は、きょうだい同士のコミュニケーションである。対象児らはTable 9-5に示したように、「友達ができた（C児、F児）」「気持ちを分かってもらえた（E児）」「（他では話せない）同胞の障害について喋れた（F児）」のように、話し合える仲間を得たことを評価し、加えて「（話し合いで）分かった、役に立った（D児、G児）」のように、先に述べた同胞や周囲とのかかわりを選択決定する際の助けを得たことを報告している。また、母親からも、同じ立場のきょうだい同士で分かり合える共感体験や気がかりや困り事をアドバイスし合う話し合いができたことが評価されているとおりである。
　2つ目は、親子のコミュニケーションである。Table 9-5の母親自身の気づきや変化にあるように、母親はポートフォリオ絵本の内容を自ら話題にしたり（A児母、D児母）、対象児とじっくり話し合ったり（E児母）するようになり、有用性では特に「対象児の思いや考えの共有」に85ポイント以上の高い評価をしている。これは、ポートフォリオ絵本に「シェアルーム」を組込んだことにより、親に対象児らの同胞やそれに関連する様々な思いと向き合わざるを得ない機会が生まれ、Table 9-4に表れたような親子の交換日記のように思いを伝え合う機能が生まれたためと考えられる。なお、このことについては、次段（2）のきょうだいと親の関係性支援機能に関する考察の項でさらに詳しく分析する。
　そして3つ目は、家族以外の人々とのコミュニケーションである。先に述べたように、きょうだいが同胞の情報を他者と共有することについては、負担度の高さが示唆される。しかしきょうだいは、同胞について周囲に分かってほしいという思いをもっているのであり、D児の例に見るように、伝える方法を獲得すれば、その思いを実現できるといえる。ポートフォリオ絵本は、同胞を含め家族全体を紹介する内容を自分の言葉でまとめあげたものであり、対象児らは自ら説明する言葉を得て、同胞の障害だけを話すのではなく、家族の一員としての同胞を伝えるという、対象児が掴んだ障害理解の実感に即した周囲への説明の実現につながったといえる。

3）積み重ねによる自己像変革機能

　きょうだいの自己像については、同胞を恥ずかしいと思う自分や喧嘩をする自分（白鳥, 2005）、同胞のパニックに対応できなかった自分（吉川, 2002）に罪悪感や嫌悪感をもっていることや、自分は「二の次」とする感覚（遠矢, 2009）をもっていることが報告されている。本プログラムでも、対象児らは、当初同胞の行動や周囲からの質問に対応できない不全感を訴え、A児のように「自分は要らない子どもなのではないか」と正直な思いを吐露したケースもあった。しかし、上記考察「1」で明らかにしたように、ポートフォリオ絵本制作の過程で、対象児らは同胞とそれに関連する問題にうまく対応できるようになったと感じ取っている。加えて、Table 9-4 に示したように繰り返し自分の気持ちや考えを対象児同士や、親、周囲に率直に伝える体験ができ、それを「シェアルーム」で親から評価されることで、理解され、サポートされている実感を掴んだと推察される。親も、高いポイントをもって本プログラムは対象児の精神的成長に役立ったと評価している。ポートフォリオ絵本は、自分が制作した分だけボリュウムが増える仕組みをもっており、対象児らは、絵本の厚みが増すほど自ら獲得できた成果の豊富さを実感できる。それはすなわち、対象児らの主体的活動の積み重ねにより肯定的自己像への変革を促進するという、本プログラムの機能を示すものでもあるといえる。

(2) 事例分析に見る、きょうだいと親の関係性支援機能

1) きょうだいへの自己表現方法の提供

　事例分析から、どの対象児も自分の感情や考えを表現できるようになったことが確認された。同胞との関係のみならず、自分自身についても様々に表現でき、さらに、書き出した内容を「マイページ」に美しくレイアウトする行為を加えることで、本人達にとって、よりメッセージ性が高まったと考えられる。Pre時点では、事例分析で取り上げた3名の母親のアンケートに、対象児が自身について主張した内容は見られなかったことから、対象児らは普段の会話では、親に対して自分を表現しにくい状態であったと推測された。しかし、ポートフォリオ式に「書く」という作業を積み重ねながら、各セッションで取り扱う内容を「家族」から「同胞」へ、そして「自分自身へ」と段階を踏んで焦点化していくことにより、それぞれの対象児が自分なりの自己表現体験を得ることができたと考えられ

る。そして、F児やE児の事例に見るように、普段の会話でも「自分のことを話す」かかわりの広がりにつながったことが確認された。

　以上のように、本プログラムは、きょうだいに対し、ポートフォリオ絵本という自己表現の手段と、それを用いて、言葉にできないでいた思いを親に伝える成功体験を提供することにより、きょうだいの家族内における自己表現意欲を高め、本稿の冒頭で述べた、家族システムの中できょうだいが陥りがちなコミュニケーション不全の改善を促すものであると考えられた。

　2）親へのきょうだい理解の機会の提供
　「シェアルーム」の親のコメントやPost時点での母親のアンケートから、親は「マイページ」に書かれた対象児らの表現を敏感に読み取り、対象児を理解しようとしたことがうかがわれる。例えば、F児の親は、F児に自分達が甘えてしまっていたと気づき、B児の親は、B児の受容欲求を感じ取っている。また、E児の親はE児が同胞に「違和感」を感じ、自らその違和感の答えを見つけ出した成長を感じ取っている。本プログラムでは、絵本という目に見える方法で対象児らの自己表現がなされたため、親に今まで気づかなかった、あるいは向き合ってこなかった対象児の現状を知る機会を提供し、その理解促進に役立ったと考えられた。

　3）親のメッセージ伝達の機会の提供
　本プログラムでは、親は「マイページ」に込められた対象児の思いに向き合うように導かれ、「シェアルーム」でそれに応える体験を繰り返すこととなった。親のメッセージは、いずれもきょうだいの養育という難しい問題に精一杯取り組んでいる姿がうかがわれるものであった。F児の親のメッセージには「必ず守る」など、F児を受容し、支えていくことに徹する決意が表れていた。B児の親のメッセージは「～してあげて」という要望が含まれ、B児を同胞の良き理解者に育てたい意図があふれた内容となった。E児の親については、E児の率直な表現に戸惑いを感じながらも、その都度、正直に思いを伝える様子がうかがわれた。このようなメッセージが、結果として親子関係の変容の違いをもたらしたことは上述のとおりであるが、いずれの場合も、親もまた、本プログラムに内包された「書くコミュニケーション」の仕組みにより、自らの思いを伝える機会を得たと考え

られた。

4）家族認識の違いに関する相互理解の促進

　先行研究においては、同胞に関して親がきょうだいに対して抱く思いと、きょうだいが同胞に抱く思いには、ずれがあること（矢矧・中田・水野, 2005）が示されており、本研究でも研究2（第4章）で、親が自覚しているきょうだいへのサポートレベルときょうだいが親からの受け取れると期待するサポートのレベルには、ずれがあることが明らかになったように、きょうだいと親の間では、同胞やお互いの関係をめぐる認識が必ずしも一致していない現状がある。本プログラムは、きょうだいが自らの家族観をポートフォリオで著し、それに親がコメントを返しながら、親子が共同で創り上げていく過程を体験するものである。よって、家族成員がお互いの感じ方や考え方を知り、そこにずれがあることを受け入れ、理解し合うために役立つ手段となると期待される。

第Ⅳ部のまとめ

　第Ⅳ部では、研究6、研究7において、きょうだい支援プログラムを新規に開発し、その効果を実践的に検討した。従来のきょうだいの心理開放的な活動に軸足を置いた欧米型プログラムを脱却して、きょうだいへの障害理解支援の充実を図るとともに、親のきょうだい理解促進及び、親子の関係性における課題改善のため、家族が間接的に参加する方法を組み込んだ、短期間で継続実施されるパッケージ型プログラムを開発した。

　研究6（第8章）では、自閉症スペクトラム障害を中心とした発達障害のある同胞のきょうだいを対象に、これまでのきょうだい支援プログラムでは十分取り組まれてこなかった、同胞のもつ障害の理解促進に力点を置いて、プログラムを開発し、実践によってその効果を検討した。あらかじめ、きょうだいが同胞に関連して抱える課題を個別に調査してそのニーズを把握してプログラム内容に反映させ、きょうだいが同胞のものの見方や感じ方を知り、それを自分の同胞とのエピソードに結びつけて、同胞の行動の意味を理解していく過程を繰り返すようにした。また、同胞や母親とのゲームを取り入れ、学んだ障害特性に応じた対処方法を実践する場を設けた。これにより、単に障害特性に対する知識を得るだけでなく、自分にとって身近なかけがえのない同胞という存在に対する見方をつくり変え、同胞とのかかわりにおける成功体験を積めるようにした。併せて、同じ立場のきょうだい同士の話し合いを通して、同胞に関して感じている様々な思いを共有することにより、きょうだいの受容感を高め、ストレスの軽減を目指した。

　実践の結果、対象とした4名のきょうだいは、いずれも同胞の障害特性を知ることにより、同胞に対し、それまでの否定的、攻撃的な態度から、同胞の行動の意味を理解し、それに即して同胞が混乱しないように支援する態度へと変容した。さらに、ストレスが高かった事例については、それが低減する傾向が見られた。

　一方、対象児らの多くは当初より親子関係に不満を抱いており、同胞に対する否定的な発言の背景に、親が優先する同胞を自分は認めたくないという感情があることがうかがわれた。これについて、実践の結果、直接支援を行っていない対象児の母親の態度にも変容が見られたことが、母親自身から報告された。すなわ

ち、対象児に関心をもつようになり、意識して対象児とのかかわり頻度を増やしたり、話を聞こうとしたりするようになった。しかしながら、母親らの発言からは、プログラム実践後も「きょうだい」であることに対する親の理想像は依然としてそのままであり、対象児らの変容を肯定的に評価しながらも、きょうだいの現状を受容することはなく、引き続き、きょうだいに母親が描く理想のきょうだい像を実現するように求める態度が確認された。

　このように、きょうだいに対する障害理解支援プログラムは、きょうだいが同胞を理解し、適切な対応方法を学び、実践することについては一定の効果を得られたことが示された。しかし、きょうだいのニーズを踏まえるなら、きょうだいの重大な関心事であり、同胞との関係に影響を及ぼしていると推察される、親との関係性に直接関与する支援が求められる。すなわち、親のきょうだいの視点に立った理解と、それに基づく受容的な親子関係をもたらすための内容を支援プログラムに組み込む必要があると考えられた。

　加えて、同胞の障害特性とその対応方法を学ぶだけでは、きょうだいが同胞に関して周囲から受ける評価に対する対処など、対同胞以外の課題に対する解決スキルを高めることにはつながらなかった。このことから、きょうだいがその生活において、同胞に関連して直面している、個々の問題を解決するための要素を支援プログラムに取り入れる必要があると考えられた。

　そこで、研究7（第9章）では、きょうだいのためのポートフォリオ絵本制作支援プログラムを開発した。これは、研究6をさらに発展させ、同胞に対する理解の促進のみならず、家族の中できょうだい自身が抱く感情や、自分と親との関係、自分と家族を支えてくれる人々の存在などに気づいて、同胞とともに暮らす家族のありようを理解することを目指すものである。きょうだい達は、テーマに沿って、自分自身や、家族、同胞について話し合い、理解したり、考えたりした内容を、個々にポートフォリオ形式でまとめることを繰り返し、最終的に1冊のオリジナル絵本にまとめた。その過程で、障害について得た知識を手がかりに、きょうだい自身が同胞に関連して体験していることを意味づけ、自分が知りたいと思うことや解決したい課題に関して、自分なりの答えと対応方法を得られるようにした。さらに、制作したポートフォリオ絵本を親と交換日記のようにやり取りすることで、親子のコミュニケーションを促進することを目指した。

　実践の結果、対象児らの同胞の障害特性の理解が促進され、対象児らは、同胞

に対し、適切に対応する方法を具体的に考えることができるようになった。さらに、同胞のみならず、同胞に関連して、友達など周囲の人々との間に起こる問題にも、自分なりの方法でうまく対応するようになった。併せて、同胞に関連して抱く否定的な感情に低減が見られ、特に、「将来の問題」や「過剰な責任感」の下位尺度得点が有意に減少したことが示された。

一方、対象児とその親との関係においても変容が確認された。すなわち、対象児の母親に対するサポート期待感が増加し、親子のかかわり頻度も増えたことが確認された。また、親子のかかわりの内容として、特に、対象児自身のことに関して親子で話す機会が増加したことが示された。事例分析からは、ポートフォリオ絵本を通して、親が、対象児が自分自身や同胞、そして家族に対して抱いているありのままの気持ちを理解し、受容的なコメントを返しながら、親子のコミュニケーションが促進されていく様子が確認された。

しかしながら、同じく事例分析からは、ポートフォリオ絵本に表された対象児の赤裸々な気持ちや、一見否定的と見える表現で訴えた親を求める思いを親が十分受け止めることができないままのケースがあることも確認された。本プログラムは、親が対象児の思いをどのように受けとめたらよいかや、どのようなコメントを返すことで、対象児の親への承認欲求や受容欲求を満たし、受容的で支持的な関係を生み出すことができるかについて、親を直接支援する手法をもち合わせていなかった。そのため、感情の言語化が苦手であったり、きょうだいの育ちに強い思い入れがあったりする親の場合、子どもとの受容的なコミュニケーションを実現することが難しかったと考えられる。よって、親自身の抱えるきょうだいの養育に対する不全感を改善し、きょうだいとのコミュニケーションスキルを高めるための直接的支援をプログラムに加える必要があるといえる。

以上、研究6、研究7の2つの研究におけるきょうだい支援プログラムの実践的検討から、特に障害理解支援、及び親子の関係性支援に関して得られた知見について、以下の4点から述べる。

1 個々のきょうだいの同胞及び家族理解を更新する、きょうだいの主体的な学びの仕組みを組み込むこと

研究7（第9章）で述べたように、きょうだいにとって、同胞は障害児・者と

いうカテゴライズされた他者ではなく、かけがえのない家族の一員として在るのであり、きょうだいが同胞の障害を理解するとは、社会的に適切とみなされる一般的な障害観の獲得に至ることではなく、自分との関係性に根ざした固有の意味を獲得することであると考えられる。すなわち、個々のきょうだいが現実に直面している問題について、他の誰か（それが親であれ、それ以外のきょうだいを取り巻く人々であれ）から望まれる結論に至ることを目指すのではない。きょうだい自身が、新たに同胞について理解し自分との関係を捉え直すことで、きょうだいが同胞に関連して起こる問題に振り回されている状態から、それらの問題を自ら解決できる主体者となることを目指すのである。よって、そのような主体的な学びができる仕組みを支援プログラムに組み込む必要がある。

2 きょうだい同士が、率直な思いを表現し、共感、受容し合いながら、問題解決に向けた知恵を生み出す場を保障すること

研究6（第8章）で示したように、対象児らはいずれも、日頃話すことができない同胞に対する自らの様々な思いをきょうだい同士で話せたことが良かったと述べており、研究7（第9章）でも、やはり、参加した対象児らは、同じきょうだいの友達ができ、気持ちを分かり合えたことを良かったと述べている。これは、先行研究でも示されているように（藤井, 2007；松本, 2013）、きょうだい同士の出会いと交流がピア・サポート的機能をもつことを示すものである。しかし、研究6（第8章）、研究7（第9章）における実践では、従来のきょうだい支援プログラムのように、きょうだい同士がレクリエーション活動により楽しく交流することによって副次的に生まれるサポート関係を期待するのではなく、積極的に問題解決に向けて話し合い、知恵を生み出すことができる関係を創出できるように、あらかじめニーズ調査によってテーマを設定し、少人数での短期間で定期的に展開されるパッケージプログラムとして展開した。これは、上記「1」で示したように、きょうだいが直面する問題を自ら解決できる主体者となる支援を意図したためである。きょうだいが仲間と、自らが抱える課題を打ち明け合い、話し合いながら、「自分だったらどうするか」を選択し、決定する場を保障する必要があると考える。

3 親のきょうだい理解促進と親子のコミュニケーションを活性化するための具体的な活動を導入すること

　研究6（第8章）で示したように、きょうだいを対象とした支援プログラムを実施することは、きょうだいに対する親の関心を高め、親のきょうだいに対するかかわりを見直し、改善しようとする意識を生み出した。しかし、親は、本来自らの理想像にきょうだいを近づけるために支援プログラムを必要としたのであり、きょうだいがプログラムの中で見せた変容に一定の評価を与えたものの、必ずしもきょうだいの現状をそのまま受容するには至らなかった。

　そこで、研究7（第9章）では、親がきょうだいの直面する課題とその心情を理解し、より受容的でサポーティブな親子の関係性を生み出すために、コミュニケーションツール機能を含有したポートフォリオ絵本制作をプログラムに取り入れた。これにより、親は、きょうだいの抱える負担感や、「今まで思ってもみなかった」きょうだいの気持ちを知り、それを受け止めて、自らのきょうだいへのかかわり方を変容させるに至った。

　研究7（第9章）の冒頭に述べたように、きょうだいは「同胞に対する本当の気持ちを家族に話していいものか迷っている（西村・原,1996b）」「きょうだいは家族内での居場所に不安定さを感じているために、親と対立するかもしれない自らの主張を躊躇せざるを得ない（戸田,2012）」という、コミュニケーション不全の問題をかかえているとされる。よって、それを解決するための、コミュニケーションを促進する具体的な方法をプログラムに組み込む必要がある。これにより、きょうだいが親に「分かってもらえた」という実感をもち、親がきょうだいの現状に即して、親の願う姿を実現するためではなく、きょうだいの抱える問題解決のためにきょうだいを支えるという、親子の関係性が実現するものと考える。

4 親へのきょうだいの養育スキルを高める直接支援を組み込むこと

　研究6（第8章）で明らかになったように、親には、それぞれきょうだいのあるべき姿に対する強い期待があり、それは、研究7（第9章）で明らかになったように、事例によっては、きょうだいの現状を受け入れがたいという、親の葛藤

として表れた。そして、親は、きょうだいとのコミュニケーションの機会を、「こうすればよい」という指示の場として用い、きょうだいの「分かってほしい」という願いとのすれ違いが起きているケースも見られた。このことから、いくら親にきょうだいとのコミュニケーションの機会を提供しても、それをきょうだいの立場に立って活用できるように、親の養育スキルを高めなければ、受容的な親子関係の促進にはつながらないことが示唆された。よって、それぞれの親が自らのもつきょうだい観と向き合い、それをきょうだいの現状に即したものへと変容させ、きょうだいとのコミュニケーションにおいて、その主体的な育ちを支援することができる養育スキルが高められるように、親を直接支援対象とした支援内容をプログラムに組み込む必要性があると考えられる。

以上のことから、第Ⅴ部では、これまで得られた知見を踏まえ、きょうだいだけでなく、同胞、親をも含めた家族がともに参加する支援プログラムの開発に取り組む。そして、実践により、きょうだいが自分自身と同胞についての理解を深め、親がきょうだいの現状を知って、それを受け入れ、親子のコミュニケーションが促進されることにより、きょうだいと同胞の肯定的な関係、及び、きょうだいと親との受容的な関係が生み出されるかどうかを検証するものとする。

第Ⅴ部　家族直接参加型きょうだい支援プログラムの実践的検討

第10章　研究8：家族参加型きょうだい支援プログラム「ジョイジョイクラブⅠ」の開発に関する実践的検討
——知的障害児／発達障害児が同胞の場合——

第1節　本章の目的

　第1章で述べたように、きょうだいの育ちの問題は、「きょうだい自身の問題」「親の養育の問題」と別々の視点でとらえるより、親子関係の視点から捉えるべきものであり、きょうだい支援については、親子関係支援を軸にしたアプローチが必要であると考える。

　しかしながら、従来のきょうだい支援においては、親子関係に着眼した支援プログラムはほとんど見られない。現在世界的に広く行われてきているきょうだい支援プログラムの例としては、米国に端を発するSibshop（Meyer & Vadasy, 1994, 2008）があるが、第1章で示した筆者の調査研究では、あくまでもきょうだいの心理的適応の促進を目指すものであり、開発者の一人であるMeyerによると親はきょうだいの支援の必要性を理解啓発する対象であり、親子を対象にその関係性そのものを直接支援するという考え方が含まれていないことが示された。また、英国における代表的なきょうだい支援プログラムである「Sibs」においても、プログラムに家族関係へのアプローチは含まれていないことが示された。

　このことから、本研究では、きょうだい、同胞、親の3者が一緒に参加するきょうだいのための家族支援プログラムを開発し、その効果を実践から検討することを目的とした。そのため、まず、第Ⅳ部の研究6、7（第8、9章）において、きょうだいのための障害理解支援プログラムを開発し、特に研究7（第9章）において、そのプログラムに間接的に親が参加する仕組みを加えることで、きょうだいの同胞の障害理解促進、及び、同胞に関連して抱く否定的感情の改善のみならず、親子関係における効果を検討した。その結果、対象児の同胞の障害特性に関する理解が進み、同胞に関して生じる様々な問題への実行可能な対応方法を自ら見出すことができるようになった。さらに、親のきょうだいに対する認識が変

化し、親子の受容的なコミュニケーションが促進された。しかし、一部の事例については、親の願うきょうだいの望ましい姿と、実際にきょうだいが抱いている同胞や親への思いとのずれに直面し、きょうだいの現状を十分受容することができずに、指示的なコミュニケーションに終始してしまうケースも見られた。このことは、親に対し、きょうだい理解と、きょうだいの養育に関する直接的な支援が必要であることを示していると思われる。

そこで本章では、きょうだいとその家族が一緒に参加でき、直接ふれ合う要素を組み込んだ、新しいタイプのきょうだい支援プログラムを開発する。プログラムには、きょうだい、同胞、親が一緒に行う家族ムーブメント活動を取り入れるとともに、きょうだいには遊びや話し合いを通した仲間づくり、自分の気持ちを表現できる場づくり、そして同胞の障害を理解し、自分の家族のありようを客観的に捉えるための内容を組み込む。また、親に対しては、自分自身の考え方を内省するための親同士のディスカッションの機会や、きょうだいの気持ち、きょうだいへの接し方、養育のコツを具体的に学ぶ内容を組み込む。さらに、きょうだいと親の情緒的な交流を促進するため、親子が直接かかわってふれあいを楽しむ遊びを取り入れるものとする。そして、プログラムの実践により、参加したきょうだいと親に起こった心理的な変化や親子関係の変化を確認して、プログラムの有効性を検討することを目的とする。

第2節　方法

1　対象

きょうだい、同胞、親がともに参加する家族支援プログラムを「ジョイジョイクラブⅠ」と命名し、A県内の特別支援学校、及び障害のある子どもと親との活動サークルに呼びかけ、参加者を募集したところ、障害のある子どもとそのきょうだいを育てる家族15組が参加を希望した。きょうだい支援に関する先行研究を参考に募集範囲は小学生から中学生までとした。途中で1家族が家庭の都合により参加を取りやめたため、最終的に対象は14組となった。そのうち2家族にきょうだいが2名いたため、対象児となったきょうだいは小学1年生から中学校3年生（平均9.6歳）の16名であった。対象児の内訳は、男児7名（弟6名、兄1名）、

Table 10-1 対象児とその同胞について（障害名表記は診断時のまま）

対象児	性	学年	出生順位	同胞の学年	出生順位	同胞の障害	備考
A児	男	小1	弟	中1	姉	自閉症	
B児	男	小1	弟	小5	兄	自閉症	
C児	男	小2	弟	小4	兄	自閉傾向	
D児	男	小3	弟	小5	兄	自閉症	
E児	女	小4	姉	小1	弟	知的障害	
F児	女	小4	双子姉	小4	双子妹	知的障害	
G児	女	小4	妹	中3	兄	知的障害	
H児	男	小4	弟	中3	兄	広汎性発達障害	
I児	女	小4	妹	中1	姉	自閉症	A児の姉
J児	女	小5	姉	年長	妹	ADHD	
K児	男	小5	弟	中3	兄	アスペルガー症候群	
L児	女	小5	姉	小3	妹	知的障害	
M児	女	小6	妹	中3	兄	知的障害	G児の姉
N児	女	中1	妹	中2	兄	知的障害	
O児	男	中3	兄	小2	弟	高機能広汎性発達障害	
P児	女	中3	妹	高1	兄	ダウン症	

女児9名（妹5名、姉4名）であり、その同胞14名は小学1年生から高校1年生（平均12.3歳）で、障害の内訳は、自閉症スペクトラム障害（自閉症・アスペルガー症候群、広汎性発達障害等の診断名をもつ者）が7名、知的障害が5名、注意欠如・多動性障害、ダウン症候群が各1名であった。また、親の参加者は、セッションによっては一部両親で参加したケースもあったが、最後まで継続的に参加したのは全員が母親で、年齢は35～47歳、平均40.3歳であった。参加に際し、本研究の趣旨、データ収集とその使用方法、及び個人情報の保護について説明し、本研究に対する協力について同意を得た。

本研究で参加したきょうだいとその同胞の実態をTable 10-1に示す。

2 支援プログラム

(1) プログラムの内容

プログラムは全6セッションからなり、1セッションあたり2時間、2週に1回の頻度で実施した。各セッションは（a）15分間の自由遊び時間、（b）全員が

Table 10-2　セッションの活動の流れ

配時	きょうだいグループ	親グループ	同胞グループ
(a) 15分	チェックイン・自由遊び		
(b) 30分	家族ムーブメント活動（パラシュート、ビーンズバック、フープ、ユランコ：布でできた揺れ刺激用遊具、シーツなどを使った遊び）		
(c) 60分	障害についての勉強や話し合い（全体・グループ別）、レクリエーションなど	きょうだいの気持ちやきょうだいとのかかわり方についての講演、話し合い	障害のある子ども同士、及びサポーターとのムーブメント活動や造形活動
(d) 15分	きょうだいと親だけで行う、親子ふれあいムーブメント活動（新聞紙や風船、スカーフ、フープ、ビーンズバッグなどを使った親子で協力する遊び）		

集まって行う30分間の家族ムーブメント活動、(c) きょうだい、同胞、親がそれぞれに分かれて活動する60分間のグループ別活動、そして、(d) 親ときょうだいが一緒に行う15分間の親子ふれあいムーブメント活動の4部構成であった。1セッションの活動の流れを Table 10-2 に示す。

　参加者は、まず全員が体育館に集まり、出席シールをもらったあと、(a) で、学生ボランティアスタッフと一緒に自由な遊びをした。続く (b) の活動は、日頃同胞が取り組んでいる活動をきょうだいや親も一緒に楽しむことができる体験を積むことをねらったものである。まず、全員がロープに掴まって円形になり、音楽に合わせて協力しながらロープを上下左右に移動させる動きを楽しんだ後、毎回異なる遊具を使って、家族単位で課題に取り組んだ。具体例としては、お手玉を投げてキャッチし合う、音楽に合わせてオーガンジーでできた大判の布の下に家族全員で隠れる、直径1m程のフープの中に家族が協力して入る、シーツに交替で乗り、そりに見立てて引っ張る等であった。その後参加者全員が直径5メートルのパラシュートに掴まり、揺らしたり、ドームを作ったりなど協力する活動を行って終了とした。

　その後の (c) の活動では、きょうだい、親、同胞の各グループに分かれ、場所を変えて、それぞれのニーズに応じた内容に取り組んだ。きょうだいグループと親グループのプログラムでは、まず、参加希望調査時の親からの要望と、きょうだいに対して行った「同胞に関する感情のアンケート」（前出 Table 5-1 参照）の結果、及び先行研究から、きょうだいの抱える課題と親の養育上の課題を

抽出した。親の参加希望調査からは、親は、きょうだいとの接し方や、きょうだいと同胞とのかかわり、きょうだいの同胞の障害に対する理解、きょうだいとその友達との関係、今後の養育のあり方等について悩んでおり、それを解決したいと望んでいることが示された。また、同胞に関する感情アンケート結果からは、「友達からの反応」と「過剰な責任感」の下位尺度が他の下位尺度に比べ平均点が高いことが示された。白鳥・諏方・本間（2010）も、小学生から中学生までのきょうだい達が親に対する不公平感、友達にうまく同胞のことを話すことができないなど友達との関係に対する悩み、強すぎる責任感を抱えていることを示唆している。よって、これらのことをもとに、①親子のコミュニケーション関係、②きょうだいと同胞との関係、③同胞の障害についての理解、④きょうだいと友達との関係、⑤きょうだいの責任感と将来の問題の5つの観点からテーマを設定した。きょうだいグループでは、スタッフがテーマに関するプレゼンテーションとプリントを用意し、それに沿ってきょうだい達がディスカッションする活動を軸に展開した。親グループでは、養育スキルの学習、及び養育の悩みに関する事例検討などを取り入れ、きょうだいグループ同様参加者のディスカッションを軸に展開した。同胞グループでは、同胞1～2名に1人のスタッフがついて、実態に応じてそれぞれが好む遊具での遊びを十分行った後、おやつ作りや制作活動等を中心に取り組んだ。毎回の活動の最後に、同胞の活動の様子をスタッフが振り返りシートにまとめて親に渡して報告した。

　続く（d）の活動は、各セッションの最後に、親グループがきょうだいグループの部屋に移動し、スタッフのリードで、きょうだいと親が家族単位で「親子ふれあいムーブメント活動」に取り組んだ。きょうだいが親を独占し、親子の快感情の共有を促進することをねらいとし、きょうだいと親がペアで遊びに取り組んだ。新聞紙を折り畳みながらその上に乗る、じゃんけんで負けた方が相手を背負う、カラースカーフを使ってお互いを着飾る、風船を落とさないように手以外を使って一緒に運ぶなど、いずれも親子が直接身体を触れ合って協力する活動を取り入れた。

　各セッションの内容のうち、特にきょうだいグループと親グループが行った主な活動内容をTable 10-3に示す。

Table 10-3　きょうだいグループと親グループのグループ別活動の主な内容

回	きょうだいグループの活動内容	親グループの活動内容
1	・うち解けゲーム ・自己紹介	・うち解けゲーム ・自己紹介
2	・家族紹介ゲームをする。 ・自分の話や、家族自慢をする。	・きょうだい支援実践者によるきょうだいの支援の必要性や、きょうだいの養育に関する講演（45分間）を聞く。 ・講演を聞いた感想について、自由に話し合う。
3	・障害とは何か、障害のある人はどのような状況なのかについて10分程度の講義を聴く。 ・知的障害や自閉症スペクトラム障害の特性について学び、自分の同胞と結びつけながら、気づいたことを話し合う。	・「特別支援学校に通う同胞を、自分の学校の運動会に連れて来ないでほしい」と言うきょうだいの事例をもとに、自分自身の経験や、対応方法について意見交換する。
4	・日頃の親とのかかわりで、不満に思っていることや、気になっていることを話し合う。 ・親に分かってほしいことを発表する。 ・親に分かってほしいことで、伝えたいと思うことを手紙に書く。	・「親が同胞ばかりを褒め、自分ばかりが怒られる。同胞なんかいない方がよい」という、不公平感を訴える事例をもとに、自分自身の経験や、対応方法について意見交換する。
5	・友達に同胞の障害や、学校のことについて尋ねられた時の対応方法について、話し合う。	・「ほめほめエクササイズ」と題して、まず、グループ内で、親がお互いの良いところを見つけ合う。次に、「うちの子こんなに素敵です」として、対象児の良いところを見つけ、発表し合う。 ・対象児からもらった手紙の感想を話し合う。 ・資料「大きくなったきょうだい達の言葉」を読む。
6	・現在から将来にわたり、自分や家族を助けてくれる人の名前をワークシートに書く。 ・将来の夢を発表し合う。また、お互いの夢に対して、応援メッセージをワークシートに書く。	・本プログラムを振り返って感想を発表する。 ・対象児への手紙を書く。（後日郵送）

(2) 実施期間及び実施場所等

　本プログラムは、20xx年10～12月にわたり、筆者が所属する大学の体育館と講義室を使用して実施した。筆者が全体計画を取りまとめ、大学院生1名、A県内の特別支援学校の教諭2名、幼児ことばの教室の指導員1名、福祉指導員1名がコアスタッフとして参加し、各グループの活動を分担してリードした。コアスタッフは、各セッションの前後にミーティングを行い、事前には、各グループプログラムの詳細な展開を作成するともに、事後には結果を報告し合い、次回の

プログラム作成に反映するようにした。また、毎回特別支援教育及び保育を学ぶ学生約15名が、補助者としてきょうだい、同胞との遊びや、記録、物品準備を行った。

3 効果測定の方法

(1) 対象児の同胞に関する感情アンケート

対象児に対し、第1回開始前(以下、Pre 時点)と第6回終了後(以下、Post 時点)に「同胞に関する感情アンケート」(McHale, Sloan & Simeonsson, 1986；川上, 1997)を実施した。本質問紙は、研究3(第5章)で示したものである(Table 5-1参照)。「とてもあてはまる」「どちらかというとあてはまる」「どちらかというとあてはまらない」「全くあてはまらない」の各選択肢に4～1点を配して、下位尺度得点を求めた。得点が高いほど否定的感情が強いと判断した。単純集計による比較を行った後、必要に応じ Wilcoxon の符号付順位和検定を実施した。検定には、SPSS Statistics ver. 19を用いた。

(2) 親子関係診断検査

対象児とその母親に対し、Pre 時点と Post 時点に「FDT 親子関係診断検査(Family Diagnostic Test、以下、FDT)」(東・柏木・繁多・唐澤, 2002)を実施した。本検査は親子関係を子ども8尺度(1．被拒絶感、2．積極的回避、3．心理的侵入、4．厳しいしつけ、5．両親間不一致、6．達成要求、7．被受容感、8．情緒的接近)、親7尺度(1．無関心、2．養育不安、3．夫婦間不一致、4．厳しいしつけ、5．達成要求、6．不介入、7．基本的受容)で診断するものである。いずれの下位尺度も「よくあてはまる」「だいたいあてはまる」「どちらともいえない」「あまりあてはまらない」「全くあてはまらない」の5件法で回答を求める。下位尺度ごとにパーセンタイル値を算出し、レッドゾーン(下位尺度ごとに親子関係上、懸念すべき状態であると判断される値の範囲を指す。値は下位尺度によって異なる。)の有無と、子ども尺度においては、「被拒絶感」「積極的回避」「被受容感」「情緒的接近」の4下位尺度、親尺度においては、「無関心」「基本的受容」の2下位尺度の組み合わせによる親子関係パターンの分析により、個別に親子関係を評価する。安定度の高い親子関係は順に A、B パターン、不安

定な親子関係はC、Dパターンとされる。

　子ども尺度における「被拒絶感」とは、子どもが、自分が親から好かれてもいないし、認められてもいないと感じている気持ちの程度を示す尺度であり、「積極的回避」とは、子どもの方から親に対して接触を避け、かかわりをできるだけもたないようにしている程度を示す尺度である。これらはいずれも、低得点である方が望ましい親子関係となる。一方、「被受容感」とは、親は自分を信頼して認めてくれているし、心から愛してくれていると子どもがどれくらい思っているかを測る尺度であり、この得点が非常に高い場合は、自己肯定感も高いとされる。また「情緒的接近」とは、子どもが親を情緒的に受容している程度を示す尺度であり、親を信じ、親との接触を楽しむなど、愛着関係の形成の程度を示すものとされる。これらの2尺度は、高得点である方が望ましい親子関係となる。前2尺度がともに50パーセンタイル以下で、後2尺度がともに50パーセンタイル以上である場合、親子関係が典型的に安定しているAパターンと見なされる。

　一方、親尺度における「無関心」とは、親が子どもの要求や主張を尊重して子どもを大切にしているかを測る尺度であり、「基本的受容」とは、子どもと気持ちが分かり合える、性格も気に入っている、一緒にいて楽しい、良い子だと思うなど子どもを親が無理なく受け入れられる程度を測る尺度である。前者がより低く、後者がより高いほど安定的な親子関係となる。「無関心」が20パーセンタイル以下で、「基本的受容」が80パーセンタイル以上である場合、親子関係が典型的に安定しているAパターンとみなされる。また、Aパターン以外で、親子関係が後述する不安定型のCパターンにもDパターンにも属さない場合、典型的ではないが安定型のBパターンとみなされる。「無関心」が80パーセンタイル以上で、「基本的受容」が20パーセンタイル以下である場合、親子関係が典型的に不安定なCパターンとみなされる。また、「無関心」と「基本的受容」のいずれかがレッドゾーンに入っていて、かつ、他の下位尺度のいずれかがレッドゾーンにある場合、典型的ではないが不安定型のDパターンとみなされる。

　本来小学校4年生以上を対象としているが、親、子ども双方が回答し、その関係の安定性を総合的に評価できる点で、本章における研究のねらいとするところに合致していたことと、小学校低学年児にも十分理解可能な文言で質問が書かれていることから、低学年の対象児にも使用可能であると判断し、そのまま用いた。子ども用には両親について別々に回答する方法がとられているが、本実践では、

対象児には母親を対象とした質問紙にのみ回答するよう求めた。

(3) 対象児へのインタビュー

事例の変容と本プログラムの効果を分析する際の裏づけとなるエピソードを収集するため、Post 時点で対象児にインタビュー調査を実施した。インタビュー調査では、「本プログラムの活動で心に残ったことは何か」「(同様に) 新しく分かったことは何か」「本プログラムに参加して、お父さんお母さんが変わったと思うことがあるか。あるとしたら、どんなことか」「現時点で、いちばん親に伝えたいことは何か」について、個別に15分程度の半構造化面接を実施した。インタビュー内容は、その場で筆記するとともに、IC レコーダーで録音し、文字記録化した。それを質問項目ごとに意味内容によってカテゴリーに分けた。カテゴリー分けにあたっては、筆者と特別支援教育を学ぶ大学院生3名で全員の意見が一致するまで協議し、決定した。

(4) 親へのアンケート

親に Post 時点でアンケート調査を実施し、上記 (3) で示した対象児へのインタビュー調査に併せて、事例の変容と本プログラムの効果を分析する際の裏づけとなるエピソードを収集した。アンケート調査では、まず、「親として対象児へのかかわり方が変わったか」「親として自分の考えや気持ちに変化があったか」について、「そう思う」「どちらかというとそう思う」「どちらともいえない」「どちらかというとそう思わない」「そう思わない」の5件法で尋ねた。また、「対象児について、新しく分かったこと、気づいたことがあったか」「Post 時点に対象児の様子に変化があったか」については「あった」「なかった」の2件法で尋ねた。また、各選択肢を選んだ理由を自由記述で回答するよう求めた。回答から事例ごとに親子の変容を示す内容を抽出した。

第3節　結果

1　対象児の同胞に関する感情アンケート

Pre 時点及び Post 時点における下位尺度得点の平均値、及び SD を Table 10-4

Table 10-4 対象児の同胞に関する感情下位尺度得点（平均値）（下位尺度別）

下位尺度	n	Pre		Post		Wilcoxonの符号付順位和検定
		M	SD	M	SD	z 値
将来の問題	16	2.33	1.06	2.17	0.86	-0.57
同胞に対する拒否の感情	16	1.89	0.56	1.83	0.49	-0.73
同胞に向けられた不公平感	16	2.25	0.78	2.22	0.72	-0.16
友達からの反応	16	2.78	0.70	2.63	0.60	-1.35
両親の養育態度	16	2.39	0.52	2.30	0.43	-0.63
同胞の障害に対する心配事	16	2.22	0.55	2.08	0.63	-1.59
余計な負担の感情	16	2.45	0.57	2.30	0.43	-1.65*
自己猜疑心	16	2.13	0.60	2.19	0.63	-0.28
過剰な責任感	16	2.83	0.58	2.69	0.58	-1.26

＊：$p<.05$

に示す。Wilcoxonの符号付順位和検定の結果、「余計な負担の感情」では、Post時点で有意に減少したことが示された（Pre平均2.45、SD 0.57、Post平均2.30、SD 0.43、$z=-1.65$、$p<.05$）。

　対象児別に、Pre時点及びPost時点における9つの下位尺度得点、及び全下位尺度の合計点（以下、感情尺度得点総計と表記）を算出した結果をTable 10-5に示す。対象児別のPre時点からPost時点にかけての得点変化を確認するため、Wilcoxonの符号付順位和検定により、統計的分析を行ったところ、J児（Pre 24.00からPost 21.50、$z=-2.43$、$p<.05$）、M児（Pre 23.25からPost 18.75、$z=-2.38$、$p<.05$）の2名においては、有意な差をもってPost時点で同胞に関連して抱く否定的な感情が減少した。逆に有意に増加した対象児はいなかった。

2　対象児のFDT

　全対象児のパーセンタイル値の変化をTable 10-6に示す。アンダーラインが付されている数値はレッドゾーンに該当するものである。
　対象児の親子関係パターンは、Pre時点の安定型のAパターン7名（E児、F児、G児、I児、M児、N児、P児）、Bパターン9名（A児、B児、C児、D児、

Table 10-5 対象児の同胞に関する

対象児	将来の問題		同胞に対する拒否の感情		同胞に向けられた不公平感		友達からの反応	
	Pre	Post	Pre	Post	Pre	Post	Pre	Post
A児	4.00	3.25	1.75	1.75	3.25	3.25	2.50	1.75
B児	2.50	1.75	2.50	2.25	2.25	2.25	2.50	2.75
C児	4.00	2.75	2.50	2.50	1.00	1.75	3.75	3.75
D児	4.00	2.00	2.50	2.50	2.75	3.25	3.75	4.00
E児	2.25	2.50	1.75	1.75	2.00	3.00	2.25	2.75
F児	1.25	1.00	1.50	1.00	1.25	1.25	1.75	1.75
G児	1.50	2.50	1.75	1.50	2.75	2.00	3.50	3.00
H児	3.25	3.75	2.50	2.00	2.25	2.00	2.25	2.25
I児	2.25	2.00	1.75	2.00	2.25	1.50	3.00	2.75
J児*	3.00	3.00	2.75	2.25	2.75	2.50	2.75	2.25
K児	3.00	3.25	2.50	2.50	3.50	3.50	3.50	2.75
L児	1.50	2.25	1.25	1.25	1.25	1.00	2.25	2.25
M児*	1.00	1.00	1.75	1.50	3.25	2.25	4.00	3.00
N児	1.00	1.00	1.00	1.00	1.00	1.50	1.75	2.25
O児	1.25	1.00	1.50	2.00	2.50	2.00	2.50	2.50
P児	1.50	1.75	1.00	1.50	2.00	2.50	2.50	2.25
Pre>Post（人・%）	7	43.8	6	37.5	7	43.8	7	43.8
Pre<Post（人・%）	6	37.5	3	18.8	5	31.3	4	25.0

*：Wilcoxonの符号付順位和検定により、Post-Pre間で有意な差が見られた事例（$p<.05$）。
Pre>Post：Post時点で、Pre時点よりも得点が減少した人数、及び割合
Pre<Post：Post時点で、Pre時点よりも得点が増加した人数、及び割合

Table 10-6 対象児の

対象児	被拒絶感/Pre	被拒絶感/Post	積極的回避/Pre	積極的回避/Post	心理的侵入/Pre	心理的侵入/Post	厳しいしつけ/Pre	厳しいしつけ/Post
A児	54	5	42	66	40	81	51	86
B児	54	68	<u>92</u>	70	40	32	31	14
C児	63	<u>87</u>	48	73	50	63	80	41
D児	54	47	66	16	81	32	86	63
E児	47	47	26	30	88	63	<u>98</u>	<u>98</u>
F児	24	38	10	10	32	63	26	73
G児	31	5	5	4	40	73	<u>98</u>	41
H児	<u>87</u>	<u>90</u>	73	<u>84</u>	50	88	31	75
I児	16	35	10	30	32	50	41	31
J児	<u>87</u>	58	54	54	<u>98</u>	<u>98</u>	67	51
K児	<u>81</u>	43	<u>82</u>	26	81	73	<u>99</u>	86
L児	16	6	54	37	32	16	88	67
M児	5	5	21	1	<u>98</u>	81	60	14
N児	8	19	16	20	28	86	64	79
O児	35	45	<u>84</u>	56	59	76	24	37
P児	12	21	16	8	<u>10</u>	14	24	12
平均	42.13	38.69	43.69	36.56	53.69	61.81	60.50	54.25
SD	27.09	26.91	28.66	26.20	26.45	25.09	27.62	27.14

※アンダーラインは、レッドゾーンにあることを示す。

第10章　研究8：家族参加型きょうだい支援プログラム「ジョイジョイクラブI」の開発に関する実践的検討

感情下位度得点（平均値）（対象児別）

両親の 養育態度		同胞の障害に 対する心配事		余計な 負担の感情		自己猜疑心		過剰な責任感		感情尺度 得点総計	
Pre	Post	Pre	Post	Pre	Post	Pre	Post	Pre	Post	Pre	Post
1.75	2.50	2.50	2.50	2.50	2.50	1.75	3.25	3.25	4.00	23.25	24.75
1.75	2.00	3.00	2.75	3.25	2.75	3.50	2.00	3.50	2.50	24.75	21.00
2.50	2.75	2.75	2.50	2.50	2.50	1.75	3.25	1.50	3.25	22.25	25.00
2.25	2.50	1.75	1.25	3.00	3.00	2.50	2.50	3.25	2.75	25.75	23.75
3.00	2.25	2.00	2.00	3.00	2.75	3.00	2.50	2.25	2.50	21.50	22.00
1.75	1.00	1.50	1.75	1.75	1.75	1.75	1.50	1.75	1.00	14.25	12.00
3.25	2.00	2.25	2.50	1.75	1.25	2.00	1.00	3.50	2.75	22.25	18.50
2.25	2.50	2.75	2.25	2.25	2.50	2.50	2.25	3.00	2.50	23.00	22.00
1.75	2.50	2.50	3.00	1.25	2.00	1.75	1.75	2.75	2.50	19.25	20.00
2.25	2.25	2.50	2.25	3.00	2.50	2.25	2.00	2.75	2.50	24.00	21.50
3.00	2.50	3.00	3.00	2.25	2.25	2.25	3.00	2.25	2.75	25.25	25.50
2.75	2.25	2.00	1.50	2.50	2.00	1.00	1.75	3.25	3.00	17.75	17.25
3.25	3.00	1.75	1.00	2.50	2.00	2.50	2.50	3.25	2.50	23.25	18.75
2.25	2.25	1.00	1.00	2.75	2.25	1.25	1.50	3.25	3.00	15.25	15.75
2.50	2.00	1.75	1.75	3.25	2.75	2.25	1.75	2.75	2.75	20.25	18.50
2.00	2.50	2.50	2.25	1.75	2.00	2.00	2.50	3.00	2.75	18.25	20.00
7	43.8	8	50.0	8	50.0	7	43.8	11	68.8	9	56.3
7	43.8	3	18.8	3	18.8	6	37.5	4	25.0	7	43.8

FDT パーセンタイル値

両親間不一致 / Pre	両親間不一致 / Post	達成要求 / Pre	達成要求 / Post	被受容感 / Pre	被受容感 / Post	情緒的接近 / Pre	情緒的接近 / Post	パターン / Pre	パターン / Post
8	67	76	43	59	89	37	84	B	B
97	85	25	31	33	43	37	37	B	B
97	85	67	63	65	25	90	75	B	B
99	99	31	90	85	29	68	56	B	B
26	20	20	14	65	65	86	82	A	A
42	67	5	43	73	82	94	96	A	A
99	67	43	19	89	92	94	90	A	A
85	94	83	98	47	96	86	90	B	B
20	29	70	70	69	53	92	82	A	A
42	85	96	90	65	77	72	72	B	B
85	67	96	99	33	82	56	84	B	B
1	8	52	25	85	65	56	72	B	B
99	99	43	14	99	99	99	86	A	A
3	11	67	67	99	99	97	97	A	A
92	97	23	67	59	54	34	34	B	B
3	1	5	8	72	87	92	96	A	A
56.13	61.31	50.13	52.56	68.56	71.06	74.38	77.06		
39.86	34.24	29.31	30.97	19.46	23.51	22.60	18.76		

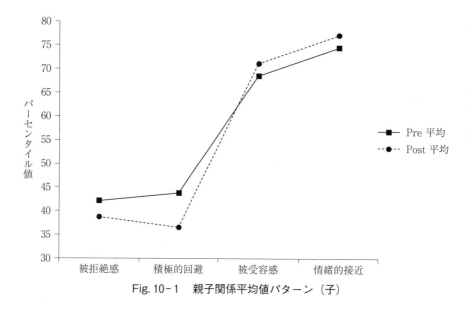

Fig. 10-1　親子関係平均値パターン（子）

H児、J児、K児、L児、O児）から、Post時点にBパターン2名（K児、L児）がAパターンへと移行しそれぞれ9名（E児、F児、G児、I児、K児、L児、M児、N児、P児）、7名（A児、B児、C児、D児、H児、J児、O児）となった。不安定型のC、Dパターンに属する対象児はいなかった。親子関係パターンを決める4つの下位尺度のPre及びPost時点のパーセンタイル値について、全対象児の平均値をFig. 10-1に示す。Pre時点よりもPost時点では、「被拒絶感」「積極的回避」の値が低くなり、「被受容感」「情緒的接近」の値が高くなり、全体として安定傾向となったことが示された。また、親子関係パターンが安定型のBパターンから、より典型的な安定型であるAパターンに変化したK児とL児のパーセンタイル値をFig. 10-2とFig. 10-3に示す。いずれも、Post時点で「被拒絶感」「積極的回避」の値が50パーセンタイルを下回り、「被受容感」「情緒的接近」の値が50パーセンタイルを上回った。

　一方、レッドゾーン該当者数は、「被拒絶感」がPre時点の3名（H児、J児、K児）からPost時点の2名（C児、H児）に減少し、以下同様に、「積極的回避」が3名（B児、K児、O児）から1名（H児）に、「心理的侵入」が3名（J児、M児、P児）から1名（J児）に、「厳しいしつけ」が3名（E児、G児、K児

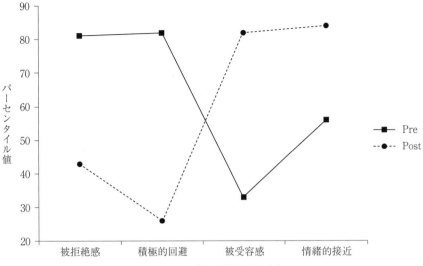

Fig. 10-2 K児の親子関係パターン

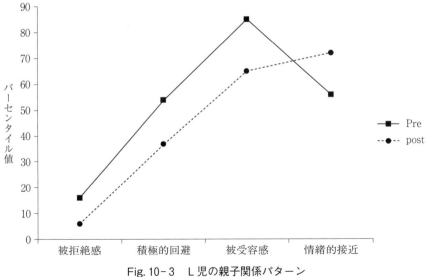

Fig. 10-3 L児の親子関係パターン

Table 10-7 対象児の親の

対象児の親	無関心/Pre	無関心/Post	養育不安/Pre	養育不安/Post	夫婦間不一致/Pre	夫婦間不一致/Post	厳しいしつけ/Pre
母A	42	28	86	**90**	83	45	62
母B	69	69	81	53	27	35	**6**
母C	18	58	**95**	**95**	**98**	**98**	**90**
母D	69	78	**95**	86	60	60	35
母E	**86**	58	68	40	60	55	35
母F	58	28	31	40	68	**90**	83
母G	58	**86**	86	31	88	27	62
母H	6	42	21	21	83	83	23
母I	58	78	**95**	**98**	83	77	72
母J	**99**	**98**	**98**	**99**	77	83	62
母K	**91**	69	**95**	68	**97**	**98**	83
母L	69	18	40	31	—	—	13
母M	69	58	40	31	**90**	27	62
母N	50	34	**91**	**99**	88	**92**	41
母O	2	6	25	25	79	84	**6**
母P	63	50	25	36	26	7	86
平均	56.69	53.63	67.00	58.94	73.80	64.07	51.31
SD	27.15	25.15	29.57	29.61	27.47	31.82	28.07

※アンダーラインは、レッドゾーンにあることを示す.

から1名（E児）に、「両親間不一致」が8名（B児、C児、D児、G児、H児、K児、M児、O児）から7名（B児、C児、D児、H児、J児、M児、O児）に、「達成要求」が3名（H児、J児、K児）から4名（D児、H児、J児、K児）へと変化し、「被受容感」「情緒的接近」は前後いずれも該当者はいなかった。レッドゾーン該当者の変化を見ると、Pre時点にレッドゾーンを有しない対象児はA児、F児、I児、L児、N児の5名（31.3％）であったが、Post時点は新たにG児とP児の2名が増え、7名（43.8％）となった。また、延べレッドゾーン数はPre時点の23からPost時点の16へと減少した。

3　対象児のFDTと同胞に関する感情の関係

対象児の親子関係の安定性と同胞に関連して抱く否定的な感情の関係を確認するため、①対象児のFDTの「被拒絶感」と「積極的回避」のパーセンタイル値の和、②対象児のFDTの「被受容感」と「情緒的接近」のパーセンタイル値の

FDT パーセンタイル値

厳しいしつけ / Post	達成要求 / Pre	達成要求 / Post	不介入 / Pre	不介入 / Post	基本的受容 / Pre	基本的受容 / Post	パターン / Pre	パターン / Post
35	15	<u>9</u>	54	32	48	56	B	B
<u>6</u>	54	43	44	68	77	82	B	B
<u>90</u>	21	<u>9</u>	80	<u>98</u>	72	82	B	B
49	33	15	54	68	43	48	B	B
23	33	33	32	16	<u>9</u>	63	C	B
23	13	33	32	32	99	93	B	B
72	<u>96</u>	<u>99</u>	<u>10</u>	44	72	77	B	D
<u>6</u>	43	54	44	54	82	56	A	B
35	21	<u>9</u>	44	86	<u>13</u>	<u>1</u>	D	D
35	<u>91</u>	68	32	32	<u>4</u>	<u>9</u>	C	C
72	<u>96</u>	77	68	68	24	37	D	B
<u>6</u>	43	21	80	80	89	91	B	A
83	<u>96</u>	<u>99</u>	32	32	91	91	B	B
41	56	44	50	50	94	94	B	B
<u>1</u>	22	<u>2</u>	<u>91</u>	72	97	99	A	A
78	<u>1</u>	<u>2</u>	18	<u>7</u>	97	97	B	B
40.94	45.88	38.56	47.81	52.44	63.19	67.25		
29.10	31.57	31.78	22.06	25.27	33.35	29.86		

和のそれぞれと、対象児の感情尺度得点総計について、Pre 時点、Post 時点ごとに、Spearman の順位相関係数 ρ を求めた。対象児の FDT の「被受容感＋情緒的接近」と「同胞に関する感情」には相関関係は認められなかった。一方、対象児の FDT の「被拒絶感＋積極的回避」と「同胞に関する感情」には、Pre 時点では、強い正の相関関係があり（$\rho = .70, p < .01$）、Post 時点では、中程度の正の相関関係となった（$\rho = .56, p < .05$）。

4 親の FDT

対象児の親ごとの FDT 下位尺度パーセンタイル値と親子関係パターンを Table 10-7 に示す。アンダーラインが付されている数値はレッドゾーンに該当するものである。

親子関係パターンは、Pre 時点の A パターン 2 名（母 H＝H 児の母親、以下同様、母 O）、B パターン10名（母 A、母 B、母 C、母 D、母 F、母 G、母 L、

280 　第Ⅴ部　家族直接参加型きょうだい支援プログラムの実践的検討

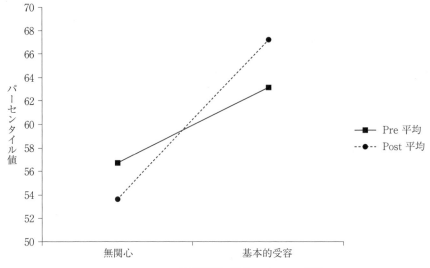

Fig. 10-4　親子関係平均値パターン（親）

母M、母N、母P)、Cパターン2名（母E、母J)、Dパターン2名（母I、母K）から、Post時点で、Aパターンであった1名（母H）がBパターンへ、Bパターンであった1名（母L）がAパターンへ、もう1名（母G）がDパターンへ、Cパターン1名（母E)、Dパターン1名（母K）がBパターンに変化し、それぞれAパターン2名（母L、母O)、Bパターン11名（母A、母B、母C、母D、母E、母F、母H、母K、母M、母N、母P)、Cパターン1名（母J)、Dパターン2名（母G、母I）となった。

　親子関係パターンを決める下位尺度「無関心」「基本的受容」のPre及びPost時点のパーセンタイル値について、全対象児の親の平均値をFig. 10-4に示す。Pre時点よりもPost時点では、「無関心」の値が低くなり、「基本的受容」の値が高くなり、全体として安定傾向となったことが示された。また、親子関係パターンが安定傾向に変化した母E、母K、母L、逆に不安定傾向に変化した母G、母Hの各親の「無関心」「基本的受容」のパーセンタイル値をFig. 10-5～9に示す。母E、母K、母Lにおいては、「無関心」の値が減少し、「基本的受容」の値が増加、あるいは維持されていた。特に、母Lは、約70パーセンタイルであった「無関心」の値が、20パーセンタイル以下となり、より典型的な安定型であるAパ

第10章 研究8：家族参加型きょうだい支援プログラム「ジョイジョイクラブⅠ」の開発に関する実践的検討

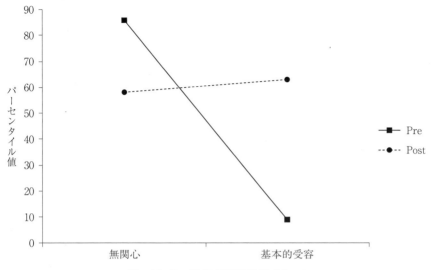

Fig. 10-5 母Eの親子関係パターン

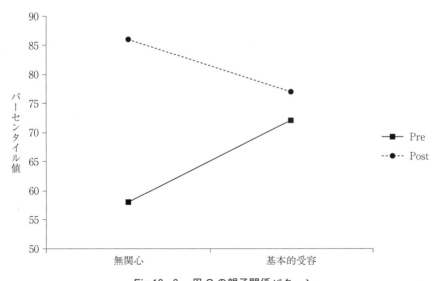

Fig.10-6 母Gの親子関係パターン

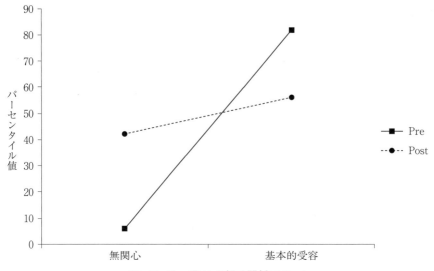

Fig.10-7　母Hの親子関係パターン

ターンに変化した。逆に、母G、母Hにおいては「無関心」の値が増加し、「基本的受容」の値が減少、あるいはほぼ維持されており、特に、母Gは安定型のBパターンから、典型的ではないが不安定型のDパターンに変化した。

　また、親別にレッドゾーン該当者の変化を見ると、Post時点に、レッドゾーン数が減少、あるいは消失した者が5名（母D、母E、母J、母K、母M）、増加、あるいは新規にレッドゾーンに該当した者が8名（母A、母C、母F、母H、母I、母L、母N、母P）、変化しなかった者は3名（母B、母G、母O）であった。本プログラム前にレッドゾーンを有しない母親は4名（母A、母F、母H、母L）であった。Post時点では、その4名はいずれもレッドゾーンを有するようになり、新たにレッドゾーンを有しない母親が2名（母D、母E）となった、また、延べレッドゾーン数はPre 25、Post 27であった。

5　対象児のインタビュー、及び親のアンケート

(1) 対象児へのインタビュー結果

　インタビューの意味内容によるカテゴリー分け結果をTable 10-8に示す。

第10章 研究8：家族参加型きょうだい支援プログラム「ジョイジョイクラブI」の開発に関する実践的検討

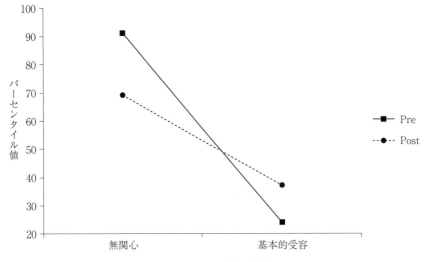

Fig. 10-8 母Kの親子関係パターン

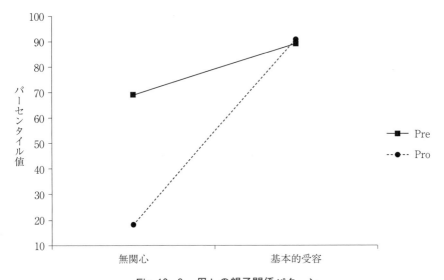

Fig. 10-9 母Lの親子関係パターン

Table 10-8 対象児のインタビュー回答のカテゴリー分け結果

アンケート項目	カテゴリー	回答数	参加者（n=16）に占める割合（%）
Q1 心に残ったことはなんですか？	きょうだい同士での体験	11	68.8
	悩みや気持ちの共有	7	43.8
	親との体験	4	25.0
	同胞との関係	2	12.5
Q2 新しく、分かった、気づいたことはありますか？	障害に対する理解	7	43.8
	悩みや気持ちの共有	3	18.8
	きょうだい仲間に対する意識	2	12.5
	同胞に対する意識	1	6.3
	自分自身の変化	1	6.3
	その他	1	6.3
	特になし	2	12.5
Q3 ジョイジョイクラブに来て、お父さんやお母さんが変わったところはありますか？	優しくなった	3	18.8
	受容的になった	3	18.8
	その他	1	6.3
	特になし	10	62.5
Q4 お父さんやお母さんに今、いちばん伝えたいことは何ですか？	要望	5	31.3
	満足感	4	25.0
	感謝の気持ち	3	18.8
	本プログラムの感想	1	6.3
	特になし	3	18.8

「Q1：心に残ったことはなんですか？」では、24回答が得られた。内訳は、きょうだいの友達ができたこと/遊んだこと/楽しく話ができたことなど、「きょうだい同士での体験」が11回答（68.8%、参加者16名に占める回答者の割合、以下同様）、他の人の意見が聞けた/自分の意見が言えた/相談できた/他の人も大変なんだと分かったなど、「悩みや気持ちの共有」が7回答（43.8%）、お母さんと遊ぶゲームがいちばん楽しかったなど、「親との体験」が4回答（25.0%）、同胞とけんかしなくなった/同胞も一緒に楽しそうに参加できたなど、「同胞との関係」が2回答（12.5%）であった。

「Q2：新しく分かったこと、気づいたこと」では、17回答が得られた。内訳は、障害のある同胞がいることは恥ずかしいことじゃない/同胞の障害が他のきょうだいの同胞よりちょっと重いかなと分かった/障害があるといって特別扱いす

ぎてもだめで、その人の将来を考えながら接してあげないといけないし、実際に同胞が将来、人とコミュニケーションをとる時にも大事かと思う／障害をもっている人は、苦手なことがたくさんあるから優しくもうちょっと分かりやすく教えた方がいいなど、「障害に対する理解」が7回答（43.8％）、障害のある同胞に対する不満の内容が互いに異なっていた／めったに障害のある人に会うことがなかったが、自分だけじゃなくて他の人はもっと大変な思いをしており、自分はたいして大変ではなかった／友達が同胞のことでいつもどんなことをしているか分かったなど、「悩みや気持ちの共有」が3回答（18.8％）、きょうだいには、おとなしい人も騒がしい人もいて、みんな同じ人間だけど一人一人違うと分かった／遊ぶことばっかりだから真剣になるし楽しく遊べることがいい、（本プログラムでできた）友達が来ていると毎回遊べるけど、友達が来ていないとつまらないなど、「きょうだい仲間に対する意識」が2回答（12.5％）、体でのしかかったら前は倒れていたのに、押し返されるようになった、同胞は動くのが好きなのが分かったなど、「同胞に対する意識」が1回答（6.3％）、普段から障害のことをあまり考えておらずみんな同じかと思っていたが、結構自分の同胞と違っていたので、いろいろ自分も変わったという、「自分自身の変化」が1回答（6.3％）、「その他（教材プリントが分かりやすかった）」1回答（6.3％）、「特になし」2回答（12.5％）であった。

「Q3：ジョイジョイクラブに来て、お父さんやお母さんが変わったところはありますか？」では、17回答が得られた。内訳は、同胞だけじゃなく、自分達にも優しく時間をかけてくれるようになった／前もかまってくれていたけど、本プログラムに参加するようになってから優しい顔になったなど、「優しくなった」が3回答（18.8％）、少し話を聞いてくれるようになった／同胞が自分の物を取った時、自分の話を中心に聞いてくれるようになった／最近わがままを言っても聞いてくれるようになったなど、「受容的になった」が、3回答（18.8％）、「その他（親の楽しい感情が伝わりやすくなった）」1回答（6.3％）、「特になし（いつもと同じ）」10回答（62.5％）であった。

「Q4：お父さんやお母さんに今、いちばん伝えたいことは何ですか？」では、16回答が得られた。内訳は、同胞に将来楽しく過ごせる場所を探してほしい／もうちょっとゆるく同胞に教えてほしい、楽しくやらせてあげれば同胞のやる気もアップすると思う／お小遣い制度にしてほしい／もう少し遊びたいなどの「要望」

5回答（31.3％）、今の生活で十分満足している／いいお父さんとお母さんだなどの「満足感」が4回答（25.0％）、私達をいっぱいかまってくれてありがとうなどの「感謝の気持ち」が3回答（18.8％）、本プログラムで友達といろんなことをやってきて「楽しかった」と伝えたいという、「本プログラムの感想」が1回答（6.3％）、「特になし」3回答（18.8％）であった。

(2) 対象児の母親の Post 時点アンケート調査回答

対象児のうち2組が同じ親であったので、アンケートの対象母親は14名で、そのうち回答を得られたのが13名であった。

「Q1：親として対象児へのかかわり方が変わったか」については、11名（84.6％）が「そう思う」「どちらかというとそう思う」と答え、その理由として「同胞との差別をしないように心がけた（3名）」「本人の気持ちを考えて接するようになった（2名）」「かかわり方を考えて接するようになった（2名）」「親として余裕をもってかかわれるようになった（2名）」「優しい気持ちで接しようと思うようになった（1名）」「子どもを信頼してかかわるようになった（1名）」等であった。「どちらでもない、どちらかというとそう思わない」と答えたのは2名（15.4％）で、理由としては、「気をつけてはいるつもりだが、結果的に自分のかかわり方が変わっていない（1名）」であった。

「Q2：親として自分の考えや気持ちに変化があったか」については、12名（92.3％）が「そう思う」「どちらかというとそう思う」と答え、その理由として「きょうだいの気持ちを考えて、かかわり方を気にかけようと思うようになった（4名）」「いろいろな意見を聞けて、参考になり、頭の中が整理できた（3名）」「以前より子どもに対する信頼感が高まり、不安がなくなった（3名）」等であった。「どちらかというとそう思わない」と回答したのは1名（7.7％）で、理由は、「これまでもその都度考えてきょうだいとかかわるようにしてきたから」というものであった。

「Q3：対象児について、新しく分かったこと、気づいたことがあったか」については、11名（84.6％）が「あった」と答え、その理由として「子どもが親のかかわり方に不満を感じたり、傷ついたり、悩んだりしていたと分かった（4名）」「思ったより悲観的でなかった（3名）」「コミュニケーション不足だった（1名）」「思った以上に深く考えていたことが分かった（1名）」「友達ができ、気持

ちを話せたようだ（1名）」「親子の時間ができて、嬉しそうだ（1名）」であった。「ない」と回答したのは2名（15.4％）で、理由は不明であった。

「Q4：本プログラム後に対象児の様子に変化があったか」については、8名（61.5％）が変化したと述べており、その理由として「同胞に対して、感情的に激昂することが減った（3名）」「楽しそうで、明るくなった（3名）」「同胞の障害について話すようになった（1名）」「同胞を思いやる様子が見られるようになった（1名）」等であった。変化がなかったと回答したのは5名（38.5％）で、理由は「今まで通り接している。けんかもするが、これは当たり前だと思う（1名）」というものであった。

6 事例

上述した対象児及び母親のFDTの結果より、Post時点で、対象児、あるいは母親のFDTの親子関係パターンに変化が見られた事例が5つ挙げられた。すなわち、対象児、母親双方から捉えた親子関係が改善し安定化したK児・母Kと、L児・母Lのケース、母親が捉えた親子関係のみが安定化した母Eのケース、そして、母親が捉えた親子関係のみが不安定化した母Gと母Hのケースである。そこで、本項では本プログラムに参加する過程でこれらの5つの事例にもたらされた変容について、詳細に確認するものとする。

(1) K児と母K

実践を通して、親子ともに関係改善が見られたK児と母Kについて詳述する。

参加希望調査時の母Kの動機は、K児が同胞に対して「恥ずかしい」などと言うことが多くなり、K児との接し方について悩むことが多くなったからというものであった。

本プログラム中、K児は家族ムーブメント活動で、シーツそりで母Kに引っ張ってもらったり、フープキャッチで何度もやり取りするなど、同胞と同じように母Kにかかわってもらう様子が見られた。また、ボランティア学生や他のきょうだい達とサッカーをするなど、思い切り身体を動かして楽しむ様子が見られた。親ときょうだいとの親子ふれあいムーブメント活動の時間は、少し乱暴な態度で母Kに接し、じゃんけんをして負けた方が相手をおんぶする遊びでは、照

れながらも、笑顔でおんぶしたりされたりしていた。きょうだい同士の話し合いでは、同性のグループで、ぽつぽつと自分のことを語り、同胞が自分に乱暴なふるまいをしたり、断り無しに勝手に自分の物を触ったり、邪魔をしたりすることや、「けんかを売ってくる」ことなど、対応に困っていることを話した。他のきょうだい達が、同胞の困った行動にどう対処しているかを聞き、自分も「逃げる」「相手にならないようにする」など、意見を出していた。

アンケート調査の結果、K児は「同胞に関する感情」については、感情尺度得点総計がPre時点で25.25、Post時点で25.50（Table 10-5）と、ほとんど変化は見られなかった。下位尺度別に見ると、「友達からの反応」が、Pre 3.50点からPost 2.75点へ減少し、「自己猜疑心」がPre 2.25点からPost 3.00点へ増加した。その他の下位尺度は、±0.50点以内の増減であった。親子関係については、パターン分類の結果、K児はPre時点の安定型のBパターンから、Post時点ではより安定的なAパターンに、母KはPre時点の不安定型であるDパターンから、Post時点では安定型であるBパターンに移行した（Table 10-6、10-7）。

また、K児のPost時点のインタビューでは「遊ぶことばっかりだから真剣になる。楽しく遊べることがいい。友達が来ていると毎回遊べるけど、友達が来ていないとつまらない」と本プログラムで出会ったきょうだい同士のかかわりが楽しかったことを述べ、「もっと野球とかもしたかった」とつけ加えた。また、「以前は、母親が怒るので、こちらもムカッとなったけど、ちょっぴり優しくなった。怒らなくなった」と言い、母Kに対しては、「勉強しなかったらご飯食べたら駄目とか、最後には食べていいよって言う。そういう、言っていることとやっていることが違うことを言ってほしくない」と要望した。

母KのPostアンケートの中には、「きょうだいが普段どんな気持ちになることがあるのかもう一度考えてみて、つい期待しすぎていたり障害をもつ兄をかばうような言動をとったりしていたことに気がつき、きょうだいに、同胞ばかりかわいがられていると思わせないように今までより気を配るようになった。祖父もつい不憫に思って同胞ばかりかわいがっている姿が気になるので、その都度気をつけてもらえるようにお願いしている」「思っていた以上に『同胞ばっかり……』とひがんでいた事が分かり、私もちゃんと説明したつもりが伝わっていなかったようで、きょうだいとのコミュニケーション不足を感じた」「きょうだいとのコミュニケーションの時間を増やした事できょうだいがキレることが少なく

なった。きょうだいは親には言えない自分の本心を第三者に伝えることですっきりするようだ。親はその様子を見ることで今まで気づかなかった面に目を向けられるようになった」「きょうだいは年老いていく親達の心配と障害をもつ子どもの心配をしなければならず、負担が重過ぎる。本プログラムで先を見ているようで見えていない親の私にいろいろなことを気づかせてもらった」という記述があった。

(2) L児と母L

実践を通して、親子ともに関係改善が見られたL児と母Lについて詳述する。

参加希望調査時の親の動機は、L児がもうすぐ思春期を迎えるので、同胞とのつき合い方が心配であり、家族のかかわり方、気をつけるべきことを学びたいというものであった。

L児は家族ムーブメント活動において、同胞のことを常に気遣いながら活動の世話をしたり、順番を譲ったりし、母Lとともに同胞を世話しながら活動を楽しむ様子が見られた。親ときょうだいとの親子ふれあいムーブメント活動の時間は、特に、新聞紙を使った風船ラリーのゲームで自分から長くラリーを続けられるように工夫し、母Lとの時間を積極的に楽しむ様子が見られた。きょうだい同士の話し合いでは、参加当初はあまり自分や同胞のことについて話そうとする様子は見られなかったが、仲のいい友達ができると「同胞が勝手に自分の物に触るから鍵をかけるようにしている」と、同胞について初めて不満やその対処について話すようになった。また、将来なりたい職業について、「薬剤師になりたい。お金が儲かるから」と、積極的に発言するようになった。

効果測定の結果、L児は「同胞に関する感情」については、感情尺度得点総計がPre時点で17.75点、Post時点では17.25点となり、やや減少した。前後で統計的に有意な差は見られなかった。下位尺度別に見ると、「将来の問題」がPre 1.50点からPost 2.25点へ、「自己猜疑心」がPre 1.00点からPost 1.75点と増加したが、「同胞に向けられた不公平感」「両親の養育態度」「同胞の障害に対する心配事」「余計な負担の感情」「過剰な責任感」の5つの下位尺度で、－0.25～－0.50点の減少があり、全般的に否定的な感情が低下する傾向となった。親子関係については、パターン分類の結果、L児は本プログラム前の安定型のBパターンから、Post時点により安定的なAパターンに、母Lも安定型であるBパター

ンから、Post 時点により安定型であるAパターンに移行した。

　L児のPost時点のインタビューでは「他のきょうだいの同胞と比べたら、自分の同胞の方がちょっと（障害の程度が）重いかなと感じる」「自分自身が変わったと思うところは、普段から障害のことをみんな同じもんかと思っていたが、結構自分（の同胞の障害）と違っていたので、いろいろ自分も変わったと思う」「お母さんには、もうちょっとゆるく同胞に教えてあげなさいよという感じ。楽しくやらせてあげればやる気もアップすると思う」などの発言があった。

　母LのPostアンケートの中には、「何か家庭での行事等があるとまず同胞を中心として物事を考えていたが、きょうだいの気持ちも重視するようになった」「きょうだいとのきちんとした話し合いの時間を本プログラムでもつことができ、L児が、自分をとりまく環境に対して悲観的でなかったこと、親の心配が一方的なものであったことに気づいた」「他のきょうだいからのコメントにより子ども達が抱えている悩みや不満を具体的に知ることができ、これからの子育てに役立てていきたい」「同胞とは、けんかもするが、これは普通だと思う」「様々な障害の状態の子どもをもつ親達と理解を深めながら話すことができ、来たるべき将来に向けての準備や子どもの気持ちなど自分なりに考える機会を得られた」という記述があった。

(3) E児と母E

　実践を通して、親から見た親子関係に改善があったE児と母Eについて詳述する。

　参加希望調査時の親の動機には、特記事項はなかった。

　本プログラム中、E児は家族ムーブメント活動でも、積極的に母Eや同胞とかかわり、親ときょうだいとの親子ふれあいムーブメント活動の時間も素直に母Eに甘えて遊ぶ姿が確認された。きょうだい同士の話し合いでは、グループで、自分から積極的に他のきょうだいが出した「同胞の困ったこと」について対応策を提案し、自分からも「同胞がしつこく自分にかまってくるので、勉強ができない」「テレビを見たがって暴れることがある」など困ったことを話題に出し、他のきょうだい達に意見を求める様子が見られた。同胞のことについて聞かれると、「同胞には障害があるから」とはっきり口に出し、他のきょうだいやスタッフに対して説明するなど、情緒が安定していた。

効果測定の結果、E児は「同胞に関する感情」（Table 10-5）については、感情尺度得点総計がPre時点で21.50点、Post時点では22.00点となり、やや増加した。前後で統計的に有意な差は見られなかった。下位尺度別に見ると、「同胞に向けられた不公平感」は、Pre 2.00点からPost 3.00点と増加したが、「両親の養育態度」は、Pre 3.00点からPost 2.25点と減少した。他の下位尺度得点の変化はわずかであった。親子関係については、パターン分類の結果、E児はPre及びPost時点でより安定的なAパターンであったが、母Eは不安定型であるCパターンからPost時点に安定型であるBパターンに移行した。

E児は、Post時点のインタビューでは「障害のことについて勉強してから、同胞に少しは優しくしてあげたいと思った」と言い、「最後に同胞とも遊びたかった。トランプとかかるたとか、同胞と自分だけでする遊びがよい」と、母Eだけを独り占めする遊びよりも、同胞を交えて遊びたいと述べた。母Eに対しては、「（父母ともに対して満足しているので）何も言うことはない」と答えた。

一方、母EのPostアンケートの中には、「以前よりも優しい気持ちで接しようと思うようになった。なかなかそうできない時もある」「他の参加した人の意見や子ども達からの意見のプリントなどを見て今まで気づかなかったきょうだいの気持ちに気がついた。同じことをしても自分だけきつく叱られることに不満をもっていたのだと思う」「きょうだいもまだまだ甘えたい。私自身もきょうだいに甘えていたところがあって、あまりかまってやらなくても分かってくれると、どこかで思っていた気がする。もう少しきょうだいを甘えさせてもいいのかなと思うようになった」「最近ではきょうだいの方が少し照れくさそうになってきたけどかまわずに抱っこしてやりたい」「なかなか知ることのできないきょうだいの本音が聞けた。自分ときょうだいの関係を改めて確かめることができた」と述べた。

(4) G児と母G

実践を通して、親から見た親子関係に悪化が見られたG児と母Gについて詳述する。

参加希望調査時の親の動機には、特記事項はなかった。

本プログラム中、G児は姉と一緒に同胞を世話しながら家族ムーブメント活動に参加し、また、親ときょうだいとの親子ふれあいムーブメント活動の時間も素

直に母Gに甘えて遊ぶ姿が確認された。きょうだい同士の話し合いでは、ほぼ同じ年齢の4～5名のグループで話し合いに参加し、同胞のことを積極的に話し、自分の意見も素直に話した。母Gといる時は、どちらかというと姉の後ろについて回る印象であったが、姉と離れたグループでは、自分なりに気持ちを言葉にして、話し合いに参加していた。

　効果測定の結果、G児は同胞に関する感情については、感情尺度得点総計がPre時点の22.25点からPost時点での18.50点と大きく減少した。前後で統計的に有意な差は見られなかった。下位尺度別に見ると、「将来の問題」についてはPre 1.50点からPost 2.50点と増加したが、「同胞に向けられた不公平感」がPre 2.75点からPost 2.00点、「両親の養育態度」が、Pre 3.25点からPost 2.00点、「自己猜疑心」がPre 2.00点からPost 1.00点、そして、「過剰な責任感」がPre 3.50点からPost 2.75点と、複数の下位尺度で減少し、中でも「両親の養育態度」の減少が大きかった。本下位尺度は、同胞の養育に関する親の負担感をきょうだいが感じ取る程度を測るものであり、G児が本プログラム参加前にはそのような親の養育負担感を強く感じていたものが、参加後にはそれが減少したことが示された。その他の下位尺度得点の変化はわずかであった。

　次に親子関係について、パターン分類の結果、G児はPre及びPost時点でより安定的なAパターンであったが、母Gは安定型であるBパターンからPost時点に不安定型であるDパターンに移行した。G児は、Post時点のインタビューでは「自分より年上の人や自分と同じ障害のある同胞をもつ友達ができて嬉しかった」「障害のある同胞に対する不満の内容が自分とは違っていた。障害のある同胞がいる人がこんなにいるんだと分かった」と述べ、「お母さんにお手紙を書いた時、お姉ちゃんばっかりじゃなく、自分も頼りにしてって書いたら頼りにしてくれるようになった。お母さんがムースの材料を買ってきて、作ってって言われて作ってあげた。おいしいって言われた」と、同胞の障害の状態をG児なりに受け止め、積極的に親を手伝うことで自分を親に認めてほしいと感じている気持ちがうかがわれた。

　一方、母GのPostアンケートの中には、「これまで障害のある本人の方ばかりを見ていたが、他の妹2人へも気遣いしてやれるようになった」「帰りの車の中でハッとするような妹2人のつぶやきを聞く事も時折あり、他のお母さん、きょうだいの方もそれなりに生きているなあ、そんなにひどく落ち込んでいる人も

いないなあ、という感じで、みなさん私より優れた方ばかりでした」「一人一人のきょうだいの行動によく目を向けて話を聞いてあげるようには、なった」「長期休業中に、施設へ同胞を預ける日がほとんど毎日だったのを1日おきに変えた。祖母と対象児と姉が3人で1時間ずつ世話をすることにした」等と述べた。このことについては、G児も「今は（言いたいことは）特になし。今の生活で十分満足している。同胞が機嫌いいし、最近は私達が同胞の面倒を見られるようになったから、同胞を施設に預けることが減った」と、親から信頼されて同胞の世話を任されるようになったことを積極的に評価している気持ちを報告した。

(5) H児と母H

実践を通して、親から見た親子関係にやや悪化が見られたH児と母Hについて詳述する。

参加希望調査時の親の動機は、今後の養育のため、少しでも身につく、自分のものになること、アドバイスなどがほしい。同胞が自立する養育の方法を知りたいというものであった。

本プログラム中、H児はどちらかというと、部屋の端の方でおとなしく活動するタイプであったが、学生スタッフや他の男子のきょうだい達とは、体を動かす遊びに喜んで取り組んだ。きょうだい同士の話し合いでは、ほぼ同じ年齢の男子中心のグループで、話し合いに参加し、促されると同胞のことや自分の意見を話した。自分の学校の友達から同胞の障害について聞かれたらどうするかというテーマで話し合った時、「『さあね。そんなことより、○○して遊ぼう』って、ごまかせばいいよ」と提案し、それでも友達がしつこく聞いてきたら、『うるせえ』ってキレて、そいつとはもう2度と遊ばない」と強い対応を話すこともあった。また、親ときょうだいとの遊びの時間、母Hが部屋に来ると、わざと部屋の隅によって、母Hの方から近づいてくるのを待つ態度も見せた。

効果測定の結果、H児は同胞に関する感情については、感情尺度得点総計が、Pre時点の23.00点からPost時点の22.00点と減少した。前後で統計的に有意な差は見られなかった。下位尺度別に見ると、いずれの下位尺度得点も変化の幅が±0.50点以内と少ないものであった。

次に親子関係について、パターン分類の結果、H児はPre及びPost時点で安定的なBパターンであったが、母Hはより安定型であるAパターンからPost

時点に同じく安定型であるが A パターンほどではない B パターンに移行した。H 児は、Post 時点のインタビューで、口数少なく、ほとんど意見を言わなかったが、母 H の変化について聞いた時に、「少し話を聞いてくれるようになった。同胞がなんか取っていったりした時、ぼくの話を中心に聞いてくれるようになった」と述べている。

一方、母 H は、Post アンケートの中で、「きょうだいとして普通の子どもとは違う意味で接するようになった」「同胞と同じように扱い、差をなくした」「H 児の気持ちに入って考えるようになり、言葉かけも一つ考えてから言うようになった」さらに、「（これまで）H 児がきょうだいであることについて、悩んだ事がなかったのだが、きょうだいって大切だなあと（思うようになった）。普通の子どもよりも大変だけど、選ばれた子だからきょうだいになったと思っている。母もそうである」と振り返り、H 児の変化を「同胞に対してあまりキレなくなった。以前はすぐ喧嘩してたのに……。我慢しているのではなく大人の目で見るというか、大目に見て対応している気がした」と述べた。また、「今後、きょうだいを支援できる活動組織ができるとよい。大人になったきょうだいの気持ちも聞きたい」と要望を述べた。

第 4 節　考察

1　対象児と同胞との関係

Table 10-4 より、対象児の同胞に関する感情アンケートの 9 つの下位尺度の内、「余計な負担の感情」に関しては、統計的に有意な差をもって否定的な感情が減少したことが示された。また、有意な差をもって増加した下位尺度はなかった。本プログラム開始前に否定的感情が強かった「友達からの反応」「過剰な責任感」に関しても、有意差は無かったがいずれも、Post 時点で減少傾向となった。また、Table 10-5 より、対象児別に見ると、2 名においては統計的に有意な差をもって感情尺度得点が減少したことが確認でき、有意に増加した者はいなかった。このことから、個人差はあるものの、概ね本プログラムへの参加が、きょうだいが同胞に関連して抱く否定的な感情の減少をもたらすことができたと考えられる。

また、Table 10-8 より、Post 時点での対象児へのインタビューで、心に残っ

たこととして、「きょうだい同士での体験」を挙げた者が11名（68.8％）、「悩みや気持ちの共有」を挙げた者が7名（43.8％）、また、新しく分かったことや気づいたことに関する回答で、「障害に対する理解」が7名（43.8％）であったことから、同胞の障害にどのように対応したらよいか混乱していた本プログラム前の状態から、Post 時点には、障害の特質を理解して対処方法が分かり、他の対象児との話し合いで新しいヒントを得たり、自分の気持ちや考えを表したりできたことが示された。さらに、家族全体でのムーブメント活動を通して、他の家族が、同胞にどのようにかかわっているかを見る体験、実際に同胞と一緒に楽しく遊ぶことができた体験も、対象児らの同胞に対するかかわり意欲を高めることにつながったと考えられる。具体的には、「障害をもっている人は、どんな遊びが苦手なのか知りたい」「障害があるといっても、特別扱いしすぎても（よくない）、その人の将来を考えながら接してあげないといけないと思った」「障害をもっている人は苦手なことがたくさんあるから優しくもうちょっと分かりやすく教えてあげればいいのかなと思った」という発言などに裏づけられる。また、「障害のあるきょうだいがいることは恥ずかしいことじゃない」「のしかかったら前は倒れていたのに、押し返されるようになった。同胞は動くのが好きなことが分かった」等の発言から、同胞に対する新しい発見をし、その育ちをより客観視できるようになったこと、さらに、親のPost アンケートによれば、同胞に対して感情的に激昂することが減り、親から見ると受容的なかかわりをするようになったことが示された。

2　対象児から見た親子関係

Table 10-6 より、FDT 親子関係診断検査の結果を見ると、本プログラム参加前の対象児らの親子関係パターンは、A（7名43.8％）、B（9名56.3％）のみであり、当初から安定的な親子関係をもっていることが示された。しかし、その一方で、11名（68.8％）の対象児が何らかのレッドゾーンにあり、親子関係において留意すべき状態を有する対象児が半数以上であったことも分かった。Post 時点では、A パターンに移行した対象児が2名で、A パターンが9名、B パターンが7名となり、より一層安定的な親子関係となった。同時にレッドゾーン数も消失・減少傾向となり、改善傾向が確認できた。

Table 10-6、Fig. 10-1を見ると、Post時点で対象児らの「被拒絶感」「積極的回避」の平均パーセンタイル値が減少し（それぞれ、42.13から38.69へ、43.69から36.56へ）、かつ「被受容感」「情緒的接近」の平均パーセンタイル値が増加しており（それぞれ、68.56から71.06へ、74.38から77.06へ）、Pre時点より、Post時点の親子関係パターンの方が、より安定傾向となったことが見て取れる。

　特にPost時点で、「積極的回避」の平均パーセンタイル値が他の3尺度に比べ、より大きく減少している。「被拒絶感」「被受容感」「情緒的接近」が母親からのかかわりをきょうだいが受動的に評価する尺度であるのに対し、「積極的回避」は、きょうだいから母親へのアプローチを評価する尺度である。よって、本プログラムを通して、きょうだい自身が能動的に親子関係を変化させたと推察される。このような親子関係の変化は、親子のかかわりを促進することを意図してムーブメント活動を取り入れた、本プログラムのねらいに沿うものである。Postインタビューでも、心に残ったこととして親子での遊びを挙げた対象児が複数おり、親子ふれあいムーブメント活動を取り入れることの効果が示唆された。また、自分に対する親からのかかわりが「優しくなった」「話をよく聞いてくれ、受容的になった」などの変化を感じている対象児が6名（37.6％）おり、対象児自身が実感できるほど本プログラムによって親子関係が変化したケースがあることが分かった。

　ところで、本実践の結果、対象児から見る親子関係と同胞に関連して抱く否定的な感情の関連性が、Pre時点よりPost時点で弱化したことが分かった。このことは、対象児が感じている同胞との関係と、自分と母親との安定的関係とが、相互に影響されにくくなったことを示している。すなわち、きょうだい役割としての同胞との関係と、子ども役割としての母親との関係とが別のものとして意識され始めたのであり、本プログラムによる支援は、きょうだいの家族システムにおける「固定化した役割」（戸田, 2012）からの脱却の可能性を含むものであると考えられる。

3　親から見た親子関係

　Table 10-7より、親のFDTの結果を見るとPre時点ではAパターンが2名（12.5％）、Bパターンが10名（62.5％）、Cパターンが2名（12.5％）、Dパター

ンが2名（12.5％）であった。全体の75.0％がA、Bパターンで、安定的な親子関係であることが見て取れた。しかし、対象児らの親子パターンが全員安定型であったことと比較すると、ギャップのある親子があることが示された。Post時点では、AパターンからBパターンへの移行が1名、BパターンからAパターンへの移行が1名、同じくDパターンへの移行が1名、CパターンからBパターンへの移行が1名、DパターンからBパターンへの移行が1名で、Aパターン2名（12.5％）、Bパターン11名（68.8％）、Cパターン1名（6.3％）、Dパターン2名（12.5％）の構成となった。Table 10-7、Fig. 10-4を見ると親子関係の安定パターンを決定する「無関心」の平均パーセンタイル値はやや減少し（56.69から53.63へ）、「基本的受容」の平均パーセンタイル値はやや増加しており（63.19から67.25へ）、全体としては安定方向へ移行している。

　また、レッドゾーン数を見ると、5名の消失・減少者がいる一方で、8名の増加者があり、個人差が大きいことが分かる。また、Post時点のアンケート回答を見ると、11名（84.6％）の親が子どもへのかかわりが変わったと述べ、また、12名（92.3％）が親としての自分の考えに変化があったと答えており、変化の大きさが見て取れる。また、子どものことで、新しく気づいたこととして、3名が思ったほど悲観的でなかった、また、1名が親子の時間ができて嬉しそうだと肯定的な気づきを得ている一方で、5名が、子どもが不満を感じていたことやコミュニケーション不足であったと否定的な気づきを挙げており、気づきの内容に個人差があることが示された。本プログラムを通してこれまでの自らの子どもへのかかわりに対して肯定的評価を得られた母親は、親子関係に安定感を増し、以前には思ってもいなかった、あるいは思っていた以上の困り感を子どもが抱えていたことに気づいた親は、親子間関係が否定的に変化した可能性がある。このような実態から、Post時点の親子関係の変化のベクトルに異なる結果が生まれたものと推察される。

　また、下位尺度ごとの変化を見ると、Post時点で「達成要求」、「厳しいしつけ」にパーセンタイル値の大きな減少が見られた。「達成要求」とは、子どもへの過剰期待の程度を測定するものであり、適切な程度であれば子どもは親の愛情と受け取り、強すぎると圧力、弱すぎると無視や拒否と子どもに感じさせる要因となる。そのため、中庸が望ましいとされる。また、「厳しいしつけ」は親として当然のしつけをしていることを表す尺度で、これも中庸が最も望ましいとされる尺

度である（東・柏木・繁多・唐澤, 2002）。これらの尺度のパーセンタイル値の平均は、Pre時点からPost時点にかけ、「達成要求」で45.88から38.56へ、「厳しいしつけ」で51.31から40.94へと中庸値よりもより下がる傾向が確認された。特に数値が低すぎるため、新たにレッドゾーンに移行した母親が「達成要求」で4名（母A、母C、母I、母O）、「厳しいしつけ」で2名（母H、母L）おり、いずれも本プログラムに参加する過程で、自らの対象児に対する過剰な期待感や厳しすぎる接し方を内省した結果、揺り戻し現象が起きたのではないかと推察される。一方、「養育不安」に関しては67.00から58.94へ、また「夫婦間不一致」に関しては、平均値が73.80から64.07と、いずれもPre時点からPost時点にかけ、大きく減少しており、個人差はあるものの、母親が当初抱いていたきょうだいの養育に関する不安や夫婦間での不一致が減少傾向となったことが推察された。

4 事例

(1) 親子双方の親子関係が安定化した事例

男児であるK児と女児であるL児は、本プログラム中の様子も異なり、また親が報告する同胞とのかかわり方も異なっていたが、いずれもBパターンからAパターンへと親子関係がより安定的なパターンとなった。しかし、Fig. 10-2、Fig. 10-3を見ると下位尺度の得点様相が異なっている。K児は、Pre時点では不安定型の基準は満たさないものの、典型的な不安定型を示す右下がりの得点様相を示していた。それがPost時点では、一転して右上がりとなり、典型的な安定パターンに移行した。L児は、Pre時点より安定パターンの得点様相であったが、Post時点「被拒絶感」「積極的回避」の下位尺度得点が減少したことで、より一層安定化した。K児は、Post時点のインタビューで、母親の自分へのかかわり方が「優しくなった。怒らなくなった」と変化したことを感じ取れたと報告している。一方、L児は、母親ではなく自分自身が「変わったと思う」と報告し、母親に対して同胞へのかかわり方をアドバイスするなど、自分や家族を客観的にとらえて分析する力がついてきたことがうかがえる。

母Kについては、Table 10-7、Fig. 10-8に見るように、Pre時点の親子関係パターンはDパターンであった。これは典型的ではないが、不安定型パターンであり、特に親子関係パターンを決定する「無関心」下位尺度だけでなく、「養

育不安」「達成要求」にもレッドゾーンがあり、母 K は、K 児の養育に不安を感じ、その不安から K 児に対する厳しい要求を繰り返していたと考えられる。Post アンケートで母 K 自身も「つい期待しすぎていたり、障害をもつ兄をかばうような言動をとったりしていたことに気がついた」と述べている。Post 時点の親子関係パターンは、右下がりの不安定型の得点様相であることは同じだが、その傾きが緩やかとなり、D パターンの基準を満たすことがなくなった。Post アンケートで母 K は、「きょうだい児とのコミュニケーションの時間を増やした」や、K 児が気持ちを他者に伝えることですっきりする様子を見て、「今まで気づかなかった面に目を向けられるようになった」などと述べており、K 児に対する見方やかかわり方が変化したことを自覚している様子が見て取れる。

一方、母 L については、Table 10-7、Fig. 10-9 に見るように、Pre 時点の親子関係パターンは右肩上がりの安定型の得点様相で、B パターンであった。Post 時点では、さらにその安定度が増し、明確な右肩上がりの様相となり、A パターンに移行した。Post アンケート調査で、「きょうだいとのきちんとした話し合いの時間を本プログラムでもつことができ、L 児が、自分をとりまく環境に対して悲観的でなかったこと、親の心配が一方的なものであったことに気づいた」と悩みが解決したことを述べ、さらに「きょうだいの気持ちも重視するようになった」「同胞とけんかするのは普通のことだ」ときょうだいと同胞との関係に対する認識が変わったことを報告している。

この 2 つの事例は、きょうだいと母親の親子関係における特徴的な齟齬の様相を示していると思われる。すなわち、障害のある子どもに親の関心が向きすぎているため、親ときょうだいとの間で情緒的な交流が不足し、要求する・される関係に固定化している K 児のケース、また親が障害のある子どもの存在がきょうだいに及ぼす心理的負担や不利益を心配するがあまり、その不安感をきょうだいに投影してしまい、情緒的な親密さを得られない L 児のケースである。前者は、立山・立山・宮前（2003）の指摘する、「母親ときょうだいの考える平等の間にずれが生じやすい」ケースであり、後者は、西村・原（1996b）の指摘する、「自分の受けている負担を子どもも同じように受けているのではないかという母親自身の不安」が現れているケースであるといえる。この両者の事例から、本プログラムで取り上げた内容が、親子のコミュニケーション状況を改善し、このようなきょうだいと親に特有の親子関係の問題を解決するために役立ったことが示唆さ

(2) 親のみの親子関係が変化した事例

　親のみの親子関係が変化した事例は、好転が1事例（E児）、悪化が2事例（G児、H児）であった。

　母Eに関しては、Pre時点で典型的な不安定のCパターンであった親子関係が、Post時点では安定型のBパターンに移行した。Table 10-7、Fig. 10-5を見ると「無関心」が大きく減少し「基本的受容」が大きく増加して、右肩下がりの得点様相が一転して、右肩上がりに転じている。Postアンケートで母Eは、「不満をもっていたのだと思う」とE児の心情にふれ、「以前よりも優しい気持ちで接しようと思う」「少し照れくさそうになってきたけどかまわずに抱っこしてやりたい」と決意しており、自らE児に対して関心をもち、受容的であろうとする意識が高まった様子がうかがわれる。このような母Eの変容は、E児にも感じられたようで、E児はPost時点のインタビューで親への満足感を口にした。

　母Gに関しては、安定型であるBパターンからPost時点に不安定型であるDパターンに移行した。Table 10-7、Fig. 10-6を見ると「無関心」「基本的受容」がいずれも悪化傾向となっている。親のPostアンケートでは、「G児へも気遣いしてやれるようになった」「行動によく目を向けて話を聞いてあげるようには、なった」との母G自身の変化を述べた。G児を見ると、Table 10-5の同胞に関する感情アンケートでは複数の下位尺度で否定的感情が減少し、Post時点のインタビューでも、母Gが自分を認めてくれるようになり、母Gの自分への期待を感じられるようになったことを報告しており、母Gが自覚しているG児への対応の変化を敏感に感じ取っている。しかし、母Gは一方で、「他のお母さん、きょうだいの方もそれなりに生きているなあ、そんなにひどく落ち込んでいる人もいないなあ、という感じで、みなさん私より優れた方ばかりでした」と述べ、他の親と自分を比較し、自己評価を下げている様子がうかがわれた。

　母Hに関しては、Pre時点の典型的な安定型であるAパターンから、Post時点で同じく安定型であるがAほどではないBパターンに移行した。Table 10-7、Fig. 10-7を見ると、「無関心」「基本的受容」の双方が悪化傾向となった。母Hは、Postアンケートの中で、「障害児と同じように扱い、差をなくした」「きょうだいの気持ちに入って考えるようになり、言葉かけも一つ考えてから言うようにな

った」と積極的にかかわり方を変えたことを述べた。H児は、Table 10-5の同胞に関する感情アンケートでは否定的感情がやや減少し、Post時点のインタビューで、母Hが自分に関心をもち、よく話を聞いてくれるようになった変化を口にしており、母Hの自覚した変容をH児も感じていることが示された。母Hは、「きょうだいとして普通の子どもとは違う意味で接する」さらに、「きょうだいについて悩んだことがなかったのだが……」と、これまでの自分のきょうだい観が覆ったことを述べ、「きょうだいって大切だなあと（思う）。普通の子どもよりも大変だけど、選ばれた子だからきょうだいになったと思っている。母もそうである」と認識が変化したことを述べている。

　以上のことから、これらの母親はいずれも本プログラムを通して、きょうだいに対する見方を変え、自分自身の親としてのかかわり方を改善する方向で動き出していることは確かである。そのような自分自身をプラスにとらえた母Eのケースと、逆に、うまく親子関係を構築していなかったと感じて自己評価を下げた母G、母Hのケースとに分かれたものと思われる。しかし、結果的にいずれのケースも、対象児側から見る親のかかわりはプラスに転じていた。母親から見た親子関係が悪化傾向となったG児、H児においても、対象児側から見た親子関係は、Post時点も安定しており、同胞に関連して抱く否定的な感情も改善の方向にあることから、両者の変化は、本プログラムでの体験から、これまで気づかなかったきょうだいが直面している課題を知り、自らの親子関係を厳しく評価した結果と考えることができるであろう。

5　親子関係に変化をもたらした本プログラムの特性

(1) 家族が同じ活動を楽しめる体験の提供

　田中・高田谷・山口（2011）は、きょうだいが同胞に対し「怒りや羨ましさといったアンビバレントな感情」を抱くとし、笠井（2013）もきょうだいが、親にかまわれず、家族で過ごす時間が少ないことや同胞と双方向のコミュニケーションがとれないことから、「自分は二の次」の存在だと感じていたと指摘している。このようなきょうだいの感情は、実際には家族関係の中で生じるものであり、きょうだいが同胞を含めた家族と同じ場を共有して充足感を得る難しさを示していると考える。これに対し、Sibshopに代表される従来のきょうだい支援プログラ

ムでは、きょうだい同士のピアカウンセリングやレクリエーションによる心理的開放など、きょうだいが家族から離れて活動する間接的な支援方法のみが用いられてきた。しかし、本プログラムでは家族全員が参加できるムーブメント活動を設定し、直接この問題に介入した。本来ムーブメント活動は障害のある子どものための療育プログラムであるが、快体験をもたす感覚運動遊びを核としており、参加家族のQOL向上に役立つことが示唆されている（藤井・小林, 2006）。このムーブメント活動を一緒に体験することは、以下の点で対象児らに充足体験を保障したと考える。まず、同胞のいる場で、対象児らが介助者の立場ではなく、子どもの立場で親にかかわってもらえた体験を積んだ点である。これは、対象児らの感じている不公平感や羨ましさ等の否定的感情に直接影響したと考えられる。次に、日頃遊びを共有しにくい同胞と思う存分同じ活動を楽しむことで、互いの快感情共有ができた点である。Postインタビューに見るように、この体験は遊びの共有対象として同胞を捉え直し、できる遊びをもっと知りたいという対象児らの欲求や同胞の能力に対する新しい気づきを促すこととなった。さらに、他の家族の活動の様子や同胞とのかかわり方を見る機会となり、例えばL児のインタビューにあるように、家族観を変容させるきっかけとなったと考えられる。

(2) きょうだいと親の直接ふれあい体験の提供

　本プログラムでは、セッションの最後に15分間の対象児と親だけのふれあいムーブメント活動を組み込んだ。この設定には、2つの場づくりの意図があった。1つは、親が上述の直接支援プログラムで学んだ内容を踏まえ、対象児とのかかわりを実践する場、もう1つは、対象児が親を独占して、快感情を共有できる場である。さらに、対象児と親が相互交流の満足感を足場に、活動終了後別室にいる同胞を一緒に迎えに行く流れをつくることで、対象児の「二の次」感を払拭するねらいもあった。Postインタビューでも、複数の対象児が心に残ったこととして親子での遊びを挙げており、このような場で体を動かして協力する親子活動を取り入れることは、言葉によらない親子コミュニケーションを促進し、安定的な親子関係の基本となる情緒的な接近につながったと考えられる。

(3) 継続的で段階的なプログラム構成

　本プログラムは単発の活動ではなく、全6セッションにわたる継続参加型パッ

ケージプログラムとした。家族ムーブメント活動や親子ふれあいムーブメント活動のように、内容は変わるが同じ目的で繰り返される活動と、テーマを設定して、徐々に学びをステップアップするグループ別活動を組み合わせた構成である。このような構成は、参加者の知識と体験をスパイラル式に積み上げることを可能にするものであった。すなわち、プログラムで取り上げた内容を知識として理解しただけにとどまらず、家族や親子での活動を通して、対象児も親も、自らが願う親子間及びきょうだい同胞間のかかわりについて、成功体験を繰り返し積むことができた。「きょうだいも同胞も同じようにかかわる、甘える」「親ときょうだいがコミュニケーションする」とは具体的にどのように家族が振る舞うことなのかをセッションの積み上げの中で体得できたことが、それぞれの変容につながったと考えられる。

(4) 親への直接支援の提供

本プログラムでは、親を直接支援対象に組み込んだ。きょうだい、同胞、親のグループ別活動時間を設定し、親に対しても、スタッフがサポートしながら養育上の問題解決方法を話し合い、きょうだいとの接し方を具体的に学び、スキルトレーニングをする機会を提供した。また、Table 10-3 に示すようにきょうだいと親の各セッションのテーマを関連させ、双方がプログラムに参加することで抱く感情が同調しやすくなるように配慮した。従来の例えば Sibshop や Sibs に見る親への啓発活動は、広く親に対しきょうだい支援の必要性に関する認識を高めることを主眼としているため、個々の親のきょうだいへのかかわりを行動レベルで変容させることを必ずしも保障しない。本プログラムでは、実践の結果、Post インタビューで「優しく」「受容的」になったと対象児が実感できるほど、親の接し方そのものが明確に変化したケースが複数あることが分かった。

このような親の実際的な変化は、対象児との親子関係に直結すると考えられる。FDT の結果から、対象児から見た親子関係は当初から安定的な傾向にあったとはいえ、半数以上（68.8%）が何らかのレッドゾーンを有しており個別に課題を抱えた状態であったが、Post 時点で明確な改善傾向となった。このような親子関係の変化は、本プログラムのねらいに沿うものである。

特に、先に述べたように親子揃って安定的な親子パターンに変容した K 親子と L 親子の事例は、きょうだいと親の関係における特徴的な2つのタイプの齟

齬が改善したことを示しており、対象児に併せて親への直接支援を実施したことは、対象児と親の相互理解を促進し、このようなきょうだい特有の親子関係の問題解決に役立ったと考えられる。

6 本プログラムの意義と残された課題

　きょうだいが育つ上で直面する課題は、障害のある子どもを育てる家族システムの中で発生する親子関係が関与しているにもかかわらず、従来のきょうだい支援プログラムには、家族全体を対象に、その関係性を直接支援するという考えが含まれていない。それは、これまでのきょうだい支援の担い手の中心が、多くの場合年長のきょうだい自身や親の会等の当事者であること（藤井，2007）が影響していると思われる。よって、親子関係に直接アプローチする支援の実現は、当事者以外の第三者が参与する支援プログラムにおいてこそ可能になるものであろう。その意味で、本プログラムは、当事者以外が行うきょうだい支援の独自性に根ざすものであるといえる。

　ところで、本プログラムでは、きょうだいのみならず、親もまた支援対象者として、直接支援を組み込んだ。事例検討から、きょうだいとのかかわりに関して、それぞれの親に起きた変容を明らかにすることができたが、実際に親グループの活動の中で、親はどのようにきょうだいを理解し、自らのきょうだい観や、養育観を変容させるに至ったかについては、十分な検討に至っていない。そこで、次の研究9（第11章）では、各セッションの親の発言やアンケート調査における記述を詳細に分析することにより、本プログラムによってもたらされた親の変容について、検討することとする。

　さらに、今回対象としたきょうだいの同胞は知的障害児と発達障害児であり、よってプログラム内容も知的障害と発達障害の特性に即して構成した。しかし、研究3（第5章）、研究4（第6章）で検討してきたように、同胞の障害種が異なれば、きょうだいと家族がもつ課題も異なると考えられる。このことから、研究10（第12章）では、本研究8で開発したプログラムを重度・重複障害のある同胞をもつきょうだいとその家族のための支援プログラムへと発展させ、同様に実践を通してその効果を検討するものとする。

第11章 研究9:「ジョイジョイクラブⅠ」の実践による親のきょうだい観・養育観の変容

第1節 本章の目的

　研究8(第10章)で示したように、家族参加型のきょうだい支援プログラム「ジョイジョイクラブⅠ」では、きょうだいのみならず、親もまた直接支援の対象として、親のグループ活動を組み込んだ。それは、きょうだいの成長上の課題は、親にとっては、きょうだいの養育の問題であり、親自身もまた支援を必要としていると考えるからである。

　第1章で述べたように、西村・原(1996b)は、親には、障害をもつ同胞の引き起こす負担がきょうだい達の成長に影響することを過剰に心配する場合があり、それは、自分の受けている負担を子どもも同じように受けているのではないかという不安と、子どもを平等に育てたいと思いながらもそうできない申し訳なさの反映であると述べている。また、立山・立山・宮前(2003)は、きょうだいの不適応のサインに気づいた親が、きょうだいに意識してかかわれるようなアドバイスを必要としていると指摘している。また、川上(1997)は、きょうだいとその母親に質問紙調査及び面接調査を行った結果、きょうだいが同胞に対して否定的な感情を抱いているのではないかと予想した母親が多かったが、実際は、きょうだいは母親が思っているほど同胞に対して否定的感情を抱いてはいなかったことを指摘している。このように、母親の「思い込み」が、母親が抱えるきょうだいの養育上の問題に影響している可能性も考えられる。

　研究1(第3章)で明らかになったように、実際に多くの親がきょうだいの養育に悩みを抱えているのであり、きょうだいのみならず、親もサポートを必要としている状態であると推察された。しかし、第1章でも述べたとおり、きょうだいを対象とした支援については近年日本でもきょうだい会等を中心に展開されてきているものの、親を対象とした支援については、そのニーズ、支援内容、方法ともに、十分な検討がなされていない現状である。

それでは、親に対しては、どのような支援プログラムが求められるであろうか。第1章でも述べたが、これまで、親に対しては、講演会や学習会などの方法で、きょうだいが直面している課題やその心情についての理解啓発を行う支援が行われてきた。しかし、本研究で繰り返し述べてきたように、きょうだいの問題は、個別性の高い問題であり、親を支援する場合には、一般化されたきょうだいの問題を親に説明する方法では、親の我が子に対する理解と養育スキルを改善することを保障しないと考えられる。事実、研究2（第4章）の調査で明らかになったように、同胞に対して否定的な感情が強いきょうだいと、弱いきょうだいとでは、親からのきょうだいに対するサポートに質的な違いがあり、親が考えるサポートと、きょうだいが実感するサポートには、ずれが生じている現状がある。さらに、研究6（第8章）の実践から、親の中には、自らの理想のきょうだい像をきょうだいに強く求めるケースがあったり、研究7（第9章）の実践から、きょうだいが自らの思いを親に伝えても、親の中には、それを十分受容することができず、親子のコミュニケーションに行き違いが生じてしまうケースがあったりすることが示された。

　これらのことから、親に対して、きょうだいの現状を知らせ、理解を期待する支援だけでは不十分であると考えられる。親が自らのきょうだい観と、きょうだいが親に求める理解や支援とのずれに気づいて、これまでのきょうだいの養育について考え直し、新しいきょうだいとの関係を創出するために、具体的な養育スキルの獲得を含めた、継続的な親支援が必要であると考える。

　そこで上記を踏まえ、支援プログラムの内容として、子育て支援の先行研究に基づき、以下の2点を取り上げる。

　1つ目は、「肯定的な注目」スキルの獲得支援である。これは、障害のある子どもを育てる親支援の方法である、ペアレント・トレーニングによるものである。ペアレント・トレーニングは、「保護者こそが自分の子どもに対する最良の治療者になれる」という考えに基づき、親を対象に子どもの養育技術を習得させるトレーニングであり（大隈・免田・伊藤, 2001）、主としてADHDなど行動上の問題を抱える子どもや発達に遅れのある子どもを育てる親に対する養育スキルトレーニングとして、開発されたものである（Whitham, 1991／2002；岩坂・中田・井澗, 2004）。その内容は、「子どもの不適切な行動の修正に焦点をあてるというよりは、親が子どものもつ困難さを理解し、親と子がよりよいコミュニケーショ

ンで家庭生活を送れるようになることを主眼に置く」(藤井, 2009) ものであり、障害の有無を問わず、有効な養育の基本的スキルを含んでいる。中でも、最重視されるスキルが、子どもの望ましい行動を褒めるという、肯定的な注目を与えるスキルであり、子どもと親との肯定的なコミュニケーションサイクルを生み出すために有効であるとされる (野口, 2009)。筆者の過去の研究では、ペアレント・トレーニングに含まれる複数の養育スキルのうち、この「肯定的な注目」スキルは、実際の養育において役立った程度と、家庭での実践の程度に高評価が得られており (阿部・深澤, 2011)、親が獲得しやすく、実効性が高いといえる。よって、きょうだいを育てる親に対する支援プログラムに、この「肯定的な注目」スキルの獲得を導入することが、きょうだいと親とのコミュニケーションを促進し、その受容的な親子関係を促進することに役立つのではないかと考えられる。

　ところで、きょうだいの望ましい行動とは、何をさすのであろうか。ペアレント・トレーニングでは、肯定的な注目を与えるべき子どもの望ましい行動は、元来しつけとして社会的に認められたものであり、親の選んだ「望ましさ」の妥当性が改めて検討されることはほとんどない。しかし、きょうだいを支援するにあたり、親がきょうだいに「望ましい」と判断する行動は、本当にきょうだいにとって「適切」であるのかどうかは、十分検討する必要があると考える。なぜなら、これまで各章で明らかにしてきたように、親がきょうだいに望む行動のいくつかは、障害のある子どもを育てる家族の一員としてきょうだいに担ってほしいと願う特別な役割や、同胞との比較による過度な達成要求や期待の表れであり、逆に、親が不適切であると判断するきょうだいの行動も、そのような親の願いに反するという意味で、「不適切」と判断される可能性があるからである。このように考えると、きょうだい支援に寄与することを目的とする親支援プログラムにおいて、肯定的な注目を与える養育スキルとは、親にとって都合のよい行動や親が願う理想のきょうだい像にかなう行動に対して用いられるものではなく、日頃から、家族の中で「二の次」感 (笠井, 2013) を感じながらも、様々な行動をもって、障害のある子どもの「きょうだい」であるという稀有な事態に力を尽くして立ち向かっている我が子のありのままに関心を寄せ、子どもとしての現状を肯定的に評価するという意味で、用いられるべきものであると考える。よって、本研究で開発するプログラムでは、「きょうだいの今ある良さを見出して褒める」という意味で、「肯定的な注目」スキルトレーニングを組み込む必要があると考える。

2つ目は、カナダで開発され、世界的に実践されている養育支援プログラムのひとつである Nobody's Perfect（「完璧な親なんかいない」の意）プログラム（Catano, 2000/2002）における、親自身が、仲間同士で自らの体験や実践を共有して学びあう展開方法である。Nobody's Perfect プログラムにおいては、支援者は、必要な情報は提供するが、特定の養育スキルを教示することはなく、参加した親相互の意見交換と体験共有によって、参加者自らがそれを見出し、さらには、参加者同士の共感体験を促進し、仲間関係を作り上げることによって、相互が養育の精神的支えとなるように導く（NPO コミュニティ・カウンセリング・センター, 2011）。

これまでも述べてきたとおり、きょうだいの抱える課題は個別性の高いものであり、その養育において親が感じている困難さや課題も多様である。よって、それを解決するための方法も画一的なものではなく、試行錯誤しながら自らのきょうだい観や養育スキルをブラッシュアップしていく道程のなかで、課題が解決されていくものであると考える。となれば、その道のりを伴走する仲間こそが、親にとって大切な養育支援環境となる。このことから、本研究で開発する親支援プログラムにおいては、従来、Sibshop などのきょうだい支援プログラムで取り上げられてきたような、きょうだいの問題に関する理解啓発のための研修会スタイルではなく、親同士がきょうだい育ての体験を共有したり、その考えを伝え合ったりする過程で、自らのきょうだい育てを見直し、家族のあり方を考える学びスタイルを用いることとする。そして、きょうだいとの親子関係を肯定的、受容的なものに変容させることにより、それぞれの親が、きょうだい育ての課題について、自分なりの解決方法を見出すことを目指すものとする。

以上のことから、本研究では、上記で述べた内容を含めて、親のための支援プログラムを開発し、研究 8（第10章）で述べたとおり、「ジョイジョイクラブⅠ」に組み込んで実践した。本章では、プログラムに参加した親の発言や自由記述から、実践を通して親にもたらされたきょうだい観や養育観の変化について明らかにすることを目的とする。

第2節　方法

1　対象

　研究8（第10章）で実施したきょうだいのための家族支援プログラム「ジョイジョイクラブⅠ」に参加した父親・母親18人。内、夫婦が3組含まれる。いずれもプログラムの主旨に賛同し、きょうだい及び同胞とともに、参加を自ら希望した。ただし、一部のセッションにのみ参加した者もおり、継続して参加したのは、母親14名で、平均年齢は40.3歳であった。継続参加者の子どもであるきょうだい及び同胞の実態等は、Table 10-1で示したとおりである。本章では、後述するように、毎回のセッションにおける発言記録について、発言者を特定せずに分析する方法をとるため、各セッションに参加したすべての親を対象とした。

2　親グループプログラムの概要

　親グループにおける活動は、研究8（第10章）で示したように、隔週で全6回行われた。各回の内容と目的をTable 11-1に示す。親同士で養育の情報交換や悩み相談のできる場つくりに主眼をおいて、内容を構成した。具体的には、きょうだいに関する理解研修、自らきょうだい支援を実践している大人になったきょうだい当事者による講演、コミュケーションエクササイズを取り入れた。毎回テーマを決め、ファシリテーターの進行で、参加者は自由な雰囲気の中で時にはグループで、時には全体で、意見交換した。特に、第3回と第4回では、ファシリテーターが、きょうだいを育てる過程で多くの家族が出会うであろう気がかりなエピソード（架空事例）を取り上げ、各親がそれを題材に自分の体験を分かち合ったり、「自分ならこうする」というように、対応の方法を検討したりするように促した。
　活動の運営にあたっては、特別支援学校教員1名がファシリテーターを務め、他に福祉指導員1名と特別支援教育を学ぶ学生1名が活動を補助した。

3　データの収集及び分析方法

　データの収集にあたり、まず、全セッションの発言を許可を得て録音し、逐語

Table 11-1　親グループの活動内容と目的

回	親グループの活動内容	活動の目的
1	・うち解けゲーム ・自己紹介	・参加動機や、本プログラムに期待することなどを話し合い、顔見知りになる。
2	・きょうだい支援実践者によるきょうだいの支援の必要性や、きょうだいの養育に関する講演（45分間）を聞く。 ・講演を聞いた感想について、自由に話し合う。	・きょうだいが直面している課題や、同胞と暮らすことによる影響について知り、ライフステージに応じた支援の必要性について意識をもつ。
3	・「特別支援学校に通う同胞を、自分の学校の運動会に連れて来ないでほしい」と言うきょうだいの事例をもとに、自分自身の経験や、対応方法について意見交換する。	・具体的な事例に基づき、きょうだいの心情について理解し、それに即した対応方法について、考えを深める。
4	・「親が同胞ばかりを褒め、自分ばかりが怒られる。同胞なんかいない方がよい」という、不公平感を訴える事例をもとに、自分自身の経験や、対応方法について意見交換する。	・具体的な事例に基づき、きょうだいの心情について理解し、それに即した対応方法について、考えを深める。
5	・「ほめほめエクササイズ」と題して、まず、グループ内で、親がお互いの良いところを見つけ合う。次に、「うちの子こんなに素敵です」として、対象児の良いところを見つけ、発表し合う。 ・対象児からもらった手紙の感想を話し合う。 ・資料「大きくなったきょうだい達の言葉」を読む。	・子育てに生かす基本的なテクニックとして、「褒める」練習をし、スキルアップを図る。 ・一般論ではなく、自分の子どもとしての対象児の気持ちに向き合い、自らの子育てで、大切なことは何かを考える。
6	・本プログラムを振り返って感想を発表する。 ・対象児への手紙を書く。（後日郵送）	・プログラムで学び取ったことを振り返り、成長過程にあるきょうだいの「今」の気持ちを理解し、それを踏まえたかかわり方を考える。さらに、手紙を書くという活動を通して、対象児と気持ちを伝え合うコミュニケーションの実践をする。

※活動内容は、Table 10-3の再掲.

録を作成した。また、毎回のセッションの最後に自由記述による感想アンケートの記入を求めた。さらに、第6セッション終了後、研究8（第10章）で示した母親に対するPostアンケートの中で、対象児に対する養育観や自らのかかわり方に変化があった場合は、その内容について、自由記述で回答するよう求めた。

次に、筆者と特別支援教育あるいは幼児教育を学ぶ学生9〜10名で協議を重ね、各セッションの逐語録、及びアンケートの記述から、親がきょうだいとその養育

について述べている部分を抽出した。さらに、1セッションごとに抽出した内容を意味内容に応じてカテゴリー化した。各セッションのカテゴリーの関係性を検討し、その変化から、本プログラムによってもたらされた親のきょうだい観や養育観の変容過程を確認した。

第3節　結果

1　第1セッションにおける親のきょうだい観及び養育観

第1セッションにおける親のきょうだい観及び養育観の構造をFig. 11-1に示す。

(1) きょうだいに負担をかけている申し訳なさと、きょうだいはこうあってほしいという願い

第1セッションでは、まず参加した親同士が自己紹介をし、本プログラムに参加した動機やプログラムへの期待について話した。

自己紹介の随所に、〈障害児が兄弟姉妹にいることで、きょうだいに負担をかけているという考え（1-①)〉（以下、本章では〈　〉は、カテゴリーを示す。数字は、カテゴリーに付した整理用の番号を表す）が表れており、親はきょうだいにかかる負担を軽減したいと考えていることが示された。きょうだいが同胞について感じている責任や将来の苦労、友人関係における負担等、各家庭によって具体的内容は異なっているが、いずれも同胞の存在がきょうだいに何らかの負担を負わせていることを心配する思いが語られた。一方で、親は〈兄弟姉妹は仲良くあるべきだという考え（1-⑦)〉や〈きょうだいは同胞の世話をして親を助けてくれる存在だという考え（1-⑧)〉、〈同胞の存在を肯定的に捉えているきょうだいは、親として自慢できる子どもだという考え（1-⑨)〉〈きょうだいが不公平感を訴えてくるが、同胞ばかり特別扱いしているつもりはないという考え（1-⑩)〉をもっており、親としては同胞を特別扱いしているつもりはなく、きょうだいが僻みをもつことは不適切な感情だとし、手がかからない良い子でいることが、きょうだいの自慢として語られた。

以上のように、親は、きょうだいに負担をかけている申し訳なさを感じている一方で、きょうだいが同胞に対して受容的で世話をし、親を助ける存在であって

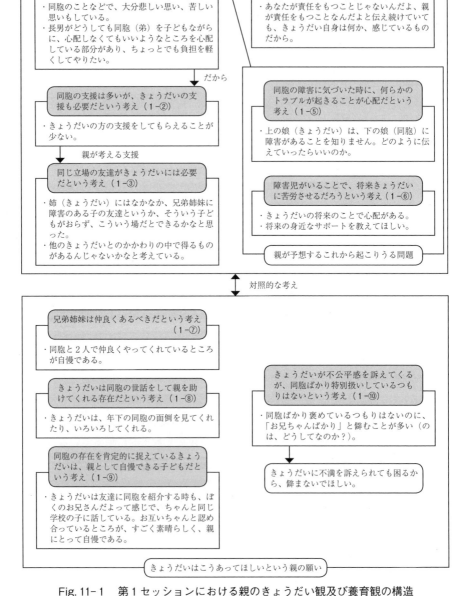

Fig. 11-1　第1セッションにおける親のきょうだい観及び養育観の構造

(2) 同じ立場の友達がきょうだいには必要だという考え

本プログラムへの参加の動機あるいは本プログラムに期待することとして、〈同じ立場の友達がきょうだいには必要だという考え（1-③）〉が、複数回語られた。親自身が親の会等で同じ立場の親と知り合い、語り合うなどして、気持ちが楽になり、学ぶことがあった経験をしていることから、きょうだいにとっても同じ立場の友達ができることはプラスになると考えていることが示された。

2 第2セッションにおける親のきょうだい観及び養育観

第2セッションにおける親のきょうだい観及び養育観の構造を Fig. 11-2 に示す。

(1) 大人になったきょうだいへ願うことと、きょうだいの将来の不安

大人になったきょうだい当事者を講師に迎えて講演を聞き、その思いを聞く機会があったことで、親の発言は、きょうだいが大人になった時の願いやきょうだいの将来を不安に思う気持ちを表したものとなった。

〈将来、障害のある子どもを育てることが親にとって大変だと、思ってほしくないという考え（2-①）〉とあるように、親としてはきょうだいが大人になった時に同胞の養育が親にとってマイナスだったと捉えてほしくないと願っていることが示された。

また、第1セッションと同様に、〈同胞がいることで、きょうだいに負担をかけているという考え（2-④）〉をもちつつ、〈きょうだいは同胞にとらわれずに、自分の人生を歩んでほしいという考え（2-②）〉とあるように、将来に向け、親はきょうだいに同胞のことは気にせずに好きなことをしてほしいと願っていることが示された。しかし同時に、親自身が年をとったり亡くなったりした時のことを考え、〈親が年を取り、きょうだいも同胞も壮年に差しかかった時の見通しが立たず不安だという考え（2-③）〉とあるように、そうしたくなくても、きょうだいを頼らざるを得ない状況となった場合にどうするかについて、不安を感じていることも示された。この矛盾から、親は苦しんだり、きょうだいに対して申し訳ないという気持ちを抱いたりしており、きょうだいの進路の懸念ともなってい

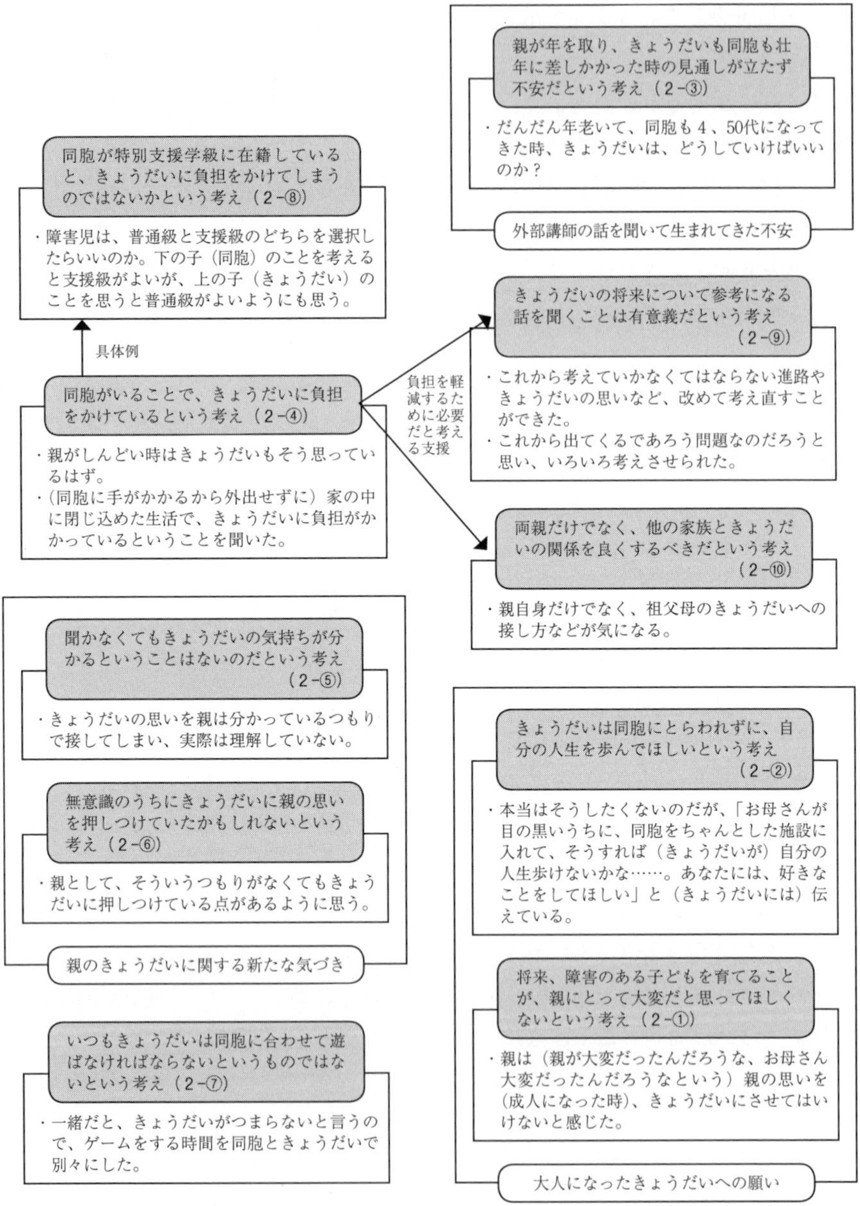

314　第Ⅴ部　家族直接参加型きょうだい支援プログラムの実践的検討

親が年を取り、きょうだいも同胞も壮年に差しかかった時の見通しが立たず不安だという考え（2-③）
・だんだん年老いて、同胞も4、50代になってきた時、きょうだいは、どうしていけばいいのか？

外部講師の話を聞いて生まれてきた不安

同胞が特別支援学級に在籍していると、きょうだいに負担をかけてしまうのではないかという考え（2-⑧）
・障害児は、普通級と支援級のどちらを選択したらよいのか。下の子（同胞）のことを考えると支援級がよいが、上の子（きょうだい）のことを思うと普通級がよいようにも思う。

↑ 具体例

同胞がいることで、きょうだいに負担をかけているという考え（2-④）
・親がしんどい時はきょうだいもそう思っているはず。
・（同胞に手がかかるから外出せずに）家の中に閉じ込めた生活で、きょうだいに負担がかかっているということを聞いた。

負担を軽減するために必要だと考える支援

きょうだいの将来について参考になる話を聞くことは有意義だという考え（2-⑨）
・これから考えていかなくてはならない進路やきょうだいの思いなど、改めて考え直すことができた。
・これから出てくるであろう問題なのだろうと思い、いろいろ考えさせられた。

両親だけでなく、他の家族ときょうだいの関係を良くするべきだという考え（2-⑩）
・親自身だけでなく、祖父母のきょうだいへの接し方などが気になる。

聞かなくてもきょうだいの気持ちが分かるということはないのだという考え（2-⑤）
・きょうだいの思いを親は分かっているつもりで接してしまい、実際は理解していない。

無意識のうちにきょうだいに親の思いを押しつけていたかもしれないという考え（2-⑥）
・親として、そういうつもりがなくてもきょうだいに押しつけている点があるように思う。

親のきょうだいに関する新たな気づき

いつもきょうだいは同胞に合わせて遊ばなければならないというものではないという考え（2-⑦）
・一緒だと、きょうだいがつまらないと言うので、ゲームをする時間を同胞ときょうだいで別々にした。

きょうだいは同胞にとらわれずに、自分の人生を歩んでほしいという考え（2-②）
・本当はそうしたくないのだが、「お母さんが目の黒いうちに、同胞をちゃんとした施設に入れて、そうすれば（きょうだいが）自分の人生歩けないかな……。あなたには、好きなことをしてほしい」と（きょうだいには）伝えている。

将来、障害のある子どもを育てることが、親にとって大変だと思ってほしくないという考え（2-①）
・親は（親が大変だったんだろうな、お母さん大変だったんだろうなという）親の思いを（成人になった時）、きょうだいにさせてはいけないと感じた。

大人になったきょうだいへの願い

Fig. 11-2　第2セッションにおける親のきょうだい観及び養育観の構造

ると考えられた。よって、どの年齢のきょうだいを育てている親も、将来の見通しをもってきょうだいの養育をしようとして、〈きょうだいの将来について参考になる話を聞くことは有意義だという考え（2-⑨）〉をもつこととなったと考えられた。

(2) きょうだいの気持ちを考えようとする意識の芽生え

〈聞かなくてもきょうだいの気持ちが分かるということはないのだという考え（2-⑤）〉、〈無意識のうちにきょうだいに親の思いを押しつけていたかもしれないという考え（2-⑥）〉というように、「気持ち」がキーワードとなるカテゴリーが新たに出現した。外部講師から、きょうだいの学校にいる時間を含む1日の流れとその時の気持ちについて具体例を聞いたことで、親の知らない時間におけるきょうだいの気持ちや、親が見逃してしまいがちなきょうだいの心の動きについて思いを巡らせる機会を得たために起きた変化と考えられた。

3　第3セッションにおける親のきょうだい観及び養育観

第3セッションにおける親のきょうだい観及び養育観の構造を Fig. 11-3 に示す。

第3セッションでは、ファシリテーターが、「A男（小4）には、特別支援学校に通う弟（小2）がいる。去年、『○○ちゃん（同胞）を運動会に連れて来ないで』と言った。仲のいい友達には弟のことを話せるけど、そうでない子にうまく説明できないからというのが理由だった。あなたがA男の親ならば、どのように対応するか、または、似たような経験がある場合はそのことについて、任意のグループに分かれて対応策を話し合い、発表する」よう求めた。A男と似たようなきょうだいの訴えがあったと発言する親が多く、「同胞を学校行事に連れて来ないで」というきょうだいの訴えを受け入れるかどうかや、きょうだいの友達に誰がどのように同胞の障害のことについて説明するかは、避けられない問題であることが推察された。

(1) きょうだいと同胞のどちらの意思を優先して養育するかの判断の相違

もしもA男の親だったなら、〈きょうだいは学校行事に同胞が訪れることを嫌がる子どもであってほしくないという考え（3-⑥）〉や〈きょうだいは、同胞の

316　第Ⅴ部　家族直接参加型きょうだい支援プログラムの実践的検討

【3-①】きょうだいにとって、学校で同胞のことについて触れられるのは苦痛だろうという考え（3-①）
・（きょうだいは）周りにいろいろ（同胞について）言われたら、嫌だと思う。

【3-②】きょうだいの友達に同胞の言動を見られるのが恥ずかしいと思う気持ちは理解できるという考え（3-②）
・本人はやっぱり最初「嫌だ」と言っていた。兄ちゃんが「ぎゃあ」「ひゃあ」とか衝動的な行動をするのをすごく嫌がっていて、恥ずかしいと思うというか、気にしているのは分かる。

↓親の予想

【3-③】きょうだいは学校で同胞のことを言われて苦痛を感じても、親には話さないだろうという考え（3-③）
・同胞について何か言われることがあっても（親には）言わないだろう。

きょうだいの意思を優先

【3-④】きょうだいの学校での居場所を守ることを優先したいという考え（3-④）
・（同胞を連れていかないで）きょうだいの場所を守ってあげる。学校に居辛くなったら困る。親の思いとしては「何でそんなこと言うの!?」って思うけど、その子の立場を守るのも、一応親の責任だ。

【3-⑤】きょうだいに無理をさせたくないという考え（3-⑤）
・同胞が原因で、友達関係で傷ついていることが多いようであれば、やはり無理せずに話を聞いて共感し、「（友達と）少しずつ仲良くなれるように考えてみるといい」と言う。

↕ 親の意思を優先

【3-⑥】きょうだいは学校行事に同胞が訪れることを嫌がる子どもであってほしくないという考え（3-⑥）
・「（同胞も来て）いいよ」ときょうだい自身の口から聞きたい。
・親としては「何でそんなことを言うのか。（同胞をあずけて親だけ学習発表会に行って）いいのか」と、困ってしまう。

【3-⑦】きょうだいは、同胞の障害について隠さず話せる人になってほしいという考え（3-⑦）
・同胞の障害については分かっているのだから、自分で友達にも説明できるはずだ。
・「病気なんだけど、ちょっと脳が病気なんだよ。だけど、一生懸命しているから、迷惑をかけるかもしれないけど、俺の弟だからっていうふうに言ったらどうだろうか」と提案する。

↕ 対照的な意見

【3-⑧】きょうだいは同胞に思いやりや理解をもつべきだという考え（3-⑧）
・「お姉ちゃんは来ないでいい」と強い口調で（きょうだいが）言うのが許せない。
・もうちょっと同胞を思ってくれてもいいのにという気持ちが、私の中には強い。

↓ 変化

【3-⑨】きょうだいに、障害がないというだけで多くを求めていたことを申し訳なく思うという考え（3-⑨）
・私も、きょうだいに、「あなたは健康で何不自由なく生まれてきたんだから」みたいな態度だったのかなと思う。親の私がなっとらんのだ。

↓ 影響

【3-⑩】同胞を優先させるのではなく、きょうだいの気持ちも考えて養育をしたいという考え（3-⑩）
・同胞にばかりでなく、きょうだいの気持ちを考えながら、どうしたらいいか、もう一度改めて考えさせられた。

↓ 変化

【3-⑫】きょうだいの学校の友達の反応は、時に親自身も傷ついたり驚いたりするくらい辛いものだという考え（3-⑫）
・小学生は、私の顔を見て、「おばちゃん、何で自閉症なんか生んだのか？」みたいな感じで聞いてきたりする。だから、子ども達同士でもいろんなことを思っているのだなと感じる。

【3-⑪】小学生のきょうだいにとって、同胞の障害について友達に説明するのは難しいことなのかもしれないという考え（3-⑪）
・小学校4年生という年齢では説明は難しい。
・まだ病気とか、そういう内容は、年齢的に難しいと思う。

【3-⑬】きょうだいの友達に、同胞の障害について説明するのはきょうだいよりも親の方が適役だという考え（3-⑬）
【3-⑭】きょうだいの友達に、同胞の障害について説明するのはきょうだいの学校の先生が適役だという考え（3-⑭）

Fig. 11-3　第3セッションにおける親のきょうだい観及び養育観の構造

障害について隠さず話せる人になってほしいという考え（3-⑦）〉から、「他人の目を気にしないで……」と言ったり、「弟もA男くんの応援に行きたいと思うよ」と声かけしたりするという親と、〈きょうだいの学校での居場所を守ることを優先したいという考え（3-④）〉や〈きょうだいに無理をさせたくないという考え（3-⑤）〉から、「分かったよ、じゃあ、弟くんはデイサービスかおばあちゃんの家にあずけて、ママだけ行くね」と伝えたり、同胞のことで友達とうまくいっていないようなら、無理強いはしないで「（友達と）少しずつ仲良くなれるように考えてみるといい」と言ったりするという親とで、意見が分かれた。

　前者は、きょうだいの学校行事に行きたいという同胞の気持ちを重視し、その同胞の思いを叶えてやるように〈きょうだいは同胞に思いやりや理解をもつべきだという考え（3-⑧）〉が優先された意見であった。親の中には、同胞に障害があるのは分かっているのだから、改めて説明しなくてもきょうだいは親の気持ちを汲んでくれるはずと思い、親の意思を優先した言動をきょうだいに向ける場合があることが示された。

　一方、後者は、〈きょうだいにとって、学校で同胞のことについて触れられるのは苦痛だろうという考え（3-①）〉、〈きょうだいの友達に同胞の言動を見られるのが恥ずかしいと思う気持ちは理解できるという考え（3-②）〉に立つとともに、〈きょうだいは学校で同胞のことを言及されて苦痛を感じても、親には話さないだろうという考え（3-③）〉のように、きょうだいが親である自分に、本音を言えないでいる親子関係であることを自覚した上で、伝えられないでいるきょうだいの心情を思いやって出された意見であった。

　このように、同胞や親の意思を優先するのが当然とする考えと、きょうだいの意思を尊重すべきとする考えの対比が明確になり、話し合いが展開した。

(2) 小学生のきょうだいの友達に同胞の障害を説明する適役の判断の相違

　その後、きょうだいの友達に同胞の障害について説明する必要性に話が及び、その適役であると親が考える人物として名前が挙がったのは、きょうだい、親、学校の先生であった。〈きょうだいは、同胞の障害について隠さず話せる人になってほしいという考え（3-⑦）〉に対し、〈きょうだいの友達に、同胞の障害について説明するのはきょうだいよりも親の方が適役だという考え（3-⑬）〉、〈きょうだいの友達に、同胞の障害について説明するのはきょうだいの学校の先生が

適役だという考え（3-⑭）〉が出され、意見交換がなされた。

　きょうだい自身で話すべきだとする考えは、親の理想のきょうだい像に基づく願望であり、親自身やきょうだいの学校の先生を適役だとする考えは、〈小学生のきょうだいにとって、同胞の障害について友達に説明するのは難しいことなのかもしれないという考え（3-⑪）〉や〈きょうだいの学校の友達の反応は、時に親自身も傷ついたり驚いたりするくらい辛いものだという考え（3-⑫）〉に基づくものであった。

(3) きょうだいの気持ちを考えようとする意識の高まり

　話し合いが進み、セッション後半になると、前半では〈きょうだいは同胞に思いやりや理解をもつべきだという考え（3-⑧）〉をもっていた親が、〈きょうだいに、障害がないというだけで多くを求めていたことを申し訳ないと思うという考え（3-⑨）〉や〈同胞を優先させるのではなく、きょうだいの気持ちも考えて養育をしたいという考え（3-⑩）〉をもつようになった。これは、他の親の〈きょうだいの学校での居場所を守ることを優先したいという考え（3-④）〉や〈きょうだいの学校の友達の反応は、時に親自身も傷ついたり驚いたりするくらい辛いものだという考え（3-⑫）〉に影響を受けたためと考えられる。

　当初、多数の親が、きょうだいには障害がないのだから、同胞の障害について理解し、親が同胞で手がいっぱいならば我慢したり、親の手を借りず自力で対応したりすることができるはずだと、きょうだいに期待を抱く発言をする傾向にあった。しかし、きょうだいは同胞のことで学校においても負担の高い状態に置かれていることに気づいて、きょうだいの思いに根ざした考えをもつように変化し始めたことが推察された。

4　第4セッションにおける親のきょうだい観及び養育観

　第4セッションにおける親のきょうだい観及び養育観の構造を Fig. 11-4 に示す。第4セッションでは、ファシリテーターが「B子（小2）には、特別支援学校に通う姉（小3）がいる。『お姉ちゃんは怒られないのに、私ばかり怒られる。お姉ちゃんばかり褒められる』と言うことがよくある。また、けんかになった時、『お姉ちゃんなんかいなきゃいいのに』と言ったこともあり、母親はB子にどう

第11章 研究9：「ジョイジョイクラブⅠ」の実践による親のきょうだい観・養育観の変容

【同じ接し方をする】

きょうだいと同胞に同じように同じ程度に接するのがよいという考え（4-①）
・お姉ちゃん（同胞）が悪いことをしたらきちんと怒るし、B子が悪いことをした時も怒るし、要するに平均的に怒る。
・実際、それ（平均的に怒る）を見せてあげることができたら、B子にもちょっとは分ってもらえる。

【異なる接し方をする】

きょうだいとのかかわりは、障害のある子どもとは異なる配慮を必要とするという考え（4-②）
・受け止め方が違うから、（2人まとめて怒ると）きょうだい児がかわいそう。障害児はぼうっとしているから。うちは、一緒に怒るのは難しい。
・同じように怒ったとしても、健常児と障害児では感じ方や受け止め方が違うので、その辺のところのバランスは、やはり難しい部分といえる。

【障害は無関係】

障害の有無に関わらず、年上の子どもと年下の子どもとで親が接し方を変えるのは一般的だという考え（4-③）
・健常児同士のきょうだい同士でも、やはり上の子どもと下の子どもに同じように接するのはなかなか難しい。
・すべてをその障害児がいるために起こっているというふうに、難しく考えないようにすることも、必要なのではないか。

【話し合いの中で出た具体策】

きょうだいに逆の立場について考えさせるとよいという考え（4-⑥）
・自分が言われたら悲しい、嫌な気持ちになると答えて、その後はあんまりそのような訴えをしなくなったように思う。

同胞に障害があることを教えるとよいという考え（4-⑦）
・小学校2年生の子どもに分かりやすい形で、お姉ちゃん（同胞）の方が3年生ということで年上だけれども、実際できることは年下なんだよということを教えてあげるのもいいのではないか。

【話し合いを通して親が得た結論】

きょうだいの発する言葉の奥にある気持ちについて考えて接したいという考え（4-⑧）
・子どもが言った言葉それ自体よりも、その言葉が出てきたのはなぜか、その奥にあるものを考えてみることの大切さを学んだ。

同胞を中心に考えたり行動したりするのではなく、きょうだいのことを気遣うことが大切だという考え（4-⑨）
・今まで同胞にだけ向けられていた気持ちが、自然な形できょうだいにも向くようになった。

思春期に入ったきょうだいへの接し方は難しいという考え（4-④）
・思春期という年齢的にきょうだいを叱りにくい時期ということもある。

中学生になったきょうだいは不平不満を親には言わないという考え（4-⑤）
・親に訴えずに、同胞ときょうだいでけんかしている。

【前回のきょうだいグループの活動で出された「きょうだい達の言葉」を知って】

きょうだいの思いを知りたいという考え（4-⑩）
・子どもがどう思っているか知る機会も大切だと思う。
・子どもの思っていることを聞かせてもらって良かった。また聞かせてもらいたい。

親の思いをきょうだいに知ってほしいという考え（4-⑪）
・親の思っていることも子ども達に聞いてもらいたい。

Fig. 11-4　第4セッションにおける親のきょうだい観及び養育観の構造

接していいか悩んでいる。あなたがB子の親ならば、どのように対応するか、または、似たような経験がある場合はそのことについて、きょうだいの年代別グループを作り、対応策を話し合い、発表する」よう求めた。

(1) 親のきょうだいと同胞への接し方の差に対する、きょうだいの年齢に応じた考えの相違

　きょうだいの年齢に対応したグループに分かれて話し合った。きょうだいが小学校低学年の親グループでは、〈きょうだいと同胞に同じように同じ程度に接するのがよいという考え（4-①）〉が複数回出たことから、この時期の親は、きょうだいにも同胞にも同等に叱ったり褒めたりするのがよいと考える傾向にあることが示唆された。

　きょうだいが小学校高学年の親グループでは、〈きょうだいとのかかわりは、障害のある子どもとは異なる配慮を必要とするという考え（4-②）〉、〈障害の有無にかかわらず、年上の子どもと年下の子どもとで親が接し方を変えるのは一般的だという考え（4-③）〉がそれぞれ複数回出たことから、叱り方はきょうだいと同胞では異なり、きょうだいの方により配慮して接しようとする傾向にあることと、きょうだいと同胞で親の手のかけ方が異なるのは、障害の有無ではなく出生順が理由であるとして、出生順で接し方を変える傾向にあることが示唆された。また、〈思春期に入ったきょうだいへの接し方は難しいという考え（4-④）〉をもっており、きょうだいが思春期に入ったばかりであることから、親は精神的に不安定になりがちなきょうだいに対して配慮していると推察された。

　きょうだいが中学生の親グループでは、B子の母親へのアドバイスに加え、小学校高学年の親グループと同様に〈障害の有無にかかわらず、年上の子どもと年下の子どもとで親が接し方を変えるのは一般的だという考え（4-③）〉が出たことから、きょうだいを育てる親の先輩としての経験から、障害の有無は関係なく、出生順で接し方を変える傾向がより明確に示された。さらに小学校高学年の親グループと異なり、〈きょうだいとのかかわりは、障害のある子どもとは異なる配慮必要とするという考え（4-②）〉は語られなかった。中学生のきょうだいが、「きょうだい歴」を積み、同胞とのトラブルについて親に介入を求めることが減り、また、親とあまり話そうとしない時期でもあることから、〈中学生になったきょうだいは不平不満を親には言わないという考え（4-⑤）〉が語られ、この時期の

親はきょうだいと直接本音をぶつけ合うこと自体が少ないと推察された。

以上のように、きょうだいの年齢によって、親のきょうだいと同胞への接し方に違いがあることが示された。

(2) きょうだいの心情理解やきょうだいへの気遣いの必要性への意識の高まり

B子への対応策を考える中で、〈きょうだいに逆の立場について考えさせるとよいという考え（4-⑥）〉、〈同胞に障害があることを教えるとよいという考え（4-⑦）〉が出され、B子自身の気持ちに注目する具体案が出されると、〈きょうだいの発する言葉の奥にある気持ちについて考えて接したいという考え（4-⑧）〉、〈同胞を中心に考えたり行動したりするのではなく、きょうだいのことを気遣うことが大切だという考え（4-⑨）〉、〈きょうだいの思いを知りたいという考え（4-⑩）〉、〈親の思いをきょうだいに知ってほしいという考え（4-⑪）〉のように、「気持ち」がキーワードとなるカテゴリーが、さらに新しく出現した。B子の「同胞なんかいなければ良かったのに」という言葉そのものでなく、その言葉を口にした背景やB子の気持ちについて考えたことに加え、同時に展開しているきょうだいグループの活動で取り上げた「同胞について、①不思議に思うこと・変わっていると思うこと、②困ったこと」できょうだいが発言した内容について、ファシリテーターを通して知り、そこに表されたきょうだいの本音に触れる機会を得たことにより、親がきょうだいの気持ちを理解する必要性、さらにその気持ちを気遣う必要性を強く感じることとなったと考えられた。また、親からも、自分の気持ちをきょうだいに伝えたいという考えが生まれ、以前のように、「言わなくても分かるはず」という考えからの脱却が起きていることが推察された。

5　第5セッションにおける親のきょうだい観及び養育観

第5セッションにおける親のきょうだい観及び養育観の構造をFig. 11-5に示す。

(1) きょうだいのために、何かしてやりたいという思いの高まり

第4セッションの後、親達はきょうだいから手紙をもらい、きょうだいの本音に触れ、きょうだいが必要としていることについて知る機会があった。その後に行われた第5セッションでは、「ほめほめエクササイズ」のように、具体的に子

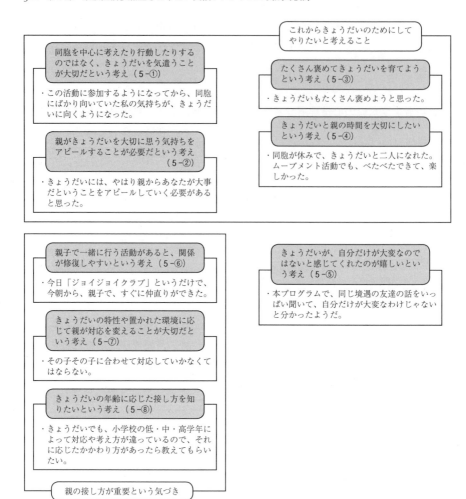

Fig. 11-5　第5セッションにおける親のきょうだい観及び養育観の構造

どもを褒めるためのスキルトレーニングを体験した。続いて、スキルトレーニングを体験した感想や、子どもの気持ちに向きあう養育について話し合った。そのため、感想アンケートでは、〈同胞を中心に考えたり行動したりするのではなく、きょうだいを気遣うことが大切だという考え（5-①）〉をもとに、〈親がきょうだいを大切に思う気持ちをアピールすることが必要だという考え（5-②）〉、〈た

第11章 研究9：「ジョイジョイクラブⅠ」の実践による親のきょうだい観・養育観の変容

くさん褒めてきょうだいを育てようという考え（5-③）〉、きょうだいと親の時間を大切にしたいという考え（5-④）〉のように、これからきょうだいのためにしてやりたいことが、具体的に記入された。きょうだいには負担をかけているから何かしてやらなければならないといった、漠然とした考えではなく、大切に思う気持ちをアピールすることやたくさん褒めること、きょうだいと親の時間を大切にすることなど、自分がこれから取り組むきょうだいの養育のポイントを、自ら複数考え出せるようになったことが見て取れた。

(2) きょうだいが同じ立場の友達と触れ合うことで、自分だけが大変なのではないと感じてくれたことへの喜び

新しいカテゴリーとして、〈きょうだいが、自分だけが大変なのではないと感じてくれたのが嬉しいという考え（5-⑤）〉が生まれた。第1セッションで〈同じ立場の友達がきょうだいには必要だという考え（1-③）〉をもっていた親が、きょうだいからの手紙に、「本プログラムで、同じ境遇の友達の話をいっぱい聞いて、自分だけが大変なわけじゃないって分かった」と書いてあったことを嬉しく感じ、改めてそれを確信したことが示された。

(3) 親の接し方が重要であるという気づき

きょうだいに対する親の接し方が重要であると気づき、自らのきょうだいへの対応を変えていきたいという思いが語られた。具体的には、本プログラムに組み込んだ親子ふれあいムーブメント活動で得られた、きょうだいとのかかわり体験に基づき、〈親子で一緒に行う活動があると、関係が修復しやすいという考え（5-⑥）〉が生まれ、さらに、〈きょうだいの特性や置かれた環境に応じて親が対応を変えることが大切だという考え（5-⑦）〉、〈きょうだいの年齢に応じた接し方を知りたいという考え（5-⑧）〉等が挙げられた。

6 第6セッションにおける親のきょうだい観及び養育観

第6セッションにおける親のきょうだい観及び養育観の構造をFig. 11-6に示す。

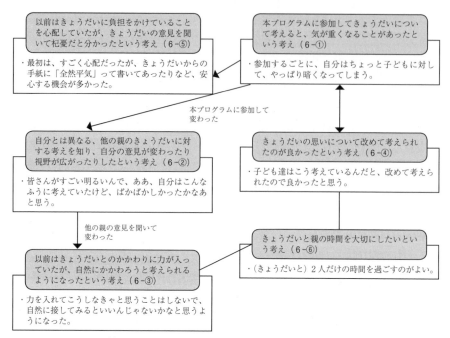

Fig. 11-6　第6セッションにおける親のきょうだい観及び養育観の構造

（1）きょうだいの養育の不安からの開放と前向きな養育意欲の高まり

　本セッションでは、これまでの内容を振り返り感想を述べることが中心であった。ある親が、「参加するごとに、自分はちょっと子どもに対して、やっぱり暗くなってしまうんですね」と語り、本プログラムできょうだいの気持ちやこれから起こり得る問題を知ることによって、不安が込み上げ、〈本プログラムに参加してきょうだいについて考えると、気が重くなることがあったという考え（6-①））〉を述べた。しかし、この発言の後に、「でも、他の親の皆さんがすごい明るいんで、ああ、自分はこれまでこんなふうに考えてたけど、ばかばかしかったかなあと思うことがあって、すごくいい経験でした」と〈自分とは異なる、他の親のきょうだいに対する考えを知り、自分の意見が変わったり視野が広がったりしたという考え（6-②））〉が語られ、親の養育不安が他の親の明るさに触れることで払拭されたことが報告された。また、〈以前はきょうだいとのかかわりに力が入っていたが、自然にかかわろうと考えられるようになったという考え（6-③））〉

が語られ、本プログラムで、回数を重ねて話し合うことで、親同士の学び合う仲間関係が形成され、前向きな養育意識をもつに至る変容が生み出されたことが示された。

(2) きょうだいの思いを知ることができた安堵と喜びによるかかわり意欲の高まり

当初きょうだいの負担を過剰に懸念して本プログラムに参加した親から、きょうだいからの手紙を読み、〈以前はきょうだいに負担をかけていることを心配していたが、きょうだいの意見を聞いて杞憂だと分かったという考え（6-⑤)〉を得た安堵感に関する発言があった。また、日常ではきょうだいの本音に触れる機会そのものがあまりない現状から、〈きょうだいの思いについて改めて考えられたのが良かったという考え（6-④)〉のように、本プログラムの中できょうだいの思いをじっくり考えることができたことに対する喜びが語られた。また、それを踏まえて、もっと親子で気持ちを分かち合いたい、触れ合いたい気持ちが高まり、〈きょうだいと親の時間を大切にしたいという考え（6-⑥)〉も語られた。

このように、前セッションまでに生まれて高まってきた、きょうだいの気持ちを理解して配慮しようとする意思や、きょうだいのために何かしてやりたいという親の思いは、毎日の生活の中で一緒の時間を大切にするという、具体的なかかわりのビジョンとして、明確化されるに至った。

7 Postアンケートの記述における親のきょうだい観及び養育観

Postアンケートの記述における親のきょうだい観及び養育観の構造をFig. 11-7に示す。

(1) きょうだいの養育に対する前向きな展望

Postアンケートでは、親の「これからきょうだいの養育をこのようにしたい」という具体的な展望が多く語られた。その内容は、同胞だけでなくきょうだいにも気持ちや視線が向くようになり、親は〈同胞を中心に考えたり行動したりするのではなく、きょうだいのことを気遣うことが大切だという考え（7-①)〉、〈きょうだいに対する過剰な期待や同胞の特別扱いをなくしたいという考え（7-②)〉、〈きょうだいであるからこそ得られる体験や知識があると前向きに子育てをした

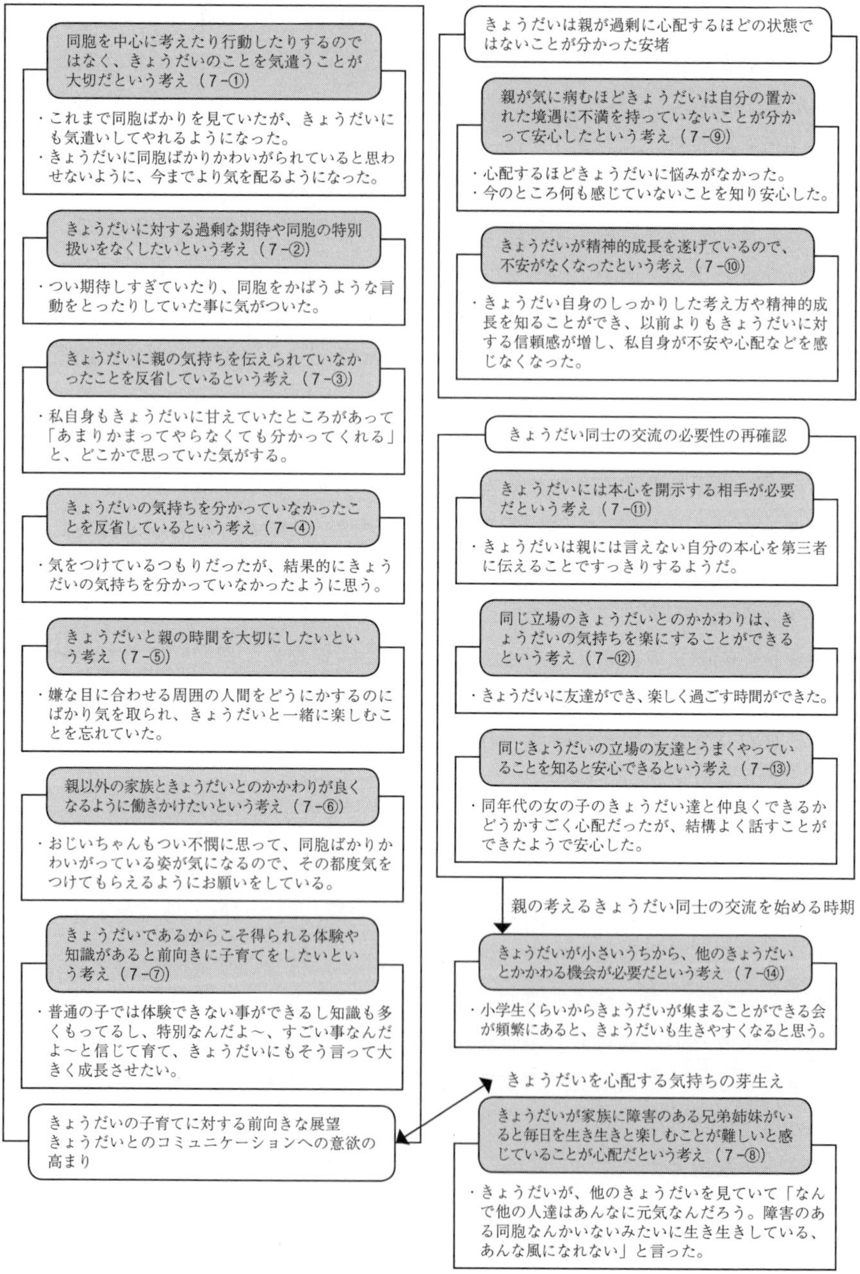

同胞を中心に考えたり行動したりするのではなく、きょうだいのことを気遣うことが大切だという考え（7-①）
・これまで同胞ばかりを見ていたが、きょうだいにも気遣いしてやれるようになった。
・きょうだいに同胞ばかりかわいがられていると思わせないように、今までより気を配るようになった。

きょうだいに対する過剰な期待や同胞の特別扱いをなくしたいという考え（7-②）
・つい期待しすぎていたり、同胞をかばうような言動をとったりしていた事に気がついた。

きょうだいに親の気持ちを伝えられていなかったことを反省しているという考え（7-③）
・私自身もきょうだいに甘えていたところがあって「あまりかまってやらなくても分かってくれる」と、どこかで思っていた気がする。

きょうだいの気持ちを分かっていなかったことを反省しているという考え（7-④）
・気をつけているつもりだったが、結果的にきょうだいの気持ちを分かっていなかったように思う。

きょうだいと親の時間を大切にしたいという考え（7-⑤）
・嫌な目に合わせる周囲の人間をどうにかするのにばかり気を取られ、きょうだいと一緒に楽しむことを忘れていた。

親以外の家族ときょうだいとのかかわりが良くなるように働きかけたいという考え（7-⑥）
・おじいちゃんもつい不憫に思って、同胞ばかりかわいがっている姿が気になるので、その都度気をつけてもらえるようにお願いをしている。

きょうだいであるからこそ得られる体験や知識があると前向きに子育てをしたいという考え（7-⑦）
・普通の子では体験できない事ができるし知識も多くもってるし、特別なんだよ〜、すごい事なんだよ〜と信じて育て、きょうだいにもそう言って大きく成長させたい。

きょうだいの子育てに対する前向きな展望
きょうだいとのコミュニケーションへの意欲の高まり

きょうだいは親が過剰に心配するほどの状態ではないことが分かった安堵

親が気に病むほどきょうだいは自分の置かれた境遇に不満を持っていないことが分かって安心したという考え（7-⑨）
・心配するほどきょうだいに悩みがなかった。
・今のところ何も感じていないことを知り安心した。

きょうだいが精神的成長を遂げているので、不安がなくなったという考え（7-⑩）
・きょうだい自身のしっかりした考え方や精神的成長を知ることができ、以前よりもきょうだいに対する信頼感が増し、私自身が不安や心配などを感じなくなった。

きょうだい同士の交流の必要性の再確認

きょうだいには本心を開示する相手が必要だという考え（7-⑪）
・きょうだいは親には言えない自分の本心を第三者に伝えることですっきりするようだ。

同じ立場のきょうだいとのかかわりは、きょうだいの気持ちを楽にすることができるという考え（7-⑫）
・きょうだいに友達ができ、楽しく過ごす時間ができた。

同じきょうだいの立場の友達とうまくやっていることを知ると安心できるという考え（7-⑬）
・同年代の女の子のきょうだい達と仲良くできるかどうかすごく心配だったが、結構よく話すことができたようで安心した。

親の考えるきょうだい同士の交流を始める時期

きょうだいが小さいうちから、他のきょうだいとかかわる機会が必要だという考え（7-⑭）
・小学生くらいからきょうだいが集まることができる会が頻繁にあると、きょうだいも生きやすくなると思う。

きょうだいを心配する気持ちの芽生え

きょうだいが家族に障害のある兄弟姉妹がいると毎日を生き生きと楽しむことが難しいと感じていることが心配だという考え（7-⑧）
・きょうだいが、他のきょうだいを見ていて「なんで他の人達はあんなに元気なんだろう。障害のある同胞なんかいないみたいに生き生きしている、あんな風になれない」と言った。

Fig. 11-7　Post アンケートにおける親のきょうだい観及び養育観の構造

いという考え（7-⑦）〉等、いずれも前向きなきょうだいの養育観やきょうだい観をもつようになって、本プログラムを終えたことが示された。

(2) きょうだいとのコミュニケーションへの意欲の高まり

〈きょうだいに親の気持ちを伝えられていなかったことを反省しているという考え（7-③）〉や、〈きょうだいの気持ちを分かっていなかったことを反省しているという考え（7-④）〉など、きょうだいと十分気持ちを伝え合い、理解し合うコミュニケーションができていなかったことを率直に反省し、前セッションでも挙げられたように、〈きょうだいと親の時間を大切にしたいという考え（7-⑤）〉が改めて述べられ、親子のコミュニケーションへの意欲が高まっていることが示された。

さらに、親がきょうだいに積極的にかかわるだけでなく、家族全体が同胞にばかり気持ちを向けていることを問題だと感じ、〈親以外の家族ときょうだいとのかかわりが良くなるように働きかけたいという考え（7-⑥）〉が語られ、プログラムに参加した母親だけでなく、家族全体に視野を広げてきょうだいの養育を考える意識が生まれてきたことが見て取れた。

(3) きょうだいは親が過剰に心配するほどの状態ではないことが分かった安堵

きょうだい達の言葉やきょうだいからの手紙を手がかりに、2名の親が、〈親が気に病むほどきょうだいは自分の置かれた境遇に不満をもっていないことが分かって安心したという考え（7-⑨）〉を報告した。同胞のことで負担をかけているのではないかと直接きょうだいに聞くことは、親にとって難しいことであり、負担を懸念してきた親にとって、きょうだいの手紙による「全然平気」という言葉が安堵をもたらしたと考えられた。また、本プログラムに参加する過程で、きょうだいの精神的成長を感じ取り、きょうだいへの信頼感が増して、〈きょうだいが精神的成長を遂げているので、不安がなくなったという考え（7-⑩）〉をもった親もいた。このようなきょうだいに関して感じ取った安堵は、自らの養育に対する肯定感につながり、親がきょうだいの養育に対する前向きな展望をもつことを助長したと考えられた。

(4) きょうだいを心配する気持ちの芽生え

　きょうだいの養育に対する前向きな展望が多く出てきた一方で、きょうだいのつぶやきを聞いて、〈きょうだいが家族に障害のある兄弟姉妹がいると毎日を生き生きと楽しむことが難しいと感じていることが心配だという考え（7-⑧)）〉をもつに至った親もいることが示された。これは、特に参加当初、きょうだいの負担について心配していなかった親の発言であった。以前は、同胞に気をとられ、きょうだいの心情や行動にあまり関心をもっていなかった親が、本プログラムに参加することできょうだいにも意識を向け、きょうだいが直面している現状について知識を得ると、これまでになかったきょうだいを心配する気持ちが生まれてきたことが示唆された。

(5) きょうだい同士の交流の必要性の再確認

　第1セッションで、〈同じ立場の友達がきょうだいには必要だという考え（1-③)）〉が本プログラムへの参加の動機や、期待として語られたが、Post アンケートにおいて、〈きょうだいには本心を開示する相手が必要だという考え（7-⑪)）〉や、〈同じ立場のきょうだいとのかかわりは、きょうだいの気持ちを楽にすることができるという考え（7-⑫)）〉、〈同じきょうだいの立場の友達とうまくやっていることを知ると安心できるという考え（7-⑬)）〉が報告され、きょうだい同士の交流は、きょうだいにとって必要なのだと改めて確信したことが示された。加えて、きょうだい同士の交流を始める時期について、〈きょうだいが小さいうちから、他のきょうだいとかかわる機会が必要だという考え（7-⑭)）〉をもったことが示された。

第4節　考察

1　親のきょうだい観・養育観の変容

　本プログラムに参加した当初、親達は、同胞がいることできょうだいに様々な側面で負担をかけているという申し訳なさを感じている一方で、同胞と比べて不公平な扱いをしているつもりはなく、きょうだいには、同胞とけんかすることなく、同胞の世話をしてくれ、親を助けてくれる存在、同胞の存在を肯定的にとら

える自慢の子どもでいてほしいというように、手のかからない良い子としてのきょうだい像を期待していることがうかがえた。

　しかし、第2セッションで大人になったきょうだい当事者の体験談を聞いたことから、きょうだいの将来に関する不安が生まれ、きょうだいには同胞にとらわれることなく自分の人生を生きてほしいという願いと、それとは裏腹に親が年を取った時にどうしても頼らざるを得ない状況が来るかもしれない可能性との間で葛藤を感じ、きょうだいの将来について不安を感じ、きょうだいの養育について学ぶ有意義さを感じるようになった。また、親の知らない時間のきょうだいの気持ちや、親が見逃してしまいがちなきょうだいの心の動きについて思いを巡らせるようになり、本人に聞かなくてもきょうだいの気持ちが分かると思い込んでいたが、そういうことはないのだという考えや、無意識のうちにきょうだいに親の思いを押しつけていたかもしれないと内省するようになった。

　さらに第3セッションでは、具体的なきょうだいの対応困難事例について話し合う中で、同胞の障害を気にせず、嫌がったりせず、隠さず話せる人になってほしいという親の願いを尊重する考えと、きょうだいの同胞を恥ずかしいと思う気持ちや同胞の障害を説明できない戸惑いを踏まえ、学校でのきょうだいの居場所を守り、負担をかけずにきょうだいの意思を尊重したいという考えの2つの対照的な意見が明らかとなった。また、関連してきょうだいの友達に同胞の障害を説明するのは誰が適役かについて、きょうだい、親自身、学校の先生などそれぞれの視点から意見が出された。これらの経緯から、親の中には、きょうだいが同胞のことで学校でも負担が高い状態にあることを理解し、親がきょうだいに多くを求め過ぎていたことに気づき、当初抱いていた親の手を借りることなく自立するきょうだい像への期待から、きょうだいの現実の思いに根ざした考えへと変化が生まれてきたことがうかがわれた。

　第4セッションになると、きょうだいが不公平感を訴える事例をもとに話し合いを行い、小学校低学年の親からは、きょうだいにも同胞にも同じように接するのがよいとする考え、高学年の親からは年齢に応じて子どもの扱いは変えるべきであり、同胞の障害の有無も考慮しつつ、よりきょうだいに配慮すべきだという考えが出された。さらに、中学生の親からは不公平感の訴えが見られにくくなる時期になることを踏まえ、年齢差を考慮した対応を重視する考えが出され、きょうだいの発達に応じた対応の違いをお互いに確認することができた。また、第2

セッションから生まれてきた、きょうだいの行動に込められた気持ちについて考えようとする意識がますます高まり、きょうだいの気持ちを分かってやることや気遣ってやることの必要性を強く感じ始めた親の様子がうかがわれた。

第5セッションでは、これまでの学びを踏まえ、これからきょうだいにどんなことをしてやりたいかが話題の中心となり、褒める子育てをしたい、一緒の時間を大切にしたい、大事に思っていることを伝えたいなど、親自身がこれから取り組みたいきょうだいの養育のポイントについて具体案が複数出るようになった。また、最初のセッションで出された同じ立場の友達がきょうだいには必要だという考えが、親グループと並行して行われているきょうだい同士の活動を通して、きょうだいが自分だけが大変なのではないと感じてくれたことを嬉しく思う親の気持ちに結びついたことが確認された。

第6セッションでは、きょうだいについて考えると、気持ちが暗くなってしまう親の正直な気持ちが吐露され、同じ養育仲間がいることでその暗い気持ちを切り替えられることが語られた。また、当初きょうだいの負担感を危惧していた親が、さほど負担を感じていないというきょうだいの本音を知って安堵していることが語られた。このように、お互いに本プログラムに参加したことで、それぞれの親が自らのきょうだいの養育に関する考えが変わったり、視野が広がったりしたことを確認し合うことができた。

このような過程を経て、最終アンケートでは、以下の5つの親の変容が示された。1点目は、それぞれの親が、今後のきょうだいとのかかわりに対する前向きな展望をもつようになったことである。2点目は、きょうだいと十分気持ちを伝え合い、理解し合うかかわりができていなかったことを率直に反省し、きょうだいと親の時間を大切にし、コミュニケーションをとることへの意欲が高まったことである。3点目は、きょうだいの負担感を危惧していた親が、実際のきょうだいの考えや感情を知る機会を得て、きょうだいの負担を過剰に心配していたことに気づき、養育に対する安心感を得られたことである。4点目は、逆に、これまできょうだいに配慮してこなかった、あるいはその必要を感じていなかった親が、きょうだいの現状に目を向けるようになり、きょうだいを心配する気持ちが芽生えたことである。そして、5点目に、きょうだいが年少の時期から、同じ立場の他のきょうだいと交流する支援の機会が必要だという確信を得たことである。

2　親のきょうだい観・養育観の変容を引き出した本プログラムの要因

　Pre時点では漠然とした不安や必要性から本プログラムに参加した親がほとんどであったが、6回のセッションを経て、自らのきょうだい観や養育観を見直し、きょうだいの現状に即したかかわり方を明確に意識するようになったことが示された。このような変容を引き出した本プログラムの要因として以下の5つが挙げられるであろう。

　1点目は、参加者間の自由な話し合いをベースとした活動であった点である。これにより、各参加者はそれぞれの事情や状況に応じて、気持ちを言語化したり、情報交換したりしながら、自らを振り返り、新しい視点を獲得するなど、相互交流を経て学ぶことができたと考えられる。

　2点目は、大人になったきょうだい当事者の話を聞く機会があったことである。これによりきょうだいの将来に対する見通しや、現在、及び今後の養育のあり方に対するヒントを得たと考えられる。

　3点目は、きょうだい自身の直面している問題や気持ちに即して学ぶことができた点である。本プログラムでは、具体的な対応困難事例について話し合う場とともに、きょうだいから親に宛てて書いた手紙を読む機会や、きょうだい同士の活動で出されたきょうだいの意見を伝える機会を設けた。このことによって、親はきょうだいが直面する現状を理解し、それに応じて、自らの考えを変容させるに至ったと考えられる。

　4点目は、「ほめほめエクササイズ」や「きょうだいへの手紙」のように、養育に生かす具体的なスキルを学んで、きょうだいとのコミュニケーションに対する意欲を実践に結びつける機会を設けたことである。これにより、きょうだいとのかかわりの成功体験を導くことができ、親の前向きな養育意欲につながったと考えられる。

　そして、5点目は、ファシリテーターの存在である。ファシリテーターがタイムリーに話し合うべき適切な話題を選定し、情報提供の機会を確保し、参加メンバーの関係づくりを促進する役割を果たしたことで、親同士が話し合いをベースに自らを変容させることができる場が保障されたと考える。

第12章　研究10：家族参加型きょうだい支援プログラム「ジョイジョイクラブⅡ」の開発に関する実践的検討 ——重度・重複障害児が同胞の場合——

第1節　本章の目的

　研究7（第9章）では、きょうだいがグループで話し合いながら、同胞の障害について得た知識や考え、同胞や家族への思い、自身の感情等を紙に記し、それに親がコメントを返しながら、ポートフォリオ絵本を制作する支援プログラムを開発した。きょうだい7名を対象に実践した結果、きょうだいが同胞の障害特性を理解し、対応方法を具体的に考えるようになるとともに、同胞や親とのかかわりが積極的になり、親子のコミュニケーションが促進されたことが明らかになった。また、研究8（第10章）では、家族参加型のきょうだい支援プログラム「ジョイジョイクラブⅠ」を開発し、それがきょうだい、親、そして親子の関係性にもたらす効果について、16名のきょうだいを対象とした実践により検証した。その結果、個人差はあるものの、概ね同胞に関連して抱く否定的な感情が低減し、きょうだいから見た親との関係性、あるいは親から見たきょうだいとの関係性が安定化する傾向が確認された。さらに、研究9（第11章）では、「ジョイジョイクラブⅠ」の実践により、親のきょうだい観が変容し、きょうだいに親の理想像を求める養育から、きょうだいのありのままの気持ちを認め、きょうだいとのコミュニケーションを重視しながら、直面する課題解決のために力を尽くそうとする養育へと変容した過程が明らかとなった。

　しかし、上記のプログラムは、いずれも知的障害や自閉症スペクトラム障害などの発達障害を有する同胞をもつきょうだいを対象としたものである。先行研究では、同胞の障害種によってきょうだいの抱える問題が異なることが示唆されている。特に重度・重複障害児のきょうだいに関しては、三原（2003）が、同胞の障害が重度である場合、きょうだいは同胞とけんかしたり、同胞に助けられたりする経験がほとんどないことを報告しており、山本・金・長田（2000）は、同胞

の身体的な障害が重い場合、入院等により母親が不在になり、きょうだいが寂しい思いをすることがあると報告している。また、笠井（2013）は、重症心身障害児・者の同胞をもつ、成人に達したきょうだい3名の聞き取りから、きょうだいは「できて当たり前」「同胞の分もできてほしい」という、親からの強い期待を受けてきたことを指摘している。一方、親の立場からは、小宮山・宮谷・小出・入江・鈴木・松本（2008）が、在宅重症心身障害児を育てる母親へのインタビューの結果から、介護に時間がかかることや、家族以外に同胞を預けることができにくい状況など、在宅ならではの諸事情が、きょうだいの養育に影響すると指摘している。さらに、研究4（第6章）では、重度・重複障害のある同胞をもつきょうだいが抱く同胞観は、知的障害や発達障害を有する同胞をもつきょうだいのものとは質的に異なり、きょうだいには、障害種別特性に応じた同胞理解のニーズがあることが示された。

このように、重度・重複障害のある同胞のきょうだいについては、知的障害や発達障害のある同胞のきょうだいとは異なる課題に直面していることが推察される。よって、その支援についても、ニーズの違いに即したものになるように、配慮して展開する必要があると考えられる。そこで本章では、重度・重複障害のある同胞をもつきょうだいと家族に対して、研究7（第9章）で行ったポートフォリオ絵本制作による障害理解プログラムを重度・重複障害の特性に即してアレンジし、研究8（第10章）で行った家族参加型のきょうだい支援プログラムと統合して実践する。そして、参加者の変容を事例に基づいて分析することにより、本プログラムが、きょうだいと同胞との関係、及び、きょうだいと親との関係にもたらした効果を検討する。

第2節　方法

1　対象

きょうだい、重度・重複障害のある同胞、親がともに参加する家族支援プログラムを「ジョイジョイクラブⅡ」と命名し、A県内の特別支援学校等にチラシを配布して参加者を募集したところ、障害のある子どもと年中～小学校6年生までのきょうだい（平均8.3歳）を育てる家族7組が希望して参加した。そのうち

Table 12-1 対象きょうだい及び同胞について

対象児	性別	学年	出生位置	同胞の学年	同胞の出生位置	同胞の障害	参加親	備考
A児	女	小1	姉	年少	妹	ダウン症	父母	
B児	女	小2	妹	中2	兄	染色体異常・四肢体幹機能障害	父母	
C児	男	小4	兄	小2	妹	脳性まひ、てんかん	母	
D児	男	小4	兄	小2	妹	移動機能障害	母	
E児	女	小4	姉	年少	妹	ダウン症	父母	A児の姉
F児	女	小5	姉	小3	妹	筋ジストロフィー・四肢体幹機能障害	母	
G児	女	小6	姉	小3	妹	精神運動発達遅滞	父母	

1家族にきょうだいが2名おり、参加したきょうだいは8名であった。出生位置は、同胞から見て、兄2名、同胞2名の真ん中で弟であり兄でもある1名、姉3名、妹2名であった。その同胞8名は年少～中学校2年生（平均7.6歳）で、脳性まひ、あるいは染色体異常等の疾患による四肢体幹機能障害、移動機能障害、精神運動発達遅滞などがあり、いずれも大島の分類（大島, 1971）では、1～4の範囲にあると推定される重度・重複障害を有していた。また、親の参加者は母親のみが3組、両親が4組で計11名、年齢は31～43歳で平均38.6歳であった。参加に際し、本研究の趣旨、データ収集とその使用方法、及び個人情報の保護に説明し、研究協力に同意を得た。参加者のうち、年中5歳児で、年齢上後述する質問紙への回答が困難であった同胞2名の真ん中で弟であり兄でもある1名を除く、小学校1～6年生までのきょうだい7名（平均8.7歳）とその親9名（父親3名、母親6名）を分析対象とした。プロフィールを Table 12-1 に示す。A児とE児は同じ家族である。

2 支援プログラム

（1）プログラムの内容

プログラムは全7セッションからなり、1セッションあたり2時間、2週に1

第12章　研究10：家族参加型きょうだい支援プログラム「ジョイジョイクラブⅡ」の開発に関する実践的検討　335

Table 12-2　セッションの活動の流れ

		きょうだいグループ	親グループ	同胞グループ
(a)	15分	チェックイン・自由遊び		
(b)	30分	家族ムーブメント活動（パラシュート、スカーフ、風船、リボン、ユランコ：布でできた揺れ刺激用遊具、シーツ、ウレタンマットなどを使った遊び）		
(c)	60分	ゲーム、障害についての勉強やきょうだい同士の話し合い、及び「ポートフォリオ絵本」の制作	きょうだいの気持ちやきょうだいとのかかわり方についての講演、話し合い	障害のある子ども同士、及びサポーターとのムーブメント活動や造形活動
(d)	15分	きょうだいと親だけで行う、ふれあいムーブメント活動（新聞紙や風船、スカーフ、フープ、ビーンズバッグなどを使った親子で協力する遊び）		

回の頻度で実施した。各セッションは、研究8（第10章）の「ジョイクラブⅠ」同様、以下の4部構成とした。(a) 15分間の自由遊び時間、(b) 全員が集まって行う30分間の家族ムーブメント活動、(c) きょうだい、同胞、親がそれぞれに分かれて活動する60分間のグループ別活動、そして、(d) 親ときょうだいが一緒に行う15分間の親子ふれあいムーブメント活動である。1セッションの活動の流れを Table 12-2 に示す。

　上記 (b) の活動は、重度・重複障害のある同胞ができる活動を家族で一緒に楽しむ体験を積むことをねらいとした。まず導入で、全員がスカーフをつないで長いロープ状にしたものにつかまって円形になり、歌に合わせて揺らしたり、指定された身体部位にくっつけたりした。次に、毎回異なる遊具を使って、学生スタッフの援助により、家族単位で課題に取り組んだ。具体例としては、家族みんなで1枚のスカーフに隠れる、1つの風船に全員が指定された身体部位をつける、風船を集めた大きな袋を家族全員が手に持ったゴムバンドを組んで網を作りその上でバウンドさせる、そりに見立てたシーツに交代で乗る、家族の誰かが持ち手のついたリボンを揺らすと、その動きに合わせて全員が声を出す、約4m×2mのウレタンマットにきょうだいと同胞がほぼ全員で乗り込み、複数の家族が力を合わせて滑らせるなどである。その後、毎回参加者全員が直径5メートルのパラシュートに掴まり、揺らしたり、ドームを作ったりなど協力する活動を行って終了とした。

その後の (c) の活動では、きょうだい、親、同胞の各グループに分かれ、場所を変えて活動した。

参加希望調査時の親へのアンケートと、きょうだいに対して本プログラム開始以前に行った Pre インタビューの結果、悩みとして、親からは、きょうだいに関して「同胞の障害の状態が分かっておらず、同胞に乱暴する」「同じ学校に行けると思っているかもしれない」「『同胞は宿題しなくていいなあ』と、だらだらしているので、つい叱ってしまい、親子関係が悪循環になる」「同胞が怒られないのに、自分ばかり怒られるという不満がある」「自分の学校に来る時は、同胞を車いすに乗せないでほしいと言う」「同胞が将来どうなるのかと心配している」などが挙げられた。きょうだいからは、「宿題をぐちゃぐちゃにされるので困る」「親がいない時に面倒を見る時、困る」「友達に同胞のことを何と言うか、ドキドキする」などが挙げられた。そこで、きょうだいグループと親グループのプログラムでは、①同胞の障害についての理解、②きょうだいと同胞との関係、③きょうだいと周囲との関係、④きょうだいの抱える責任感と家族支援体制の4つの観点から、Table 12-3 に示す活動内容を設定した。

きょうだいグループでは、各回の内容に応じて、筆者と後述するスタッフが作成したスライドとプリントを用いて10分程度の講義を行い、それに沿ってきょうだい達が意見交換をしながら、研究7（第9章）と同様の手続きで、ポートフォリオ絵本を制作することを軸に展開した。ポートフォリオ絵本は、きょうだいが活動を通して得た知識や考えをまとめて、レイアウトして作成する「マイページ」と、その内容に対してスタッフや親が感想を記入する「シェアルーム」からなり、毎回作成したものを張り合わせて綴じていく絵本であり、第2～7回目のセッションで作成した。

一方、親グループでは、ほめ方テクニックなどの養育スキルの学習、きょうだいを育てる際の悩みに関する事例検討などを取り入れ、きょうだいが直面している課題や感情を考えたり、親としての自分自身の考え方に気づいたりできるように、きょうだいグループ同様、参加者の話し合いを軸に展開した。

同胞グループでは、同胞1～2名に1名のスタッフがついて、実態に応じてそれぞれが好む遊具での遊びや制作活動等を中心に取り組んだ。毎回の活動の最後には、同胞の活動の様子をスタッフが振り返りシートにまとめて親に渡して報告した。

第12章 研究10：家族参加型きょうだい支援プログラム「ジョイジョイクラブⅡ」の開発に関する実践的検討

Table 12-3　きょうだいグループと親グループのグループ別活動の主な内容

回	きょうだいグループの活動内容	親グループの活動内容
1	・うち解けゲーム ・自己紹介	・うち解けゲーム ・自己紹介
2	・家族紹介ゲームをする。 ・自分を含む、家族一人一人の特徴をまとめ、ポートフォリオ絵本に貼る。	・きょうだいのいいところ自慢をする。 ・きょうだいが同胞の障害について尋ねられた事例について、意見交換や、実際の対応のロールプレイングをする。
3	・障害とは何か、障害のある人はどのような状況なのかについて10分程度の講義を聞く。 ・同胞の好きなところ、すごい・面白いところ、変わっている・不思議なところ、困った・つき合いにくいところを話し合い、項目に分けて、ポートフォリオ絵本にまとめる。	・きょうだいをかわいい、愛しいと感じた「ほのぼのエピソード」を発表し合う。 ・きょうだいが、自分の学校で同胞がいることを隠していた事例について、意見交換や、実際の対応のロールプレイングをする。
4	・肢体不自由の障害特性と、いろいろな支援の方法について、10分程度の講義を聞く。 ・同胞とのつき合い方、助け方について考え、話し合う。内容をカードに書き、ポートフォリオ絵本に貼る。良いと思う案は「グッドアイデア賞」に認定し合い、シールを貼る。	・「いろいろ聞きたい、本音の話！」と題して、重度・重複障害のある同胞の兄（20代）と、自閉症のある同胞の姉（20代）とフリートーキングをする。「大人になったきょうだいに聞いてみたいこと」についての事前調査に基づき、Q＆A形式で行う。
5	・友達に同胞の障害や学校のことについて尋ねられた時の対応方法について、グループで話し合いながら、カードに書き、ポートフォリオ絵本に貼る。前回同様、良いと思う案は「グッドアイデア賞」に認定し合い、シールを貼る。	・「ほめほめエクササイズ～すてきなツリーを作ろう」と題して、まず、グループ内で、親がお互いのいいところを見つけ合う。次に、「すてきメッセージ」としてふきだしに書き、模造紙に貼って、発表し合う。
6	・日常の生活の中で抱く感情（嬉しい・楽しい・悲しい・腹が立つ・心配・両親にもっと分かってほしい）について、カードに書き出す。 ・上記のカードに内容を発表し合い、お互いの経験と照らし合わせ、対応策を一緒に考える。 ・話し合った内容の中で、参考になったと思うものを書き加え、ポートフォリオ絵本にまとめる。	・「我が子と自分のいいところ見つけをしよう」と題し、ジョイジョイクラブに参加して、自分自身や家族がプラスに変わったなと思うことを振り返り、ふきだしに記入する。 ・見つけた子どもとのすてきなエピソードや、日頃思っていてもなかなか口に出して言えないことを手紙に書き、きょうだいに郵送する。
7	・同胞が通う特別支援学校の様子や、障害児・者とその家族を支えてくれる組織や人々を紹介する10分程度の講義を聞き、自分達を支えてくれる社会のシステムがあることを知る。 ・現在から将来にわたり、自分や家族を助けてくれる人の名前をワークシートに書き、ポートフォリオ絵本に綴じ込む。 ・将来の夢をカードに書き、発表し合う。また、お互いの夢に対して、応援メッセージを書いたカードを交換し合い、ポートフォリオ絵本に貼る。	・「未来のわが家について、話そう」と題し、将来の家族像について思い描き、好きなイラストをはり、ふきだしに記入する。 ・「○年後、こんなわが家になったらいいな」、「うちの家族は、○○でいたいな」「こんな○○になりたいな」など、具体的に、○年後の自分や家族について想像したことを自由に表現する。 ・それぞれのシートに貼り、発表する。

続く（d）の活動では、きょうだいと親がペアでムーブメント活動に取り組んだ。新聞紙を折り畳みながらその上に乗る、じゃんけんで負けた方が相手を背負う、カラースカーフを使ってお互いを着飾る、フープの中に一緒に入ったり、互いに転がしてキャッチしあったりするなど、いずれも親子が直接身体を触れ合って協力する活動を取り入れた。

（2）実施期間及び実施場所等

プログラムの実施期間は20xx年10月～20xx＋1年1月であり、場所は筆者が所属する大学の体育館と講義室、地域の障害者福祉施設を使用した。実践にあたっては、筆者が全体を取りまとめ、他に特別支援学校教員4名、保育士1名、福祉指導員1名がコアスタッフとして、筆者ともに各グループの活動をリードした。また、特別支援教育及び保育を学ぶ学生約10名が、各活動を補助した。

3 効果測定の方法

対象児と親の変容を確認するため、以下に示す調査を行うとともに、対象児とその親がポートフォリオ絵本に記入した内容の収集、及び、セッション中の対象児の行動観察記録を実施した。得られたデータに基づき、事例ごとに変容の特徴について分析を行った。

（1）対象児の同胞に関する感情アンケート

対象児に対し、本プログラムの第1回セッション開始以前（Pre時点）と第7回セッション終了後（Post時点）に「同胞に関する感情アンケート」を実施した。本質問紙は、研究3（第5章）で用いたものと同じである（Table 5-1参照）。「とてもあてはまる」「どちらかというとあてはまる」「どちらかというとあてはまらない」「全くあてはまらない」の各選択肢に4～1点を配して、下位尺度得点を求めた。得点が高いほど同胞に関連して抱く否定的な感情が強いと判断した。単純集計による比較を行った後、必要に応じWilcoxonの符号付順位和検定を実施した。検定には、SPSS Statistics ver. 20を用いた。

（2）親子関係診断検査

対象児とその親に対し、Pre及びPost時点に「FDT親子関係診断検査（Family Diagnostic Test、以下、FDT）」を実施した。本検査は研究8（第10章）で示したものである。なお、子ども用質問紙は、父親に関するものと母親に関するものの2種類があるが、回答の負担を考え、対象児には母親に関する質問紙にのみ回答するよう求めた。

（3）対象児へのインタビュー

Pre時点における対象児のニーズの把握と、Post時点における対象児、及び親の変容、さらに、対象児の本プログラムに対する評価を把握するため、対象児にインタビューを実施した。

対象児には、Pre及びPost時点で、「同胞について感じていることや困っていること」「両親について感じていること」「親と話すことや話せないこと」「困った時の相談相手と相談内容」「友達に同胞について聞かれること」、また、Post時点で、「心に残ったこと」「同胞について分かったこと」「プログラムの内容で嫌だったこと」「両親について分かったことや両親が変わったこと」「両親に今いちばん伝えたいこと」「参加しての感想」について、15～20分程度の個別インタビューを行い、回答を書き取ってデータ化した。インタビュアーは筆者とスタッフ4名である。

（4）親へのアンケート

１）対象児と親自身に関して

（3）で示した対象児へインタビューと同じく、Pre時点における対象児の支援ニーズを把握し、Post時点における対象児、及び親の変容の裏づけとなるエピソードを得る目的で、親にアンケートを実施した。Preアンケートでは、前述したように対象児の様子や対象児を育てる上での気がかりを自由に記述するよう求めた。また、Postアンケートでは、対象児の変容と親子のコミュニケーション状況の変化を確認するため、Post時点での「対象児から同胞へのかかわりの変化の有無とその内容」「対象児から親へのかかわりの変化の有無とその内容」「同胞について、対象児と話すようになった内容」「対象児自身について、対象児と話すようになった内容」について記述するよう求めた。

親自身の変容については、「親として対象児へのかかわり方が変わったか」、「親として自分の考えや気持ちに変化があったか」「対象児の子育てに関する悩みを解決するヒントを得られたか」について「そう思う」「どちらかというとそう思う」「どちらともいえない」「どちらかというとそう思わない」「そう思わない」の5件法で回答するよう求めた。また、「対象児について、親自身が新しく分かったこと、気づいたことがあったか」について「あった」「なかった」の2件法で尋ねた。さらに各選択理由を自由に記述するよう求めた。併せて、「プログラムを通して親自身が得たと思うことや感想」について自由記述で回答するよう求めた。得られたデータについて、全体の傾向を確認するとともに、事例分析の際に、必要な内容を抽出した。

2）プログラムの有用性に関して

親に対して、Post時点で本プログラムの有用性に関するアンケートを実施した。

まず、各セッションの冒頭に取り入れた家族ムーブメント活動について、「家族で取り組むことは楽しかったか」「親にとって取り組みやすかったか」「対象児の成長に役立ったと思うか」また、セッションの最後に取り入れた親子ふれあいムーブメントについて、「対象児とともに取り組むことは楽しかったか」「親にとって取り組みやすかったか」「対象児と親のコミュニケーションに役立ったか」について「そう思う」「どちらかというとそう思う」「どちらともいえない」「どちらかというとそう思わない」「そう思わない」の5件法で回答するよう求めた。またムーブメント活動に関する感想を自由記述で回答するよう求めた。

次に、ポートフォリオ絵本について、「対象児が同胞のことを理解するのに役立ったか」「親自身が対象児のことを知るために役立ったか」「対象児と親のコミュニケーションに役立ったか」を上記と同じ5件法で選択し、併せてポートフォリオ絵本制作に関する感想を自由記述するよう求めた。

さらに、親グループでの活動として「大人になったきょうだいの話を聞く」「対象児の気がかりな事例をあげて、意見交換する」「いいところ見つけ、ほめほめエクササイズ、対象児への手紙などに取り組む」の3つについて、きょうだいの養育に役立ったかを同様に5件法で尋ねた。また、親が取り組んだプログラムで良かったと思う内容や、もっと取り入れてほしい内容について、自由に記述するよう求めた。

Table 12-4 対象児の同胞に関する感情下位尺度得点（平均値）の前後比較（下位尺度別）

下位尺度	n	Pre		Post		Wilcoxonの符号付順位和検定
		M	SD	M	SD	z 値
将来の問題	7	2.25	0.53	2.54	0.82	−0.96
同胞に対する拒否の感情	7	1.43	0.37	1.25	0.27	−0.74
同胞に向けられた不公平感	7	2.04	0.63	1.46	0.34	−1.78
友達からの反応	7	2.04	0.54	2.54	0.51	−1.48
両親の養育態度	7	1.89	0.72	1.79	0.34	−0.14
同胞の障害に対する心配事	7	2.32	0.48	1.86	0.32	−2.21*
余計な負担の感情	7	1.75	0.40	2.07	0.49	−1.63
自己猜疑心	7	2.32	0.68	2.39	0.44	−0.26
過剰な責任感	7	2.68	0.37	3.18	0.59	−1.80

＊：$p<.05$

5件法による回答については、各選択肢に＋2〜−2点を配して、項目ごとに集計した。参加した親9名（父親3名、母親7名）全員が各項目で「思う」と答えた場合を想定した満点（18点）で、実際の合計得点を除して100を乗じた数値を「有用度」として算出した。

第3節　結果

1　対象児の同胞に関する感情アンケート

プログラム実施前後における下位尺度得点の平均値及びSDをTable 12-4に示す。Wilcoxonの符号付順位和検定の結果、「同胞の障害に対する心配事」で、Pre時点からPost時点にかけて、有意に減少したことが示された（Pre平均2.32、SD 0.48、Post平均1.86、SD 0.32、$z=-2.21$、$p<.05$）。その他の下位尺度では、統計的に有意な差は見られなかった。

対象児別に、プログラム実施前後における9つの下位尺度得点平均、及び全下位尺度の合計点（以下、感情尺度得点総計と表記）を算出した結果をTable 12-5に示す。対象児別に、Wilcoxonの符号付順位和検定により、統計的分析を行ったところ、Post時点で同胞に関連して抱く否定的な感情が有意に増加、あ

Table 12-5 対象児の同胞に関する感情

対象児	将来の問題		同胞に対する拒否の感情		同胞に向けられた不公平感		友達からの反応		両親の養育態度	
	Pre	Post	Pre	Post	Pre	Post	Pre	Post	Pre	Post
A児	2.50	2.50	1.50	1.50	2.75	1.75	2.75	3.25	2.00	2.00
B児	2.50	4.00	2.25	1.00	2.25	2.00	1.75	3.25	1.75	2.00
C児	1.75	2.25	1.00	1.00	2.75	1.00	1.25	2.25	3.25	1.50
D児	1.50	2.00	1.25	1.00	1.25	1.00	1.50	2.25	1.25	2.25
E児	3.00	3.50	1.25	1.25	2.25	1.50	2.75	2.00	2.50	2.00
F児	2.75	1.75	1.50	1.25	2.00	1.50	2.25	2.75	1.50	1.50
G児	1.75	1.75	1.25	1.75	1.00	1.50	2.00	2.00	1.00	1.25
Pre＞Post（人・%）	1	14.3	3	42.9	6	85.7	1	14.3	2	28.6
Pre＜Post（人・%）	4	57.1	1	14.3	1	14.3	5	71.4	3	42.9

Pre＞Post：Post時点で、Pre時点よりも得点が減少した人数、及び割合
Pre＜Post：Post時点で、Pre時点よりも得点が増加した人数、及び割合

Table 12-6 対象児の母親に

対象児	被拒絶感		積極的回避		心理的侵入		厳しいしつけ	
	Pre	Post	Pre	Post	Pre	Post	Pre	Post
A児	54	12	26	13	73	63	14	26
B児	31	5	10	26	32	94	6	41
C児	5	16	37	7	32	50	75	41
D児	12	16	21	10	16	12	41	26
E児	31	12	13	10	91	99	80	80
F児	24	5	13	21	16	40	19	60
G児	6	9	7	10	16	40	31	26
平均	23.29	10.71	18.14	13.86	39.43	56.86	38.00	42.86
SD	16.14	4.27	9.78	6.45	28.14	28.84	27.13	19.02

※アンダーラインはレッドゾーンにあることを示す．

るいは減少した対象児はいなかった。

2 対象児のFDT

　対象児の母親に関するFDTの結果をTable 12-6に示す。アンダーラインの数値はレッドゾーンに該当するものである。親子関係の安定度を決定する4つの

第12章 研究10：家族参加型きょうだい支援プログラム「ジョイジョイクラブⅡ」の開発に関する実践的検討　343

下位尺度得点（平均値）（対象児別）

同胞の障害に対する心配事		余計な負担の感情		自己猜疑心		過剰な責任感		感情尺度得点総計	
Pre	Post	Pre	Post	Pre	Post	Pre	Post	Pre	Post
2.75	2.50	2.25	2.75	2.25	3.00	2.75	3.00	21.50	22.25
2.00	1.75	2.00	2.75	3.25	2.50	2.00	4.00	19.75	23.25
2.50	1.75	1.00	2.00	2.50	1.75	3.25	3.75	19.25	17.25
2.00	1.50	1.50	1.75	1.25	2.00	2.50	2.50	14.00	16.25
2.50	2.00	1.50	1.25	2.50	2.75	3.00	3.25	21.25	19.50
3.00	2.00	2.00	2.00	3.00	2.75	2.75	3.50	20.75	19.00
1.50	1.50	2.00	2.00	1.50	2.00	2.50	2.25	14.50	16.00
6	85.7	1	14.3	3	42.9	1	14.3	3	42.9
0	0.0	4	57.1	4	57.1	5	71.4	4	57.1

関するFDT パーセンタイル値

両親間不一致		達成要求		被受容感		情緒的接近		パターン	
Pre	Post	Pre	Post	Pre	Post	Pre	Post	Pre	Post
1	8	70	63	39	69	75	90	B	A
94	20	43	90	53	69	84	99	A	A
8	29	83	76	97	96	97	97	A	A
1	1	31	31	99	97	97	97	A	A
20	1	96	96	89	96	86	92	A	A
8	8	63	83	59	85	56	68	A	A
1	1	14	31	96	89	96	97	A	A
19.00	9.71	57.14	67.14	76.00	85.86	84.43	91.43		
31.26	10.08	27.05	24.83	23.07	11.39	13.89	10.01		

下位尺度「被拒絶感」「積極的回避」「被受容感」「情緒的接近」の組合せによるパターン分類では、Pre時点で対象児7名のうち6名までが典型的安定型のAパターンであり、A児1名のみが、典型的ではないが一応の安定型とされるBパターンであった。不安定型のC、Dパターンに属する対象児はいなかった。Post時点では、全員がAパターンとなった。Post時点で、対象児らの「被拒絶感」「積極的回避」の平均は、それぞれ23.29から10.71、18.14から13.86へと減

Table 12-7 対象児の親の

対象児の親	無関心		養育不安		夫婦間不一致		厳しいしつけ	
	Pre	Post	Pre	Post	Pre	Post	Pre	Post
父A	<u>83</u>	19	64	22	19	9	<u>3</u>	<u>1</u>
母A	28	11	68	53	35	35	<u>3</u>	<u>3</u>
父B	7	19	6	30	26	39	24	<u>1</u>
母B	6	58	53	53	55	68	13	23
母C	28	58	86	68	55	35	83	62
母D	11	6	40	53	45	45	<u>6</u>	23
父E	<u>88</u>	29	78	85	19	14	<u>3</u>	<u>1</u>
母E	28	18	68	53	35	45	<u>3</u>	<u>3</u>
母F	<u>86</u>	69	<u>90</u>	53	19	19	23	23
父G	41	41	6	30	14	14	24	14
母G	28	42	31	21	19	27	35	23
平均	35.10	33.64	53.64	47.36	31.00	31.82	20.00	16.09
SD	28.54	20.30	28.16	18.93	14.37	16.71	22.64	17.40

※アンダーラインはレッドゾーンにあることを示す.

少し,「被受容感」「情緒的接近」の平均は, 76.00から85.86, 84.43から91.43へと増加した.

　レッドゾーン値が特にB児とE児に多く見られた. また,「心理的侵入」と「達成要求」では, Pre時点, Post時点とも複数の対象児がレッドゾーンに該当した. レッドゾーン該当者の変化を見ると, Pre時点でレッドゾーンを有する対象児はB児, C児, E児の3名 (42.9%) で, Post時点では, C児はレッドゾーンに該当しなかったが, 新たにF児が該当し, 今度はB児, E児, F児の3名 (42.9%) となった. また, 延べレッドゾーン数はPre時点の5からPost時点の5へと変化はなかった.

3　対象児のFDTと同胞に関する感情の関係

　対象児の親子関係の安定性と同胞に関連して抱く否定的な感情の関係を確認するため, ①対象児のFDTの「被拒絶感」と「積極的回避」のパーセンタイル値の和, ②対象児のFDTの「被受容感」と「情緒的接近」のパーセンタイル値の

FDT パーセンタイル値

達成要求		不介入		基本的受容		パターン	
Pre	Post	Pre	Post	Pre	Post	Pre	Post
48	24	43	57	80	99	D	A
5	1	68	94	82	82	B	A
2	2	32	57	99	86	A	A
21	21	8	9	63	43	B	B
54	54	80	80	48	93	B	B
91	68	32	10	93	97	A	A
36	24	79	68	68	86	D	B
5	5	68	86	82	77	B	B
54	54	86	94	56	72	D	B
36	48	10	14	60	86	B	B
33	15	44	32	82	82	B	B
35.00	28.73	50.00	50.70	73.91	82.09		
25.44	22.42	26.60	32.73	15.28	14.55		

和のそれぞれと、対象児の感情尺度得点総計について、Pre 時点と Post 時点別に、Spearman の順位相関係数 ρ を求めた。Pre 時点における、対象児の FDT の「被受容感＋情緒的接近」と「同胞に関する感情」には、強い負の相関関係（$\rho = -.87$、$p < .05$）が、FDT の「被拒絶感＋積極的回避」と「同胞に関する感情」には、強い正の相関関係（$\rho = .80$、$p < .05$）がそれぞれ認められた。一方、Post 時点では、いずれも相関関係は認められなかった。

4 親の FDT

親の対象児に対する FDT の結果を Table 12-7 に示す。親子関係の安定度を決定する 2 つの下位尺度「無関心」「基本的受容」の組合せによるパターン分類では、延べ11名（A 児と E 児を個別に評価したため）の親のうち、Pre 時点で 2 名（父 B＝B 児の父、以下同様、母 D）が A パターンであり、6 名（母 A、母 B、母 C、母 E、父 G、母 G）が B パターン、3 名（父 A、父 E、母 F）が不安定型の D パターンであった。Post 時点では、父 A が D パターンから A パター

Table 12-8　対象児へのインタビュー

質問項目		A児	B児	C児
同胞について	Pre	2人で遊ぶ。ボール遊びとか、楽しい。	優しい。たまにけんかもするけど、緊張している時髪の毛を引っ張る。わざとかは分からない。いなかったら暇。おしゃべりできないけど、「うーうー」と言うのを聞くのが面白い。	かわいくて一緒に遊ぶと楽しい。髪の毛引っ張る。蹴ると痛い。よだれがたれたら拭いてあげる。同胞のおかげで、障害者の辛い気持ちが分かる。いつも、牛乳を飲ませてあげる。同胞を助けてあげたいと思う。
	Post	手遊びして遊ぶ。私のことがあまり好きじゃないようだ。いて良かったことは、思いつかない。	優しい。楽しい。遊んであげると分かってくれる。同胞がいて、良いことは見つからない。嫌ではないがほっとけないから、いつも見ていないといけない。	いい子。待っててねと言ったら、待てる。歩く訓練してる。一緒に遊べる。家でも、一生懸命練習している。
同胞のことで困っていること	Pre	お父さんをお母さんが迎えに行く時2人で留守番をするよう頼まれるが、困ってはいない。	けんかになってすぐ泣かれるけど、困ったなと思わない。	困っていることは蹴る、髪を引っ張ること。暴れないでほしい。呼ぶ時は肩を叩いてほしい。遊びたいのに、頼み事をしてくる。でも、仕方ないって思う。
	Post	ない	髪の毛引っ張られること。そういう時は、お母さんを呼ぶ。	同上
両親について	Pre	一緒に出かける。母親は、料理を作ってくれる。お菓子を一緒に作る。よく甘えている。	母親は、好きだけれど、どこといえない。父親は半分好きで、半分嫌い。	両親はよく働く。同胞の面倒もいっぱい見て、頑張っている。
	Post	話を聞いてくれる。	母親は同胞の面倒を見なければいけないから、遊べない。父親とは、公園で遊ぶ。勉強も見てくれる。	家族のことを考えて頑張っている。
親と話すこと	Pre	あまり話さない。父親は、「同胞と遊んだの？」と聞く。	同胞がお風呂入っている時とか洗濯している時とか、大変だから世話をするよと話す。お母さんは、世話してと言わないけど自分からする。同胞の世話が大変だから、自分のことは、月に1回ぐらい話す。	同胞が普通の人とどう違うのか、なぜ病気になったのか聞いたが、分からないと言われた。母親と一緒に、同胞の面倒を見る。風呂に入れる時なども手伝う。危ないことをした時は、母親に話す。自分のことは、学校のこととかを話す。
	Post	覚えていない。	あんまり話すことはない。自分の方からは言わないけど、学校のことなど聞かれたら話す。この頃、あまり同胞の世話をすると言わないことにした。同胞のことが気にかけることが減った。	同胞の誕生日のプレゼントのこととか、同胞と自分だけで、留守番してた時どうだったかとか。自分のことは、毎日聞いてくれる。くだらないことも話す。
親に話したいけど話せないこと	Pre	ない	ない	同胞が、病気じゃなかったら元気なのか。治って、一緒に遊べるか。

結果1 (Pre-Post 比較)

D児	E児	F児	G児
よく笑う。かわいい。ボールで結構一緒に遊ぶ。何もなく寄りかかってくる。なぜかは、分からない。必ず寄りかかってくる。	優しい。叩くけど、私に水筒とかお茶を渡してくれる。いたずらをする。私の友達もみんなが、かわいがってくれる。好き。	元気な子。意思表示が強い。調子が悪い時とかすぐに泣く。台風や天気が悪い時に調子悪いから。いると楽しい。	小っちゃい。ずっと笑っている。面白い。学校でおもらししたって、学校の先生が話すのを聞いて、嫌だったのか、「あーっ」って言っていた。遊び相手になるので、楽しい。
ボール遊び好き。いつも笑顔。怒ったら「みんみんみん」と言う。お笑い番組が好き。	皆から人気がある。一緒にいると、私の友達も会いたがる。だから私も遊べる。	元気がいい。いたずらする。活発なところがある。遊んでる時、散らかしたり、机の上の物を落としたりする。	面白い。体が柔らかい。最近トイレトレーニングしてるけど一度もおむつを濡らさないこともある。いてくれたから、自分が小さい子どもの扱いに慣れた。
ない	プリントをぐちゃぐちゃにする。やめてと言っても、やめてくれない。ご飯食べさせる（手伝いを頼まれる）のが、本当は嫌。うまくできないから。	お母さんが、忙しくて面倒見れない時、代わりに見てあげること。	ない
ない	朝起きようとしたら、抱きついてきて、離れてくれない。	いつも、私がやっていることを邪魔する。	ない
母親は優しくてよく遊んでくれる。勉強も見てくれる。父親はスポーツとか、してくれる。	母親は、優しい。テスト悪くても、「頑張ろう」と言ってくれる。自分の具合が悪くても、同胞の世話をしている。	いろいろなことをさせてくれる。同胞の世話の仕方とか。勉強で分からないことがあったら、教えてくれる。	母親は料理上手。テストで悪い点を取ってもいいよと笑って教えてくれる。父親は抱っこしてくれる。
同上	母親は、嫌なことあったら、相談に乗ってくれる。父親は、仕事一生懸命働いてくれて、母親が同胞の世話で忙しいと助ける。	勉強を教えてくれる。ゲームの攻略とかも。十分甘えている。忘れていることを教えてくれたりもする。	両親とも、面白い。何気なく、ダジャレを言ったりしてくれる。父親も、料理をしてくれる。優しい。
同胞の様子を教えてあげる。自分の学校のこととかを話す。	同胞の様子を知らせると、母親から、直してあげるところや褒めてあげるところを言われる。父親とは、お手伝いしてという話しかしない。母親は心配事や楽しい話をする。	母親が、同胞と一緒に学校に行くので、何をしたかと聞いたら、教えてくれる。後は、自分の学校のことなどを話す。	同胞が学校でやった面白い話ばかり話す。晩御飯の時とかお風呂の時に話す。父親にも、母親から聞いたことを話す。自分の学校での男子がばかなことをした話とかをする。最近の流行していることとか。
同胞の好きなこととか、嫌なこととか、何していたとか、いろいろ話す。自分のことは、友達のこととか、学校のこととか自分から話すし、親からも聞いてくれる。	同胞ができるようになって、嬉しかったことを話す。父親と、学校の話とか、聞かれて詳しく話す。自分からも話す。お母さんと同じ感じで話せる。	同上 加えて、母親からも、自分の学校のことなど聞かれるので、食べる時みんなで、わいわいする。同胞の連絡帳を見せてくれて、同胞が学校で何をしたかを教えてくれる。	同上 家族でよく話す。朝も、時間のある時に。
何でも話せる。	母親が同胞を怒っていると、自分も怒られるかなと思って、言いたいことが言えない。父親には、同胞にするように、私にも優しくしてほしい。	何でも話す。	ない

同胞のことで相談できる人は？	Post	ない	ない	何でもすぐに話せる。
	Pre	母	誰にも言わない。	父母
	Post	直接本人に言う。	母、祖母、ジョイジョイクラブのスタッフ	父母、祖父母、同胞の学校の先生
相談内容	Pre	ない	ない	ない
	Post	ない（甘えているので、言いたいことはない。）	なんで髪の毛引っ張るのかなと聞く。	同胞がうるさい時、どうするかを聞く。
友達に同胞について聞かれること	Pre	ない	病気だから、同胞のことをなんて言おうかとドキドキする。	なんで病気なのと聞かれるので、分からないと言う。大変かと聞かれるので、大変だと言う。
	Post	ない	友達と同胞は、会わない。5時に迎えに行くから会わない。家での土日の遊びが禁止になったから友達は来ない。	ジョイジョイクラブに来て、学校の友達に、同胞のことを言えるようになった。

ンへ、母AがBパターンからAパターンへ、父Eと母FがDパターンからBパターンへ変化し、Aパターンが4名（父A、母A、父B、母D）、Bパターンが7名（母B、母C、父E、母E、母F、父G、母G）となり、Dパターンは見られなくなった。親子関係の安定パターンを決定する「無関心」の平均は35.10から33.64へ減少し、「基本的受容」の平均は73.91から82.09に増加した。

Pre時点では、特に親子関係の安定性を決定する下位尺度の「無関心」でレッドゾーンにある親が3名（父A、父E、母F）であったが、Post時点では、いずれも解消した。他に、「厳しいしつけ」「達成要求」「不介入」でPre時点、Post時点ともレッドゾーンにある親が複数見られた。

Pre時点でレッドゾーンを有しない親は母C、母Gの2名であった。Post時点では、その2名に父Gが加わり3名となった。また、延べレッドゾーン数はPre 15からPost 12に減少した。

母親の方から、困ったことを聞いてくれる。	留守番する時、同胞が泣いてしまったこと。	ない。母親もすでに分かってくれているから。	ない
父母、祖母	母	祖母	父母、祖父母
父母、祖母	父母、祖父母	父母	父母、学校の先生
ない	プリントを取り返してもらう。	ない	ない
ない	同胞の世話をして留守番するのを、祖父母に助けてもらう。	ない	ない。あったらいつでも相談できる。
あんまり、同胞のことは聞かれない。聞かれたら、障害があるよと言う。言いにくくはない。	「なんでそんなにかわいいの」と言われる。	何の病気で、どこに行っているか聞かれる。○○学園に行っている、病気の名前は分からないけど、立ったりできない病気だよと言う。	なんであんなに小っちゃいのと聞かれるので、生まれつきと言う。年齢をそのまま答える。友達はみんな知っている。交流学習でも、同胞の学校に行っているから、納得する。
家で遊ぶ時は別々だから、あまり同胞のことは聞かれない。	同上。障害のことは聞かれない。	最近はあまり聞かれていない。友達が来ても家の中では、会わない。	同上

5 対象児のインタビュー調査、及び親のアンケート

(1) 対象児へのインタビュー結果

対象児へのインタビューの結果を筆者がまとめたものを Table 12-8、Table 12-9 に示す。

Table 12-8 では、Pre インタビューと Post インタビューの内容を比較した。

同胞に関する対象児らの意識は、Pre 時点から「優しい」「楽しい」「面白い」など肯定的回答であった。Post 時点では、A 児と B 児にやや否定的なコメントが加わった。同胞に関して困っていることとしては、同胞の世話を任されることが多かったが、「でも、困っていない」「仕方がない」など、それを受け入れるコメントが見られた。

両親に対しても、Pre 時点から、同胞の世話をしながら頑張っている存在とする評価が多く見られ、Post 時点でもほぼ同様の評価であった。また、Pre 時点では、話せないことは「ない」としながら、実際には、親とあまり話す機会がないと感じている A 児、同胞のことは「誰にも言わない」という B 児、同胞の障害が治るか聞けずにいる C 児、優しくしてほしいと思いつつ、言えないでいる E 児、

Table 12-9 対象児へのインタビューの

質問項目	A児	B児	C児
心に残ったこと	絵本作りで、皆と話したこと。皆にコメントを書いてもらって、楽しかった。参加して良かった。	いろんな人と遊べて楽しかった。パラシュートとかマットの遊び。きょうだい同士やスタッフの先生とも仲良くなれた。今日の遊び（ビーンズバッグのスカーフ飛ばし）をお父さんとして楽しかった。	絵本にいろいろなことを書いて、楽しかった。将来の夢をみんなに言えたのが、良かった。親子ゲームが、面白かった。障害のことが分かった。食事のこと、運動のやり方とか、暮らし方とか。自由にできないところが、かわいそうだと思った。他のきょうだいに会えて、楽しかった。
同胞について分かったこと	ちょっとだけある。	同胞が学校でしていることは母親から毎日聞く（バザー、学習発表会、運動会のこと）。	同胞が、肢体不自由だっていうこと。それが分かって、同胞に優しくしようと思った。それぞれ、同胞の障害が違うし、興味も違う。他のきょうだいは、自分もやりたいことあるのに、同胞の世話をして、すごいと思った。ケースワーカーのことも、初めて知った。他のきょうだいから、ヒントをもらえた。
プログラムの内容で嫌だったこと	ない	全然ない	ない
両親について分かったこと	父：あまりない。母：ある。内容は言えない。	両親は大変そう。父は雪かき、母は同胞の面倒を1人で見ている。これまでは、そういうことについて何も思っていなかった。	両親は、大変だと思った。仕事も、家のことも、同胞のこともしなくてはならない。
両親が変わったこと	ない	話を聞いてくれるようになった。学校のこととか、友達と遊んだこと。絵本を見せたら、お母さんが、面白い本だねと言ってくれて、楽しい気持ちがした。	ない。いつも通り。
両親に伝えたいこと	ない。甘えているから。今のままでいい。	父：ない。思いつかない。母：学校楽しかったよ。ジョイジョイクラブが楽しかったよ。	絵本に書いてくれた、両親のコメントが全部嬉しい。言いたいことは、ない。今のままで十分。
参加しての感想	他のきょうだいのことで、すごいと思ったことがあった。でも中身は、忘れた。	助けてくれる人のこと。こんな人がいるんだなと分かった。いろいろ助けてくれる人のことを聞いて、知らなくてびっくりした。また、パラシュートなどのムーブメントをしたい。お菓子作りとかもしてみたい。	絵本もっと作りたかった。みんなからのコメント嬉しい。同胞と遊ぶ時は、いつもどおりでいいんだなと思った。同胞は、大型そりとか喜んでいた。またやりたいと思う。同胞の喜ぶ遊びなら、家族でも遊べる。そりで遊ぶとか、風船で遊ぶとか。

第12章　研究10：家族参加型きょうだい支援プログラム「ジョイジョイクラブⅡ」の開発に関する実践的検討　351

結果2（Post時点での質問事項のみ）

D児	E児	F児	G児
新しい友達ができた。スカーフで飛ばすとか、今まで、知らない遊びができた。人の意見とか聞いていろいろなことが分かった。友達に、同胞の悪口言われたらどうしたらいいかなど。障害のある人を助けてくれる人、学校のことが分かった。	ムーブメントでパラシュートが楽しかった。絵本作りで楽しく書けた。自分の意見を書いて、人の意見も聞けて、困ったこと、嬉しいことなど、分かって良かった。絵本がよくできたねって言ってもらえて、嬉しかった。	みんなの意見が分かって良かった。困ったことを相談し合えた。皆いろいろな気持ちがあるな。嬉しいこと、楽しいこととかを聞いた。皆と話ができて良かった。自分が今までできなかったことや、対処法を教えてもらえた。遊びも楽しかった。家の人との遊び。フープくぐりとか新聞紙で遊んだ。	同胞も一緒にしたシーツそりが面白かった。絵本作るの、飾りつけしたこと。お母さんとお父さんと遊ぶのが面白かった。
同胞がパラシュートが好きなことが分かった。学校で何をしているとか、これまでも知っていたけどもっと分かった。給食が食べやすくしてあるとか。	障害は治らない。今までは治ると思っていた。ちょっとだけ悲しかった。ジョイジョイクラブに来ている同胞は楽しそうだった。ムーブメントで、パラシュートみたいなので遊んであげたら喜ぶんだなって思った。家で風呂敷でやってみたら楽しそうだった。	他の人の同胞が今までどんな生活をしているか知ることができて、良かった。同胞が、他の人とどんな風に違うのか分かった。	絵本作りで、同胞の良いところを見つけた時に、いつもは考えられないことを考えられた。VOCAとか、スイッチ（IT）とか、初めて見たので便利だと思った。サポートしてくれる人がいろいろいると分かった。
ない	ない	ない	ない
母は遊びとか結構夢中になる。普段忙しいので、久しぶりに遊べた。	特にない。たまにけんかしてるけど、楽しそう。以前からそうだ。	他の人の家族も、同胞のことや自分のことを考えてくれている。みんなと、話し合って、他の人の意見を聞いて、それが分かった。	特に新しいことはない。
もともとよく話を聞いてくれる。特にない。	父：絵本のコメントとか、書いてくれたり、アドバイスしてくれて優しくなった。母：ジョイジョイクラブに来てから、ちょっとしたことで、同胞を怒らなくなった。私にも優しくなった。	表情が笑顔になる。ジョイジョイクラブに来る前は急いでいるけど、終わった後は笑顔。そんなお母さんを見るのが好き。	ジョイジョイクラブが終わって、家に帰る途中に、遊んで楽しかったねと話したりした。あんまり4人でこんな風に出かけたりしたのがなかったから、ここで遊んだことをみんなで話せた。
ない	父：仕事疲れている時に同胞の面倒を見てくれてありがとう。母：相談に乗ってくれて、嬉しかった。	いつもたくさんいろいろなことを言っているけど、自分のこと考えてくれているからありがとう。	両親は、自分に、こうなってくれとかは、言わないし、いつも、よく話を聞いてくれているので、改めて、言いたいことはない。
他の人の夢とか分かった。家族を助けてくれる人で、今まで知らなかった人が分かった。	皆のアドバイスで同胞の困ったことも解消できた。家に来た友達が、同胞ばかりかわいがって、私が寂しい思いをした時、みんなが、「自分から遊ぼうと言えばいい」と、アドバイスをもらったことで、試したら、効めがあって良かった。	皆なんか似たような思いをもっていた。同胞に代わりの物を貸してあげて、物を取られないようにするとか。自分と一緒に、似たような困ったことがあるんだなと思った。スカーフ使ってビーンズバック投げ合ったムーブメントが、楽しかった。母との遊びが楽しかった。	だいたい楽しかった。自分は、意外と悩みが少なかったと分かった。他の人は困っていることをいろいろ話していたけど、自分はあまり困ってない。嫌なこととかもあまりなかった。同胞が友達の妹と同じクラスで、一時保育などに行っていたから、普通に、友達感覚でいる。

相談相手に親を挙げないF児など、敢えて親と相談しない状況が示された。しかし、Post時点では、相談相手のバリエーションが増えた。

友達に同胞について聞かれた場合は、B児を除き、ありのままを答える対象児が大部分であった。Post時点では、友達から質問される機会そのものがなくなったという回答が多かったが、特にC児は本プログラム後に、学校の友達に同胞のことを話せるようになったと回答した。

Table 12-9では、Post時点での対象児の本プログラムに対する振り返りについて示した。心に残ったことや同胞について分かったことでは、多くの対象児が、ムーブメント活動で家族がともに遊べたことや、親とふれあえたこと、同胞の好きなことや、同胞の障害の現状と支援体制に関すること、同胞に関して困っていことや悩んでいたことが解決したことなど、それぞれに多様な気づきを報告した。特に、他の家族やきょうだいと出会ったことで、「同じ悩みや気持ち」を共有できた一方で、決してどの同胞も「同じ障害児ではない」という気づきを得たことが語られた。

親に対しては、同胞の世話をしていること、自らにかかわってくれることへの感謝、本プログラムを通して、親との関係が近くなったことの報告が見られた。

(2) 親のPostアンケート結果

1) 対象児の変容

Post時点での「対象児から同胞へのかかわりの変化の有無とその内容」「対象児から親へのかかわりの変化の有無とその内容」「同胞について、対象児と話すようになった内容」「対象児自身について、対象児と話すようになった内容」に関する回答について、筆者がまとめたものをTable 12-10に示す。

Post時点で、複数の対象児に、対象児から同胞に対して、より受容的なかかわりが増えたことが報告された。また、C児、D児には、親や家族との穏やかなかかわりが、B児、E児、F児には、対象児から親への話しかけが増えたことが報告された。同胞について話すようになった内容については、プログラムの中で取り入れたムーブメント活動をしたいという希望や、ポートフォリオ絵本でも取り上げた、同胞とのかかわりにおける悩みや、同胞の学校に関する話題が挙げられ、同胞の障害の現状や、同胞の将来についても話が及んだケースが見られた。また、対象児自身に関して話すようになった内容では、学校や友達に関する日常

的な話題の他に、同胞が交流学習で、対象児の学校に来ることについて気持ちを確認したというＧ児のケースも見られた。

２）親自身の変容

対象児のうち２人が姉妹で同じ親であったので、アンケートの回答者は、父親３名、母親６名の計９名であった。

「親として対象児へのかかわり方が変わったか」については、計７名（77.8％）が「そう思う」「どちらかというとそう思う」と答え、その理由として「対象児に対し、余裕やゆとり、寛容さをもってかかわるようになった」が３名、「話を聞き、考えを引き出そうとするようになった」「大切な存在だとより一層声に出して言うようになった」「自分のかかわり方を反省した」が各１名であった。「変化がなかった」と答えたのは、２名（22.2％）であった。

「親として自分の考えや気持ちに変化があったか」については、計７名（77.8％）が「そう思う」「どちらかというとそう思う」と答え、その理由として「将来への不安が減った（２名）」「親同士いろいろな意見を聞けて、参考になり、安心・ゆとりが生まれた（２名）」「子どもへの愛情が深まった（１名）」「褒めることの大切さが分かった（１名）」「いろいろな家族がいると分かり、自分が幸せだと感じた（１名）」等であった。「どちらともいえない」「どちらかというとそう思わない」と回答したのは各１名（計22.2％）で、理由は、「これまで通りでよいと分かった」「参加前と同じである」というものであった。

「対象児の子育てに関する悩みを解決するヒントを得られたか」については、計６名（66.7％）が「そう思う」「どちらかというとそう思う」と答え、その理由として、「自分が思うほど、同胞のことを重く受け止めておらず安心した」「心配していたが、心に余裕をもって接していこうと思う」「気持ちが楽になった」「答えは一つではなく、愛情をもってやっていけばよいと分かった」「これまで通りやっていこうと思う」というように、自らの養育を肯定的に受け止めることができたというものが多かった。また、「スキンシップが大事だ」という気づきもあった。「どちらかというとそう思わない」と回答したのは３名（33.3％）で、理由は「親子ともに世界が広がり、話題の引き出しが増えた」「特に変わらない」というものであった。

「対象児について、親自身が新しく分かったこと、気づいたことがあったか」

Table 12-10 親のPostアンケートにおける

質問項目	A児	B児	C児
対象児から同胞へのかかわりの変化の有無とその内容	一緒に遊ぶことが多くなった。遊びや接し方がさらに優しくなった。	以前より同胞のことを気にかけ、声をかけるようになった。	以前のように怒鳴らなくなった。前より細かい部分で介抱するようになった。何をしてほしいか分かるまで向き合ってくれるようになった。
対象児から親へのかかわりの変化の有無とその内容	変化なし	自分自身のことも親に話すようになった。	明るくなり、少し素直に言うことを聞いてくれるようになった。
同胞について、対象児と話すようになった内容	小学校の日記に、毎回、本プログラムについて書いており、その中で同胞の障害について説明した。日記の説明でダウン症について、まだ歩けないけれど一生懸命トレーニングしていること、同じ小学校に行かないかもしれないなどと話した。	日常あったこと。食事のこと。髪の毛を引っ張られる時どうしたらよいかを相談されたので、ポートフォリオ絵本を見ながら話した。	支援学校での様子や同胞のしつけについて話した。どうして同胞ばかり優先したり、優しい怒り方をされたりされるのかを尋ねてきたので、同胞の理解力の現状を話した。
対象児自身について、対象児と話すようになった内容	小学校のこと、好きな縄跳びのこと、日常の生活のことなど。	学校での出来事、家での出来事、日常あったことなど。	学校での出来事、遊びのこと。自分の好きなテレビについてなど。

については、7名（77.8%）が「あった」と答え、その理由として「ポートフォリオ絵本から、普段親に話さない気持ちを知った」が5名で、対象児の好きなこと、嫌な思いをしたこと、親・同胞への思い、同胞の障害の理解状況など多様な対象児の「本音」を知ったことが挙げられた。他に「きょうだいの気持ちの変化や自分の気持ちの変化を実感した」「心のゆとりの大切さと、子どもに優しく接することの大切さを身をもって経験した」というものがあった。「ない」と回答したのは2名（22.2%）で、理由は不明であった。

「プログラムを通して親自身が得たと思うことや感想」については、「きょうだいを育てる親同士が集まり意見を聞けたことが、とても貴重な時間だった」「毎日、

対象児の同胞、及び親とのかかわりの変容

D児	E児	F児	G児
同胞のことをかわいいという回数が増えた。より一層気にかけてくれるようになった（危ないことをしていないか等、見てくれるようになった）。	同胞に対して怒ることもあるが、一緒に遊んで笑っている場面を見ると、愛情が深まっていると感じる。	接する態度が少し柔らかくなった。前は叱りつけていたのも、しょうがないと少し許す感じになってきた。	変化なし
家族に対してより一層優しくなった。	話しかけてくることが少し増えた。	本人の話をすることが増えた。楽しかったことやその日の出来事を話してくれるようになった。	変化なし
同胞がかわいい、何を考えているのだろうなどと、話し合った。	同胞の一日の出来事。歩行訓練や、同胞の進路、支援学校の説明をした。自分の行っている学校との違いを興味深く聞いていた。	以前は同胞についてあまり話したがらなかったが、本プログラムに参加してから、今日学校で、同胞が何をしていたかを熱心に聞いてくるようになったので、同胞の訓練の内容などを話す。また、ムーブメントが面白かったから家でもしようと言うようになった。	日頃の面白かったこと、支援学校で聞いたこと、同胞が将来どうなるかということなどを話した。
友達のこと、生活全般のことなど。	自分の読んだ本の話、学校のこと、将来の夢、親の仕事の話など。	学校の行事やその時の気持ちなど。	社会のこと、父親の仕事のこと、学校での様子など。同胞が交流学習に来ることについて、周囲の友達や先生と話したことや本人の気持ちについて話した。

あわただしく過ぎていく中で子どものことを深く思い考えたのは、本プログラムに参加したおかげである」「対象児に自分が支えられていると知った」「家族の大切さを再認識することができ、将来に対する不安が軽減した」「きょうだいと一緒に何かをする時間をもつことが大事だと実感した。何かを一緒にしているといろいろな話をしやすいし、楽しい時間ももてると分かった」「本プログラムは他の家族を見たり意見を聞いたりして、大人も、対象児も、自分を見つめたり、自分達のことを考えたりすることができる場所である」「同じ重度の障害児をもつ親同士が話をして、自分だけではない、皆同じ思いをしていると感じることができた」などが挙げられた。

(3) プログラムの有用性評価

　Table 12-9の対象児のPostインタビューにおける感想からは、本プログラムの評価として、主にポートフォリオ絵本の作成過程で、同胞の障害に対し、具体的な支援方法や支援者について様々な知識を得たこと、きょうだい同士で話し合い、気持ちを共有できたこと、自分が直面する課題に対して解決方法が見出せたことなどが挙げられた。また、家族ムーブメント活動や親子ふれあいムーブメント活動で、親や同胞と遊べたことが楽しく、特に同胞が好きな遊びや同胞とのかかわり方にヒントを得られたことなどが挙げられた。

　一方、親のPostアンケートにおける有用性評価結果であるが、まず、各セッションの冒頭に取り入れた家族ムーブメント活動について、「家族で取り組むことは楽しかったか」が、83.3ポイント（平均1.67点、SD 0.67）、「親にとって取り組みやすかったか」が、72.2ポイント（平均1.44点、SD 0.83）、「対象児の成長に役立ったと思うか」が、61.1ポイント（平均1.22点、SD 0.79）、また、セッションの最後に取り入れた親子ふれあいムーブメントについて、「対象児とともに取り組むことは楽しかったか」が、88.9ポイント（平均1.78点、SD 0.42）、「親にとって取り組みやすかったか」が、100ポイント（平均2.00点、SD 0.00）、「対象児と親のコミュニケーションに役立ったか」が、83.3ポイント（平均1.67点、SD 0.47）であった。感想としては、「みんな参加して親子で楽しめるゲームは普段はなかなかないが、家族ムーブメント活動は障害のある同胞を含め、家族で楽しめた」「家族皆で一緒になって大笑いし、楽しいと思えることは、良い思い出づくりになった」「そり遊びやパラシュートが楽しかった」という、活動の楽しさに関することを挙げた者が3名、「楽しいので対象児の心が満たされ、同胞に対し、自然とフォローできた」「同胞と一緒に取り組んだので、対象児が同胞を理解し、気遣うようになった」のように、対象児の同胞とのかかわりの変化に関することを挙げた者が2名あり、他に、「家族内、そして参加した家族間の一体感が良かった」「スキンシップが取れるので、家族で互いにリラックスできた」「対象児の心に余裕ができた」「対象児には活動の内容がやや幼く感じた」などがあった。

　ポートフォリオ絵本については、「対象児が同胞のことを理解するのに役立ったか」が61.1ポイント（平均1.22点、SD 0.63）、「親自身が対象児のことを知るために役立ったか」が88.9ポイント（平均1.78点、SD 0.42）、「対象児と親のコ

ミュニケーションに役立ったか」が77.8ポイント（平均1.56点、SD 0.68）であった。感想としては、「対象児の素直な気持ちや考えが表れており、よく分かった」が5名、「後で見返すこともでき、良い思い出になった」が3名、「自分のことを改めて文章で表すことが良かった」が2名あり、他に「家で見せない面をすることができた」「友達やスタッフのコメントも嬉しかった」「楽しく読んだ。家族をよく見ていると感心した」「同胞への優しさが伝わってきた」「親がコメントをどう返せばよいか難しかった」などがあった。

さらに、親グループでの活動が養育に役立ったかについては、「大人になったきょうだいの話を聞く」が、72.2ポイント（平均1.44点、SD 0.83）、「対象児の気がかりな事例をあげて、意見交換する」が、77.8ポイント（平均1.56点、SD 0.68）、「いいところ見つけ、ほめほめエクササイズ、対象児への手紙などに取り組む」が、88.9ポイント（平均1.78点、SD 0.42）であった。

親が取り組んだプログラムの良かったと思う内容や、もっと取り入れてほしい内容については、「大人のきょうだいの話を聞けて良かった（5名）、もっといろいろな方の話を聞いてみたい（1名）」「対象児に手紙を書いたこと。日頃面と向かっていないことが書けた。本人も喜んだ（4名）」「ポートフォリオ絵本で対象児が思っていることに気づくことができて良かった（3名）」、「ムーブメント活動は子ども達がとても楽しみにしていた。本当に喜んでいた。親も本当に楽しい（2名）」「いいところ見つけでは、対象児の成長を思いながら、本当に元気に生まれてきてくれてありがとうという気持ちでいっぱいになった（1名）」「ほめほめエクササイズが良かった（1名）」「親同士が話し合えたことが良かった（1名）」であった。

6　事例

質問紙調査の結果から、対象児の同胞に関連して抱く否定的感情の程度やFDTにおける顕著な変容が確認されたA児、B児、F児について、プログラム実践中の行動観察記録、ポートフォリオ絵本の記述内容、対象児のインタビューデータ、さらに、親グループでの親の発言データ、親の自由記述アンケートなどに基づき詳述する。

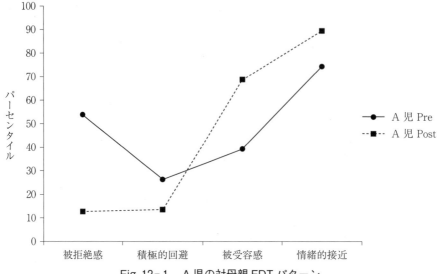

Fig. 12-1　A児の対母親FDTパターン

(1) A児と父A、母A

　A児の同胞は3歳のダウン症で知的障害と肢体不自由を有し、独歩不能、発語困難であり、身辺処理には全介助を必要とした。移動は大人による抱きかかえによるか、バギーを使用していた。本プログラムにも、母親に抱きかかえられて参加した。

　Table 12-5よりA児の同胞に関する感情尺度得点総計はPre時点の21.50からPost時点の22.25へと増加しており、特に「自己猜疑心」における増加が見られた。逆に「同胞に向けられた不公平感」は、1.00ポイントの減少であった。

　A児の母親に対するFDTの親子関係パターン、及び、父A、母AのA児に対するFDTの親子関係パターンをそれぞれ、Fig. 12-1〜3に示す。Pre時点で、A児と母Aの親子関係パターンは、やや安定型のBパターンであり、父Aの親子関係パターンは、不安定型のDパターンであった。いずれもPost時点においては、安定化を示す右上がりパターンが顕著となり、A児、父A、母A双方からの親子関係認識が改善されたことが確認できた。特に、父AについてはTable 12-7に示すようにPre時点でA児に対する「無関心」が高く、レッドゾーンにあったが、Post時点では20パーセンタイル以下の安定域へと大きく減少し、A

第12章　研究10：家族参加型きょうだい支援プログラム「ジョイジョイクラブⅡ」の開発に関する実践的検討　359

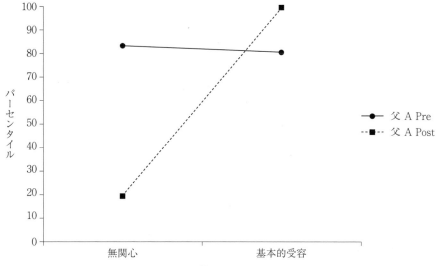

Fig. 12-2　父AのFDTパターン

パターンへと移行した。同様に、母Aの「無関心」もPost時点では安定域（11パーセンタイル）となり、A児自身のFDTもTable 12-6に見るように「被拒絶感」が50パーセンタイル以下（12パーセンタイル）、「被受容感」が50パーセンタイル以上（69パーセンタイル）のそれぞれ安定域に移行し、典型的な安定型のAパターンとなった。

A児のポートフォリオ絵本の主な記述内容（筆者がまとめたもの）をTable 12-11に示す。なお、紙面の関係で、主な支援ニーズを反映した第3～6回分の内容のみとする。第2回の家族紹介では、A児は、「同胞が早く歩けるようになってほしい」と言い、父親は力持ち、母親は料理上手、そして自分は鉄棒が得意と述べた。

第3回では、同胞が訓練を頑張っていること、歩かないことを「変わっている」と感じることなどをポートフォリオ絵本に書き込んだ。両親はこれに対し、A児が「家族や同胞をよく見ているので、すごい！」と賞賛している。この時期の親グループでは、父AからA児が小さい体で同胞を抱えて世話をすることや、母Aから「まるで、自分のもののように」世話をすることが話され、A児が「同胞の世話をすることを楽しんでいる」と様子が伝えられた。

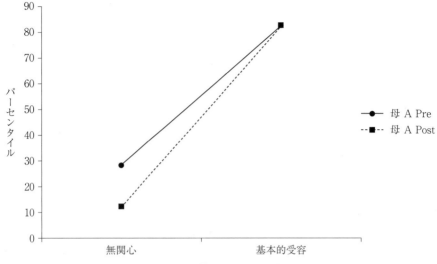

Fig. 12-3　母 A の FDT パターン

　第 4 回では、対象児達は、同胞の困った側面やその対処方法について話し合った。A 児は、プリントをぐちゃぐちゃにされるなど、宿題の邪魔をされることや、髪の毛を引っ張られることなどを挙げ、話し合いの後、解決方法も合わせてポートフォリオ絵本に書き込んだ。また、同胞と子どもだけで留守番する時に、手遊びで同胞とうまく過ごせることも書き込んだ。これに対し、父 A、母 A とも、「あなたは同胞の楽しいことをよく知っている」と認め、同胞とうまく遊べることを褒めたり、同胞が A 児のことを大好きであると伝えた。

　第 5 回では、友達に同胞の障害や、学校のことについて尋ねられた時の対応方法について話し合った。A 児は、「いつ治るの？」と聞かれたら、「生まれる前に、お母さんのおなかの中で、けがをしたから、歩けないんだよ」と答えを用意した。この時期の親グループでの話題で、母 A が、A 児が家でも同胞が生まれる前から障害があるのかと聞くようになったことを発言しており、第 3 回で A 児が述べていた、「同胞が歩けないのが、(他の人とは) 変わっている」と感じてきたことに、A 児なりの理由を見出そうとしていることが分かった。また A 児は、「『どうして同じ学校じゃないの？』と聞かれたら」については、「家族や先生に代わりに答えてもらう」というように、他の対象児達との話し合いで出た、「分から

Table 12-11　A児の第3～6回のポートフォリオ絵本の内容

回	きょうだいの記入内容	父親の記入内容	母親の記入内容
第3回： 同胞について	同胞はよく笑う。訓練をしているのがすごい。よく笑うのが好き。なぜ歩かないのか、変わっていると思う。ご飯をよく食べる。	あなたは、同胞のお世話をしてくれたり、遊んでいるから、本当によく知っているね。すごい。	同胞のことをよく見ているね。たくさん見つけてすごい！
第4回： 同胞とのつき合い方、助け方について	プリントをぐちゃぐちゃにしたら、さっと、違う紙をわたす。ボール遊びをする時は投げないで、転がしてあげる。喜ばせる時は、お絵かきを一緒にやる。同胞と子どもだけでお留守番する時は、好きな歌で手遊びする。髪の毛を引っ張ってくる時は、やめてという。でもやめなかったらお母さんに言う。	あなたは同胞が楽しくなるような遊び方をよく知っているね。同胞はあなたのことが大好きだよ。	あなたは同胞の楽しいことをたくさん知っているんだね。たくさん遊んでいるから嬉しいと思うよ。怒ることなく、優しく遊んでいるあなたは素敵だよ。
第5回： 友達に同胞の障害や、学校のことについて尋ねられた時の対応方法	「いつ治るの？」と聞かれたら、「生まれる前に、お母さんのおなかの中で、けがをしたから、歩けないんだよ」と言う。「どうして歩けないの？」と聞かれたら、「歩けないけど、一緒にいっぱい遊べるよ」と言う。「どうして同じ学校じゃないの？」と聞かれたら、家族や先生に代わりに答えてもらう。	あなたの答え方は、前向きな良い答え方が多いね。難しいことは大人に任せてね。	分からないことはお父さんお母さんに聞いてね。
第6回： 日常の生活の中で抱く感情、両親にもっと分かってほしいこと	留守番する時に同胞が泣かずにいてくれると嬉しい。自分が作ったサツマイモをおいしいといってもらえて嬉しい。同胞を置いて自分が塾に行く時は心配。一人で泣くかもしれない。（他のきょうだいからのアドバイス：テレビをつけっぱなしにしておけばよい。）足し算ができるのに、お父さんお母さんが、まだできないと言うのが嫌。同胞が宿題を取るのが困る。畳んだ物をぐちゃぐちゃにする。手に持ったおやつをつぶす。	あなたは手伝いがとても好きで助かっています。テストでも何でも失敗してもいいんだよ。足し算も引き算もよくできるようになってきたね。頑張るあなたが、大好きです。	この本であなたの気持ちが分かりました。頑張っているあなたへの一言を気をつけないと……反省です。

ないことは大人に助けてもらう」という意見を書き込んだ。これに対し、父A、母Aともに、「難しいことは大人に任せて」とA児の思いに応えるコメントを返している。

　第6回では、対象児が生活の中で抱く感情や、両親にもっと分かってほしいことを話し合った。A児は、「留守番していた時に同胞が泣かずにいてくれると嬉しい」と述べ、子どもだけで留守番していることは、先の第4回で書いたように親の期待に応えて同胞の面倒を見るという役割をやり遂げる喜びである一方で、いつ泣き出すかもしれない同胞に常に気を配っていなければならず、6歳児であるA児には負担の高い仕事であることを吐露した。また、同胞を置いて外出すると同胞のことが心配であるなど、責任を常に感じていることも推察された。さ

らに、ここにきて、それまで話せなかった同胞の対応困難な行動や親の要求に対する否定的感情を初めて言葉にした。これに対し、母Aは、「あなたの気持ちが分かりました。頑張っているあなたへの一言に気をつけないと……反省です」と、年齢不相応な負担を負うA児の思いに気づいて、その負担を後押しするような励ましをしてきたことへの反省のメッセージを返している。父Aも、「何でも失敗してもいいんだよ」と、A児の負担感を和らげるコメントを返している。この時期の親グループの話し合いでは、父Aが、A児が進んで庭仕事を手伝ったり、親が感心するほど縄跳びに何度も挑戦したりする姿を報告し、同様に母AもA児が地域レクリエーション活動で、自分から工夫して活動する姿を報告しており、親は、期待に応えようと気配りや努力を重ねるA児の状態を望ましいと思う一方で、その裏にあるA児の負担感に気づいたことが見て取れた。また、父Aは、「A児に意識して『ありがとう』と言う機会が増えた」と述べており、A児をねぎらう思いが生まれてきたことが推察された。

Table 12-8を見ると、A児は、Preインタビューで「同胞と遊ぶのが楽しい」と言っていたが、Post時点になると「同胞は自分のことがあまり好きではないようだ」と言い、同胞がいて良かったことを「思いつかない」と言う等、Pre時点で感じていた同胞との関係とは異なり、Post時点では同胞とうまくかかわれていない様子を示す回答となった。両親にはPre時点でもPost時点でも「甘えている」と言い、言えないことや不満などはないと答えた。一方、Table 12-9に見るように、本プログラムについては、絵本作りで他の対象児と話したことや、自分の書いた内容にコメントをもらえたことが楽しかったと述べ、満足している様子がうかがわれた。

Table 12-10の親のアンケートでは、本プログラムを通して、A児と同胞との遊びが広がったこと、A児が毎回、本プログラムのことを学校の日記に書いており、それがきっかけで同胞の障害や就学について親子で話すようになり、障害の状態について親からも説明する機会を得たことが報告された。親自身の変化として、親からA児に学校のことや友達のことを聞くようになったことなどが報告された。さらに、親は「心にゆとりができ、子ども達を良い意味で客観視するようになった。子どもの気持ちは変化していくことを、他の親の話から学ぶことができた。自分の子どもの悩みも変化していく、そう思ったら楽になった。自分はそんなに変化しない、変わらないと思っていたが、本プログラムを終えてみる

と対象児も自分も変わっていくのに気づいた」(父A)、「絵本を通して子ども達の気持ちが理解できた。頭では分かっていたが文章にして読んでみると、反省することが多々あった。養育の答えは一つではないんだ。愛情をもってやっていけばいいんだというヒントを得られたと思う。優しく接すれば子ども達にも笑いが生まれる。褒める大切さを身をもって経験できた」(母A)と活動の感想を述べた。また、母AからはA児が作成したポートフォリオ絵本に書かれた他の対象児やスタッフからのコメントが、母親自身にとっても嬉しかったことや、A児が活動中に褒められると笑顔が見られたことについての言及があった。

(2) B児と父B、母B

B児の同胞には染色体異常による四肢体幹機能障害と知的障害があり、移動はすべて車いすで、身辺処理に関する全面的な介助を必要とした。

Table 12-5より、B児の同胞に関する感情尺度得点総計の総得点はPre時点の19.75ポイントからPost時点の23.25ポイントと増加しており、特に「将来の問題」、「友達からの反応」、「過剰な責任感」で増加(それぞれ2.50から4.00へ、1.75から3.25へ、2.00から4.00へ)した。逆に「同胞に対する拒否の感情」は2.25から1.00へと減少した。

B児の母親に対するFDTの親子関係パターン、及び、父B、母BのB児に対するFDTの親子関係パターンをそれぞれ、Fig. 12-4〜6に示す。B児と父BはPre時点から親子関係パターンは典型的な安定型であるAパターンであり、母Bはやや安定型のBパターンであった。Table 12-6及びFig. 12-4を見ると、B児については、Post時点で母Bに対する「情緒的接近」のパーセンタイル値が84から99へと高くなり、安定化を示すグラフの右肩上がり傾向がはっきりした。また、下位尺度ごとの特徴としては、Pre時点で見られた「両親間不一致」が94と高く、レッドゾーンにあったが、Post時点では20となり大きく減少した。逆に「心理的侵入」は32から94とPost時点で高くなり、レッドゾーンとなった。「両親間不一致」は、子どもが両親の養育及び教育に関する考えの違いや相互の不満を認知している程度を示す下位尺度であり、「心理的侵入」とは、子どもが「親が自分のことに口を挟み、プライバシーを侵害している」と感じている程度を示す下位尺度である。一方、Table 12-7及びFig. 12-5を見ると、父BのFDTにおける変化はわずかであった。母BのFDTは、Table 12-7を見ると、Post

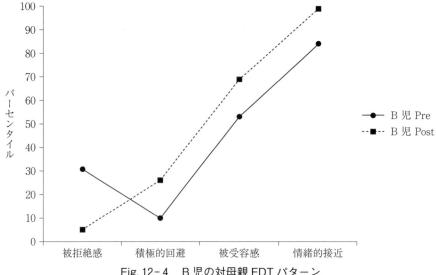

Fig. 12-4　B児の対母親FDTパターン

時点で「無関心」が6から58へと増加し、「基本的受容」が63から43へと低下して、親子関係パターンの分類上はPre時点と同じBパターンであるが、Fig. 12-6に示すように、やや不安定化傾向となった。このように、Post時点でB児と母Bとでは、親子関係の認識に差が生まれたことが確認できた。さらに母BはPre時点から「不介入」が8ポイントと低くレッドゾーンにあったが、Post時点でも9ポイントとほとんど変化が見られず、B児の生活に強く介入していることが示された。

　B児のポートフォリオ絵本の第3〜6回の主な記述内容（筆者がまとめたもの）をTable 12-12に示す。第2回の家族紹介では、B児は、当初、同胞には自慢できるところはないと話していたが、他の対象児の話を聞いて、「同胞がB児の作ったゼリーを食べてくれる」「笑顔が自慢」などと述べた。「自分の得意なことは何？」という問いには率先して手を挙げ、「体操」「プール」「鉄棒」「トランポリン」「勉強」と次々と口にした。ポートフォリオ絵本には、上記の同胞のエピソードの他に、父親は力持ちだが物事の準備が遅い、母親は料理上手だが掃除を頑張ってほしい、そして自分は絵が得意と書き込んだ。

　第3回では、B児はポートフォリオ絵本に「同胞は髪の毛を引っ張るから困る」

第12章　研究10：家族参加型きょうだい支援プログラム「ジョイジョイクラブⅡ」の開発に関する実践的検討　365

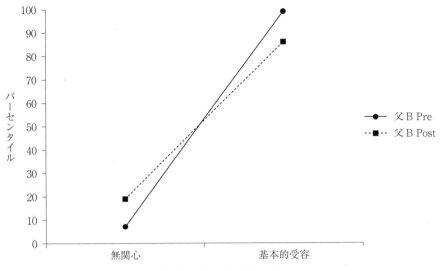

Fig. 12-5　父 B の FDT パターン

と書いた。同胞に髪を引っ張られることについては、他の対象児も同じように対応に困ると発言し、複数で「困る」思いを共有した。父 B はこれに対し、「同胞の笑顔もあなたの笑顔も素敵」「同胞と仲良く」、母 B は、「同胞思いの優しい子どもでいてほしい」「たくさん手伝ってくれるのが助かる」と、同胞に優しく接し、その世話をすることへの期待と賞賛を述べている。この時期の親グループの話し合いでは、母 B から、夜寝る際に母 B が同胞についており、B 児には父 B がついていること、時々、B 児が母親を求めて、「あとで（同胞の世話が終わったら、自分の寝るそばに）来てほしい」と言うことが、B 児の「いとおしい」エピソードとして伝えられた。家族ムーブメント活動の場面では、B 児は率先して同胞の大きな車いすを押して、活動に参加した。両親は B 児が同胞と 2 人で遊具を使う様子を少し離れて見守り、B 児に「同胞にこうしてやらなくちゃ」と指示し、B 児に同胞を任せる場面が観察された。一方、スタッフが同胞に対応している間に、B 児が自分から親に風船を投げて誘いかけ、遊ぼうとする場面も観察された。このように、7 歳年上の同胞の世話を任され、親の期待に応えてそれに取り組む一方で、ちょっとした隙間に親と一緒にやりたい気持ちを満足させようとする B 児の様子が見て取れた。

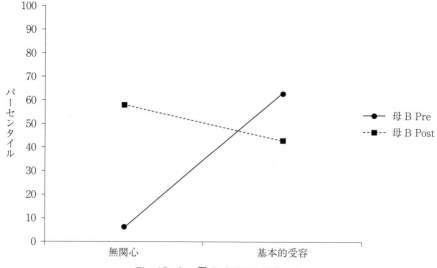

Fig. 12-6 母BのFDTパターン

　第4回になると、同胞の世話に手を取られる母親に代わり、自分で食事を作って食べたり、同胞と2人だけで留守番をしたりなど、年齢不相応の家事をこなすB児の生活が語られ、ポートフォリオ絵本に書き表された。また、B児が同胞と2人で過ごす時に、同胞の意思表示を読み取れず困っていることや、同胞とうまく遊ぶ方法が見つからず、結局ばらばらにゲームをしたり、テレビを見たり、昼寝をしたりして過ごす方法を取っていることを話した。母Bは、そのようなB児の手伝いに感謝する一方で、「無理しないで家族みんなで助け合って行こう」と、初めてB児を心配するコメントを寄せた。

　第5回では、周囲から同胞の障害について尋ねられた場合の対応について意見を交換したが、B児はPre時点のインタビューで、「同胞が病気だから、同胞のことなんて言おうかドキドキする」と述べ、当初からこの対応について心配していた。他の対象児との話し合いの結果、Table 12-12に示すように、B児は、周囲から何を聞かれても「しらなーい」で通すことを決め、ポートフォリオ絵本に書き込んだ。これに対し、父Bは、「ジョイジョイクラブに参加している他の対象児に分からないことを聞くように」とコメントし、B児の感じている困難さに向き合おうとしなかった。実は、この時期の親グループの話し合いで、父Bは

Table 12-12 B児の第3〜6回のポートフォリオ絵本の内容

回	きょうだいの記入内容	父親の記入内容	母親の記入内容
第3回：同胞について	同胞は髪の毛を引っ張るから困る。ちょっと歩けるようになった。笑うとかわいい。	同胞の笑顔も、あなたの笑顔も素敵だよ。	これからも、同胞思いの優しいあなたでいてね。
第4回：同胞とのつき合い方、助け方について	同胞が髪の毛を引っ張ったら、お母さんに怒ってもらう。同胞が服を引っ張ってきたら、お母さんにわたしが怒られる。だから、お母さんに言う。同胞がお母さんと学校に行く時は、わたしだけになるから、自分でご飯を作って食べる。オムライスとか卵焼きとか。同胞はお母さんとお風呂に入るから、わたしは、いつも1人で入る。2人だけで留守番する時は、わたしはゲームで、同胞はテレビを見る。	同胞とあなたといつまでも仲良くね。	あなたはたくさんお手伝いしてくれるようになって、とても助かっています。同胞のことで、困ったことがあったら、無理しないで家族みんなで助け合っていこう。
第5回：友達に同胞の障害や、学校のことについて尋ねられた時の対応方法	「なぜ同じ学校にいないの？」と聞かれたら、「中学生だから」と言う。（他のきょうだいのアイデア：「さあね」「家族や先生に代わりに答えてもらう」）「どうして歩けないの？」と聞かれたら、「しらなーい」と言う。「いつ治るの？」と聞かれたら、「しらなーい」と言う。	ジョイジョイクラブの友達のヒントは面白いね。分からないことがあったら、お友達に聞いてみるといいよ。	お友達に同胞のこと聞かれるかもしれないけれど、あなたがもう少し大きくなったら、お話しするね。もし友達に聞かれて答えられないことがあったら、教えてね。
第6回：日常の生活の中で抱く感情、両親にもっと分かってほしいこと	楽しいのは、いとこの家に行く時と、けん玉をしている時。心配なのは車で待っている同胞が事故に合うんじゃないかということ。（解決方法：同胞が車を触らないように一緒に車で待っている。）お母さんに一言、お掃除頑張ってって。	あなたが楽しいと思ってやっていることはパパよりすごく上手だね、楽しいこといっぱい見つけていこうね。	正月には、親戚みんなでけん玉大会をして盛り上がりましたね。料理は、出汁巻き卵がとても上手に作れるようになりました。ケーキやクッキーもまた一緒に作ろうね。

B児が同胞の障害をどのように見ているのかについて掴みきれず、さらに自分自身が知らず知らずのうちに近所のスーパーに同胞を連れて行くのを避けて、車に乗せて遠方の店に出かけていることに気づいたと、親としての葛藤を感じていることを打ち明けている。よって、父B自身もまた、周囲に同胞の障害をうまく説明できない自分を感じていたと考えられる。一方、母Bは、「あなたがもう少し大きくなったら、話す」と約束し、父B同様に、B児に現時点で説明できる言葉を考えあぐねている様子がうかがわれた。しかし、B児が自分で答えられない場合は、知らせてくれるようにと支援を約束した。

第6回では、B児は得意なけん玉の大会に参加することや、母親とケーキを作ることなどを楽しみにしていると嬉しそうに話した。また、心配なこととして、買い物の際などに、両親と自分がエンジンを掛けたまま、車内に同胞だけを置いて出ることがあり、もし同胞が車のハンドルなどに触ったら車が動き出して事故に合うのではないかと話した。これらをポートフォリオ絵本に書き込んだところ、

父B、母Bは、ともにB児の得意なことに触れ、褒めるコメントを返した。この時期の家族ムーブメント活動では、家族がシーツそりに交替で乗り、B児が引っ張ったり、逆にB児が思う存分引っ張ってもらったりし、以前のように同胞をB児に任せるのではなく、親が率先して家族でダイナミックな遊びに取り組む様子が見られた。また、親とフープくぐりをしたり、スカーフに乗せたビーンズバッグ（いろいろな形のお手玉）を協力して飛ばしたりなど、B児と親が一緒に遊びを楽しむ様子も見られるようになった。

　Table 12-8を見ると、インタビュー調査では、B児は、同胞がいて良かったことについて質問された際、Pre時点で「いないと暇になる。いると面白い」と述べていたが、Post時点になると「いいことはない。嫌ではないが、（危ないことをしないか）見ていなければならない」と言い、同胞が以前のような面白い相手ではなくなり、留守番の時などに自分が同胞の安全管理責任を負っていることを負担に感じるようになったことが見て取れた。また、Pre時点で心配していた、同胞の障害を周囲の人に説明する件については、同胞の帰りが遅いことや、休日に家で友達と遊ぶことを親に禁止されたことで、機会自体がなくなったと述べ、本質的な問題が解決したわけではないが、とりあえず心配する必要がなくなったことが推察された。さらに、Pre時点でもPost時点でも、両親が多忙であるため会話が少ないと述べた。一方で、相談できる相手として、以前は挙げていなかった母親や本プログラムで出会ったスタッフを挙げるとともに、Table 12-9に示すように、本プログラムで自分に多くの支援者がいることを知ったと述べるなど、困った時に相談したり、助けてもらったりする相手を具体的にイメージできるようになったことが示された。また、「心に残った」こととして、仲間と仲良くなれたこと、普段は忙しい父親や母親と本プログラムの中では十分遊ぶことができたことを挙げ、ポートフォリオ絵本を母親が褒めてくれた嬉しさや、両親が自分の話を聞いてくれるようになった変化を報告した。同胞については、同胞の世話が家族にとって「大変な」ことであると気づき、「これまでは、そういうこと何も思っていなかった」と述べ、B児が同胞を抱える家族の負担感を考えるようになったことが示された。

　一方、親のアンケートでは、Table 12-10に示すように、B児の変化として、父B、母Bとも、B児が以前より同胞のことを気にかけるようになり、自分から同胞に声をかけるようになり、さらに自分自身のことも親に話すようになった

と報告した。また、B児が作成したポートフォリオ絵本について、「素直に書けており、B児のもっている同胞への優しさが伝わってきた」と評している。また、親自身の気づきとして「ポートフォリオ絵本を通して、B児が、何が楽しく、何が嫌なことか、思っていることが分かった」（父B）、「子どものことを考える機会が増え、以前より愛情が深くなった。毎日、あわただしく過ぎていく中で子どものことを深く思い考えたのは、本プログラムに参加したおかげ」（母B）と報告している。

(3) F児と母F

F児の同胞である妹には筋ジストロフィー・四肢体幹機能障害があり、移動はすべて車いすであり、身辺処理に関する全面的な介助を必要とした。嚥下障害があり、経管による栄養補給をしている。一部の食品は経口摂取が可能であり、そのような場合、F児が同胞に食事を食べさせることもあった。母Fは、同胞の送迎と安全管理、及び授業時間内に行われる併設医療施設での治療訓練を受けさせるため、たいていの場合同胞に付き添い、同胞の学校で過ごしている。

Table 12-5より、F児の同胞に関する感情尺度得点総計の総得点はPre時点の20.75ポイントからPost時点の19.00ポイントと減少しており、下位尺度のうち、特に「将来の問題」、「同胞に向けられた不公平感」「同胞の障害に対する心配事」で減少（それぞれ2.75から1.75へ、2.00から1.50へ、3.00から2.00へ）した。逆に「友達からの反応」「過剰な責任感」では増加（それぞれ2.25から2.75へ、2.75から3.50へ）した。他の下位尺度得点の変化はわずかであった。F児の母親に対するFDTの親子関係パターン、及び、母FのF児に対するFDTの親子関係パターンをそれぞれ、Fig. 12-7、12-8に示す。Fig. 12-7に見るように、F児の親子関係パターンは、Pre時点から典型的な安定型であるAパターンであり、Post時点では、さらに右肩上がりの安定傾向に移行した。Table 12-6を見ると、Post時点で「被拒絶感」のパーセンタイル値が24から5へと減少し、「被受容感」が59から85へと増加している。しかし、「達成要求」は63から83へとやや高くなり、レッドゾーンとなった。

一方、Table 12-7に示すように、母FはPre時点で「無関心」が86と高く、レッドゾーンにあり、親子関係パターンは不安定型のDパターンであった。さらに「養育不安」も90とレッドゾーンにあり、母FがF児の養育に強い不安を

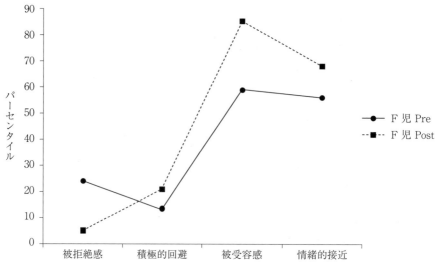

Fig. 12-7　F児の対母親FDTパターン

感じていたことが示された。しかし、Post時点になると、「無関心」が69へと減少し、「基本的受容」が56から72へと増加して、Fig. 12-8に見るように、Pre時点で見られた不安定型を示す右下がり傾向は解消され、やや安定型のBパターンに移行した。また、Table 12-7より、高かった「養育不安」は90から53へと減少してレッドゾーンを脱したが、一方で「不介入」が86から94へとやや高くなり、レッドゾーンとなった。

　セッション中の様子では、第2回の「家族紹介」の際、家族が得意なこととして、F児は「自分が卓球。同胞が楽器を鳴らすこと。同胞は、何でも鳴らせる。よくするのはいたずらで、少しおとなしくしていてほしい。母は読書が好き、優しい。父はゲーム好きで、勉強を教えてくれる」と次々と家族の様子を見つけて発表し、ポートフォリオ絵本にまとめた。母Fはこれに対し、「あなたがみんなをよく見ていてくれることが分かって嬉しかったよ」と肯定的なコメントを返した。

　第3~6回のF児のポートフォリオ絵本の主な記述内容（筆者がまとめたもの）をTable 12-13に示す。第3回では、同胞の面白いところを次々と挙げ、「同胞のことで困っていることはない」と述べた。

第12章　研究10：家族参加型きょうだい支援プログラム「ジョイジョイクラブⅡ」の開発に関する実践的検討

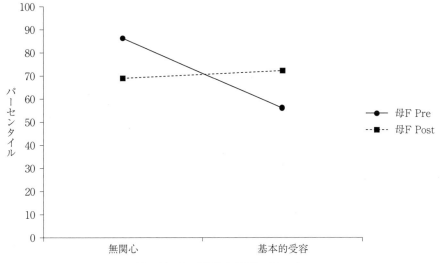

Fig. 12-8　母FのFDTパターン

　第4回の「同胞とのつき合い方、助け方について」話し合った際には、同胞に対応するコツをいくつも挙げ、同胞と2人で留守番する際に、いろいろな工夫をしてトラブルなく過ごしていることを話した。それをポートフォリオ絵本に書き込んだところ、母Fからは「あなたは同胞をニコニコにさせてくれる」と同胞の扱いのうまさを称賛するコメントが寄せられた。しかし、実はF児は、Table 12-8で示したように、Preインタビュー時には、同胞の世話を頼まれることを「困っていること」と答えており、親の期待に応えようといろいろと工夫し、そのことに達成感をもってはいるものの、一方で、負担をも感じていると思われた。そして、それをうまく親には伝えられないでいると推察された。

　第5回では、同胞について他者から聞かれた時の対応について話し合った。F児は友達から、同胞の病名について聞かれても答えられないことを「長くて言えない」と答えることとし、他の対象児達からアイデアをもらい、「『いつ治るの？』と聞かれたら、『一生！』と言う」など、答えにくいことには、はぐらかす答えを考えたりした。その一方で、「車いすを使えば歩ける」のように、説明できると思うことは前向きな答えを考えた。母Fは、そのような答えを導き出したF児を褒め、改めて同胞の世話をしてくれていることに感謝を伝えている。

Table 12-13 F児の第3～6回のポートフォリオ絵本の内容

回	きょうだいの記入内容	母親の記入内容
第3回： 同胞について	同胞の好きなところは、かまったら、いつも喜んでくれること、自分達を笑わせてくれること。面白いのは、楽器を鳴らせること。いつも遊んでいる。変な格好で、本を見る。同胞のことで、困っていることはない。いたずらが好き。	ママの知らない同胞の楽しいところをいっぱい見つけているんだね。また詳しく教えてね。
第4回： 同胞とのつき合い方、助け方について	「はい」「いいえ」を見分ける時は、「はい」の時は、言うけど、「いいえ」の時は、返事をしないか、別の言葉を言う。暇な時は、いらない紙に、絵とか文字を書かせてあげる。2人で遊ぶ時は、くすぐったり、マッサージしたりする。髪の毛を引っ張ったり、邪魔したりくる時は、強く怒って、安全なものを渡してあげたり、仕返ししたりする。同胞と2人だけで留守番する時は、ピアノみたいに、同胞が押したくなるものを触らせてあげる。	あなたは同胞をニコニコさせてくれるから、同胞もあなたが大好きなんだよね。マッサージ、ママの代わりにやってもらおうかな。
第5回： 友達に同胞の障害や、学校のことについて尋ねられた時の対応方法	「どうして違う学校なの？」と聞かれたら、「障害をもっているから」と言う。（他のきょうだいのアイデア：「さあ」と言う。）「いつ治るの？」と聞かれたら、「一生！！」と答える。「病気の名前は？」と聞かれたら、「長くて言えない」と言う。「どうして歩けないの？」と聞かれたら、「自分の意思では歩けないけど、機械（車いすなど）を使ったら歩けるよ！！」と言う。	あなたはすごい！「どうして」と聞かれるといちばん答えるのが難しいのにちゃんと答えてあげられるんだね。同胞をよく見ていてくれてありがとう。
第6回： 日常の生活の中で抱く感情、両親にもっと分かってほしいこと	嬉しいのは友達にすごいと言われた時。心配なのが、国語テスト。楽しいのは、ピアノの練習とゲーム、友達と話す時。嫌だったり、悲しかったりするのは、仲間はずれになる時、同胞に物を貸してあげて、自分が使えない状態になった時。（他のきょうだいからのアドバイス：自分から友達のところに行く。同胞の手の届かないところに置く）。両親には、わたしがちゃんと勉強していることを分かってほしい。	あなたが勉強頑張っているのよく分かってるよ。これからも頑張って少しずつ量を増やしていけるようにしようね。あなたならできるよ。

　第6回では、F児はポートフォリオ絵本に自分のことを次々と書き出し、これまで「困ったことはない」と述べていた態度とは異なり、学校の友達関係がうまくいっていないことや、同胞にされて悲しいこと、親に分かってもらえないことなどを明らかにし始めた。「このような状況の中で頑張っている自分を知ってほしい」というF児の訴えに、母Fは「よく分かっているよ。あなたならできるよ」と受容的に励ましている。

　最終回の第7回では、自分や家族を支えてくれる人について学び、「たくさんのことを自分達では無理なこともあるけど、手伝ってもらったりして、頑張っていけると思った」と書き込み、自分を支えてくれる人として、「お母さん、お父さん、親戚、学校、保健の先生、友達」を挙げた。

　F児のインタビューで「相談できる人」について尋ねたところ、Table 12-8

に示すように、Pre 時点で、両親にはなんでも話せるといいながら、実際の相談相手としては、祖母のみを挙げていたが、Post 時点では、両親を挙げるようになった。また、母親と話す時、Pre 時点では「自分から話す」と述べていたが、Post 時点では、「自分から話をすることもあるし、母親から聞かれることもある。同胞の連絡帳を見せてくれて、同胞が学校で何をしたかを教えてくれる」と、母親からの F 児へのかかわりが増えたことが示された。

　Table 12-9 の Post インタビューでは、F 児は本プログラムを通して、同じ立場の対象児達と出会い、話し合って、自分の悩みを解決するアイデアをもらえたこと、母親と一緒にムーブメント活動で楽しく遊べたことを「心に残った」と話した。さらに「他の人の同胞」「他の人の家族」「他の人の意見」という言い方で、同じ立場の対象児達とその同胞、家族の様子を知ることができ、自分の同胞や家族との相違点を見出して、客観的に同胞や親との関係を捉えられるようになったことを報告した。また、毎回の活動が終わった後は母親が「笑顔」になることを発見し、そんな母親の変化を嬉しいと感じていることも示された。

　一方、Table 12-10 の Post 時点での母 F のアンケートでは、F 児の変容として、「同胞に接する態度が少し柔らかくなった。前は叱りつけていたのも、しょうがないと少し許す感じになってきた」と同胞へのかかわりが変化したこと、さらに母親へのかかわりとして、「本人の話をすることが増えた。楽しかったことやその日の出来事を話してくれるようになった」ことが報告された。また、母 F は、「以前は、同胞のことをあまり話したがらなかった」とお互いの間で、同胞について話し合う関係になかったことを振り返り、Post 時点では、「『今日、学校で同胞が何をしていたか』と熱心に聞きたがるようになった」と変化を述べた。さらに、「『ジョイジョイクラブで取り組んだムーブメント活動が面白かったから、家でもしよう』と言うようになった」と述べ、本プログラムに参加して家族で楽しめた体験が、F 児の家族とのかかわりを拡大していることがうかがわれた。さらに母 F が気づいたこととして、「F 児が同胞や家族のことをよく見て分かっているのだなと実感できた。学校でも嫌なことがあって心を痛めていたのだなと分かった」と、F 児のこれまで母親に相談できなかった思いを受け取ったことを述べた。また、母 F 自身の変化として、「以前は対応の仕方をとても心配していたが、今は F 児のペースに合わせて待ってみようと思うようになり、無理せず、自分の心にゆとりをもって接して行こうと思った」と心情の変化を報告し、「本プロ

グラムを通して、F児と一緒に何かをする時間をもつことが大事だと実感した。何かを一緒にしていると、いろいろな話をしやすいし、楽しい時間ももてる」と、得られた成果をこれからのF児とのかかわりに生かそうと考えている様子が見て取れた。

第4節　考察

1　対象児の同胞との関係

　Table 12-5より、Pre時点で7名の対象児はいずれも同胞に関連して抱いている否定的な感情は低く、また、Table 12-8より、Pre時点の対象児らのインタビューでは、同胞に対する評価は概して肯定的で、特別な嫌悪感は聞かれず、自分と同胞に対する親の扱いに関する明確な不公平感の訴えもなかった。対象児は同胞に対して受容的であり、その介護等は「大変」ではあるが、障害の状態から「仕方がない」ことと感じている。このことから、研究8（第10章）で示した、同胞から一方的に暴力を受けたり、自分の物を壊されたりしても、我慢するしかないことがあると訴える、知的障害や発達障害のある同胞をもつきょうだいのケースとは、嫌悪感や不公平感の様相が異なることが推察された。

　Post時点で、各対象児の同胞に関連して抱く否定的感情の得点に増減はあったが、その範囲もわずかであった。Table 12-4より、9つの下位尺度ごとに見ると、Pre時点からPost時点にかけて得点の増減が見られたが、統計的検討では、「同胞の障害に対する心配事」下位尺度でのみ、有意な低減が確認された。Table 12-9を見ると、対象児らの多くが、本プログラムに参加することによって、同胞の障害について新たな知識を得たことや、他の対象児の同胞について知ったことで、自分の同胞についての見方が新しくなったこと、同胞に関して困っていたことや悩んでいたことが解決したこと、同胞や自分達家族を支えてくれる支援者の存在を知ったことなどを感想として挙げており、このような同胞の障害と同胞に関連する支援環境への理解の高まりが、「同胞の障害に対する心配事」における否定的感情の低減につながったのではないかと考えられる。

2　対象児の親子関係

　Table 12-6 より、FDT の結果を見ると、Pre 時点の対象児らの親子関係パターンは、A（6名85.7％）と B（1名14.3％）のみであり、当初から安定的な親子関係にあったことが分かった。Post 時点では、全員が A パターンとなり、さらに、Post 時点で対象児らの「被拒絶感」「積極的回避」の平均パーセンタイル値が減少し、「被受容感」「情緒的接近」の平均パーセンタイル値が増加していることから、本プログラム開始前よりも終了後の親子関係が、より安定化したことが確認できた。

　Table 12-8、Table 12-9 に示した対象児へのインタビューでは、心に残ったことや感想として、多くの対象児が、ムーブメント活動で家族がともに遊べたことや親と一緒に遊べたこと、ポートフォリオ絵本に親が書いてくれたコメントが嬉しかったことなどを報告しており、本プログラムを通して、親との関係がより親密になったことがうかがわれる。また、Post 時点では、親と話す内容や、親からの話しかけが増え、自分から話すだけでなく、自分のことを聞いてくれるようになった親の変化や、本プログラムで出た話題をさらに親と共有した体験などが報告されている。本プログラムに参加したことで、日頃同胞の世話で忙しい親が、自分にも同じように注目し、一緒に遊んでくれる体験や、自分の気持ちに応答してくれる経験を積み、親子のコミュニケーションが促進されたことが、当初から安定的で受容的であった親子関係をさらに安定化させたものと考えられた。このことは、Table 12-10 の親の Post アンケートにおける対象児の同胞、及び親とのかかわりの変容からも確認された。すなわち、複数の対象児において、対象児からの同胞へのより受容的なかかわりや、対象児から親に話しかける積極的な会話が増えたことが報告された。また、本プログラムで取り上げた内容から、親子の会話内容が発展した様子も確認できた。

　ただし、Table 12-6 の FDT の結果を見ると、B 児、E 児、F 児には、Post 時点においても親子関係の懸念を示すレッドゾーンが存在しており、本プログラムが親子関係にもたらした変容については、決して一律ではなく、その内容を事例ごとに検討する必要性があることも示された。

　ところで、対象児の FDT における「被拒絶感＋積極的回避」、及び「被受容感＋情緒的接近」のパーセンタイル値と同胞に関連して抱く否定的な感情の関連性を

調べたところ、Pre 時点で見られた強い相関関係が Post 時点で解消したことが確認された。これは、研究8（第10章）で示した結果と同じく、対象児が感じている同胞との関係と、自分と母親との関係とが、相互に影響されにくくなったことを示していると考えられる。すなわち、きょうだい役割としての同胞との関係と、子ども役割としての母親との関係とが別のものとして意識され始めたのであり、重度・重複障害のある同胞をもつきょうだいのケースでも、知的障害や自閉症スペクトラム障害等の発達障害のある同胞をもつきょうだいと同様に、本プログラムによる支援が、家族システムにおけるきょうだいの「固定化した役割」（戸田, 2012）からの脱却を促す可能性が示唆された。

3　親から見た親子関係

Table 12-7 より、親の FDT の結果を見ると Pre 時点では A パターンが2名（18.2%）、B パターンが6名（54.5%）、D パターンが3名（27.3%）であった。全体の72.7%が A、B パターンで、比較的安定的な親子関係であることが分かった。Post 時点では、B パターンと D パターンから A パターンへの移行がそれぞれ1名、D パターンから B パターンへの移行が2名で、A パターン4名（36.4%）、B パターン7名（63.6%）となり、全員が安定的な親子関係パターンに移行した。親子関係の安定パターンを決定する「無関心」の平均は減少し、「基本的受容」の平均は増加しており、さらに、「無関心」下位尺度においてレッドゾーンをもつ親が、Pre 時点で3名あったが、Post 時点でいなくなったことから、全体としても、より安定化したことが示された。ただし、「厳しいしつけ」「達成要求」「不介入」で Pre 時点、Post 時点ともレッドゾーンにある親が複数見られた。これらは、いずれも中庸を適とする下位検査であり、親は、対象児に対しちょうどよい程度にかかわる難しさを感じていると考えられた。

また、親の Post 時点アンケート調査では、それぞれの質問項目において、9名中、6～7名（66.7%～77.8%）の親が自らの変化を自覚していた。その理由として、親からは、対象児が親に話せないでいた気持ちや、対象児の同胞の障害に関する理解状況など、今まで親が向き合ってこなかった対象児の多様な「本音」を知ることができ、対象児に関する理解が深まったことや、親グループの活動を通して養育の不安が軽減され、ゆとりが生まれたり、自信が生まれたりしたこと、

対象児とのかかわり方にヒントを得たことなどが挙げられた。

また、前項でも述べたが、Table 12-10に示した親と対象児とのかかわりの変化の具体例では、Post時点での親との積極的な会話が増えたこと、対象児から親への話しかけが増えたことが報告された。しかし、逆に、Table 12-8、9の対象児へのインタビュー結果を見ると、対象児からは「親が聞いてくれるようになった」という報告が多かった。このことから、以前は対象児が親に話しかけても、それに対する親の意識が低く、対象児もそれを感じるので話しかけることをためらうようになり、親子のコミュニケーションが不活性状態となっていたと推察される。しかし、本プログラムに参加する過程で親の対象児に対する関心が高まると、相互のコミュニケーション意欲が活性化したものと考えられる。会話の内容に関しても、本プログラムで取り上げた内容をきっかけに、対象児自身に関する話題が増えたケースや、それまでなかなか口にできなかった同胞の障害の状態に関して、対象児と話ができるようになったケースなどが報告されており、吉川（2002）が指摘した、家族内に同胞の障害について触れてはいけない話題があるという、障害のある子どもの家族に起こりがちな、コミュニケーション不全状態が改善された家族があることも示唆された。

このように、本プログラムに家族で参加したことにより、対象児のコミュニケーション欲求への親自身の感度が高まり、親子の安定した関係を得られたと考えられる。

4　事例

(1) A児とその親の変容

本事例は、本プログラム実践後、A児、父A、母Aの3者ともFDTにおいて、親子関係が安定したケース（A児、母AがBからAパターンへ、父AがDからAパターンへ）である。

Table 12-8のA児のPostインタビューに見るように、A児はプログラム後に、「同胞があまり自分を好きでないようだ」と述べ、同胞との関係が以前よりもうまくいっていないと感じている気持ちを吐露した。Table 12-5の「同胞に対する拒否の感情」下位尺度得点が1.50と低いままであることから考えると、A児が同胞を嫌うようになったのではなく、同胞が自分を受け入れてくれないという

感覚であったと推察される。Table 12-11に見るように、A児は、ポートフォリオ絵本制作の前半のセッションで、自分が同胞の良き理解者であり、両親から、同胞のことをよく分かっている、同胞とうまく遊べると認められており、それを自負してきた。しかし、後半の第6回になると、実は自分では手に負えない同胞の行動に苦慮していることをポートフォリオ絵本に率直に書き、努力しても同胞の世話を思い描いたように完璧にできない苛立ちや苦しさを表現するようになった。今まで同胞の世話をして、子どもだけで留守番をやり遂げることで親から認められてきたA児にとって、「同胞があまり自分を好きでない」という発言は、おそらく、同胞が成長とともに身体も大きくなり、6歳のA児には手に負えない場合があるのを反映したものと思われる。同胞とうまくやれない思いは、Table 12-5の「自己猜疑心」下位尺度得点の増加（2.25から3.00へ）にも結びついたのではないかと思われる。

　一方でそのような負担感を抱えるA児に気づいた両親は、それまでの励ましメッセージを止め、「今の状態で十分頑張っている」と受容的メッセージを送るようになった。親の期待に応えようと努力し続けているA児の姿をそれまで好ましいと感じていた両親だったが、本プログラムに参加する過程で、むしろそれはA児の過剰なプレッシャーの裏返しであることに気づき、率直に反省している。そして、特に父Aは、A児が学校の日記に本プログラムでの活動体験を書いていることに気づき、それを共通の話題としてA児によく話をするようになったことや、A児の頑張りを認めて、褒めるようになったことなど、A児へのかかわり方を意図的に変えたことを報告している。これは、Table 12-7に示す、父AのFDTにおける「無関心」が減少し（83から19ポイントへ）、レッドゾーンを脱したことを裏づけるものであるといえる。

　このような親のかかわりの変化は、Table 12-6に示すFDTのA児の「被拒絶感」及び「積極的回避」のパーセンタイル値の減少（それぞれ54から12へ、26から13へ）と「被受容感」及び「情緒的接近」のパーセンタイル値の増加（それぞれ39から69へ、75から90へ）に反映し、親子関係を典型的な安定型であるAパターンへの変化させることに寄与したものと推察される。A児はPostインタビューでPre時点同様、「親によく甘えている」と述べており、期待されるように同胞の世話ができなくても、親は、そのような自分をありのまま受け入れてくれると実感できたと思われる。また、Table 12-5を見ると「同胞に向けられた

不公平感」下位尺度得点が減少しており（2.75から1.75へ）、A児が自分と同胞の扱いの違いに関して抱いていた両親に対する不満も減少したことが示された。

一方、Table 12-7 より、父A、母AのFDTは、それぞれPre時点の不安定型のDパターン、やや安定型のBパターンからいずれも典型的安定型のAパターンへと変化した。特に父Aは、本プログラムを通して、A児の気持ちが分かり、自分の心が「楽」になり、「ゆとり」が生まれたと述べ、Pre時点では期待していなかったはずの変化が、Post時点で自分に起きていることを実感している。また、母Aは、「養育の答えは一つではない。褒める大切さを身をもって経験できた」と養育に自信が生まれたことを報告している。

このように本プログラムを通して、A児は不全感を抱えたありのままの自分を親に伝え、親はそれを受容して認めるという、受容的な親子関係が生まれたことが示唆された。

(2) B児とその親の変容

本事例は、Post時点で、Table 12-5 に見るように、「同胞に関する感情アンケート」の尺度得点総計の増加が最も大きかった（19.75から23.25へ）ケースである。親子関係は、Table 12-6、Table 12-7 に見るように、Pre時点から安定していた（B児、父BがAパターン、母BがBパターン）。

B児のPostインタビューからは、両親の多忙さを同胞の世話によるところが大きいと感じ、自分もまた、同胞の安全管理役割を担っていることを意識し、同胞の世話が家族にとって負担であると感じ始めていることが見て取れる。このように、B児は本プログラムにより、家族の状態と、自分が置かれている立場を客観的に見直す機会を得て、これまでの、世話をすると親から褒めてもらえる対象としてだけでなく、家族の生活に大きな負担を与える存在として、同胞を捉えるようになったと考えられる。このことが、Table 12-5 に見るように、Post時点における「将来の問題」や「過剰な責任感」の増加（2.50から4.00へ、2.00から4.00へ）に反映されたのではないかと考える。しかし、同時にB児は同胞を「嫌ではない」と述べており、「同胞に対する拒否の感情」では、むしろPost時点で否定的感情が減少（2.25から1.00へ）した。このように、B児が本プログラムを通して、同胞の障害に対する理解を深めた結果、将来にわたって続くであろう同胞の世話に対するB児の負担感が増大した一方で、逆に同胞を正しく理解する

ことによる受容は促進されたと推察される。

　また、Table 12-9のB児自身の感想にもあるように、本プログラムを通して、B児は親と思い切り遊ぶ体験を繰り返し味わい、さらにポートフォリオ絵本を通して、親からの肯定的でサポーティブなコメントを得ることができた。そのような体験は、母親との親子関係において、FDTの「被受容感」、「情緒的接近」を高め（53から69へ、84から99へ）、親子関係の更なる安定につながったのではないかと考えられた。また、Pre時点でレッドゾーンにあった「両親間不一致」のパーセンタイル値が大きく減少した（94から20へ）が、本プログラムで両親が一緒に参加するようになり、ポートフォリオ絵本に両親揃ってコメントを返してくれる体験の積み重ねの影響ではないかと思われる。

　一方、父Bも母Bも、当初は小学2年生のB児が中学生の同胞を世話することを当然と考えていたようで、家族ムーブメント活動の際にも同胞をB児に任せ、傍らで「同胞にもっとこうしてやるように」と指示するほどであった。しかし、セッションが進むにつれ、その意識に変化が生まれ、ポートフォリオ絵本への親のコメントにはB児自身の話題が綴られるようになり、家族ムーブメント活動では、B児とともに楽しむ姿が見られるようになった。Postアンケートで、父Bは、本プログラムに参加したことによりB児の考えが分かるようになったと述べ、母Bは、B児のことを考える機会が増え、以前より愛情が深くなったと述べており、介護スタッフとしてのB児ではなく、年齢相応の子どもとしてのB児の心情に関心を寄せるようになったことが示唆された。B児は「自分の方から親に話すことはあまりない」ものの、「親はよく話を聞いてくれるようになった」と、Post時点で親子のコミュニケーションが受容的に変化したことを報告している。しかし、母BのFDTでは、逆に親子関係がやや不安定傾向となったことが示された。母Bは、プログラムを通してB児へのかかわりを振り返る機会を得たことで、むしろ厳しい自己評価をした可能性も考えられる。

(3) F児とその親の変容

　本事例は、対象児の同胞に関連して抱く否定的な感情の尺度得点総計がPost時点で減少し（20.75から19.00へ）、かつ、母親のFDTにおける親子関係が安定化した（DからBパターンへ）ケースである。

　F児は同胞の姉として、これまで同胞の面倒を見ながら留守を預かるなどの役

割を果たしてきた。そして、親の期待通り、うまく同胞の面倒を見ることができる自分を感じ取っている反面、それを負担にも感じていた。しかし、当初はそれをうまく言葉にすることができていなかった。本プログラムが進むにつれ、F児は、正直に負担感や不満、困惑などの思いをそのままポートフォリオ絵本に書き表すようになった。これに対し、母Fは、なだめたり、説得したり、「すごい」「ありがとう」「分かっているよ」などの言葉で常に肯定的なメッセージを送っていた。このような経過から、F児の同胞に関連して抱く否定的な感情が全体として低減し、親子関係もさらに安定化したものと考えられる。特にTable 12-5の「将来の問題」や「同胞の障害に対する心配事」で減少（それぞれ2.75から1.75へ、3.00から2.00へ）が見られたのは、第7回で同胞や家族を支えてくれる存在を知ることができたことや、Table 12-9のPostインタビューで述べているように、他の対象児から、自分が困難を感じていたことやうまくできないと感じていたことに対処する方法を教えてもらえたことが影響したのではないかと考える。しかし、Table 12-5の「過剰な責任感」に関しては、否定的感情が増加（2.75から3.50へ）した。Table 12-6のFDTにおいてPost時点の「達成要求」のパーセンタイル値が83と高い状態であることとも考え合わせると、F児の姉としての責任意識は高いままであることが推察された。

一方、母親との関係は当初から安定的であったものが、さらに安定化したことが示された。上述したようにPre時点で相談する相手ではなかった両親が、Post時点では相談相手と意識されるようになり、「自分から話をすることもあるし、母親から聞かれることもある」と、母親からのかかわりの増加をF児自身が実感していることや、Table 12-9に見るように、本プログラムで自分の家族を客観的に捉え、母親の変化を感じ取ったことから、親子の心理的距離がより近くなったことが推察された。

母Fについては、Fig. 12-8で示されるように、不安定型の親子関係から安定的な親子関係に移行した。上述したように母Fは、自分自身の変化として、自分からF児に話をすることが増え、同胞のことについても、親から説明できる関係に変わってきたことを示した。ポートフォリオ絵本を通して、「F児が心を痛めていたのだな」とF児のこれまで直接話せなかった思いに気づくとともに、F児の育ちを「待ってみよう」「無理せず心にゆとりをもって」と、F児の養育に余裕をもつようになったことが伺われる。さらに、本プログラムでの親子のか

かわりの成功体験をもとに「F児と一緒に何かをして楽しい時間をもつこと」が、F児とのコミュニケーションの機会であると気づき、今後のF児へのかかわりの指針を得ている。Table 12-7の母FのFDTにおいて特に「養育不安」のパーセンタイル値が大きく減少（90から53へ）したのは、このような気づきが反映されたものと推察される。

5　本実践で明らかとなった対象児の課題とプログラムの効果

　これまで述べてきたように、7名の対象児はいずれも、Pre時点ですでに同胞に関連して抱く否定的な感情は弱く、FDTに見る母親との親子関係もほぼ安定的であり、質問紙調査に基づく支援ニーズは低いと考えられた。Preインタビューでも、同胞や親との関係に困難を感じている様子は見られなかった。一方、親からは、多様な悩みや心配事が寄せられ、本プログラムの参加ニーズがむしろ親の方にあり、対象児らは、そのような親に誘われて、参加することを了解したものと思われた。しかし、対象児の中には、これまでの同胞の活動に付き添う形で障害児のための活動に参加してきた時とは異なる、自分のための活動であることを知り、進んで参加した者もいた。

　このように一見支援ニーズが低いと思われた対象児らであったが、実際に活動が進むにつれ、対象児に共通するいくつかの課題が明らかとなった。1つは、家庭内で同胞の世話係として責任をもつ立場を負っていることである。重度・重複障害のある同胞は、他の障害種の子どもとは異なり、家から飛び出したり、危険な振る舞いをしたりする可能性が低い。そのため、対象児が、親から同胞の世話をしながら子どもだけで留守番をするように依頼されることとなる。しかし、これは年齢不相応な重い課題であり、事例にも見るように、対象児らは、親からあてにされることを誇らしく思う一方で、留守番の最中に同胞がなだめても機嫌を直してくれないことや、一緒に過ごせる遊びが見つからないことに苦慮し、負担感や不全感を抱いていることが示された。このような、自分が同胞の世話の責任者であるというきょうだいの年齢・発達段階に不相応な過大な役割取得は、先行研究でも指摘されているところであるが（Meyer & Vadasy, 1994, 2008；戸田, 2012）、重度・重複障害のある子どものきょうだいの場合、世話をすることが、きょうだいができる同胞との唯一のかかわりとなっていると考えられた。そのた

め、対象児らには、同胞に不満や苛立ちを覚えるよりも、むしろ常に同胞を心配し、同胞とうまくやれないことを自分の問題と捉える傾向も見られた。

　もう1つは、親の期待に応えようとする強い志向性である。A児の事例では、自ら気を利かして親の手伝いをしたり、高い成果を上げるために練習したり工夫する様子が見られ、B児の例では、忙しい親を慮って、小学校低学年でありながら、食事の作り方を覚え、自分で調理した食事を一人でとって過ごすようにするなど、日常生活において全面的な介助を必要とする同胞の世話が優先される家族の一員として、自らに期待される振る舞いを敏感に感じ取り、達成しようとする高い意識が見られた。さらに、F児の事例では、当初、同胞の世話に手を取られている親に心配をかける相談はできないと感じている様子が伺えた。山本（2005）は、きょうだいの発達に応じた4段階の同胞の障害に関する認知プロセスを示しているが、それによれば、小学生期は「親の価値観や教育観によるシナリオを演じる」時期とされ、本プログラムの対象児らは、まさにそのように自分を方向づけ、努力していると考えられた。

　このような課題は、本プログラムの活動に参加することにより、対象児自身が、徐々に意識するところとなった。事例に見るように、テーマに沿ってきょうだい同士が話し合い、自分の思いや同胞に関連して分かったことをポートフォリオ絵本に書き込む中で、発言が活発になり、否定的な気持ちもありのまま言葉にしたり、書いたりするようになった。このことから、本プログラムは、きょうだいが自分や家族を客観的に見直し、自分の置かれている立場の肯定的側面にも否定的側面にも向き合うことができるための機会となったと考えられる。これにより、Post時点では、同胞に関連して抱く否定的な感情に関しては、増加するケース、減少するケースの両方が見られることとなったと考えられる。

　一方、親子関係においては、FDTにおいて、活動終了後にPre時点と同様の安定的関係が保持されたり、さらに促進されたりした。これはポートフォリオ絵本に何を書いても、親からそれを受け入れるコメントをもらえることで安心したことや、対象児の感想にもあるように、ムーブメント活動で、同胞も一緒にできる遊びを家族みんなで楽しめたこと、親と思い切り遊べる時間をもてたことなど、本プログラムに肯定的な家族との関係を継続的に体験する場が設定されていたためと考えられる。また、このような体験は、親子のコミュニケーションを促進し、相互理解を深めることにつながったといえる。対象児や親のアンケートに見るよ

うに、対象児の中には、Pre 時点から親と何でも話せると報告する者もいたが、事例によっては、親との会話内容は、親と同胞の状況を報告し合うという、きょうだいが負っている世話係としての家族役割に基づくものであり、自分のことを話す機会が少なかったり（B児）、同胞の障害について知りたいことがあっても話せなかったり（C児）、優しくしてほしいという本音が言えなかったり（E児）する現状があることが示された。しかし、本プログラムに参加する過程で、親子相互に、「対象児（親）から話しかけてくるように」なったことが報告され、コミュニケーションが活性化されたことが明らかとなった。

6 本実践で明らかとなった親の養育の課題とプログラムの効果

本プログラムに参加した親達の多くは、きょうだいの育ちを様々に憂慮していたが、必ずしもそれはきょうだいの実感と同じではなかった。よって、親達の懸念は、親が感じている負担感をきょうだいも感じているに違いないと思う、親の「投影同一視」の機制が作用している（西村・原, 1996b）と推察された。笠井（2013）は、重度・重複障害のある子どもは、親にかまわれず「自分は、二の次の存在」と感じていることを指摘しているが、少なくとも本研究に参加したきょうだい達は、たとえそうであっても、FDT の結果に見るように、親からの愛情を少ないとは感じておらず、自らも親の側に立ち、同胞の世話の一翼を担うことを他の人にはできない自分の価値と感じている様子であった。しかしながら、親の側に立ち続けることは、きょうだいが自らに「頑張り続ける」ことを課すことでもある。当初、親達は、同胞をよく理解して世話をしてくれる良い子というきょうだい観にとらわれ、きょうだいの同胞に対する扱いの不適切さや、障害理解の不十分さを懸念していたが、本当に親が理解すべききょうだいの負担感には、十分気づいていない状態であったといえる。

しかし、本プログラムに参加する中で、事例に見るように、責任を感じて「頑張っている」きょうだいの負担感を知り、その負担を後押しするようなこれまでの自らのかかわりを反省したり、褒めることの大切さに気づいたりなど、それぞれが自分の養育を見直し、きょうだいとのかかわり方を変えていったことが示された。一方、きょうだいの養育に対する必要以上の心配から開放され、気持ちが楽になったり、安心してきょうだいのこれからの変化を見守ろうと考えるように

なったりしたことも報告された。このような変化は、きょうだいの場合と同様に、本プログラムによって、家族で思い切り遊び、きょうだいと快感情を共有する体験や、ポートフォリオ絵本を親子でやり取りする傍ら、親同士できょうだいの養育について話し合い、戸惑いや心配を他の親と共有するというサイクルの中で生まれたものであると考えられる。父Aが、「本プログラムを終えてみるときょうだいも自分も変わっていくのに気づいた」と述べたように、本プログラムは、親にとって、きょうだいの養育を見直し、自らそれを変革するという主体的な取り組みを促す効果をもたらしたと考えられる。

7　参加者評価に見る本プログラムの有用性

Table 12-9 より、対象児らは、本プログラムに参加したことで、同胞の障害に関連する様々な知識を得たり、ポートフォリオ絵本の作成過程で、悩みを解決できたり、親や同胞とムーブメント活動を十分楽しめたりできたことを報告し、嫌だったことは「ない」と、いずれも本プログラムに対し、肯定的な評価をしている。

親の有用性評価アンケートの結果を見ると、プログラムのどの活動に対しても評価は良好で、親にとって取り組みやすい活動であったことが示された。特に、ムーブメント活動では、家族や対象児と一緒に楽しむことができ、対象児とのコミュニケーションに役立ったことが、また、ポートフォリオ絵本制作では、親の対象児理解に役立ったことが、さらに親グループの活動では、褒め方テクニックや対象児への手紙作成など実際の養育にかかわるスキルを学び、実践したことが、それぞれ80ポイント以上の高評価を得た。

以上のことから、本プログラムの主眼であった、きょうだいの同胞の障害理解促進、親と子のコミュニケーション促進、親のきょうだい理解促進と養育スキルの向上の点で、いずれも、参加当事者から見て、本プログラムが役立つと判断されたことが示された。

8　残された課題

事例分析から、重度・重複障害のある同胞をもつきょうだいは、同胞の世話を

する役割を果たすことで、同胞とかかわりをもち、親の期待に応えようとする一方で、それがうまくいかない場面に直面して、負担感を強めている場合があると考えられた。本プログラムを通して、きょうだいはそのような自らを客観的に見直すことができ、親はきょうだいの負担感に気づき、受容的なかかわりを繰り返すように変化したことが示された。その結果、特に、親子関係の安定度が向上したことが確認された。しかし、親子関係が安定化しても、きょうだいが同胞に関連して抱く否定的な感情に関しては、必ずしも低減するとは限らず、むしろ増加したケースもあった。これは、きょうだいの置かれている環境や直面している課題の多様性によるものと考えられる。すなわち、きょうだいのニーズは個々に異なるものであり、家族構成や、きょうだいの発達年齢、性別などによっても、同胞や親に対する理解と、認識する家庭内役割は異なり、その責任感や負担感にも差が生まれるはずである。支援プログラム開発においては、このような個の違いに即した支援を可能とするプログラム運営を検討する必要がある。

　さらに、きょうだいの成長という視点から考えるならば、同胞に関連して抱く否定的感情が減少し、同胞との良好な関係をもつ方向に変化することのみにプログラムの「効果」を求めるべきかどうかについては、疑問が残るところである。きょうだい支援が目指すのは、ステレオタイプの望ましいきょうだい像への変容ではなく、きょうだいが自尊心をもって、自分の道を自己選択できる自立した人間として生きることである。では、支援プログラムがきょうだいのそのような自立に効果をもたらしたかどうかは、どのように評価したらよいであろうか。今後、きょうだい支援が目指すべきものの本質をさらに追及しながら、本プログラムの価値を問う必要があると考える。

第Ⅴ部のまとめ

　第Ⅴ部では、本研究の最終目的である、きょうだい、同胞、親がともに参加するきょうだい支援プログラムの開発に取り組み、実践により、きょうだいと同胞の肯定的な関係、及び、きょうだいと親との受容的で安定した関係が生み出されるかどうかを検討した。

　まず、研究8（第10章）では、知的障害、発達障害のある同胞をもつきょうだいとその家族を対象に、支援プログラム「ジョイジョイクラブⅠ」を開発した。「ジョイジョイクラブⅠ」は、自由遊び時間の後、きょうだいと同胞、親が一緒に活動に取り組み、参加した家族全員が楽しい感情を共有する体験を導くための家族ムーブメント活動、きょうだい、同胞、親がそれぞれに集まってニーズに応じたテーマを設定して活動に取り組むグループ別活動、そして、きょうだいと親だけがペアになって遊びを楽しみ、親子の直接的なかかわりを促進するための、親子ふれあいムーブメント活動の4部構成からなる、短期間で継続実施されるパッケージ型プログラムである。特にグループ別活動において、きょうだいグループについては、家族理解と家族関係の促進という視座から、事前調査によりニーズに応じて内容を構成した。同じ立場のきょうだい達と話し合いを重ねて、自分自身や親、同胞について、客観的に見つめ直す機会をもち、その過程で、同胞の障害特性の理解と、同胞に関連して直面している課題への対応方法、親に知ってもらいたい感情や考えの伝達体験、障害児を育てる家族への支援リソース情報等を獲得していく方法をとった。一方、親グループにおいては、きょうだいとの受容的な関係性促進を目的として、きょうだいの現状理解とその実態に応じたきょうだい観の更新、さらに、きょうだいの養育スキルトレーニングとその実践を内容として構成した。

　実践の結果、参加したきょうだい16名の質問紙調査から、実践後にきょうだいが同胞に関連して抱く否定的な感情に低減が見られ、特に、「余計な負担の感情」が有意に低くなったことが示された。また、きょうだいのインタビューから、きょうだいが、同胞の障害特性を理解し、その育ちを客観視できるようになり、適切で積極的なかかわり意欲が高まったこと、さらに、親のアンケートから、きょ

うだいが同胞に対して感情的に激昂することが減り、親から見ると受容的なかかわりをするようになったことが示された。

一方、「FDT親子関係診断検査（Family Diagnostic Test、以下、FDT）」における親子関係について、対象児らに関しては、当初より安定的であったものが、実践後にさらに安定する傾向が確認された。母親に関しては、安定化した事例と不安定化した事例が確認されたが、事例検討から、いずれも本プログラムを通して、きょうだいに対する見方を変え、自分自身の親としてのかかわり方を改善する方向で動き出しており、不安定化したケースに関しては、親の自己評価の厳格さが影響したと考えられた。実際に、きょうだいのインタビューや親へのアンケートなどからは、親が、きょうだいの不公平感や負担感を的確に判断し、対応できるようになったことが裏づけられた。

次に、研究9（第11章）では、研究8（第10章）で開発した支援プログラム「ジョイジョイクラブⅠ」において、直接の支援対象者に位置づけた親に関して、グループの活動の中で、どのようにきょうだいを理解し、自らのきょうだい観や、養育観を変容させるに至ったかについて、各セッションの発言やアンケート調査における記述をもとに検討した。

その結果、親達は、当初きょうだいの負担に対し、申し訳なさを感じている一方で、同胞と比べて不公平な扱いをしているつもりはなく、きょうだいには同胞に優しく、世話をする親の片腕として、手のかからない良い子であることを期待していることがうかがえた。しかし、セッションが進むにつれ、きょうだいの直面している現実を知ると、無意識のうちにきょうだいに親の思いを押しつけていたかもしれないという考えをもつようになった。そして、きょうだいの気持ちを分かろうとし、気遣うことの必要性を感じ始めた。さらに、きょうだいとの時間を大切にしたい、大事に思っていることを伝えたいなど、きょうだいの養育に関して、具体的な案を出すようになった。プログラムの終盤では、親達は自らのきょうだい観や養育観が変化したことを自覚し、過剰な心配をしていた親は不安が解消し、無配慮であった親はきょうだいに気持ちを向けるようになるなど、きょうだいの現状を踏まえた、前向きな親子のかかわりへの展望が語られるようになった。さらに、早期からのきょうだい同士の交流のための支援が必要であるという認識に至ったことが示された。

このように、研究8（第10章）、研究9（第11章）を通して、本研究で開発し

た家族参加型のきょうだい支援プログラム「ジョイジョイクラブⅠ」が、きょうだいの同胞に関連して抱く否定的感情の低減と同胞の障害特性理解を踏まえた積極的で受容的なかかわりをもたらしたこと、また、親のきょうだい観をきょうだいの現状に即したものにつくり変え、きょうだいの心情に寄り沿う受容的な養育態度を引き出し、親子の安定した関係を促進することにつながったことが示された。

さらに事例検討から、先行研究で指摘されているきょうだいと親の関係における特有の課題（立山・立山・宮前, 2003；西村・原, 1996b）が、本プログラムによって解消されたことも示された。すなわち、障害のある子どもに親の関心が向きすぎているため、親ときょうだいとの間で情緒的な交流が不足し、要求する・される関係に固定化しているケース、また親が障害のある子どもの存在の影響を心配するがあまり、その不安感をきょうだいに投影してしまい、情緒的な親密さを得られないケースである。本プログラムが親子のコミュニケーション状況を改善し、このようなきょうだい特有の親子関係の問題を抱えたケースにおいて、問題が解決され、安定的な親子関係に至るために役立ったことが示唆された。

以上のような効果をもたらした、本プログラムの特性として以下の4点が考察された。

1　家族が同じ活動を楽しみ、きょうだいが世話役割から開放される体験を提供したこと

まず、同胞のいる場で、対象児らが介助者の立場ではなく、子どもの立場で親にかかわってもらえた体験を積んだ点である。先行研究では、きょうだいが同胞を含めた家族と同じ場を共有して充足感を得る難しさを示す問題が指摘されてきた（田中・高田谷・山口, 2011；笠井, 2013）が、これに対し、Sibshopに代表される従来のきょうだい支援プログラムでは、きょうだいが家族から離れて活動する間接的な支援方法のみが用いられてきた。しかし、本プログラムでは家族全員が参加できる家族ムーブメント活動を設定し、直接この問題に介入した。これは、対象児らの感じている不公平感や羨ましさ等の否定的感情に直接影響したと考えられる。

次に、日頃遊びを共有しにくい同胞と思う存分同じ活動を楽しむことで、お互

いの感情共有ができた点である。遊びの共有対象として同胞を捉え直し、できる遊びをもっと知りたいという対象児らの欲求を満たし、同胞の能力に対する新しい気づきを促すこととなった。

2 きょうだいと親が情緒的接近を直接体験できるふれあい活動を組み込んだこと

本プログラムでは、セッションの最後に15分間の対象児と親だけの親子ふれあいムーブメント活動を組み込んだ。これは、研究9（第11章）で示した親グループで学んだ内容を踏まえ、親が対象児とのかかわりを実践する場であり、対象児が親を独占して、快感情を共有できる場であった。体を動かして協力する親子遊びを取り入れることは、言葉によらないコミュニケーションを促進し、安定的な親子関係の基本となる情緒的接近につながったと考えられた。

3 参加者の知識と体験をスパイラル式に積み上げる継続的で段階的なプログラム構成としたこと

本プログラムは単発の活動ではなく、全6セッションにわたる継続参加型パッケージプログラムとし、参加者の知識と体験をスパイラル式に積み上げた。プログラムで取り上げた内容を知識として理解しただけにとどまらず、家族や親子での活動を通して、対象児も親も、自らが願う親子間及びきょうだい同胞間のかかわりについて、成功体験を繰り返し積むことができ、それぞれの変容につながったと考えられた。

4 親のきょうだい観・養育スキルを更新する、親同士の学び合いを実現するための、親への直接支援を提供したこと

本プログラムでは、親が養育の問題解決方法を話し合い、きょうだいとの接し方を具体的に学び、スキルトレーニングをする機会を提供した。第1章でも示したように、従来の例えばSibshopやSibsに見る親への啓発活動は、広く親に対しきょうだい支援の必要性に関する認識を高めることを主眼としているため、

個々の親のきょうだいへのかかわりを行動レベルで変容させることを必ずしも保障しない。しかし、本プログラムでは、実践の結果、対象児が実感できるまでに、親の接し方が明確に変化したケースが複数確認でき、対象児と親の相互理解促進と、きょうだい特有の親子関係の問題解決をもたらしたことが示された。

　以上の考察を経て、研究10（第12章）では、重度・重複障害のある同胞をもつきょうだいとその家族を対象に、研究8（第10章）で取り組んだ「ジョイジョイクラブⅠ」に、研究7（第9章）におけるポートフォリオ絵本制作活動を組み込んで、新たに「ジョイジョイクラブⅡ」とし、きょうだいと同胞の肯定的な関係、及び、きょうだいと親との受容的で安定した関係が生み出されるかどうかを実践により検討した。

　参加したきょうだい7名は、当初から同胞に関連して抱く否定的な感情は弱い傾向にあり、FDTに見る親子の関係も安定的であり、対象児のインタビューからも、それを裏づけるエピソードが得られた。むしろ、親の方がきょうだいの養育に悩みを抱え、親子関係に不安定さをもっていることが示された。実践の結果、きょうだいの同胞に関連して抱く否定的な感情の「同胞の障害に対する心配事」下位尺度得点が有意に減少し、FDTにおいてもきょうだいから見た親子関係、親から見た親子関係がいずれも安定化し、全体として、研究8（第10章）で対象とした知的障害や自閉症スペクトラム障害などの発達障害のある同胞をもつきょうだいとその親に見られた効果と、同様の効果が確認された。

　しかしながら、事例を詳細に分析すると、重度・重複障害のある同胞をもつきょうだいの、同胞や親との関係性における特徴的な課題とその変容が明らかとなった。同胞の障害の重度さゆえに、きょうだいは同胞の世話をすることが同胞との唯一の「遊び」の機会であり、親から任された「家族役割」でもあった。重度・重複障害のある同胞は、知的障害や発達障害のある同胞と異なり、きょうだいに直接的な被害を及ぼす行動を起こすことはほとんどなく、きょうだいに助けを求める愛すべき存在であり、そのような同胞をうまく世話できることは、きょうだいの自尊心を高めることにつながっていた。しかし、プログラムが進むにつれ、中には、実はそのような同胞とのかかわりと家族役割の遂行を重責と感じており、その本音を親に言えないでいる、そのような自分を自覚し始めるきょうだいのケースが顕在化することとなった。

最終的に、プログラムを終えた段階では、同胞に関連して抱く否定的な感情をありのまま表出し、それを親に受容されることによって、親子の関係がさらに受容的で安定的になったケース、親になかなか話せないでいた同胞の障害に関する心配や疑問を親と共有できるようになったケース、同胞と一緒に家族で思い切り遊べる喜びを体験して、家庭でのかかわりが広がったケースなど、それぞれのケースの変化の様相は異なるものの、いずれも、親から求められる家族役割にきょうだいが応え続ける親子関係ではなく、きょうだいの現状を親が受け入れ、それを尊重する親子関係へと変化したことが確認された。また、そのような親子関係は、実践によりもたらされた親自身の変容による成果でもあることが、親の報告から明らかとなった。

　以上のことから、本研究で取り組んだきょうだい、同胞、親がともに参加するきょうだい支援プログラムが、きょうだいと同胞の肯定的な関係、及び、きょうだいと親との受容的で安定した関係を生み出すに至ったことが示された。第Ⅵ部では、これまでの研究成果を踏まえ、本プログラムがきょうだい支援にもたらした最終的な効果とその意義について考察するものとする。

第Ⅵ部　総合考察

第13章　総合考察

第1節　はじめに

　本研究の目的は、きょうだい、同胞、親がともに活動する、家族参加型きょうだい支援プログラムを開発することであった。

　きょうだいがその成長において多様な支援ニーズを有しているにもかかわらず、その支援方法は限られており、そのニーズに対応した支援方法の開発は、いまだ途上にある。この現状に鑑み、これまで着想されてこなかった家族関係へのアプローチを支援の核として、きょうだいのみならず、親、同胞もともに参加するきょうだい支援プログラムを新たに創出することを目指した。

　本研究の第Ⅰ部で行った先行研究の概観によれば、きょうだいが障害のある同胞とともに暮らすことによって直面する様々な成長上の課題については、すでに海外で1960年代から指摘されている（高瀬・井上，2007）。日本でも1980年代からきょうだいを対象とした研究が行われるようになり（後藤・鈴木・佐藤・村上・水野・小島，1982；平川・佐藤，1984；平川，1986）、先行研究では、きょうだいの抱える課題が多様な側面から分析されてきている（柳澤，2007；大瀧，2011；田倉，2012）。これらにより、きょうだいの抱える課題は、きょうだいだけにとどまる問題ではなく、親にとっての養育の問題でもあり、障害のある子どもを育てる家族システムにおいて生じるものであると考えられた。すなわち、障害のある子どもが生まれると、「障害児・者のケアにかかる第一義的責任は家族に課せられており、母親にはその専従者としての役割が社会的に要請される」（田中，2012）ことにより、障害のある子どものために献身し、その子どもの療育を成し遂げるための家族システムがつくられる。きょうだいもまた、障害のある子どものケア中心の生活を維持するため、特有の役割を負うこととなる。その役割とは、直接的に同胞を介護する役割（山中，2012）のみならず、自らの都合や要求よりも同胞の世話や親の手伝いを優先して行う役割や、障害のある子どもの世話に追われる母親に自分のことで時間や労力を割かせることがないように、自分の考えや感

情を伝えることをせず、迷惑をかけないようにする役割、同胞の代わりに優等生としての対外的成果を挙げる役割などが挙げられる（遠矢, 2009）。それらの役割は、きょうだいが敏感に感じ取った親の期待や理想を具現化したものであり、親から認められたいという承認欲求を満たすためには、その役割を果たす他にないときょうだいは思い込んでいる。しかし、幼少期から自らの自然な感情や欲求を二の次にして、親からの承認を得るために、期待される家族役割を果たし続けなければならない状況は、早晩きょうだいの成長発達に問題をもたらすと考えられる。本研究の研究１の調査結果で示されたように、きょうだいの身体面・行動面・心情面での様々な養育上の悩みとして顕在化し始めることとなる。

このように、きょうだいが直面する様々な成長上の課題の背景に、きょうだいに対する親からの暗黙の過剰な役割期待があるにもかかわらず、きょうだいに対する支援方法に関してはきょうだい個人の心理社会的適応の問題へのアプローチにばかり関心が向けられていた（柳澤, 2007）。きょうだい支援の一環として家族を含めて支援するという考え方とそれに基づく支援実践は、Sibshopなどに代表されるきょうだい支援の先進国である米国や英国でも、積み上げられていない現状であった（Meyer & Vadasy, 1994, 2008）。また、第１章に示したように、米国、英国における筆者の調査研究からも、家族はきょうだいの問題に対する啓発対象者であり、むしろ、きょうだい本人への支援とは切り離して考えるべきだというスタンスで支援がなされている現状が示された。

しかし、きょうだいの問題が家族システムの中で必然的に生み出されるものであるなら、その問題を解決するためには、家族の一員としてのきょうだいが家族成員とどのような関係を構築していくかに目を向ける必要がある。そして、親子の受容的で安定した関係性の構築を促し、親が抱く障害のある子どものきょうだいとしての理想に応えるためではなく、その家族の「子ども」の一人として生きる主体性を確保することこそが、きょうだい支援プログラムの本質であるべきだと考える。とすれば、家族システム構築のリーダーである親への支援も、きょうだい本人と同様に必要不可欠となる。このような発想は、先に述べたように、障害のある子どもを家族で支えるべきだとする日本ならではの社会的な要請が、きょうだいを育てる家族のシステム構築に強く影響している背景（田中, 2012）を踏まえたものである。すなわち、いわゆる欧米の個人主義的発想に基づくきょうだい支援とは異なる視点からのものである。

しかしながら、日本におけるこれまでのきょうだい支援プログラムを見ると、欧米型のSibshopをそのまま導入したタイプのもの（平山・井上・小田, 2003；諏方・渡部, 2005；吉川・白鳥・諏方・井上・有馬, 2009；吉川・加藤・諏方・中出・白鳥, 2010）が大部分である。これは、きょうだい同士の交流を深めることにより、心理的開放体験を保障して、きょうだいの心理社会的適応を促進する点では十分効果があるといえる。しかし、このようなプログラムが、同胞に関連してきょうだいが直面している生活上の問題の解決に結びつくためには、個々のきょうだいの自己開示力が必要となる。自らの現状を仲間やスタッフに自分の言葉で説明し、解決に向け、積極的にコミュニケートするスキルが求められるのである。しかし、我が国の文化の中では、自らとその家庭が抱える特異な問題について、当事者である子どもが第三者に自由に話したり、意見を述べたりする態度そのものが育ちにくい。事実、Sibshopの開発者であるMeyer氏は、日本でSibshopのライブデモンストレーションを行った際の感想として、筆者に日本の子ども達はまるで「貝のように」口を閉じて話そうとしなかったと述べた。単にSibshopのマニュアルを単に日本語に翻訳して持ち込むのではなく、我が国の文化的背景やきょうだいの育ちに根ざした独自のきょうだい支援プログラム開発が求められているといえる。

さらに、これまでのきょうだい支援プログラムにおける課題として、プログラム内容の妥当性や参加するきょうだいのニーズとの関連性が検討されていないこと、心理的開放体験を重視するために、きょうだいの同胞の障害理解教育の点では不十分さがあること、加えて、従来の支援プログラムの多くが知的障害や自閉症スペクトラム障害など発達障害のある同胞をもつきょうだいを対象としてその効果検討がなされており、同胞の障害種の違いを考慮したプログラムの効果検討がなされてきていないことなどが挙げられた。

これらを踏まえ以下の4点を本研究の基本的スタンスとした。

① きょうだいのみを対象とするこれまでの問題意識から脱却し、障害のある子どものきょうだいの抱える課題を家族関係の視点からとらえ、分析する。
②「障害理解」を促進するきょうだいのためのプログラム内容を開発し、導入する。
③ まず、発達障害のある子どものきょうだいのための支援プログラムを開発し、

そこで得られた成果を活かし、これまで十分対象とされてこなかった、重度・重複障害のある子どものきょうだいのための支援プログラムへ発展させる。

④ きょうだいの課題がもつ個別性、多様性を重視し、集団としての評価に加え、事例検討に基づいて、プログラムの有効性を問う。

第2節　本研究の経過と得られた知見

1　概要

本研究では、プログラム開発という研究の特質を踏まえ、以下に示す第Ⅱ部から第Ⅴ部において、計10研究からなる調査研究と実践研究を積み重ねる方法を用いた。それぞれの研究で得られた知見とそれをどのように発展させて、最終的なプログラム開発に至ったかについて、Fig.13-1に示す。さらに、次項より、その主な内容を報告する。

2　第Ⅱ部における研究の概要と得られた知見

(1) 研究の概要

第Ⅱ部では、4つの研究を行い、きょうだいとその家族の現状と直面する課題を明らかにすることを目指した。その目的は、本研究が開発を目指すきょうだい支援プログラムにおいて取り組むべき、きょうだいと親、同胞との関係における課題を明らかにし、プログラムに組み込む内容に関する指針を得ることであった。まず、A県内の小学生以上のきょうだいを育てる家族へのアンケート調査を実施し、研究1として、きょうだいの養育に関する親の悩みや配慮事項、親自身に対するサポートについて把握し、きょうだいの養育に関して親が直面している課題と親の養育上の工夫を明らかにした。さらに、研究2としてきょうだいの捉えている家族関係、特に親との関係性を明らかにするために、きょうだいのサポート期待感と、親が認識しているきょうだいへの実際のサポートの程度を調べ、それぞれの特徴と関係を明らかにした。そして、研究3として、きょうだいが同胞に関連して抱いている否定的感情の程度を調べるとともに、先の研究2で調査し

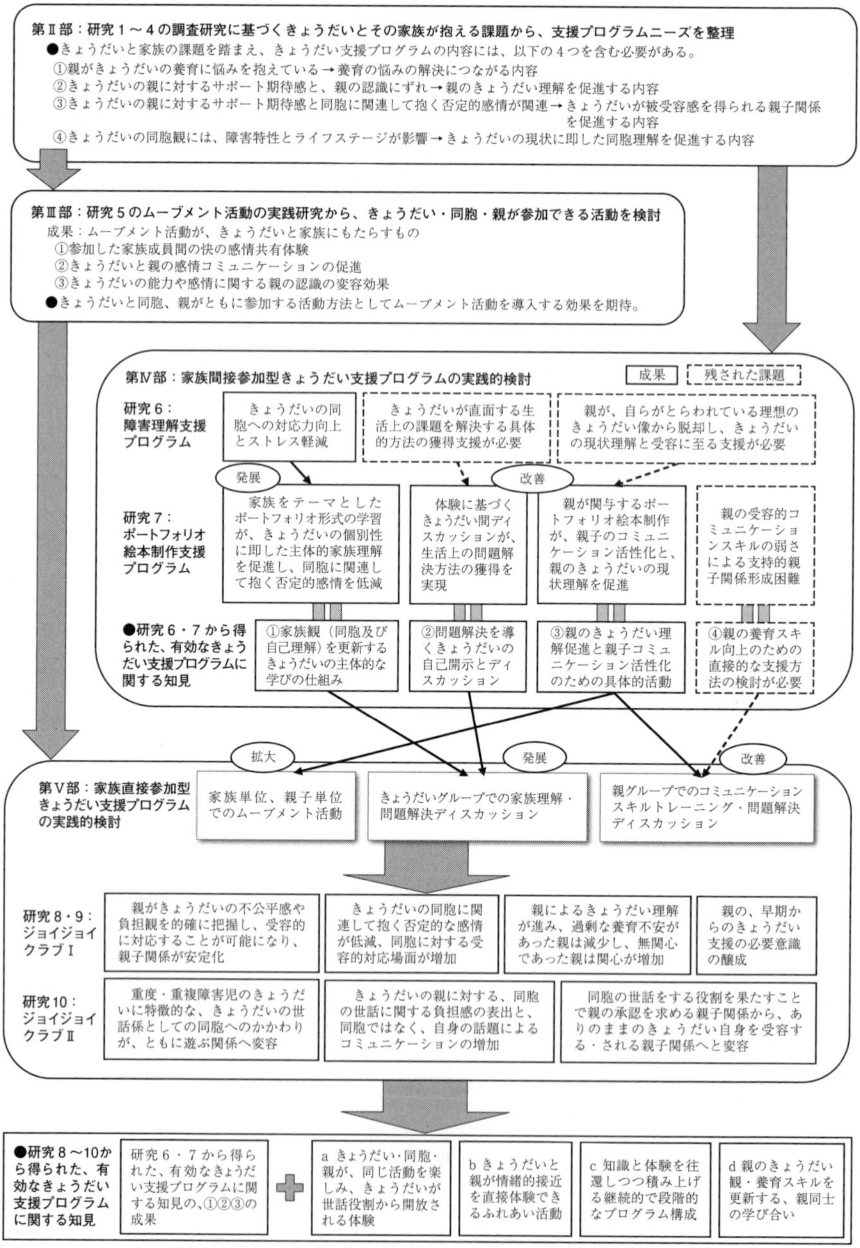

398　第Ⅵ部　総合考察

第Ⅱ部：研究1～4の調査研究に基づくきょうだいとその家族が抱える課題から、支援プログラムニーズを整理
● きょうだいと家族の課題を踏まえ、きょうだい支援プログラムの内容には、以下の4つを含む必要がある。
① 親がきょうだいの養育に悩みを抱えている→養育の悩みの解決につながる内容
② きょうだいの親に対するサポート期待感と、親の認識にずれ→親のきょうだい理解を促進する内容
③ きょうだいの親に対するサポート期待感と同胞に関連して抱く否定的感情が関連→きょうだいが被受容感を得られる親子関係を促進する内容
④ きょうだいの同胞観には、障害特性とライフステージが影響→きょうだいの現状に即した同胞理解を促進する内容

第Ⅲ部：研究5のムーブメント活動の実践研究から、きょうだい・同胞・親が参加できる活動を検討
成果：ムーブメント活動が、きょうだいと家族にもたらすもの
① 参加した家族成員間の快の感情共有体験
② きょうだいと親の感情コミュニケーションの促進
③ きょうだいの能力や感情に関する親の認識の変容効果
● きょうだいと同胞、親がともに参加する活動方法としてムーブメント活動を導入する効果を期待。

第Ⅳ部：家族間接参加型きょうだい支援プログラムの実践的検討

	成果			残された課題
研究6：障害理解支援プログラム	きょうだいの同胞への対応力向上とストレス軽減	きょうだいが直面する生活上の課題を解決する具体的方法の獲得支援が必要	親が、自らがとらわれている理想のきょうだい像から脱却し、きょうだいの現状理解と受容に至る支援が必要	
研究7：ポートフォリオ絵本制作支援プログラム	家族をテーマとしたポートフォリオ形式の学習が、きょうだいの個別性に即した主体的な家族理解を促進し、同胞に関連して抱く否定的感情を低減	体験に基づくきょうだい間ディスカッションが、生活上の問題解決方法の獲得を実現	親が関わるポートフォリオ絵本制作が、親子のコミュニケーション活性化ときょうだいの現状理解を促進	親の受容的コミュニケーションスキルの弱さによる支持的親子関係形成困難
●研究6・7から得られた、有効なきょうだい支援プログラムに関する知見	①家族観（同胞及び自己理解）を更新するきょうだいの主体的な学びの仕組み	②問題解決を導くきょうだいの自己開示とディスカッション	③親のきょうだい理解促進と親子コミュニケーション活性化のための具体的活動	④親の養育スキル向上のための直接的な支援方法の検討が必要

拡大　　　　発展　　　　改善

第Ⅴ部：家族直接参加型きょうだい支援プログラムの実践的検討

	家族単位、親子単位でのムーブメント活動	きょうだいグループでの家族理解・問題解決ディスカッション	親グループでのコミュニケーションスキルトレーニング・問題解決ディスカッション
研究8・9：ジョイジョイクラブⅠ	親がきょうだいの不公平感や負担感を的確に把握し、受容的に対応することが可能になり、親子関係が安定化	きょうだいの同胞に関連して抱く否定的な感情が低減、同胞に対する受容的対応場面が増加	親によるきょうだい理解が進み、過剰な養育不安があった親は減少し、無関心であった親は関心が増加	親の、早期からのきょうだい支援の必要意識の醸成
研究10：ジョイジョイクラブⅡ	重度・重複障害児のきょうだいに特徴的な、きょうだいの世話係としての同胞へのかかわりが、ともに遊ぶ関係へ変容	きょうだいの親に対する、同胞の世話に関する負担感の表出と、同胞ではなく、自身の話題によるコミュニケーションの増加	同胞の世話をする役割を果たすことで親の承認を求める親子関係から、ありのままのきょうだい自身を受容する・される親子関係へと変容	

● 研究8～10から得られた、有効なきょうだい支援プログラムに関する知見
研究6・7から得られた、有効なきょうだい支援プログラムに関する知見の、①②③の成果
＋
a　きょうだい・同胞・親が、同じ活動を楽しみ、きょうだいが世話役割から開放される体験
b　きょうだいと親が情緒的接近を直接体験できるふれあい活動
c　知識と体験を往還しつつ積み上げる継続的で段階的なプログラム構成
d　親のきょうだい観・養育スキルを更新する、親同士の学び合い

Fig. 13-1　本研究の経過と得られた知見

たきょうだいのサポート期待感の中から、特に、親に対して抱くものについて取り上げ、両者の関係について検討した。さらに、重度・重複障害のある同胞をもつきょうだいの現状と課題を探るため、研究4を加えた。研究4では、きょうだいの作文を分析対象とし、きょうだいが同胞に対して抱く思いや同胞に関する考え、いわゆる同胞観について検討した。

(2) 得られた知見

研究1では、質問紙調査により得られた、きょうだいを育てている親346名のデータから、約70%の親がきょうだいの養育に関する悩み事・困り事を抱えていることが分かった。また、その内容から、どの年代においても、親が主としてきょうだいの行動面・心情面の問題への対応に苦慮していることが示唆された。さらに、親はそれらの問題が、きょうだいと同胞との関係のみならず、親ときょうだいとの関係に関連して起きているととらえていることも示された。このような認識から親はきょうだいと直接かかわって解決や予防への努力をしているものの、親の中でも悩み事・困り事がある群は、それらがない群に比べ、きょうだい自身よりも親側の立場に立った対応をしている傾向にあることが推測され、きょうだいへの親のかかわり方そのものへの支援が必要であると考えられた。さらに、悩み事・困り事の解決には、親自身への周囲からのサポートが役立っていることも示された。

続く研究2では、きょうだいのサポート期待感に関し、年齢が進むにつれサポート期待感が減少する傾向にあることが明らかとなった。先行研究から、児童期や青年前期（中学生～高校生期）においては、親からの一方的な働きかけが「サポート知覚」（サポートを利用できるという意識）の発達に影響すること（嶋田, 1996）や、サポート期待感は過去のサポート獲得経験の積み重ねによって高められること（岡安・嶋田・坂野, 1993）が指摘されている。このことから、加齢とともにサポート期待感が低減する背景には、親からの精神的な自立という側面にとどまらず、一方的な親からの働きかけを待つしかない小学生期から、サポートを十分得られなかった数多くの体験を蓄積してきたことによる「あきらめ」もあるのではないかと推察された。よって、きょうだいが周囲にサポートを期待している年少期から、それに応える養育が行われるための支援が必要であると考えられた。また、きょうだいのサポート期待感と親が認識しているサポートには中程

度の正の相関がある一方で、親が認識しているサポートの程度は、きょうだいのサポート期待感よりも有意に高く、きょうだいは親が認識しているレベルほどにはサポートを受け取れると期待していないことも明らかとなり、このような親子間での認識の「ずれ」が親のきょうだい養育上の問題につながっていることが推測された。よって、そのような「ずれ」を解消するため、きょうだいが求めているサポートを親が把握し、きょうだい理解を促進する支援を行う必要があると考えられた。

　研究3では、質問紙調査による検討から、きょうだいが同胞に関連して抱く否定的感情の程度は、親に対するサポート期待感の高低と関連があり、サポート期待感が高いきょうだい群では、サポート期待感が低いきょうだい群よりも、否定的感情の程度が有意に低いことが示された。また、きょうだい及び親に対する半構造化面接による調査の結果、きょうだいが同胞に関連して抱く否定的感情の弱い群と強い群とでは、実感している「困った時のサポート」「親との関係」に質的な違いがあり、特に、否定的感情が強い群のきょうだいは、悩みを家族内で相談せずそのままにしておく傾向や、父親とのかかわりを希薄にとらえている傾向があることが示唆された。きょうだいに対する親のかかわりについては、否定的感情が弱い群のきょうだいでは、親がきょうだいの心情を受容し承認するサポートが行われていたのに対し、否定的感情が強い群のきょうだいでは、親がきょうだいの同胞理解促進を重視する教示的なサポートが行われているという違いが見られた。よって、きょうだいが同胞に関連して抱く否定的感情を低減するためには、家族内の受容的な関係性を高める支援のあり方を探る必要があると考えられた。

　研究4では、重度・重複障害のある同胞をもつ、中高生きょうだいに特徴的な同胞観として、「疎遠感」「命の存続に対する危機感」「障害のある人がもつ役割への着目」「深い同情」の4つがあることが示唆された。また、いずれのきょうだいも、過去から現在そして将来に続く時間の流れの中で、同胞のもつ障害の重度さに関する現状認識と回復の可能性への期待、命の危機に瀕しながらも力を尽くして生きる過程をともにすることで得る精神的な支えと、いずれ親に代わって保護者となる者としての重責感という、家族ならではの葛藤を抱きつつ、同胞とともに生きようと決意していることが示された。このことから、きょうだいへの支援プログラム開発にあたっては、きょうだいが同胞に対して抱く思いや、同胞

の障害に関する理解状況の個別性に配慮し、ライフステージに応じた内容が求められると考えられた。また、知的障害や発達障害とは異なる、重度・重複障害の特性が、きょうだいの障害理解、及びきょうだいと親、同胞との関係に及ぼす影響を考慮する必要があると考えられた。

このように第Ⅱ部では、4つの研究において、先行研究で十分取り上げられてこなかった家族関係に着目してきょうだいの現状を調査した。その結果、きょうだい特有の家族関係における課題として、以下の点があると考えられた。

第1に、きょうだいに対する親の認識ときょうだいの家族認識との間にずれが起こっている場合があり、それは、親ときょうだいのコミュニケーション不全によると考えられることである。第2に、そのようなコミュニケーション不全が、親子の相互理解を妨げるのみならず、親のきょうだいの養育における困難感や、きょうだいの同胞との関係悪化にもつながっている可能性があることである。第3に、これらの問題が、同胞の障害種やきょうだい及び家族構成員のライフステージに応じて変化するとともに、個別性の高いものであることである。そこで、支援プログラム開発においては、以下の内容を組み込む必要が示された。

第1に、きょうだいを育てることに困難さを感じている親に対し、その養育の悩みの解決につながる支援内容を含むことである。第2に、きょうだいに対する親の認識ときょうだいの家族認識とのずれを解消するため、親によるきょうだい理解を促進するための内容を含むことである。第3に、きょうだいが同胞に関連して抱く感情ときょうだいの親子関係の関連性を踏まえ、親子のコミュニケーションを促進し、その受容的関係性を高めるための内容を含むことである。第4に、同胞の障害特性によるきょうだいの同胞観（同胞理解）の個別性とライフステージにおけるその変容過程を踏まえながら、きょうだいが現時点で直面している状況とそのニーズに即した支援を展開していくことである。

3　第Ⅲ部における研究の概要と得られた知見

(1) 研究の概要

第Ⅲ部では、きょうだい、同胞、親が一緒に取り組むことで、家族成員が快感情を共有する体験を深め、相互理解と受容的な関係構築を促進する方法について、実践研究により検討した。研究5では、家族参加型集団ムーブメント活動を取り

上げ、きょうだい支援プログラムにおける活用可能性を検討した。実際に活動に参加した親ときょうだいにアンケート調査を実施し、親が捉えた活動中のきょうだいの様子とそれに伴う親のきょうだいに対する意識や、活動に対するきょうだい自身の感想に基づき、家族参加型のムーブメント活動がきょうだいの育ちにもたらす効果と、それをきょうだい支援プログラムに活用する際の課題について検討した。

(2) 得られた知見

研究5では、障害のある子どものための家族参加型ムーブメント活動に参加した親ときょうだいの2年間分延べ130組のアンケート結果を分析した。その結果、ムーブメント活動に参加することは、同胞と一緒の活動場面であっても、きょうだいが同胞の世話役としてではなく、自らも活動の主体者として積極的に活動に参加して、達成感や満足感を得るという好循環を生み出すことが示された。さらに同胞と同じ遊びを共有できたり、同胞がいる場面で自分も親に注目してもらい、直接かかわってもらえる体験が得られたり、他の障害のある子どもやそのきょうだいとかかわりが生まれたりなど、同胞に対する理解促進や、同胞、親、他のきょうだいなどとの関係促進に役立つことが示唆された。

しかしながら、活動中の親の意識はやはり同胞に向いており、活動の場できょうだいが自分を優先して、同胞に配慮しなかったことを不適切と感じたり、同胞と対比して、きょうだいに年齢不相応な高いレベルの課題を達成するよう求めたりする態度が確認された。

家族参加型のきょうだい支援プログラムにムーブメント活動を導入する場合、それは、障害のある子どもの発達支援における二次的な産物として、きょうだいにもたらされる変化を期待するものではない。きょうだいと親、そして同胞との関係改善あるいは促進そのものを目的とした活動として導入するものである。よって、家族がともに活動を楽しみ、家族関係の促進効果が最大限に引き出されるように活動内容を選択し、展開する必要がある。すなわち、障害のある子どもにとって、そのもてる力を十分発揮できる活動であるとともに、きょうだいにとっても、やり遂げる手ごたえのある活動である。さらに、そこに親が加わることで、家族成員の誰かが障害のある子どもの介助担当に終始することなく、全員がかかわりあいながら快体験の共有を実感できるプログラム構成を検討していく必要が

あると考えられた。

　以上を踏まえ、家族参加型のきょうだい支援プログラムにおいてムーブメント活動を活用することの意義について、以下の3点が考えられた。

　第1に、きょうだいと家族間の快感情の共有体験促進の可能性である。ムーブメント活動は本来、障害のある子どもの発達支援活動として開発されたものであるが、家族で取り組むことで、誰もが快感情をもち、さらにそれをともに味わうことができる要素が含まれていると考えられた。

　第2に、家族間の言葉によるコミュニケーションのみならず、感情を共感し合うコミュニケーションの拡大の可能性である。上述したように、ムーブメント活動に家族で参加することは、子どもの快感情が引き出されやすく、家族と障害のある子どもとのかかわりが拡大されるとともに、日頃気持ちを伝え合う機会が得にくい状況にあると思われるきょうだいと親との感情コミュニケーション体験を促進する場を生み出すことができると考えられた。

　そして第3に、きょうだいに対する親の新しい視点獲得の可能性である。ムーブメント活動を親子で楽しむ過程で、従来の家族関係の中では十分発揮できていなかったきょうだいの能力や表せなかった感情が表出され、親のきょうだいに対する新しい認識が生まれると考えられた。

4　第Ⅳ部における研究の概要と得られた知見

(1) 研究の概要

　第Ⅱ部、第Ⅲ部で得られた知見に基づき、続く第Ⅳ部、第Ⅴ部では、実際にきょうだい支援プログラムの開発を試みた。それらの効果を確認しながら、複数のプログラム開発と実践を積み重ね、プログラムコンテンツをブラッシュアップし、本研究の最終目的である、家族参加型のきょうだい支援プログラムの確立を目指した。

　第Ⅳ部では、研究6、研究7の2つを通じ、家族が間接的に参加するきょうだい支援プログラムを開発し、その効果を実践に基づき検討した。従来のきょうだいの心理開放的な活動に軸足を置いた欧米型プログラムからの脱却を目指し、きょうだいへの障害理解支援の充実と親のきょうだい理解促進、親子の受容的関係性の促進を中軸とした方法を新たに組み込んだ、短期間で継続実施されるパッ

ケージ型プログラムを開発した。

　研究6では、障害理解支援プログラムの開発に関する実践的検討を行った。自閉症スペクトラム障害を中心とした発達障害のある同胞をもつきょうだい4名を対象に、自作スライド教材による同胞の障害特性理解に力点を置いたプログラムを開発・実施し、きょうだいの同胞理解、同胞との関係、ストレス状態、親との関係がどのように変容するかを検討した。

　研究7では、研究6で解決し得なかった課題を踏まえて、ポートフォリオ絵本制作を軸とした支援プログラムを開発し、親がその制作活動に間接的に関与するスタイルでプログラムが展開するようにした。知的障害と自閉症スペクトラム障害を中心とした発達障害のある同胞をもつきょうだい7名を対象とした実践を通し、個々のきょうだい固有の同胞理解と同胞とのかかわりの促進、親によるきょうだい理解と親子のコミュニケーション促進における効果を検討した。

(2) 得られた知見

　研究6の対象児らは、いずれも同胞の障害特性を知ることにより、同胞の行動の意味を理解し、同胞に対するそれまでの否定的あるいは攻撃的な態度から、同胞が混乱しないように支援する態度へと変容した。さらに、ストレスが高かったきょうだいについては、それが低減する傾向が見られた。また、直接支援を行っていない母親がきょうだいにかかわる態度にも変容が見られた。しかしながら、母親らの抱くきょうだい理想像は変わることなく、きょうだいの現状を十分理解・受容するには至らなかった。このことから、親がきょうだいの視点に立ってきょうだいの現状を理解し、それに基づいて受容的な親子関係をもたらす内容を支援プログラムに組み込む必要があると考えられた。加えて、障害について学ぶだけでは、同胞にかかわること以外の課題に対するきょうだいの解決スキルを高めることにはつながらず、個々のきょうだいの生活における問題解決を導く要素を支援プログラムに取り入れる必要があると考えられた。

　上記の課題を踏まえて、きょうだいのためのポートフォリオ絵本制作に取り組んだ研究7では、実践の結果、対象児らの同胞の障害特性の理解が促進され、対象児らは同胞に対するのみならず、同胞に関連して友達など周囲の人々との間に起こる問題にも、自分なりの方法でうまく対応するようになった。併せて、同胞に関連して抱く否定的な感情に低減が見られ、特に、「将来の問題」や「過剰な

責任感」の下位尺度得点が有意に減少したことが示された。親との関係においても、母親に対するサポート期待感が増加し、親子のかかわり頻度も増えたことが確認された。事例分析からは、ポートフォリオ絵本制作を通して、親が、対象児が自分自身や同胞、そして家族に対して抱いているありのままの気持ちを理解し、受容的なコメントを返しながら、親子のコミュニケーションが促進されていく様子が確認された。しかしながら、ポートフォリオ絵本に表された対象児の気持ちを親が十分受け止めることができないままのケースがあることも確認された。親自身が抱えるきょうだいの養育に対する不全感を改善し、きょうだいとのコミュニケーションスキルを高めるための、親に対する直接的支援をプログラムに加える必要があると考えられた。

以上の2つの研究から、きょうだい支援プログラムの開発に際し、特に障害理解支援及び親子の関係性支援の点から、以下の3つの成果が得られるとともに、1つの課題が見出された。

成果の第1は、個々のきょうだいの同胞理解及び自己理解を促進し、さらには家族観を更新するための主体的な学びができる仕組みをプログラムに組み込むことの有効性である。きょうだいにとって、同胞はかけがえのない家族の一員であり、きょうだいが同胞の障害を理解するとは、社会的に適切とみなされる一般的な障害観の獲得に至ることではなく、自分との関係性に根ざした固有の意味を獲得することであると考えられる。すなわち、個々のきょうだいが現実に直面している問題について、他の誰かから望まれる妥当な結論に至ることを目指すのではない。きょうだいが同胞に関連して起こる問題に振り回されている状態から、それらの問題を自ら解決できる主体者となることを目指すものである。

第2は、きょうだい同士が、率直な思いを表現し、共感、受容し合いながら、問題解決に向けた知恵を生み出すディスカッションの場を保障することの有効性である。これは、きょうだい同士の出会いと交流によりピア・サポート的機能を促進するもの（藤井, 2007；松本, 2013）ではあるが、レクリエーション活動による交流で副次的に生まれるサポート関係を期待するのではなく、積極的に問題解決に向けて自己開示をして話し合い、知恵を生み出すことができる関係を創出し、きょうだいが直面する問題の解決方法を自ら選択し、決定する場を保障するものである必要があると考えられた。

第3は、親がきょうだいの率直な思いを知り、その現状を理解することを促進

するとともに、そのような理解を背景とした受容的な親子のコミュニケーションを活性化するための活動を導入することの有効性である。親がきょうだいに対して願う姿を実現するためではなく、きょうだいが抱えている問題解決のためにきょうだいを支えるという、より受容的でサポーティブな親子の関係性を生み出すためには、親によるきょうだい理解を進めるだけでは不十分である。家族システムの中できょうだいが陥りがちなコミュニケーション不全という問題（西村・原，1996b；吉川，2002；戸田，2012）を直接解決し、親子のコミュニケーションを促進するための具体的な方法をプログラムに組み込む必要があると考えられた。

一方、課題として示されたのは、きょうだいを養育するスキルを高める親への直接支援を組み込むことの必要性である。事例分析から、いくら親にきょうだいとのコミュニケーションの機会を提供しても、きょうだいの視点に立ってそれを活用できるように親の養育スキルを高めなければ、受容的な親子関係の促進にはつながらないことが示唆された。よって、それぞれの親が自らのきょうだい観と向き合い、きょうだいの主体的な育ちを支援することができるように、親を直接の対象とした支援内容をプログラムに組み込む必要があると考えられた。

5　第Ⅴ部における研究の概要と得られた知見

(1) 研究の概要

第Ⅳ部で得られた成果と課題を踏まえ、第Ⅴ部では、研究8、研究9、研究10の3つの研究を通じ、家族が直接参加するきょうだい支援プログラムを開発することを目指した。家族がともに参加できるムーブメント活動を導入することで、家族全員における快感情の共有体験や親子の直接的なふれあい体験を導き、親子のコミュニケーション不全を解決するための手立てとするとともに、第Ⅳ部で課題として残された、親に対するきょうだい養育のスキルを高める直接支援をプログラムに組み込んだ。

まず、研究8では、知的障害や自閉症スペクトラム障害などの発達障害のある子どものきょうだい・同胞・親が参加するきょうだい支援プログラム「ジョイジョイクラブⅠ」を試行した。このプログラムは1セッションが4部で構成される。すなわち、①参加者が思い思いにスタッフを交えて遊ぶ15分間程度の自由遊び時間、②参加者全員が集まって行う30分間の家族ムーブメント活動、③きょうだい、

同胞、親がそれぞれに分かれてニーズに応じた課題に取り組む60分間のグループ別活動（具体的には、きょうだいは障害についての勉強会、同胞に関して起こる問題や自分の気持ちに関する話し合いなど、同胞はサポーターとのムーブメント活動や造形活動など、親はきょうだいの気持ちの理解やきょうだいとのかかわり方に関する話し合い、及び、褒め方スキルトレーニング、大人のきょうだい当事者による講演の聴講など）、④親ときょうだいの直接的かかわりを促進する15分間の親子ふれあいムーブメント活動の4部である。きょうだい16名とその親、同胞を対象としてプログラムを実施し、同胞に関連して抱くきょうだいの否定的な感情や、親子関係の変化等を調べ、きょうだいの同胞理解と同胞とのかかわりの促進、親によるきょうだい理解と親子のコミュニケーション促進にかかる効果を明らかにした。

　続く、研究9では、研究8で実施したプログラムの追加分析として、参加した親の発言記録等に基づき、プログラムの実践過程で親のきょうだい観・養育観がどのように変容したかを明らかにした。

　そして、研究10では、研究7、研究8で検討したプログラムを統合した、重度・重複障害のある子どものきょうだい・同胞・親が参加するきょうだい支援プログラム「ジョイジョイクラブⅡ」について、実践に基づく検討を行った。アンケート調査とインタビュー調査、行動観察による効果検討に加え、個々の事例の変容に着目した分析を行い、特に、重度・重複障害のある同胞をもつきょうだいの特徴を明らかにしながら、きょうだいの同胞との関係、きょうだいと親とのコミュニケーション促進にかかるプログラムの効果を検討した。

(2) 得られた知見

　研究8では、対象児らの同胞に関連して抱く否定的な感情の程度が低減傾向となり、特に「余計な負担の感情」の下位尺度得点が有意に減少したことが示された。また、きょうだいが同胞の障害特性を理解し、適切かつ積極的にかかわる意欲が高まったこと、同胞に対して感情を爆発させることが減り、親から見ると受容的なかかわりをするようになったことが示された。一方、きょうだいに実施した「FDT親子関係診断検査（Family Diagnostic Test、以下、FDT）」（東・柏木・繁多・唐澤, 2002）における親子関係は、当初から安定的であったが、実践後さらなる安定化が確認された。また、母親に実施したFDTにおける親子関係は、

安定化、不安定化双方の事例が確認されたが、事例分析からそのいずれもきょうだいに対する見方を変え、親としての自分自身のかかわり方を改善する方向で動き出したことが示された。インタビューやアンケートなどからは、親がきょうだいの不公平感や負担感を的確に判断し、対応できるようになったことが裏づけられた。

　研究9では、親への直接支援の実践から、プログラム参加以前には、きょうだいに対し、負担をかけて申し訳ないと感じている一方で、同胞と比べて不公平な扱いをしているつもりはなく、親の思い通りのきょうだいになることを求めていた親達が、きょうだいの現実を知り、自らのきょうだいに対する考えやかかわりの内省を経て、きょうだいの気持ちを分かろうとし、気遣うことの必要性を感じ始める経緯が明らかとなった。プログラムの終盤では、親達は自らのきょうだい観や養育観が変化したことを自覚し、過剰な心配をしていた親は不安が解消し、無配慮であった親はきょうだいに気持ちを向けるようになるなど、きょうだいの現状を踏まえた、前向きな親子のかかわりへの展望が語られるようになった。さらに、早期からのきょうだい同士の交流のための支援が必要であるという認識に至ったことが示された。

　このように、研究8、研究9を通して、本研究で開発した家族参加型のきょうだい支援プログラム「ジョイジョイクラブⅠ」が、きょうだいが同胞に関連して抱く否定的感情の低減と、きょうだいの同胞に対する障害特性理解を踏まえた積極的で受容的なかかわりをもたらしたこと、また、親のきょうだい観をきょうだいの現状に即したものにつくり変え、親のきょうだいの心情に寄り沿う受容的な養育態度を引き出し、親子の安定した関係を促進することにつながったことが示された。さらに事例検討から、親子のコミュニケーション状況が改善され、きょうだいと親の関係における特有の親子関係上の課題（立山・立山・宮前, 2003；西村・原, 1996b）が解消されたことも示された。

　研究10で対象となったきょうだい7名は、当初から同胞に関連して抱いている否定的感情は弱い傾向にあり、FDTで示された親子の関係も安定的であった。それでもプログラムを通じ、「同胞の障害に対する心配事」の下位尺度得点が有意に減少し、きょうだいから見た親子関係、親から見た親子関係がいずれも安定化し、全体として、研究8、9の対象とした知的障害や自閉症スペクトラム障害などの発達障害のある同胞をもつきょうだいとその親に見られた効果と同様の効

果が確認された。
　一方、事例分析から、重度・重複障害のある同胞をもつきょうだいの特徴的な課題として、世話をする・される関係でしかかかわりを見出せない同胞との関係性、そのような役割を果たすことを喜びと感じる一方で、うまくやれない自分に失望し重責を感じつつ、同胞の世話に追われながらも自分を気遣ってくれる親の大変さを知るがゆえに、自らの思いを伝えられないジレンマがあることが浮き彫りになった。しかし、本プログラムに参加する過程で、きょうだいはそのような自分に気づき、ポートフォリオ絵本という手段を用いて「本当の気持ち」を吐露する体験を積み、同時に親はきょうだいの本音に向き合う体験を重ねることとなった。そして、最終的に、プログラムを終えた段階では、事例によって変化の様相は異なるものの、いずれも、理想のきょうだいとしての家族役割を親が暗黙のうちに求め、それに応えるためにきょうだいが努力を続ける当初の親子関係から、きょうだいの現状を親が受け入れ、それを尊重する親子関係へと変化したことが確認された。
　以上のことから、本研究で開発したきょうだい・同胞・親がともに参加するきょうだい支援プログラムが、知的障害、自閉症スペクトラム障害などの発達障害のある子どもや重度・重複障害のある子どもを同胞にもつきょうだいの支援ニーズに対応し、家族のコミュニケーションを促進して、きょうだいと同胞の肯定的な関係、及び、きょうだいと親との受容的で安定した関係を生み出すに至ったことが示された。
　また、先に第Ⅳ部で明らかとなった、家族が間接的に参加するプログラムの成果と課題を踏まえて、第Ⅴ部で家族が直接参加するプログラムを構成したことにより、きょうだい支援プログラムに求められる要件として、新たに以下の4点が示された。
　1点目は、家族が同じ活動を楽しめる体験を提供することである。先行研究では、きょうだいが同胞を含めた家族と同じ場を共有して充足感を得ることの難しさが課題として指摘されてきた（田中・高田谷・山口, 2011；笠井, 2013）。本プログラムでは家族全員が参加できるムーブメント活動を設定し、同胞のいる場で、対象児らが世話係の役割を果たすためではなく、同胞と同じ子どもの立場で親にかかわってもらえる体験を積めるようにしたことが、対象児らの感じている不公平感や羨ましさ等の否定的感情の低減につながったと考えられた。また、日頃遊

びを共有しにくい同胞と思う存分活動を楽しむことで、遊びを共有する対象として同胞を捉え直し、できる遊びをもっと知りたいという欲求を満たし、同胞の能力に対する新しい気づきを促すこととなったと考えられた。

2点目は、きょうだいと親が直接ふれあう体験を提供することである。本プログラムでは、15分間の対象児と親だけのムーブメント活動をセッションの最後に組み込んだ。これは、親グループの活動で学んだ内容を踏まえ、親が対象児とのかかわりを実践する場であり、対象児が親を独占して、快感情を共有できる場となった。体を動かして協力する親子遊びを取り入れることは、言葉によらないコミュニケーションを促進し、安定的な親子関係の基本となる情緒的な接近につながったと考えられた。

3点目は、継続的で段階的なプログラム構成とすることである。本プログラムは、全6〜7セッションにわたる継続参加型パッケージプログラムとし、参加者の知識と体験をスパイラル式に積み上げることを意図した。プログラムで取り上げた内容を知識として理解するだけにとどまらず、家族や親子での活動を通して、対象児も親も自らが願う親子間のかかわり、及びきょうだいと同胞間のかかわりについて成功体験を繰り返すことで、それぞれの変容につながったと考えられた。

4点目は、親のきょうだい観、養育観の変容につながる直接支援を提供することである。本プログラムでは、ファシリテーターのリードのもと、きょうだいが直面している現状やその心情、及び養育上の問題解決方法について話し合い、きょうだいとの接し方を具体的に学び、スキルトレーニングをする機会を提供した。その結果、対象児から見ても親の接し方が明確に変化したケースが複数確認でき、対象児と親の相互理解促進、きょうだい特有の親子関係の問題解決につながったと考えられた。

このように、研究8〜10では、先に研究6及び7で得られた3点の知見と併せ、きょうだいが直面する課題解決ときょうだいと同胞との関係改善、及びきょうだいが被受容感を得られる親子関係の獲得に至る効果をもたらすために、家族参加型きょうだい支援プログラムに含めるものとして、以下の7つの内容を明らかにすることができた。

① 家族観（同胞及び自己理解）を更新するきょうだいの主体的な学びの仕組み
② 問題解決を導くきょうだいの自己開示とディスカッション

③ 親のきょうだい理解促進と親子コミュニケーション活性化のための具体的活動
④ きょうだい・同胞・親が、同じ活動を楽しみ、きょうだいが世話役割から開放される体験
⑤ きょうだいと親が情緒的接近を直接体験できるふれあい活動
⑥ 参加者が学び取った知識と家族でのかかわり体験を往還しつつ積み上げる、継続的で段階的なプログラム構成
⑦ 親のきょうだい観や養育スキルを更新する、親同士の学び合い

第3節　本研究で取り組んだきょうだいと親が抱える特有の課題と支援プログラムの効果

1　同胞に関連して抱く否定的感情と親子関係との関係に見る支援プログラムの効果

　各章で示したように、本研究では、研究7、研究8、研究10において、同じ「同胞に関する感情アンケート」を用いて、対象児が同胞に関連して抱く否定的な感情の程度に関するPre-Post間の変容を確認した。いずれも得点が有意に増加した下位尺度はなく、有意に減少した下位尺度がいくつか確認された。具体的には、研究7では、「将来の問題」「過剰な責任感」において、研究8では「余計な負担の感情」において、研究10では「同胞の障害に対する心配事」において、Post時点における下位尺度得点がPre時点よりも有意な差をもって減少したことが確認された。このように実践ごとに異なる下位尺度で差が得られたことについては、各研究が10人前後の小集団を対象とした実践であったことが背景にあると考えられる。対象児の年齢、出生順位、同胞の障害種や家庭環境、これまでの育ちにおける経験など、それぞれ固有の特性をもつ対象児が集まったことによる、その対象児集団ならではの同胞との関係性における支援ニーズが存在し、そのニーズの質的な違いが、実践後の効果の差異となって表われたのではないかと推察される。

　ただし、研究3における「同胞に関する感情アンケート」結果と「サポート期待感アンケート」結果の分析を参照すると、研究8で減少した「余計な負担の感

情」と、研究10で減少した「同胞の障害に対する心配事」は、各実践対象となった、小学生期や中学生期にあるきょうだい、及び発達障害や重度・重複障害のある同胞をもつきょうだいにおいて、親からのサポート期待感との間に負の相関関係が認められた下位尺度であった。これに対し、研究7で有意な減少が認められた「将来の問題」「過剰な責任感」は、上記群のいずれにおいても、親からのサポート期待感との間に有意な負の相関関係は認められなかった下位尺度であった。研究8と研究10で実施したのは、きょうだいが同胞・親とともに参加する家族直接参加型支援プログラムであり、研究7で実施したのは、きょうだいが同胞や親と離れて参加する家族間接参加型プログラムであったことから、家族と直接かかわる機会を取り入れたプログラムの実践が、親からのサポート期待感に相反的関係のある感情を変化させる効果を生み出したのではないかと推察される。

　しかし、むしろ、本研究で開発した家族直接参加型のきょうだい支援プログラムが、きょうだいの同胞に関連して抱く否定的感情にもたらした効果は、研究8、研究10において示したように、親子関係との相関関係の弱化にあると考える。研究8では、Pre時点で強い正の相関関係があった対象児のFDTの「被拒絶感＋積極的回避」と「同胞に関する感情」との関係が、Post時点では中程度の正の相関関係となった。また、研究10では、Pre時点において、対象児のFDTの「被受容感＋情緒的接近」と「同胞に関する感情」には、強い負の相関関係が、そしてFDTの「被拒絶感＋積極的回避」と「同胞に関する感情」には、強い正の相関関係がそれぞれ認められたが、Post時点では、いずれも相関関係は認められなくなった。これは、対象児において当初密接に関係していた親子の関係と同胞との関係が、実践の結果、独立して認識される傾向となったことを示していると考えられる。すなわち、本研究で開発した家族参加型のきょうだい支援プログラムは、きょうだいにとって、障害のある子どもの兄弟姉妹という立場に根ざした親子関係を脱して、本来の子どもとしての親子関係を獲得することを促し、かつ、同胞との関係を親子関係から切り離して、きょうだい個人の自立的な立場からの関係へと質的に変化させることに役立ったと考えられる。

2　きょうだいの育ちと親の養育における特有の課題

　本章の第2節でも述べたように、研究2では、きょうだいへのインフォーマル

サポートについて、きょうだいが受けていると親が考える程度よりも、実際にきょうだいが周囲に期待している程度は低いことが示され、きょうだいと親のサポート認識に関する「ずれ」が明らかになった。さらに、研究3では、同胞に関連して抱くきょうだいの否定的な感情と親からのサポート期待感の関係を検討した結果、親からのサポート期待感が高いきょうだい群の否定的感情の平均値は、サポート期待感が低いきょうだい群のものよりも有意な差をもって低くなっていることが示され、きょうだいが同胞に関連して抱く否定的感情には、サポートが期待できる受容的な親子関係が関連することが明らかになった。加えて研究8、研究10のPre時点での対象児への調査でも、同胞に関連して抱くきょうだいの否定的な感情の程度と親子関係の安定性が関連していることが示された。研究6及び研究9では、障害のある子どものきょうだいとしての理想像を描いてそれに近づくことをきょうだいに強く期待したり、逆に同胞と暮らすことによるきょうだいの負担感を過剰に心配したりする、親の偏った「きょうだい観」があるという事実が示された。本研究で明らかとなった上記の事実は、いずれも、きょうだいと親との関係において生じているものであり、きょうだいの育ちにおける以下の特有の課題を反映していると考えられる。

　すなわち、本章の冒頭でも述べた、障害のある子どもの健全育成を家族の最重要課題として掲げ、それにどれだけ深くコミットするかが家族成員としての資格要件であるかのように、親もきょうだいも思い込んで家族役割を果たしているという家族システムの課題である。

　自らについては障害のある子どもを育てる責務を担わされた特別な存在として自覚し、きょうだいについては、子どもでありながらも障害のある子どもを育てる自らの特別な協力者として捉える枠組みから、親は逃れることができない。その意識は、研究4で示した、家族参加型のムーブメント活動におけるきょうだいの参加状況を評価した親の回答に、如実に現れていたとおりである。

　きょうだい自身にもまた同様の意識があったことがうかがわれる。例えば、研究6の対象児の一人であった小学校5年生のB児は、「同胞が塾で暴れると、周囲から自分に『何とかしろよ』と言われている気がする」と述べ、さらに、「そんな『恥ずかしい話』をここ（本プログラム）で初めて話すことができた」とも述べた。これは、きょうだいが背負っている問題を端的に表している発言であると考えられる。すなわち、きょうだいは、同胞を育てる家族の一員として、親と

同様に、同胞が社会的に不適切な行動を起こさないように管理する役割を社会から期待されており、その役割を十分果たせず、同胞をそのままにしてしまう自分は責められて当然の立場にあるのだと自覚していることである。研究10では、複数のきょうだいが、留守の親に代わって同胞の世話をすることを任されており、それは自分にとって誇らしいことではあるが、うまくやれないことが負担であり、「泣かせてしまったことを親に言えない（E児）」のように、その役割を果たしきれないことを自分の責任と感じてしまう様子が確認された。

　このような親、そしてきょうだいの意識は、自ら作り出したものではなく、日本の社会の考え方をそのまま受け継ぐものであることは、これまでも述べてきたとおりである。すなわち、障害のある子どもの家族は、その子どもを世話し、育て上げるという重要な役割を果たすために機能すべきであるという、当事者家族も、周りの人間も思い込まされている社会的要請である。この要請に基づく役割をきょうだいもまた幼少期から背負いながら生きてくことを余儀なくされ、親も本人もそれを当然のこととして受け止めている現状があるといえる。このような、同胞の世話をするからこそ、きょうだいである自分も家族の一員となることができるという、きょうだいの家族内での自己意識は、きょうだいの「発達の基礎となる主体的な欲求を育みづらく」（戸田, 2012）し、「感情表出を難しく」（益満・江頭, 2002；立山・立山・宮前, 2003）することで、親子は暗黙のうちにその役割を果たす共同体という関係性をもつようになると考えられる。きょうだいの障害理解支援プログラムを実施した研究6において、対象児の一人であるD児の母親は、Post時点で、「D児が協力者として母親の助けになることによって、初めてきょうだいであるD児に目線が行き届くようになった」と報告している。すなわち、きょうだいにおける同胞の障害理解が促進されたため、きょうだいが求められる家族役割をよりよく果たすことができるようになり、初めてきょうだいは母親から注目される存在になり得たのである。

　このような状況にあるきょうだいは「親にありのままの自分を受け入れられているという実感をもてぬ」（吉川, 2002）まま、親や身近な他者からのサポートに対する期待感を低下させていくものと考えられる。それゆえ、研究8、10に見るように、同胞に関連して抱くきょうだいの否定的な感情の程度と親子関係との強い関連が示されたと思われる。きょうだいが親と受容的関係を結ぶためには、同胞とそれに関連する様々な事項に対して肯定的に対処できる必要があり、逆に同

胞やそれに関連する事項に対して否定的な感情をもってかかわることは、家族の中で期待される自らの存在価値を低め、ますます親との関係を不安定にしてしまうこととなる。FDTの下位尺度である「積極的回避」が、子どもの方から親に対して接触を避け、かかわりをできるだけもたないようにしている程度を示す尺度であることは先に述べたとおりだが、「被拒絶感＋積極的回避」と「同胞に関連して抱く否定的な感情」に強い正の相関関係が認められたことは、きょうだいが親との関係と同胞との関係の悪循環にはまり込み、自ら親との関係に期待することを避けるようになり、そこから自力で抜け出すことができないでいる現状を示すものと考えられた。

3　きょうだい特有の課題に取り組んだ支援プログラムの中核的要素

　本研究では、上述のようなきょうだい特有の課題を受け、きょうだいが同胞の世話を担う家族成員としてではなく、同胞と同じ一人の子どもとして認められ、障害のない子どもの家族において日常的に行われている、忌憚のない、それでいて受容感のある親子のコミュニケーションが促進されることを中心的な目標とする支援プログラム開発と実践に取り組んだ。そこで促進が図られるコミュニケーションとは、障害のある子どもの養育を担う責務を背負った親子としてのものではなく、親ときょうだいだけの直接的な関係性を育むためのものである。障害のある子どもに対して適切に対応したり、親の期待に応えたりできたことを認める・認められるコミュニケーションでなく、今きょうだいが在る現状や保有する感情、すなわちきょうだい自身に関することを内容の良し悪しにかかわらずきょうだいが伝え、親が聞き取るコミュニケーションであり、同胞の関与の有無に関係なく寄せられる、親からきょうだいへの日常的関心の共有を指す。本研究で開発したきょうだい支援プログラムにおいて、このようなコミュニケーションが活性化されたことが、対象児らと親の変容を導くこととなった中核的要素であると考える。

　しかしながら、このようなコミュニケーションを実現するためには、研究6、及び7で示したように、きょうだいだけにプログラムを実践し、間接的に親にその効果が波及することを期待する方法では不十分であった。すでに強固に獲得されている、障害のある子どもの養育の担い手という、「役割期待」に基づく家族

関係から脱却する必要があり、そのためには、きょうだいも親も以下の2種類の活動体験を含む支援プログラムが必要であった。

1つは、「理解」する体験である。すなわち、きょうだいが自分自身と家族を見直し、同胞の障害に関する知識を得て、新しい同胞理解と自己理解に基づいて家族観を更新する体験である。そして、親もまた、きょうだいと自分自身を見直し、きょうだいの現状に関する知識を得て、子どもとしてのきょうだい観と自身の養育観をつくり変える体験である。

もう1つは、「実践」する体験である。例えば、ポートフォリオ絵本制作において生じるような、口にできない思いや考えを「受け止めた」と、書き言葉を用いて親ときょうだいが伝え合う体験である。また、ムーブメント活動のように、家族で、またきょうだいと親だけで直接身体をふれあって遊び、快感情を共有しながら、親にとっては同胞と同じようにきょうだいを「子ども」として扱い、きょうだいにとっては「子ども」として扱ってもらう体験である。お互いに情報を伝え合う実践と快感情を共有する実践の体験は、きょうだいと親が今後も家族の中で受容的なコミュニケーションを継続するコツを示すものとなったといえるであろう。それはさらに、先の「理解」を促進することにもつながるはずである。

本プログラムでは、この「理解」と「実践」の2つの活動体験をスパイラル式に積み重ねる構造により、同胞の養育を離れた立場での親子間コミュニケーションを促進・拡大することができた。この構造のイメージ図を Fig. 13-2 に示す。すなわち、参加したきょうだいと親にとって、新しい家族観と養育観を獲得する「理解」体験をし、その「理解」を踏まえて、お互いの考えや気持ちを伝え合い、ともに活動し快感情を共有する「実践」体験を積み、またその「実践」で得たコミュニケーションの成功体験をもって、新しい「理解」体験に進むという、「実践」と「理解」とが螺旋状に繋がりながら、プログラムが展開する。その結果、親はきょうだいの気持ちを知りたいと思い、きょうだいはそれまでの親への遠慮や自らのネガティブな感情表出の抑制（大瀧, 2012）から解放され、遠慮なく気持ちを伝えようとし、きょうだいと親は日常生活の中で積極的に話す機会をもつようになる（すなわち、Fig. 13-2 の縦軸「きょうだいと親のコミュニケーションの促進」を指す）。また、話の内容も、吉川（2002）が述べたようなきょうだいにとっては「気づいてはいるけれど知らないふりをしていなければいけないこと」や「触れてはいけない話題」がある関係から脱却し、同胞の障害に関して知りた

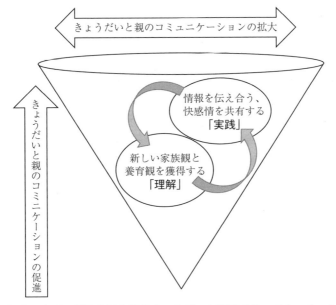

Fig. 13-2　本プログラムにおけるきょうだいと親のコミュニケーション支援

いけれど今まで聞けなかったことや、自分自身について伝えたいけれど話せなかったことを話題にできるようになり、親も同様にきょうだいに対し、同胞についてこれまで触れることがなかった内容や、きょうだい自身への関心について、話題にするようになるのである（すなわち、Fig. 13-2の横軸「きょうだいと親のコミュニケーションの拡大」を指す）。

このような仕組みをもつ本プログラムの意義については、次節でさらに詳細に考察する。

第4節　本研究で開発したプログラムの意義

本章の冒頭で述べたように、本研究の目的は、これまで着想されてこなかった家族関係へのアプローチを支援の軸におき、きょうだいのみならず、同胞、親もともに参加するきょうだい支援プログラムを新たに開発し、その効果を検討することであった。我が国では障害のあるきょうだいがその成長において支援を必要

としていることへの関心がいまだ低いばかりか、わずかに行われている支援も欧米型の手法を模したものが主流であり、きょうだいの実情に適した支援が十分確立されていない現状がある。よって、新しいきょうだい支援の方法を創出することにより、障害のある子どもを育てる家族の Quality of Life（以下、「QOL」と表記）向上に不可欠な要素として、きょうだい支援体制が整備されるための一助とすることを目指した。

先行研究に基づくきょうだいの課題の分析と、調査研究に基づくきょうだいが捉える同胞及び親との関係性における課題の分析を踏まえて支援プログラムを開発し、実践を通じて効果と課題を検討した。それらに基づきプログラムの改善を図り、さらに実践により検討するというサイクルを繰り返し、モデルとなるプログラムを提案するに至った。改善すべき点はまだ残されているが、きょうだい支援という、我が国ではいまだ耳慣れない、しかし見過ごせない必要不可欠な課題に一つのステップを提供することができたと考える。

それでは、本研究で開発したきょうだい支援プログラムは、どのような点で、きょうだい支援に寄与することができたと考えられるであろうか。以下の3点から、本プログラムの意義について検討する。

(1) きょうだい支援を家族関係支援の枠組みから捉え、家族成員相互のコミュニケーションを促進して、受容的な関係性を生み出すための具体的な方法を創出したこと

先に述べたように、同胞を育てる協力者としてのきょうだいの家族役割を親も本人もそれを当然のこととして受け止める意識がある以上、きょうだいだけを支援対象としている限りは、どのようなプログラムであっても家族におけるきょうだいの子どもとしての本来のありようを回復することにはつながらない。すなわち、きょうだいだけを対象とする支援プログラムの中で、どんなに楽しい体験をして、心理的開放が得られたとしても、家庭におけるきょうだいの子どもとしての当たり前の成長を保障できるとは限らない。きょうだいが、親にとって障害のある子どものケアを担ったり、親から見て障害のある子どもを育てる家族にふさわしい振る舞いができたりするから家族でいられるのではなく、本来、固有の価値をもつ「ただの子ども」として親と向き合えるようになるためには、親自身が、家族役割意識の支配から解放される必要がある。すなわち、同胞を介してではな

くきょうだいと自分の直接的な関係において、きょうだいと向き合い、対話を重ね、等身大のきょうだいに触れ、きょうだいを受容する経験を積む必要がある。これをきょうだいの立場からいうならば、自分が同胞との関係において家族役割を果たすためにではなく、自分自身のために親が関心を寄せてくれ、自分の気持ちを聞きたがってくれ、自分と話したりかかわったりすることを楽しんでくれ、受け入れてくれる、そのような体験を積むこととなる。

　本研究で開発した支援プログラムでは、独自の内容を組み込むことによって、この問題にアプローチした。

　まず第1に、同胞と同じように親と一緒に思い切り遊び、家族全員が快感情を共有できるように、ムーブメント活動を組み込んだことである。きょうだいの心情として、同胞ができないことをきょうだいと親だけが楽しむことは受け入れにくい。しかし反面、同胞を中心とした活動では、きょうだいは従来どおり、同胞の世話役に徹するばかりである。ムーブメント活動は、このジレンマを解消し、きょうだいも親も同胞もともに楽しむというきょうだいの願いを実現するものであった。研究10では、「同胞の喜ぶ遊びなら家族でも遊べる。そりとか、風船とか（C児）」「（同胞も入れた）家族4人でこんな風に出かけたりしたことがなかった。帰る途中に遊んで楽しかったねと話した（G児）」「ムーブメントが面白かったから、家でもしようと言うようになった（母F）」と同胞の障害の軽重にかかわらず、きょうだいが同じ子どもの立場として一緒に遊ぶことができる貴重な体験を提供することとなったことが示された。

　そして第2に、日頃口にできないでいた気持ちや、自分自身も気づいていなかった思いを明確にし、伝え合うことができる、ポートフォリオ絵本や手紙というコミュニケーションツールを取り入れたことである。きょうだい達は、いずれも心に残ったこととしてこの絵本制作を挙げ、親達もまた絵本や手紙を通してきょうだいの本音を知り得たことを高く評価した。きょうだいはポートフォリオ絵本を用いて、自分自身や自分が知っている同胞、そして親についてありのままを親に伝え、それを親が受容してくれたことを直接実感することができた。

　そして、第3に、きょうだいが親と直接ふれあって楽しむ活動を取り入れたことである。これは、15分の短い活動であったが、参加した多くのきょうだい達が楽しかった、あるいは面白かったと報告し、親も「対象児とともに取り組むことは楽しく」「取り組みやすく」「対象児と親のコミュニケーションに役立った」と

評価している。

このようなきょうだいが親から子どもとして扱われ、親と本音のコミュニケーションができる具体的な活動を提供することで、受容的な親子関係が導かれ、「自分の全てを受け入れてもらったという主観的経験が不足」（吉川，2002）した状態の中で育つとされるきょうだいの現状を改善することに役立ったと考える。

(2) きょうだいに対して、かけがえのない家族の一員としての同胞理解とそれに基づく自己選択と決定ができるための、障害理解支援のあり方を示したこと

柳澤（2007）は、きょうだいが障害児・者に対して疑問に感じている事柄について、その解決を目指して学習を進めていく、教育的支援としてのきょうだい支援プログラムはまだほとんど検討されていないと指摘し、きょうだいが障害児・者に対する理解を深め、彼らの示す行動のもつ意味を自分なりに解釈できるようになることが、きょうだいの心理社会的な安定につながると述べている。研究7で検討したように、きょうだいにとって、同胞は障害児・者というカテゴライズされた他者ではなく、かけがえのない家族の一員として在るのであり、きょうだいにとっての障害理解とは、一般化された障害児・者に関する情報や障害特性に関する知識を得て、社会が要請する「適切な理解」に到達することではなく、自分との関係性に根ざした固有の意味を獲得することであると考えられる。

よって、きょうだい支援における障害理解とは、きょうだいが自ら同胞観を更新し、同胞に関連して直面せざるを得ない様々な局面において、自らの意思や振る舞い、さらには生き方をも自身が納得して選択し、変革していく過程を支援するものであると考える。そのため、きょうだいは同胞について、どのような疑問や困難さを解決したいと感じており、そのために何を知る必要があるのかというニーズを調査し、支援対象とするきょうだいに応じてオーダーメイドの障害理解支援を展開していく必要がある。

このように考えると、きょうだいにとっての障害理解とは、障害特性も含めた同胞そのものを理解することであり、その理解の過程とは、まずはきょうだい自身を振り返り、その自分から見た同胞を振り返り、さらに、同じように、家族一人一人に目を向けながら、自分にとっての父とは、母とは、そして同胞とはどんな存在なのかを確かめていく作業となる。そして、そこに、障害特性という同胞に関する知識が加えられることで、自分にとっての同胞の捉えが変化し、自分と

同胞との新しい関係を生み出すきっかけが得られる。それは、きょうだいと同胞の関係のみならず、きょうだいと親の関係にも影響を与える。本研究で同胞について「分かった」と感じたきょうだい達の多くは、自ら親に、今まで聞かなかった、あるいは聞けなかった同胞の障害に関することを知りたがり、自分から話題にするようになった。研究10では、親がきょうだいと同胞の障害の予後や将来像を話し合うようになったことや、同胞の学校での様子を詳しく聞きたがるきょうだいの様子が報告され、親もまた、それに応えてきょうだいに話すようになったことが報告されている。それまで、同胞の世話を担う家族役割を選ばされてきたきょうだい達が、主体的に家族を理解し始めた時、自分の同胞をより詳しく知ってかかわりたいという意思をもって、同胞と向き合うようになったと考えられる。

　また、きょうだいはそのようにして得た同胞理解を踏まえて、自己選択をするようになったことが示された。同胞とのかかわり方を自分で決め、同胞に関する周囲からの問いかけにどう答えるか、同胞のことを友達にどう話すかを自分で決めるようになった。同胞を敢えて相手にしなかったり、友達に同胞のことを話せないのではなく話さないことにしたりなど、「させられる」のではなく、「する」主体者となったことが報告されるようになった。さらに、研究7のD児のように、作成したポートフォリオ絵本を学校に持ち込み、それまで誰にも話せないでいた同胞のことを伝えるという、本当にしたかったことをできるようになった事例も生まれた。

　このような変容に至ったのは、同胞理解を促進するための方法として、本プログラムでは、知識教授型の障害理解教育ではなく、まず、きょうだいに自分や同胞、家族について語ってもらうことから始め、同胞の日常的な振る舞いと障害特性の説明がきょうだいの中で結びつきやすいようにし、さらにきょうだい同士の話し合いの中で同胞とのかかわり方や関連する課題への対処方法を考える展開としたことが役立ったと考えられる。また、きょうだいが学び取ったことや考えたこと、決断した対応方法は、周囲から必ず認められ、さらにポートフォリオ絵本で、親からも認められる仕組みを組み込んだ。このような展開の中で、きょうだいは、学びの主体者として同胞理解に取り組み、同胞も自分も同じ家族の子どもの一人であるという意識に基づいて、自分と同胞との関係、親との関係、そして周囲の人々との関係を決定する体験を積むことができたと考える。

(3) きょうだい支援における親への直接支援の必要性を示し、その方法を具体化したこと

　本章の冒頭で述べたように、Sibshopに代表されるこれまでのきょうだい支援においては、きょうだいと親を一緒に支援するという考え方が含まれていない。きょうだいが親から理想のきょうだいであることを求められたり、十分相手にしてもらえなかったりなど、きょうだいにとって親はある意味でストレッサーとなっているために、心理的開放を旨とする活動において親が参加することは、きょうだいに心理的圧迫をもたらし、その効果を妨げる可能性があることがその理由と考えられる。事実、筆者が出会ったある成人きょうだいは「きょうだいの親と話していると、自分の辛かった過去の親とのかかわりがフラッシュバックしてしまう」と話してくれた。親はきょうだいにとって、理解してほしい、もっとかかわってほしいと願う相手でありながら、その呪縛から解放されたいと願う相手でもあることが推測された。だからこそ、本プログラムのように、きょうだいも親も対象として、その関係性そのものにアプローチするきょうだい支援プログラムが必要であるといえる。研究8で述べたようにきょうだい支援の担い手が、年長のきょうだい自身や親の会等の当事者である現状（藤井, 2007）を踏まえるならば、親子関係に直接アプローチする支援の実現は、当事者以外の第三者が参与する必要があると思われる。

　それでは、親にはどのような支援が求められているのであろうか。本研究で明らかにしてきたように、支援の本質的なねらいは、親のきょうだい観とその養育観の変容を促すことである。すなわち、きょうだいの現状を知り、親が望む理想のきょうだい像を手放してきょうだいのありのままを受け入れ、さらにきょうだいの主体的な生き方を支えていく養育を実践できるように促すことであるといえる。では、そのための具体的な手立てはどうあればよいのだろうか。

　1つは、障害のある子どもを育てる良き親、良き家族という、自らが陥っている家族像の束縛に気づけるように支援することであると考える。本研究に参加した親の多くは、「同胞には障害があるのだから、きょうだいは〇〇であるべきだ」と発言した。それは、親の願いというより、社会が自分に求めていると親が感じている家族に対する価値観をそのままきょうだいにあてはめている発言と考えられた。親は、きょうだいの養育に悩んでいるが、それは、障害のある子どもを育てることが家族の責務と感じる中、きょうだいもまたそれにふさわしく行動する

子どもでいてほしいと願い、その理想像ときょうだいの現実のギャップに悩んでいるのである。自分を支配しているこのような価値観に気づき、新しい考え方を取り込むためには、内省の積み重ねが必要となる。誰かに教えられるのではなく、自分を客観視して、自らを次のステージへと進ませる自律的な営みを支える支援が求められる。本プログラムでは、ファシリテーターが親グループでの自由な話し合いをサポートし、参加者が自ら新しい考えに至る過程を大切にする支援を実践した。親同士で何度も話し合い、そこに映し出された自分の価値観に気づき、また考え直すことを繰り返した。このような場を作り出すことで、研究9に見られるような、親の変容が生み出されたものと考える。

　もう1つは、親のコミュニケーションへの意識を高めるように支援することである。上記の話し合いの積み重ねも然りであるが、併せて、きょうだいに対しても、話を聞き、気持ちを伝え合うかかわりをつくり出せるように支える支援が必要であると考える。研究9では、家族だから、きょうだいだから、言わなくても分かるはずという思い込みをもっている親や、心を痛めていたとは知らなかったというように、きょうだいの感受性に対する認識の甘さに気づいた親が複数いたことが示されたが、いずれも、親子で話し合うことへの意識の不十分さによるものであるといえる。気持ちや考えを言葉にして、きょうだいと、家族と、そして仲間と伝え合いながら自分を変えていく、そのようなコミュニケーション力を高めるための継続的な支援が親支援の中核となると考える。

第5節　本研究の発達障害学における意義

　ここで、改めて発達障害学の視座から、本研究の意義について考えてみたい。
　発達障害学は、本来、知的障害、重複障害、自閉症スペクトラム障害や学習障害など特別な支援を必要とする人々の心理的支援や教育的支援を旨とする学問領域である。その趣旨からすると、心身の機能に障害があるとはいえない「きょうだい」を対象とした本研究は、一見発達障害学の枠組みを逸脱しているかのように思われる。しかしながら、先行研究で示されたように（McHale & Gamble, 1989；平川, 2004；田中, 2012；戸田, 2012）、また、本研究の複数の事例から明らかになったように、きょうだい達は、障害のある子どもの兄弟姉妹であるという生育環境の中で、特有の生きづらさを抱え、その中の多くが心理社会的な発達

上の課題を抱えている現状があるのも事実である。このことは、発達に障害のある子どもが直面している障害状況は、常にその子どもを取り巻く環境と密接に関連しているのであり、最も身近な環境の一つである家族成員もまた、その障害状況に直面する当事者であることを示すものといえる。きょうだいのための支援プログラムを開発した本研究の成果は、障害のある子どもの発達に最も大きな影響を与える、家族という環境が抱える問題を解決し、その機能性を高めるものである。すなわち、障害のある子どもの養育を至上課題として、各家族成員に役割を課していた家族システムが、各家族成員が個人としての多様な役割選択を可能とするシステムへと変換することを促進する。これによって、障害のある子ども本人も含め、障害のある子どもを育てる家族全体のQOL向上に寄与するものである。具体的には、以下の点を挙げることができるであろう。

まず1点目として、本研究の主たる目的である、きょうだいの発達保障に寄与する可能性である。

これまでも述べてきたように、同胞とともに暮らすことで、きょうだいは「特有の悩み・心配事と特有の経験・機会」(Meyer & Vadasy, 1994, 2008；Meyer, 2012) をもち、社会性の側面や情緒面での発達に影響を受ける（諏方・渡部, 2005）。また、適応上の問題として様々な身体症状が表面化する場合（立山・立山・宮前, 2003；川上, 2009）や、アダルト・チルドレンの特徴をもつ人格形成に至る場合もある（遠矢, 2009）。そして、そのような発達阻害というべき状態が生まれる背景に、上述した障害のある子どもの養育を至上課題として、各家族成員に役割を課す家族システムがあると考えられた。

しかし、本研究の結果、きょうだいは自己理解と同胞理解を深め、同胞に関してそれぞれが直面している様々な問題への対応方法を主体的に選択することができるようになった。また、親子コミュニケーションの深まりとともに、それまで負っていた同胞の世話係という家族役割から解かれて、同胞と同じ子どもとして親に承認され、親から受容されていると感じられる安定した親子関係を得るに至った。これは、期せずして障害のある子どもの家族として生きることとなったきょうだいが、同胞に「影響される側」から、同胞の「影響を選び取る側」として、自己形成の主体者となり、また、そのような主体者たる自分を親から認められ、受容されて生きることを保障するものである。山中 (2012) は、「きょうだいにかかわる研究で重要なのはきょうだいの発達保障という観点である」として、「通

常の発達を保障しつつも、きょうだい独自の困難に丁寧に対応していくこと」が大切であると指摘している。本プログラムがきょうだいにもたらしたのは、きょうだい一人一人が困難を主体的に解決する力を獲得し、その「通常の発達を保障」できる家族システムへと、改善を図る具体的方法であるといえる。

　２点目に、同胞である障害のある子どもの発達保障に寄与する可能性である。

　本研究の結果、親からの暗黙の期待を受けて、同胞自身の問題を自分の責任のように引き受けることによって親子関係を構築していたきょうだいが、それを止め、ありのままの自分を親に受容されることを求めるようになった。同時に、親の関心が、それまでの同胞を支える理想のきょうだい像ではなく、きょうだい自身の状態やその成長に向くようになった。このような親子関係の変化は、これまで常に障害のある子どもに向けられていた家族の関心を減少させ、きょうだいも親も障害のある子どもと適切な心理的距離感を保つことを可能にすると考えられる。それは、障害のある子ども最優先の生活を変える機会をもたらす。実際に本研究の後日談として、対象児家族の一部から、同胞をデイサービスなどに預けてきょうだいと親だけで出かける時間を設けたケースや、同胞の好みではなく、きょうだいの好みに合わせて、家族が出かける場所を選んだというケースの報告があった。これは、障害のある子どもにとっては、家族からの自立を促すきっかけとなるものである。このように、本研究の成果は、障害のある子どもに、それまで担ってきた「家族から世話を受ける役割」を離れる機会を生み出し、自分を最優先にしてくれた家族関係から精神的に独立し、自分の生活をつくるという、子どもとして誰もが獲得するはずの発達の流れを導くことにつながると考えられる。

　そして、３点目に、これまで「障害のある子どもの養育の専門家となる」ことを推進してきた障害児・者の家族支援のパラダイムから脱却し、家族成員が個人として自分の生き方を自己決定できるようになることを重視した新しい考え方に基づく家族支援を生み出す可能性である。

　親が生きている間は、親が障害のある子どもの人生に責任をもち、親亡き後にきょうだいがその責任を引き継ぐものであるという、これまでの社会にありがちな常識は、きょうだいや親が自分の生活のありようを主体的に選択することを阻むものである。また、逆に障害のある子どもから見ると、家族の誰かという窓口を通してしか、社会参加ができないという規制を生むものであり、障害のある子どもの自立的な社会参加を妨げる考え方であるといえる。本研究の成果が社会に

発信され、家族システム改善の視点からきょうだい支援が行われるようになると、障害のある子どもが家族に依存しない自立した個人となるための支援のみならず、家族成員に対しても「障害のある子どもに依存しない自立した個人となる」ための、家族支援の考え方を浸透させることとなる。すなわち、きょうだいや親が、障害のある子どもの良き理解者、養育者であると同時に、その養育役割のみにとらわれるのではなく、必要に応じてその役割を離れ、様々な活動への参加を選択できる、そのような主体的な生き方を保障することである。

　筆者が、同胞ときょうだいを育てた母親から得た、あるエピソードがある。同胞が幼少期の頃から、母親は同じ立場にある親達をサポートする活動を開始し、自らの社会参加の方法を見出した。同胞は様々な支援機関のサポートを受けながら青年期を迎え、親と離れて仲間とともに就労支援機関で活動するようになった。一方、きょうだいについて母親は、同胞の良き理解者かつ支援者であることを喜び、きょうだいがやりたいと願ったことは何でも全面的に支援してきた。しかし、きょうだいが地元を離れて仕事に就く可能性が出てきた時、母親は当初それをなかなか受け入れられなかった。自らの描いた、同胞を支えることを前提にその範囲内でそれぞれが自己実現を目指す家族のあり方とは異なる選択だったためである。母親が障害のある子どもの親として社会参加してきたと同じように、きょうだいもまた、障害のある子どものきょうだいとして社会参加をするものだと思い込んでいたのである。

　本研究で開発したきょうだい支援プログラムは、家族がこのような障害のある子どもの養育者として社会参加を果たすことのみにとらわれず、家族成員それぞれが、どのライフステージにおいても、リアルタイムで社会参加のあり方を自己決定できるための家族支援につながると考える。

第6節　今後の課題

　本研究で開発したきょうだい支援プログラムが、障害のある子どもを育てる家族のQOL向上に役立つものとなるためには、以下の点について、更なる検討を必要とすると考える。

(1) ライフステージに応じたプログラムとしての充実を目指して、内容に検討を加えること

きょうだいには、それぞれの発達段階に応じた固有の心理社会的問題があるとする指摘（笠井, 2013；山本, 2005；戸田, 2012）にあるように、きょうだいの支援ニーズは、そのライフステージに応じて変化するものであると考えられる。そうであるなら、きょうだい支援プログラムもきょうだいが直面している各ライフステージ特有の課題に即したものにする必要がある。例えば、米国で開発され、きょうだい支援の先進的プログラムとして知られる Sibship は、現実にはある程度年齢に幅のあるきょうだい集団を対象とする場合があるものの、その開発者である Meyer 氏は、対象年齢を 7～9 歳に限定することが効果的であると述べている（小林・阿部, 2011）。また、第1章の Sibship に関する調査結果で述べたように、特に中・高校生期にあるきょうだいに対しては、本来のレクリエーション中心のプログラムではなく、ディスカッションを主体としたプログラムにアレンジされて提供されていた。一方、英国で全国展開されている Sibs によるきょうだい支援プログラムにおいても、小・中学生期にあるきょうだいと幼児期にあるきょうだいとでは、異なる内容のプログラムが用いられていた。このように、きょうだい支援プログラムは、きょうだいのライフステージに応じてその内容や方法を検討していく必要がある。

本研究で開発した支援プログラムは、主として小学生～中学生までのライフステージの比較的早い時期にあるきょうだいを対象とした。よって、本プログラムが、きょうだいのその後の各ライフステージで生じる様々な課題を乗り越えていく上でも有用なものであるのかどうかについて検討し、改善していく必要がある。

その検討には2つの視点が求められるであろう。

1つ目は、本研究の結果としてもたらされた、障害のある子どもを育てる家族システムの改善が、その後のきょうだいの各ライフステージでも機能するのか否かを検証することである。本研究の結果、障害のある子どもの養育を至上課題として各家族成員に役割を課していた家族システムが、個人として多様な役割選択を可能とするシステムへと変換した。この「多様な役割選択の可能性」とは、本研究で対象としたきょうだいにおいては、それまでの親の同胞養育を手伝う「協力者」役割から離れ、本来あるべき「子ども」役割を選ぶことを可能にしたものである。しかし、きょうだいは、いつまでも同じ「子ども」としてあるわけでは

ない。学童期と青年期以降では、きょうだいが選択する役割は当然のことながら質的に異なることが予想される。よって、各ライフステージにおいて、きょうだいが主体的に新たな役割を選択し直すことを保障する家族システムの機能を見極め、本研究で開発したきょうだい支援プログラムがいかに寄与できるかを再検討する必要がある。

　2つ目は、本研究で開発したきょうだい支援プログラムの内容をきょうだいのその後のライフステージに応じて発展させることである。本プログラムでは、特にムーブメント活動を用いて、家族で、またきょうだいと親だけで直接身体をふれあって遊び、快感情を共有しながら、親にとっては同胞と同じようにきょうだいを「子ども」として扱い、きょうだいにとっては「子ども」として扱ってもらう体験を推進した。しかし、このような活動は、主として低年齢期にあるきょうだいにとっては効果が高いものであるが、そのままの内容や展開方法が、年齢の進んだきょうだいと親との関係促進に有効性を発揮するかどうかは疑問である。ムーブメント活動は子どものみならず、成人にも快感情をもたらし、その精神的健康に寄与することが検証されている（阿部, 2011）ものの、そのようなムーブメント活動の特性を、きょうだいの各ライフステージに応じて同胞や親とのかかわりに活かす発展的方法を検討していく必要がある。併せて、本プログラムに導入したポートフォリオ絵本制作という、同胞の障害理解・家族理解と、きょうだいと親とのコミュニケーション促進を意図した方法についても、同様の視点から検討を加える必要があると考える。

(2) きょうだいの個別性に即した成長発達を保障する柔軟な支援プログラム運営を可能にする方法について検討すること

　本研究では、きょうだいが同胞の障害を理解し、同胞に関連して起こる様々な課題について、自ら方法を選択して対処できると感じられるようになること、きょうだいが同胞に関連して抱く否定的な感情の程度が低減し、きょうだいと親とのコミュニケーションが促進されてその関係が受容的になることを支援プログラムの効果として位置づけ、検討してきた。このような変容を求めることは、きょうだいの成長にとって望ましいことであると考えられ、実際にプログラムに参加したきょうだいや親達も、自らの変容を肯定的に評価し、満足したことが示された。

しかし、きょうだい支援とは、ひとつの価値のベクトルに従って、その成長を方向づけるものとは異なるように思われる。すなわち、きょうだい支援が目指すのは、ステレオタイプの望ましいきょうだい像への変容ではなく、きょうだいが、自分にとって良いと評価できる行動を自尊心をもって主体的に選択できる、自立した人間として生きるようになることである。決して、同胞に関連して否定的な感情を抱くことや、親子関係に葛藤を感じ、きょうだいが親に対して回避的な態度を取ってしまうことを不適切であると見なし、それを解消することを最優先に目指すものではない。たとえ、同胞や親との関係が否定的で疎遠さを増したように見える変容であっても、それが、きょうだいが自らの考えや行動を主体的に選択する過程で生まれたものであり、きょうだいが自立した人間として生きるようになるための発達に必要な変化の一つであるなら、それは意義のあるものと考えることができるであろう。そのように、支援プログラムによってきょうだいにもたらされた変容は、ポジティブなものであれ、ネガティブなものであれ、その現れ方ではなく、その意味をもって評価されるべきものである。

　本研究では、このことを踏まえて、プログラム実践後の「同胞に関する感情アンケート」や「FDT 親子関係診断検査」等に現れた数値的変容がもつ意味を、インタビュー結果やセッション中の対象児の行動と照らし合わせながら、個々の事例に即して丁寧に分析し、開発したプログラムがきょうだいにもたらした効果を検証した。その結果、本プログラムがきょうだいの成長発達にとって有益な変容を促すことができるものであると判断した。しかしながら、一旦開発したプログラムがモデルとしての機能をもつと、今後、その内容や方法が独り歩きし、参加したきょうだいや家族に、社会的に望ましい方向の変容が現れることのみを追い求める、硬直したプログラム展開がなされるようになることが危惧される。すなわち、Post 時点で得られる各種アンケートや検査の数値や観察データが、支援者の願うベクトルに従って変容することを目的とし、きょうだいの主体的変容を保障できない事態となりかねない。

　このような事態を避けるためには、きょうだいとその家族のニーズを調査した上で、常に新しくその内容を吟味し、プログラム運営を柔軟に更新できる仕組みを作り、プログラムに内包させる必要がある。しかし、その仕組みをいかなるものとするかについては、現時点で十分検討するには至らなかった。今後、更なる実践研究の積み重ねによる検討を必要とするものである。

(3) 障害のある同胞に対するきょうだい支援プログラムの影響を検討すること

　第5節でも述べたが、本研究の結果もたらされた家族システムの改善は、同胞である障害のある子どもに、それまで自分を最優先にしてくれた家族関係から精神的に独立し、自らの生活をつくっていくという、子どもとして誰もが獲得するはずの発達の流れを導くことにつながると考えられる。

　しかし、本研究では、プログラムに参加した障害のある子どもにどのような変化が起きているかについては、検証するに至っていない。よって、上記はあくまでも仮説である。本研究で開発したきょうだい支援プログラムが、障害のある子どもにどのような影響を及ぼすかを明らかにし、仮説を検証するには、障害のある子どものみならず、その家族も含めて対象とし、長期的な視点に立って、その変容を追跡する必要があると考えられる。本節の (1) でも述べたように、きょうだいに各ライフステージにおける課題があると同様に、同胞にもそれぞれのライフステージにおける課題がある。同胞がきょうだい支援プログラムに参加することによって、同胞の各ライフステージにおける課題がどのように解決されたかについて、具体的なエピソードを収集、蓄積していくことにより、本プログラムが障害のある同胞の成長発達に及ぼす効果を明らかにできるものと考える。

文献

阿部美穂子 (2007) 重度重複障害児の揺れ刺激に関する好みの検討——感覚運動ムーブメント活動の視点から——. 児童研究, 86, 23-32.

阿部美穂子 (2009a) 重症心身障害児の呼びかけ行動の獲得に関する研究——感覚運動ムーブメント活動を用いて——. 日本重症心身障害学会誌, 34 (1), 197-202.

阿部美穂子 (2009b) 感覚運動ムーブメント活動による重度重複障害児の応答・要求行動の獲得に関する研究. 児童研究 88, 11-20.

阿部美穂子 (2009c) 親子ムーブメント活動が障害のある子どもの親に及ぼす効果. 富山大学人間発達科学部紀要, 4 (1), 47-59.

阿部美穂子 (2011) ムーブメント活動による保育士の気分の変化に関する研究. 富山大学人間発達科学部附属人間発達科学研究実践総合センター紀要：教育実践研究, 5, 105-111.

阿部美穂子・深澤大地 (2011) 教育相談機関におけるグループペアレント・トレーニングの効果と参加者アンケートによるプログラムの妥当性の検討. 富山大学人間発達科学部紀要, 5 (2), 29-39.

Antonucci, T. C., Lansford, J. E., & Ajrouch, K, J. (2010) ソーシャルサポート（社会的支援）. (尾久征三, 訳) ストレス百科事典. 丸善出版, 1819-1822. (Antonucci, T. C., Lansford, J. E., & Ajrouch, K, J. (2007) Social Support. Fink, G (Eds.) Encyclopedia of STRESS, Second Edition. Academic Press, Elsevier.)

浅井明子・杉山登志郎・小石誠二・東誠・並木典子・海野千畝子 (2004) 軽度発達障害児が同胞に及ぼす影響の検討. 児童青年精神医学とその近接領域, 45 (4), 360-371.

新井良保・小澤正浩・藤村元邦・小林芳文 (1996) 重度重複障害児の感覚運動指導に関する実践的研究——MEPA-IIのコミュニケーションに変化を示した事例——. 日本特殊教育学会第34回大会発表論文集, 546-547.

東洋・柏木惠子・繁多進・唐澤眞弓 (2002) FDT 親子関係診断検査. 日本文化科学社.

Barrera, M. Jr. (1986) Distinctions between social support concepts, measures, and models. American Journal of Community Psychology, 14 (4), 413-445.

Catano, J. W. (2002) 親教育プログラムのすすめ方——ファシリテーターの仕事——. (三沢直子 (監) 杉田真・幾島幸子・門脇陽子 (訳)) ひとなる書房. (Catano, J. W. (2000) Working with Nobody's perfect: a facilitator's guide. Health Canada.)

Dyson, L. L (1998) A support program for siblings of children with disabilities: What siblings learn and what they like. Psychology in the Schools, 35 (1), 57-65.

江川しおり・堀越由紀子・北野庸子 (2014) 重症心身障害児・者のきょうだいに必要な支援や配慮とは何か——きょうだいに対するインタビュー調査の結果から——. 東海大学健康科学部紀要, 20, 53-59.

Erikson, E. H. (1977) 幼児期と社会 I・II. (仁科弥生, 訳) みすず書房. (Erikson, E. H. (1963) Childhood and society - 2nd revised & enlarged edition - . W. W. Norton & Company.)

Frostig, M. (2007) フロスティグのムーブメント教育・療法——理論と実際——. (小林芳文訳) 日本文化科学社. (Frostig, M. (1970) Movement education - Theory and practice - . Follett Educational Corp.)

藤井和枝（2007）障害児者のきょうだいに対する支援（2）——きょうだい同士の支援——. 関東学院大学人間環境学会紀要, 7, 17-33.
藤井和子（2009）はじめに——基本においてほしいこと——. 上林靖子（監）, こうすればうまくいく発達障害のペアレント・トレーニング実践マニュアル. 中央法規出版, 1-13.
藤井由布子・小林芳文（2006）ムーブメント教育理念を用いたダウン症児の家族支援——AEPSファミリー・レポートを参考にして——. 児童研究, 85, 68-82.
藤森豊・杉山修・鈴木安幸・山下滋夫（1996）重症心身障害児・者へのムーブメント法の適用について（第5報）——当院に在院する重症心身障害幼児4名の個別指導と集団指導を取り入れた指導の検討——. 日本特殊教育学会第34回大会発表論文集, 548-549.
後藤秀爾・鈴木靖恵・佐藤昌子・村上英治・水野博文・小島好子（1982）重度・重複障害幼児の集団療育（3）——健常児きょうだいの発達課題——. 名古屋大學教育學部紀要, 教育心理学科, 29, 205-214.
Grossman, F. K. (1972) Brothers and sisters of retarded children: an exploratory study. Syracuse University Press.
浜田寿美男（2009）私と他者と語りの世界——精神の生態学に向けて——. ミネルヴァ書房.
浜本真規子・永田雅子（2011）親子教室に参加する親の援助要請を支える要因. 名古屋大学大学院教育発達科学研究科紀要, 心理発達科学, 58, 113-118.
Harris, S. L.（2003）自閉症児の「きょうだい」のために——お母さんへのアドバイス——.（遠矢浩一訳）ナカニシヤ出版.（Harris, S. (1994) Siblings of children with autism: a guide for families. Woodbine House.）
平川忠敏・佐藤望（1984）コミュニティ心理学と自閉児治療教育（V）——兄弟教室の試み——. 鹿児島県立短期大学研究年報, 12, 1-14.
平川忠敏（1986）障害児の同胞. 広島大学幼年教育研究年報, 11, 65-72.
平川忠敏（1993）自閉症のきょうだい——ストレスとその対処——. 佐藤望（編）, 自閉症の医療・教育・福祉. 日本文化科学社, 171-193.
平川忠敏（2004）自閉症のきょうだい教室. 児童青年精神医学とその近接領域, 45（4）, 372-379.
平川忠敏（2010）自閉症のきょうだい教室——キャンプによる支援プログラムの実際. アスペハート, 9（1）, 44-47.
平山菜穂・井上雅彦・小田憲子（2003）発達障害児のきょうだいの心理的支援プログラムに関する研究（1）. 日本特殊教育学会第41回大会発表論文集, 692.
広川律子（1998）肢体不自由児のきょうだいにみられる生育上の問題について. 平成9年度厚生省心身障害研究班「ハイリスク児の健全育成のシステム化に関する研究」研究報告書, 63-64.
広川律子（2001）家族の静かな叫びを聞こう. 小西行郎（編）医療ケアネットワーク. クリエイツかもがわ.
広川律子（2006）障害児通園施設におけるきょうだい支援の実態について——大阪府下へのアンケート調査報告——. 障害者問題研究, 34（2）, 154-159.
広川律子（2012）障害児のきょうだい問題とその支援. 障害者問題研究, 40（3）, 162-169.
Holt. K. S. (1958) The home care of severely retarded children. Pediatrics, 22, 744-755.
飯村敦子（1998）地域における障害を持つ子どもへの発達援助——ムーブメント教育による療育教室の実践——. 児童研究, 77, 2-10.
井上雅彦・平山菜穂・小田憲子（2003）発達障害児のきょうだいの心理的支援プログラムに関する研究（2）, 日本特殊教育学会第41回大会発表論文集, 693.
井上正允（2003）小学生・中学生・高校生の作文分析から「自分くずし・自分つくり」を考える

――中高一貫カリキュラム構成の基礎的研究――. 筑波大学附属駒場論集, 42, 179-191.
岩井健次（1996）筋ジストロフィー入院患児の病気に対する自覚の過程と心理的援助. 特殊教育学研究, 33 (5), 1-6.
岩坂英巳・中田洋二郎・井澗知美（2004）AD/HD のペアレント・トレーニングガイドブック――家庭と医療機関・学校をつなぐ架け橋. じほう.
鎌田多恵子（2003）医療現場にボランティアを導入したムーブメント法. 仁志田博司（監）・小林芳文・藤村元邦（編）, 医療スタッフのためのムーブメントセラピー. メディカ出版, 298-303.
亀口憲治（2010）発達障害者の家族支援. 子育て支援と心理臨床, 2, 6-12.
Kaplan, F. & Fox, E.（1968）Siblings of the retardate: An adolescent group experience. Community Mental Health Journal, 4 (6), 499-508.
笠井聡子（2013）重症心身障害児・者のきょうだい体験――ライフストーリーの語りから――. 保健師ジャーナル, 69 (6), 454-461.
加瀬みずき（2008）友達との関係. 財団法人国際障害者年記念ナイスハート基金（編）, 障害のある人のきょうだいへの調査報告書. 財団法人国際障害者年記念ナイスハート基金, 38-39.
川上晶子（1997）障害児のきょうだいの抱える問題に関する研究. 広島大学大学院医学系研究科保健学専攻修士論文.
川上あずさ（2009）障害のある児のきょうだいに関する研究の動向と支援のあり方. 小児保健研究, 68 (5), 583-589.
川上あずさ（2013）自閉症スペクトラムのある児ときょうだいの関係構築. 日本小児看護学会誌, 22 (2), 34-40.
川上あずさ（2014）自閉症スペクトラム障害のある児のきょうだいの生活構築. 日本看護科学会誌, 34 (1), 301-310.
川谷正男（2008）自閉症児のきょうだい支援（特集　最近注目されている発達障害――自閉症スペクトラム――）. 小児科臨床, 61 (12), 2411-2414.
小林保子・阿部美穂子（2011）米国における障がい児の家族支援――きょうだい支援を含めた取り組みから――. 日本特殊教育学会第49回大会発表論文集, 433.
小林芳文（1992）MEPA-Ⅱ 乳幼児と障害児の感覚運動アセスメント. コレール社.
小林芳文（2005）MEPA-R（Movement Education and Therapy Program Assessment-Revised：ムーブメント教育・療法プログラムアセスメント）. 日本文化科学社.
小林芳文（2006）ムーブメント教育・療法による発達支援ステップガイド――MEPA-R 実践プログラム――. 日本文化科学社.
小島未生・田中真理（2007）障害児の父親の育児行為に対する母親の認識と育児感情に関する調査研究. 特殊教育学研究, 44 (5), 291-299.
小宮山博美・宮谷恵・小出扶美子・入江晶子・鈴木恵理子・松本かよ（2008）母親から見た在宅重症心身障害児のきょうだいに関する困りごととその対応. 日本小児看護学会誌, 17 (2), 45-52.
厚生労働省（2007）Strengths and Difficulties Questionnaire (SDQ). 厚生労働省雇用均等・児童家庭局母子保健課, 平成19年1月, http://www.mhlw.go.jp/bunya/kodomo/boshi-hoken07/h7_04d.html（2015年8月5日閲覧）.
厚生労働省（2008）ソーシャルサポート. e-ヘルスネット, http://www.e-healthnet.mhlw.go.jp/information/dictionary/exercise/ys-067.html（2015年11月20日閲覧）.
久保貴巳子・森口紀子・川辺厚子・井上亜日香・西川智子・石渡澄子（2003）周産期における子どもを亡くした家族への援助――きょうだいに向けての絵本製作とその評価――. 日本新生

児看護学会誌, 9 (2), 35-42.
久保善子・嶋澤順子・北素子・高島尚美・高橋衣・佐竹澄子・濱中喜代・櫻井美代子 (2014) ポートフォリオを用いた主体的学習態度獲得を支援するための教育の評価 (資料). 東京慈恵会医科大学雑誌, 129 (3), 119-127.
Lobato, D. (1983) Siblings of handicapped children : A review. Journal of Autism and Developmental Disorders, 13 (4), 347-364.
Lobato. D., Barbour, L., Hall, L. J & Miller, C. T. (1987) Psychosocial characteristics of preschool siblings of handicapped and nonhandicapped children. Journal of Abnomal Child Psychology, 15 (3), 329-338.
槙野葉月・大嶋巌 (2003) 慢性疾患児や障害児をきょうだいに持つ高校生のきょうだい関係と心理社会的適応——性や出生順位による影響を考慮して——. こころの健康：日本精神衛生学会誌, 18 (2), 29-40.
圓尾奈津美・玉村公二彦・郷間英世・武藤葉子 (2010) 軽度発達障害児・者のきょうだいとして生きる——気づきから青年期の語りを通して——. 教育実践総合センター研究紀要, 19, 87-94.
松井剛太・守田香奈子・七木田敦 (2004) 統合保育場面における障害のある子どもの評価に関する研究——ポートフォリオ (portfolio) を用いた試み——. 日本保育学会大会発表論文集, 57, 600-601.
松本理沙 (2013) 障害者のきょうだいを対象としたセルフヘルプ・グループの役割. 評論・社会科学, 104, 109-141.
益満成美・江頭幸晴 (2002) 障害児のきょうだいにおける否定的感情表出の困難さについて. 人文学科論集, 55, 1-13.
McHale, S. M. & Gamble, W. C. (1989) Sibling relationships of children with disabled and nondisabled brothers and sisters. Developmental Psychology, 25, 421-429.
McHale, S. M., Sloan, J. & Simeonsson, R, J (1986) Sibling relationships of children with autistic, mentally retarded, and nonhandicapped brothers and sisters. Journal of Autism and Developmental Disorders, 16 (4), 399-413.
Meyer, D. J. & Vadasy, P. F. (1994) Sibshops : Workshops for siblings of children with special needs. Paul H. Brookes.
Meyer, D. J. & Vadasy, P. F. (2008) Sibshops : Workshops for siblings of children with special needs (Revised edition). Paul H. Brookes.
Meyer, D. J. (2012) Sibling support project workshop description. The Sibling Support Project.
三木陽子 (1998) 障害児をもつ母親の「ふっきれ感」——ソーシャルサポートによる考察——. パーソナリティ研究, 6 (2), 150-151.
三原博光 (2003) 障害者のきょうだいの生活状況——非障害者家族のきょうだいに対する調査結果との比較を通して——. 山口県立大学社会福祉学部紀要, 9, 1-7.
三原博光・門脇志帆・高松英里子 (2003) 自閉症のきょうだいの実情——二人の自閉症の兄を持つ女性の事例を通して——. 山口県立大学看護学部紀要, 8, 81-85.
三原博光・松本耕二・豊山大和 (2005) 障害児の両親の育児意識に関する研究——障害児ときょうだいに対する比較研修を通して——. 山口県立大学大学院論集, 6, 81-87.
三原博光・松本耕二 (2010) 障害児の母親の育児意識——障害児ときょうだいの比較を中心に——. 総合社会福祉研究, 37, 139-151.
Miller, N. B. & Cantwell, D. P. (1976) Siblings as therapists : a behavioral approach. American

Journal of Psychiatry, 133 (4), 447-450.
森和代・堀野緑 (1992) 児童のソーシャルサポートに関する一研究. 教育心理学研究, 40 (4), 402-410.
森田多明衣・四日市章 (2006) 聴覚障害児と健聴児とのきょうだい関係. 聴覚言語障害, 35 (2), 47-58.
中田洋二郎 (1995) 親の障害の認識と受容に関する考察――受容の段階説と慢性的悲哀――. 早稲田心理学年報, 27, 83-92.
中村義行 (2011) 障害理解の視点――「知見」と「かかわり」から――. 佛教大学教育学部学会紀要, 10, 1-10.
中内みさ (2001) 病弱児の病気体験のとらえ方の発達的変化と心理的援助. 特殊教育学研究, 38 (5), 53-60.
西村辨作 (2004) 発達障害児・者のきょうだいの心理社会的な問題. 児童青年精神医学とその近接領域, 45 (4), 344-359.
西村辨作・原幸一 (1996a) 障害児のきょうだい達 (1). 発達障害研究, 18 (1), 56-67.
西村辨作・原幸一 (1996b) 障害児のきょうだい達 (2). 発達障害研究, 18 (2), 150-157.
野口啓示 (2009) むずかしい子を育てるペアレント・トレーニング. 明石書店.
NPO コミュニティ・カウンセリング・センター (2011) Nobody's Perfect ファシリテーター養成講座資料.
岡田満 (2010) 医学教育におけるポートフォリオ. 近畿大学医学雑誌, 35, 2, 77-82.
岡安孝弘・嶋田洋徳・坂野雄二 (1993) 中学生におけるソーシャル・サポートの学校ストレス軽減効果. 教育心理学研究, 41 (3), 302-312.
大隈紘子・免田賢・伊藤啓介 (2001) 発達障害の親訓練――ADHD を中心に――. こころの科学, 99, 41-47.
大崎恵子・新井良保 (2008) 家庭支援に生かしたムーブメント法の活用事例――17年間に渡る MEPA-Ⅱの記録を通して――. 児童研究, 87, 21-29.
大島一良 (1971) 重症心身障害児の基本的問題. 公衆衛生, 35, 648-655.
大瀧玲子 (2011) 発達障害児・者のきょうだいに関する研究の概観――きょうだいが担う役割の取得に注目して――. 東京大学大学院教育学研究科紀要, 51, 235-243.
大瀧玲子 (2012) 軽度発達障害児・者のきょうだいが体験する心理プロセス――気持ちを抑え込むメカニズムに注目して――. 家族心理学研究, 26 (1), 25-39.
斉藤優子 (2006) 自閉症児の姉に生まれて. 生活起業家文庫.
佐藤正幸・小林倫代・小田侯朗・久保山茂樹 (2008) 聴覚障害をもつきょうだいへの教育的支援に関する一考察――聾学校及び難聴学級の担当教員への聞き取り調査から――. 国立特別支援教育総合研究所研究紀要, 35, 89-99.
澤田早苗 (2011) 自閉症者のきょうだいの自己認識に関する研究――インタビュー調査一例からの考察――. 川崎医療福祉学会誌, 20 (2), 447-451.
澤田早苗・松宮透高 (2009) 発達障害児・者のきょうだいへの支援介入に関する研究――インタビューからの考察――. 明治安田こころの健康財団研究助成論文集, 45, 195-204.
Schipper, M. T. (1959) The child with mongolism in the home. Pediatrics, 24, 132-144.
Schreiber, M. (1984) Normal siblings of retarded persons. Social Casework, 65, 420-426.
芝崎紘美・羽山順子・山上敏彦 (2006) 障害児きょうだいの抑うつと不安について――家事の手伝い・障害児の世話との関連――. 久留米大学心理学研究, 5, 75-80.
芝田裕一 (2013) 人間理解を基礎とする障害理解教育のあり方. 兵庫教育大学研究紀要, 43, 25-36.

嶋田洋徳（1996）知覚されたソーシャルサポート利用可能性の発達的変化に関する基礎的研究. 広島大学総合科学部紀要, Ⅳ, 理系編, 22, 115-128.
嶋田洋徳・戸ヶ崎泰子・坂野雄二（1994）小学生用ストレス反応尺度の開発, 健康心理学研究, 7 (2), 46-58.
白鳥めぐみ（2005）障害児者のきょうだいたちが抱える孤独感から抜け出すために――きょうだいたちの間に存在する安心感とは何か――. 情緒障害教育研究紀要, 24, 1-9.
白鳥めぐみ・諏方智広・本間尚史（2010）きょうだい――障害のある家族との道のり――. 中央法規出版.
Siegel, B. & Silverstein, S. (1994) What about me?: Growing up with a developmentally disabled sibling. Plenum Press.
Simeonsson, R. J. & McHale, S. M. (1981) Review: Research on handicapped children: Sibling relationships. Child: Care, Health and Development, 7, 153-171.
諏方智広（2008）養護学校におけるきょうだい支援のニーズ調査と支援活動プログラムの検討. 科学研究費補助金研究成果報告書（課題番号1990500300）.
諏方智広（2010）きょうだい支援虎の巻. 独立行政法人福祉医療機構「長寿・子育て・障害者基金」助成事業報告書.
諏方智広・渡部匡隆（2005）自閉症児のきょうだい支援に関する実践的検討――きょうだい会を通しての支援の効果の検討――. 日本特殊教育学会第43回大会論文集（金沢大学）, 724.
社会福祉法人全国重症心身障害児（者）を守る会（2007）平成18年度重症心身障害児（者）兄弟姉妹支援等事業報告書.
社会福祉法人全国重症心身障害児（者）を守る会（2008）平成19年度重症心身障害児（者）兄弟姉妹支援等事業報告書.
橘英弥・島田有規（1998）障害児者のきょうだいに関する一考察――障害をもったきょうだいの存在を中心に――. 和歌山大学教育学部紀要教育科学, 48, 15-30.
高野恵代・岡本祐子（2009）障害者のきょうだいの情緒的特徴に関する研究――きょうだいの意識と欲求不満の視点から. 広島大学大学院心理臨床教育研究センター紀要, 8, 94-106.
高野恵代・岡本祐子（2011）障害者のきょうだいに関する心理学的研究の動向と展望. 広島大学大学院教育学研究科紀要, 第三部, 教育人間科学関連領域, 60, 205-214.
高瀬夏代・井上雅彦（2007）障害児・者のきょうだい研究の動向と今後の研究の方向性. 発達心理臨床研究, 13, 65-78.
田倉さやか（2007）兄弟姉妹と障害者同胞との関係――母親の養育態度と兄弟姉妹関係との関連――. 児童青年精神医学とその近接領域, 48 (1), 39-47.
田倉さやか（2008）障害者を同胞にもつきょうだいの心理過程――兄弟姉妹関係の肯定的認識に至る過程を探る――. 小児の精神と神経, 48 (4), 349-358.
田倉さやか（2012）障害児者のきょうだいの心理的体験と支援, 障害者問題研究, 40 (3), 178-185.
田倉さやか・辻井正次（2007）発達障害児のきょうだいに対する自己理解・障害理解プログラムの試み――海洋体験を中心とした合宿を通して――. 中京大学現代社会学部紀要, 1 (1), 45-48.
田倉さやか・辻井正次（2015）自閉症スペクトラム障害児者を同胞にもつきょうだいの心理――障害の程度によるきょうだいの心理過程の比較――. 小児の精神と神経, 54 (4), 331-344.
田村彩・伊藤拓（2011）知的障がいのある人のきょうだいの悩みと必要な支援――発達段階による変遷――. 安田女子大学心理教育相談研究, 10, 11-21.
田中智・高田谷久美子・山口里美（2011）障がいをもつ人のきょうだいがとらえる同胞の存在に

ついての認識. 山梨大学看護学会誌, 9 (2), 53-58.
田中智子 (2012) きょうだいの立場から照射する障害者のいる家族の生活問題. 障害者問題研究, 40 (3), 186-194.
種子田綾・桐野匡史・矢嶋裕樹・中嶋和夫 (2004) 障害児の問題行動と母親のストレス認知の関係. 東京保健科学学会誌, 7 (2), 79-87.
立石清美・立山順一・宮前珠子 (2003) 障害児の「きょうだい」の成長過程に見られる気になる兆候――その原因と母親の「きょうだい」への配慮――. 広島大学保健学ジャーナル, 3 (1), 37-45.
土屋葉 (2002) 障害者家族を生きる. 勁草書房.
戸田竜也 (2012) 障害児者のきょうだいの生涯発達とその支援. 障害者問題研究, 40 (3), 170-177.
徳田克己・水野智美 (2005) 障害理解――心のバリアフリーの理論と実践――. 誠信書房.
冨永恵美子・松永しのぶ (2013) 自閉症者の成人きょうだい――同胞との関係の変遷――. 小児の精神と神経, 53 (3), 245-257.
富安俊子・松尾寿子 (2001) 障害児とそのきょうだいを育てている母親の体験調査. 母性衛生, 42 (1), 87-92.
刀根洋子 (2000) 保育園児を持つ親のQOL――発達不安との関係――. 小児保健研究, 59 (4), 493-499.
刀根洋子 (2002) 発達障害児の母親のQOLと育児ストレス健常児の母親との比較. 日本赤十字武蔵野短期大学紀要, 15, 17-24.
遠矢浩一 (2004) 発達障害児の"きょうだい児"支援――きょうだい児の"家庭内役割"を考える――. 教育と医学, 52 (12), 1132-1139.
遠矢浩一 (2009) 障がいをもつこどもの「きょうだい」を支える――お母さん・お父さんのために. ナカニシヤ出版.
内山登紀夫 (監) 安倍曜子・諏訪利明 (編) (2006) 発達と障害を考える本2 ふしぎだね!? アスペルガー症候群〔高機能自閉症〕のおともだち. ミネルヴァ書房.
内山登紀夫 (監) 諏訪利明・安部曜子 (編) (2006) 発達と障害を考える本1 ふしぎだね!? 自閉症のおともだち. ミネルヴァ書房.
植木きよみ (2008) 将来の世話について. 財団法人国際障害者年記念ナイスハート基金 (編) 障害のある人のきょうだいへの調査報告書. 財団法人国際障害者年記念ナイスハート基金, 40-44.
Weinrott, M. R. (1974) A training program in behavior modification for siblings of the retarded. American Journal of Orthopsychiatry, 44 (3), 362-375.
Whitham, C. (2002) 読んで学べるADHDのペアレントトレーニング――むずかしい子どもにやさしい子育て. (上林靖子・中田洋二郎・藤井知子・井澗知美・北道子, 訳) 明石書店. (Whitham, C. (1991) Win the whining war & other skirmishes.: a family peace plan. Perspective Publishing.)
矢矧陽子・中田洋二郎・水野薫 (2005) 障害児・者のきょうだいに関する一考察――障害児・者の家族の実態ときょうだいの意識の変容に焦点をあてて――. 福島大学教育実践研究紀要, 48, 9-16.
山田咲樹子 (2010) 健康障害をもつ子どものきょうだいへの看護アプローチ――絵本による説明への反応から――. 日本小児看護学会誌, 19 (1), 65-72.
山口洋史 (1998) 障害理解をすすめるために――福祉教育の意義と課題――. 山口洋史・山田優一郎 (編) 知的障害をどう伝えるか――児童文学のなかの知的障害児――. 文理閣, 1-20.
山本美智代 (2005) 自分のシナリオを演じる――同胞に障害のあるきょうだいの障害認識プロセ

ス——.日本看護科学会誌, 25 (2), 37-46.
山本美智代・金壽子・長田久雄 (2000) 障害児・者の「きょうだい」の体験——成人「きょうだい」の面接調査から——.小児保健研究, 59 (4), 514-523.
山中冴子 (2012) 障害児のきょうだいの発達保障に向けて.障害者問題研究, 40 (3), 161.
柳澤亜希子 (2005) きょうだいの自閉性障害の概念発達に関する研究——その他の障害との比較を通して——.広島大学大学院教育学研究科紀要, 第一部, 学習開発関連領域, 53, 103-109.
柳澤亜希子 (2007) 障害児・者のきょうだいが抱える諸問題と支援のあり方.特殊教育学研究, 45 (1), 13-23.
八尾市知的障害児・者の暮らし実態調査実行委員会 (2012) 八尾市知的障害児・者の暮らし実態調査報告書.
吉川かおり (1993) 発達障害者のきょうだいの意識——親亡き後の発達障害者の生活と、きょうだいの抱える問題について——.発達障害研究, 14 (4), 253-263.
吉川かおり (2002) 障害児者の「きょうだい」が持つ当事者性——セルフヘルプ・グループの意義——.東洋大学社会学部紀要, 39 (3), 105-118.
吉川かおり (2008) 発達障害のある子どものきょうだいたち——大人へのステップと支援——.生活書院.
吉川かおり・加藤真優・諏方智広・中出英子・白鳥めぐみ (2010) きょうだい支援の実践を広げていくために 4 (自主シンポジウム20, 日本特殊教育学会第47回大会シンポジウム報告).特殊教育学研究, 47 (5), 365-366.
吉川かおり・白鳥めぐみ・諏方智広・井上菜穂・有馬靖子 (2009) きょうだい支援の実践を広げていくために 3 (自主シンポジウム 8, 日本特殊教育学会第46回大会シンポジウム報告).特殊教育学研究, 46 (5), 339.
財団法人国際障害者年記念ナイスハート基金 (2008) 障害のある人のきょうだいへの調査報告書.
全国障害者とともに歩む兄弟姉妹の会東京支部 (1996) きょうだいは親にはなれない・・・けれど——ともに生きる Part 2——.ぶどう社.

本論文の基となる発表論文リスト

第1章：阿部美穂子・小林保子「イギリスにおける障害のある子どものきょうだいの支援――支援プログラムの実際――」富山大学人間発達科学部紀要, 7 (1), 153-162, 2012年11月

阿部美穂子「Sibshop ファシリテーターに求められる資質とは――ファシリテータートレーニングの実際から――」とやま発達福祉学年報, 4, 3-10, 2013年5月

第3章：阿部美穂子・神名昌子「障害のある子どものきょうだいを育てる保護者の悩み事・困り事に関する調査研究」富山大学人間発達科学部紀要, 6 (1), 63-72, 2011年11月

第4章：阿部美穂子・神名昌子「障害のある子どものきょうだいのインフォーマルサポートに関する調査研究」富山大学人間発達科学部紀要, 6 (2), 99-112, 2012年2月

第5章：阿部美穂子・神名昌子「きょうだいの障害のある同胞に関する否定的感情と親からのサポート期待感との関係に関する調査研究」特殊教育学研究, 54 (3), 157-167, 2016年10月

第6章：阿部美穂子「重症心身障害のある子どものきょうだいの同胞観に関する研究――中高生のきょうだいの作文分析による――」富山大学人間発達科学部紀要, 9 (2), 151-161, 2015年2月

第7章：阿部美穂子「家族参加型ムーブメント活動が障害のある子どものきょうだいにもたらす効果――親ときょうだいへのアンケート調査から――」北海道教育大学釧路校研究紀要「釧路論集」, 47, 119-130, 2015年12月

第8章：阿部美穂子・水野奈央「発達障害のある子どものきょうだい児に対する教育的支援プログラムの開発と効果の検討――小グループによる実践から――」とやま発達福祉学年報, 3, 3-20, 2012年5月

水野奈央・阿部美穂子「発達障害のある子どものきょうだい児に対する教育的支援プログラムの開発と効果の検討（2）――実践に対する保護

者評価から──」とやま発達福祉学年報, 3, 43-54, 2012年5月

第9章：阿部美穂子「障害のある子どものきょうだいのための障害理解支援プログラムに関する実践的研究──ポートフォリオ絵本の制作活動を通して──」発達障害研究, 37 (3), 233-246, 2015年8月

阿部美穂子「障害のある子どものきょうだいと保護者の関係性支援に関する実践的研究──ポートフォリオ『家族の紹介ブック』創作活動を通して──」家族心理学研究, 29 (2), 85-98, 2015年12月

第10章：阿部美穂子・神名昌子「障害のある子どものきょうだいとその家族のための支援プログラムの開発に関する実践的研究」特殊教育学研究, 52 (5), 349-358, 2015年2月

第11章：阿部美穂子・太田千裕・神名昌子・石井郁子「障害のある子どものきょうだいを育てる親の子育て観の変容──家族参加型支援セミナーの参加を通して──」富山大学人間発達科学部紀要, 8 (1), 85-99, 2013年10月

第12章：阿部美穂子・川住隆一「重度・重複障害のある子どものきょうだいとその家族のための支援プログラム開発に関する実践的研究」東北大学大学院教育学研究科研究年報, 63 (2), 141-166, 2015年6月

※第2章は研究方法について、また、第13章は総合考察について述べた章であることから、基となる論文に該当するものはない。
※本論文を作成するにあたり、上記論文の研究内容及び研究に際し収集したデータを使用することについて、共同研究者である、安念千明氏、石井郁子氏、太田千裕氏、川住隆一氏、神名昌子氏、小林保子氏、水野奈央氏、森 彩氏の同意を得た。

附記

　本論文の書籍化にあたっては、独立行政法人日本学術振興会平成30年度科学研究費助成事業（科学研究費補助金）（研究成果公開促進費）「学術図書」（課題番号18HP5213）の交付を得た。
　また、本論文には、以下の研究補助事業により実施した研究により得られた成果を含んでいる。

・平成22年度富山県高等教育振興財団助成事業採択、及び平成22年度富山大学人間発達科学部学部長裁量経費採択「障害のある子どものきょうだい児と、その親のためのいきいき子育ち・親育ち応援事業」（研究代表：阿部美穂子）
・平成22年度富山大学五福キャンパス国際交流事業基金　第1種海外派遣事業（B）,「Research for Development Support Program for Parents and Siblings of Disabled Children」（研究代表：阿部美穂子）
・平成23年度富山大学五福キャンパス国際交流事業基金　第1種海外派遣事業（B）,「Research for Development Family Support Program for Disabled Children and their Siblings」（研究代表：阿部美穂子）
・平成24〜27年度科学研究費助成事業基盤研究（C）課題番号24531241「障害のある子どものきょうだいとその家族のQOL支援プログラムの開発」（研究代表：阿部美穂子）

謝辞

　本論文の執筆にあたり、東北大学名誉教授　川住隆一先生には、論文の構成から完成に至るすべての面にわたり、多大なご指導とご鞭撻を賜りました。心より感謝申し上げます。さらに、同教授　本郷一夫先生、同教授　野口和人先生には、丁寧なご査読と的確なご指導を賜りました。併せて、心より感謝申し上げます。
　また、本論文を構成する10の研究の成果は、数多くの方々のご協力とご支援により得られたものです。以下に、研究対象者、共同研究者、研究協力者として、お力添えを下さいました方々のご芳名を掲げますとともに、心より感謝申し上げます。

・研究対象者
　　A県内特別支援学校在籍児童様、きょうだい様、保護者様
　　A県内特別支援学級在籍児童様、きょうだい様、保護者様
　　A県内通級による指導教室利用児童様、きょうだい様、保護者様
　　A町幼児ことばの教室在籍幼児様、きょうだい様、保護者様
　　A市こども発達支援センター在籍幼児様、きょうだい様、保護者様
　　A県ムーブメント教育学習会「親子で楽しむムーブメント教室」参加の皆様
・共同研究者（五十音順）
　　安念千明様　石井郁子様　太田千裕様　川住隆一様　神名昌子様　小林保子様
　　水野奈央様　森　彩様
・研究協力者
　　A県特別支援学校11校の学校長様、教職員の皆様
　　A町幼児ことばの教室指導員　藤原佳子様
　　A市こども発達支援センター長様　職員の皆様
　　A県ムーブメント教育学習会　スタッフの皆様
　　社会福祉法人全国重症心身障害児（者）を守る会会長様
　　横浜きょうだいの会代表　諏方智広様

Sibling Support Project：Don Meyer 様
Sibs UK.：Monica McCaffrey 様　T大学特別支援教育研究室・保育研究室学生、大学院生、内地留学生の皆様
ほか、本研究にご協力くださった多数の皆様

　　　　　　　　　　　　　　　　　　　　　　ありがとうございました。

［著者紹介］

阿部　美穂子（あべ　みほこ）

博士（教育学）
臨床心理士　臨床発達心理士　ムーブメント教育・療法士
1959年　富山県生まれ
1982年　東北大学教育学部教育心理学科卒業
1999年　富山大学大学院教育学研究科（修士課程）学校教育専攻修了
2016年　東北大学大学院教育学研究科博士後期課程総合教育科学専攻
　　　　修了

2008年　富山大学人間発達科学部　准教授
2015年　北海道教育大学教育学部釧路校　教授
2019年　山梨県立大学看護学部　教授

専門分野　特別支援教育　障害のある子どもとその家族支援臨床
　　　　　ムーブメント教育・療法　ペアレント・トレーニング

著書
「よくわかる障害児保育」ミネルヴァ書房, 2018
「保育・療育・特別支援教育に生かすムーブメント教育・療法「MEPA-R活用事例集」日本文化科学社, 2017
「特別支援教育における授業づくりのコツ──これならみんな分かって動ける」学苑社 2012　ほか

障害のある子どものきょうだい支援プログラム開発に関する実践的研究
──家族関係に着目して──

2019年1月15日　第1版第1刷発行

　　　　　　　　ⓒ著　者　　阿部美穂子
　　　　　　　　発行所　　多賀出版 株式会社
　　　　〒102-0072　東京都千代田区飯田橋3-2-4
　　　　　　　　電　話：03（3262）9996 代
　　　　　　　　E-mail:taga@msh.biglobe.ne.jp
　　　　　　　　http://www.taga-shuppan.co.jp/

　　　　　　印刷／文昇堂　製本／高地製本

〈検印省略〉　　　　　落丁・乱丁本はお取り替えします．
ISBN978-4-8115-8001-2　C1037